巴 黎 评 论

作家访谈 3

美国《巴黎评论》编辑部 编　　杨向荣 等 译

人民文学出版社
PEOPLE'S LITERATURE PUBLISHING HOUSE

著作权合同登记号　图字 01-2017-4899
THE PARIS REVIEW INTERVIEWS Vol.3

Copyright © 2008 by THE PARIS REVIEW
This edition arranged with The Wylie Agency (UK) Ltd.
Simplified Chinese edition Copyright © 2018 by Shanghai 99 Readers' Culture Co., Ltd.
All rights reserved.

图书在版编目(CIP)数据

巴黎评论·作家访谈.3/美国《巴黎评论》编辑部编;杨向荣等译.—北京:人民文学出版社,2017.9
ISBN 978-7-02-013235-5

Ⅰ.①巴… Ⅱ.①美… ②杨… Ⅲ.①作家-访问记-世界-现代 Ⅳ.①K815.6

中国版本图书馆 CIP 数据核字(2017)第 205614 号

责任编辑　甘　慧　骆玉龙
封面制作　高静芳

出版发行　人民文学出版社
社　　址　北京市朝内大街 166 号
邮政编码　100705
网　　址　http://www.rw-cn.com

印　　制　宁波市大港印务有限公司
经　　销　全国新华书店等

开　　本　890 毫米×1240 毫米　1/32
印　　张　11.375
字　　数　246 千字
版　　次　2018 年 1 月北京第 1 版
印　　次　2019 年 5 月第 5 次印刷

书　　号　978-7-02-013235-5
定　　价　49.00 元

如有印装质量问题,请与本社图书销售中心调换。电话:010-65233595

the PARIS REVIEW
INTERVIEWS *vol.3*

By the editors of *The Paris Review*

目 录

威廉·斯泰伦（1954）	杨向荣/译	1
T.S.艾略特（1959）	刘雅琼/译	16
埃兹拉·庞德（1962）	周 琰/译	35
艾伦·金斯堡（1966）	赵 霞/译	62
索尔·贝娄（1966）	杨向荣/译	100
约瑟夫·海勒（1974）	杨向荣/译	119
卡洛斯·富恩特斯（1981）	温峰宁/译	135
菲利普·罗斯（1984）	陈以侃/译	165
约翰·欧文（1986）	唐 江/译	193
多丽丝·莱辛（1988）	邓中良 华 菁/译	218
玛格丽特·阿特伍德（1990）	仲召明/译	239
托妮·莫里森（1993）	许志强/译	256
阿摩司·奥兹（1996）	钟志清/译	290
V.S.奈保尔（1998）	陶泽慧/译	311
石黑一雄（2008）	陶立夏/译	335

威廉·斯泰伦

◎杨向荣/译

时值初秋，威廉·斯泰伦在巴黎一家帕特里克咖啡连锁店里接受了这次采访。那家咖啡店位于蒙帕纳斯大街，除了咖啡牌子还算不错外，跟相邻的朵梅、罗顿德、勒·夏普兰相比，其店面没有多少独特之处。与咖啡店和路边餐桌相对的大街那边有一张家人团聚的红色招贴画。画中全家人站在吧台背后，配的文字是：去开心的俄国度假吧！画幅下端已经被撕裂、磨损，用木棍蘸着石灰写的几个字仿佛在大声尖叫：美国人回你自己的家去！旁边另一张招贴画是一幅矿泉水广告：百悦！下面写着：会发出噗嗤声的水！在阳光的反射下画面颜色鲜亮而刺眼。斯泰伦用手遮着眼睛，目光投望着杯子里的咖啡。他的外表年轻英俊，可在这天下午却显得黯然失色。此刻，周围一片寂静，附近的居民们正在休息，藏匿起他们生怕被光线灼伤、适合夜间出没的脆弱的眼睛。斯泰伦面色苍白，略带病容。

——乔治·普林普顿、彼得·马西森，一九五四年

《巴黎评论》：首先谈谈你从什么时候开始写作的吧。

斯泰伦：什么？噢，写作。我想应该是十三岁左右吧。我写了一篇模仿康拉德的东西，取名叫《台风和托尔湾》，描写一艘满载着疯狂的中国人的轮船。我想还往里面放了几条鲨鱼吧。我是全心全意来写的。

威廉·斯泰伦正在写作中的小说的一页手稿，小说暂名《勇士之路》

《巴黎评论》：是什么偶然因素刺激你开始写作的呢？也就是说，你为什么想到要写作呢？

斯泰伦：我要是知道就好了。我认为还是自我表达的需要吧。不过，写完《台风和托尔湾》之后，我没有再写过一篇东西，直到上了杜克大学，然后又进了威廉·布莱克本主持的写作班。我最初是在他的激发下开始写作的。

《巴黎评论》：写作课对年轻作者有何价值？

斯泰伦：我想，它顶多起一个推动这些作者起步的作用，但可能骇人地浪费学员的时间也未可知。瞧瞧那些年复一年地前来参加暑期作家研讨班的人，你熟悉得在一英里开外就能认出他们来。写作课仅仅能帮你迈出第一步，帮助是很有限的。其实，这种课程根本教不了写作。教授的职责应该像农夫锄地择草那样择优去莠，不应该鼓励那些本来就成不了器的人涉足此道。我知道纽约有一家学校开设了大量写作课，好几个教师用最令人恶心的方式糊弄着那些可怜之至、见不到丁点儿才华的习作者，给那些本来毫无希望的人制造着虚幻的希望。他们定期编辑一些枯燥乏味的小册子，质量低劣得令人不寒而栗。这完全是一种毁人的营生，纯属浪费纸张和时间，这样的教员应该将他们赶尽杀绝才是。

《巴黎评论》：难道普通老师就不能教教技巧或者风格什么的吗？

斯泰伦：可以教点儿技巧性的东西。你知道，他顶多能告诉你不要用两种视角陈述一个故事之类的东西。不过，我认为，无论何等尽职和机敏的教师，休想去教风格。风格是经过长期艰苦备至的写作实践之后才会形成的才分。

《巴黎评论》：你觉得从事写作是一种享受吗？

斯泰伦：对我而言肯定不是，当我的写作状态不错的时候会有一种暖融融的舒服感。可是,那种快感完全被每天重新开始的痛苦抵消殆尽。我们还是老实说吧,写作就是地狱。

《巴黎评论》:你每天能写出多少页?

斯泰伦:如果写得稳定顺畅,换言之,如果我选定了一个明确的目标,再加上由衷地感到兴味盎然,而且罕见地有一个可以望得见的结局,每天我在黄色的纸上可以写出两页半或者三页的手写稿,总共大概会花上五个小时,不过,用于实际写的时间并不多。下笔之前,我要试图酝酿出贯穿全故事的那种感觉,事实上这种酝酿期犹如做一场漫长而奇异的白日梦,期间,我的思绪漫无边际地游走,无所不想,无远弗届,可就是没有在琢磨手头的工作。每天,我能写出的东西非常有限。我倒是希望写得多多益善。我务必要把每个段落甚至每个句子打磨得完美无瑕方肯歇手,这似乎成了一种病态的需求。

《巴黎评论》:你觉得一天中的哪个时段最适合写作?

斯泰伦:下午。我喜欢磨蹭到深夜,小酌几杯喝得微醉,延宕到很晚再睡觉。我多么渴望破了这个习惯,可是却无计可施。午后是我唯一可支配的时间,我试图在宿醉状态下将这段时光利用到极致。

《巴黎评论》:你喜欢做笔记吗?

斯泰伦:感觉没有这个必要。我曾尝试过做点儿笔记,但最终没有什么价值,因为我从不采用自己记下的那些素材。我想,要不要做笔记完全因人而异。

《巴黎评论》:你觉得写东西的时候一定要离群索居吗?

斯泰伦:我在完全与世隔绝的状态下很难写出东西来。我认为在南太平洋的某个小岛或者缅因州的森林中,想写出东西会相当之难。我喜欢大家待在一起寻开心的氛围,各色人等围绕在四周。当然,实际动笔写的时候则要求在绝对安静的私密环境中，甚至连音乐都不能听到，两幢大楼之外某个婴儿的啼哭声都有可能让我烦躁不安。

《巴黎评论》：你自己的情绪状态会影响创作吗？

斯泰伦：我想，跟芸芸众生一样，在大多数时候，我的情感活动都处于混乱不堪状态。在思绪相对明澈宁静的时候，我会写得更好。不过，也很难说。如果作家们非要等绝对清澈宁静的难得心态出现时才动笔，能写出来的东西恐怕寥寥无几。事实上，我觉得自己在写作的时候最开心、最宁静，可我却未能充分利用这一点，所以，我想这就是最终的答案。我感觉写作的时候是自己唯一完全镇定自若的时刻，哪怕写得多么地不顺畅。对于那些永远恐惧着莫可名状的威胁的人，比如很多时候我就有这种感觉，以及那些总是坐立不安、神荡思摇的人而言，写作可谓是一种极佳的治疗方式。另外，我发现，在不写作的时候，我很容易会患上神经质的抽搐症和臆想症。写作能够极大地缓解这些症状。我对变化的拒斥要比绝大多数人强烈得多。我讨厌旅行，喜欢待着不动。我第一次到巴黎时，心里一个劲地想着回家，回到那条古老的詹姆斯河边。那时，我渴望有朝一日能继承一个花生种植园。我多想回到家乡，种种花生，当一个货真价实的南方威士忌老爷。

《巴黎评论》：人们经常把你的小说跟南方文学流派相提并论。你认为评论家这样做有道理吗？

斯泰伦：坦率地说，没有。我并不觉得自己属于南方文学流派，无论这个概念的所指是什么。《在黑暗中躺下》全部或者说主要背景固然设置在南方，然而，说真的，我并不在乎自己是否写到了南方。这部小说中只有一部分东西具有南方的特质。我经常写某些反复出现的主题——比如黑人，让其贯穿全书。然而，我总是认为自己笔下的人物待在任何地方都会按照那个样子行动。例如，那个叫佩顿的女孩不见得就非要是弗吉尼亚人。无论她是哪里来的人，都会冲动地从某个窗户一跃而起跳下楼去。评论家们总是喜欢把作家和"流派"牵连在一起,如果不把作家跟各种流派挂上钩,评论家们好像就活不成了。当一个被他们屈尊称为"别具一格的天才"的人物登场时,很少有评论家指出是什么造就了他的别具一格或者天才,他们只盯着看他的姿态在多大程度上与他们预设的他应该归属的那个流派的思想相符。

《巴黎评论》:难道你不觉得大多数所谓"南方小说"中的主人公对事物的反应有很多共通之处吗?

斯泰伦:我不想完全否定自己的南方背景,但我相信,凭单纯的南方本身不会产生具有"共通性"的文学。这种"共通性"主要来自作家的头脑和他个人的精神,而不是来自他的背景。福克纳的显赫声名主要得之于他宏大开阔的视野,并非因为他正好出生于密西西比。你只要翻一期《时报书评》就不难发现,梅森-狄克逊线①以南,与优秀作品一道定期生产出的垃圾绝不在少数。但是,我必须承认,南方有其确定的文学传统,这恐怕才是南方文学创作质量相对上乘的原因所在。也许可以这样说,假如福克纳出生于帕萨德纳,大概同样会具备那种共通的精神品质,但他就不大可能写《八月之光》,更有可能在电视行当打工或者为詹特森牌泳装撰写有着"共通精神"的广告词。

《巴黎评论》:你为何觉得这种南方传统至今没有泯灭?

斯泰伦:当然,首先是取材自《圣经》的说唱文学和古老的故事遗产仍然活跃着。其次,南方能够提供这种无与伦比的素材。让我们以训练有素的异教徒传统,即以《旧约》为本的基本教义派和二十世纪的电影、轿车、电视之间的冲突为例来说明。在这一冲突中,你会发现各种诗意的并置,一个歇斯底里的黑人传教士大声地吼唱着《以赛亚书》中动人的诗歌,同时又乘着一辆栗色的帕卡德四处漫游。这样的景观真是妙不可言,

---

① 美国宾夕法尼亚州和马里兰州的分界线,也是南北战争前南北方的分界线。

也显得极其别致，这大概可以解释为什么南方文学创作的复兴正好发生在机械时代的最后几十年。如果福克纳从1880年代就开始写作了，毫无疑问，他肯定会安分地在这个传统之内写下去，但他的小说风格可能会像乔治·华盛顿·凯布林或者托马斯·纳尔逊·佩吉一样温文尔雅。其实，现代南方所能提供的素材魅力如此之大，福克纳是冒着染上十足地方色彩和感觉的危险。他偏偏不给那些深宅大院增添点儿人气，反而痴迷于让它们看上去颓败不堪。我开始觉得让南方作家，至少让他们中的一部分人，稍微远离一下南方诸州，肯定不无好处。

《巴黎评论》：你多次提到福克纳。虽然你并不认为自己是一个"南方"作家，你愿意承认他影响过你吗？

斯泰伦：我肯定会承认这一点，但我还想说，乔伊斯和福楼拜对我的影响也非常大。老乔伊斯和福楼拜对我的影响主要体现在风格方面，他们发给我几支象征着方向的令箭，我后来读过的大量当代作品从技艺的角度对我的影响也很巨大。我从多斯·帕索斯、司各特·菲兹杰拉德那里领略到的长篇小说创作的教益都是很深的。但是，这些现代作家对我的情感氛围影响甚微。感觉乔伊斯于我最为亲近，但最深的熏陶均出自过去的经典作家，包括《圣经》、马洛、布莱克、莎士比亚。至于福楼拜的《包法利夫人》是为数不多、无论在何种意义上都令我感动的小说之一，不仅是它的风格，还包括它的整体感染力，犹如一首好诗的效果。我真正想说的是，一部伟大作品应该能够让你从中体会到各种经验，而且写到最后时仍然那么饱满有力。你在阅读它的过程中等于经历了几种不同的生活。它的作者也应该如此。他应该毫无屈尊感地把自己当作一个读者，而且在写作过程中能够一次又一次地置身其外，对自己说，假如我正在读这本书，我会喜欢这一部分吗？我有一种感觉，福楼拜在写《情感教育》这样的作品的时候就是这么做的，而且还可能频频地反躬自问。

《巴黎评论》：我们暂且不谈这个问题，你认为福克纳在《喧哗与骚动》

中的时间实验有其合理依据吗？

斯泰伦：合理依据？我想这肯定是有的。

《**巴黎评论**》：那么，实验成功吗？

斯泰伦：当然，我认为是不成功的。福克纳给读者提供的教益并不多。我欣赏福克纳的复杂性，但不赞成他的晦涩。对乔伊斯同样如此。《芬尼根守灵夜》最后一章那种美轮美奂的诗意已经完全不属于这个世界，因为没有多少人能够忍受得了此前的种种混乱。至于《喧哗与骚动》，我认为虽有瑕疵，但还是成功的。福克纳太过于长时间地保持那种可恶的紧张感了。不过，在某种意义上，它最终还是一部伟大的作品，最奇妙的还在于，它怎么会在一个那么高亢，那么漫长，那么疯狂的音符下高唱了那么长久，真是令人匪夷所思。

《**巴黎评论**》：创作《在黑暗中躺下》的过程中，你感觉时间的推进问题显得特别尖锐吗？

斯泰伦：这部小说刚开始就出现了那个叫洛夫蒂斯的男人带着棺材在车站等待女儿遗体从北方运回的情景，我想把他过去发生的悲剧密集但又完整地呈现出来。所以，问题在于既要深入到过去以及这个男人的悲剧，却又不中断故事的进程。我为此困扰了整整一年。后来，我终于想出把时间分成独立的片断，围绕女儿佩顿生活的不同阶段，切割出四到五个比较长的戏剧场景来写。在我看来，时间的推进问题似乎是一个小说家最难应付的事情。

《**巴黎评论**》：你老早就在酝酿这部小说了吗？你开始写的时候已经准备到什么程度了？

斯泰伦：很少。我就知道点儿洛夫蒂斯的事，以及他的全部家庭麻烦。我还知道要写葬礼。我的脑子里已经有了这个女孩的形象，知道她要在哈莱姆自杀。我也自认为知道她为什么会自杀。不过，我就知道这么多了。

《巴黎评论》：你开始时把写作的重点放在人物还是故事上？

斯泰伦：那当然是人物了。我对人物的理解就是要刻画出一个圆形的活人来，而不是漫画式的形象。E.M.福斯特曾把人物区分为"扁形"和"圆形"两类，我尽量把自己所有的人物都塑造成圆形的。这需要像狄更斯那样性格外向的人给扁形人物注入生命力。但是，当今那些离经叛道的作家对故事都特别不屑一顾。故事和人物应该同步共进。我自认为是很幸运的，因为在实际写出的每个东西中，我都尽量让这两个要素均衡地发展。要想给人以某种栩栩如生的印象，这两个要素必须互长共生，因为每个人的生活都是一个故事，如果你肯谅解这个陈词滥调的说法。我经常在语词的秩序问题上长时间地苦心斟酌，试图写出漂亮的段落来。我仍然相信漂亮的语言风格的价值。我欣赏那种能够萌生出不错的文思转折的机敏，比如像司各特·菲茨杰拉德那样。然而，我对制造某种似是而非和印象主义式的东西——你要愿意，不妨称之为南方特色：充满了绘画语言、可恶的南方诸州婴孩般的呓语，诸如此类的东西——再也不感兴趣了。我想，我对人越来越感兴趣了。当然还包括故事。

《巴黎评论》：你的人物来源于真实生活还是出自想象？

斯泰伦：我不知道这个问题能否回答。坦率地说，我认为，我的人物绝大部分出自纯粹的想象而非得自其他途径。也许这是因为他们似乎到头来全都更像我本人而不是我在实际生活中观察到的人们。有时我感觉自己塑造的人物不过是本人某些方面的折射而已。我相信很多小说的人物都是这样创造出来的。

《巴黎评论》：你必须与自己描写的题材保持多远的距离？

斯泰伦：很远。我认为作家很难立刻写出并且写好在情感上很近的经历。比如，我就感觉自己写不出在欧洲的那段经历，非得回到美国后才能动笔。

《巴黎评论》：你认为自己与其他作家有竞争关系吗？

斯泰伦：没有。"我的一些最好的朋友就是作家。"在美国似乎存在一种偏见，认为写作就是各种手艺不同的从业者之间进行的一场巨大的猫狗之战。大家都想在这片森林中占地为王。我是一个农场主，认识的作家寥寥无几，也讨厌作家。就是这么回事。我觉得，跟在其他行当一样，作家们同样会勾结奉承，拉帮结派，最后变得神经兮兮的，甚至变态，互相戳弄对方的脊梁。有一次，在伦敦，我参加一个聚会，来的全都是文学名流、亲朋好友，如果这地方忽然被炸得稀烂，肯定会把大英帝国文人中的精华给一锅端了。我觉得美国作家不妨保持点儿上个世纪流行法国的那种姿态。福楼拜、莫泊桑、维克多·雨果、缪塞，他们不会因为彼此认识而感到痛苦。屠格涅夫认识果戈理。契诃夫认识托尔斯泰和安德烈耶夫，而上述三人高尔基全都认识。我记得亨利·詹姆斯谈到霍桑时这样说，如果他哪怕偶尔与其他同行交流一下，恐怕会写得比现在更出色一些。美国的这种单打独斗的哲学可以说是一种无聊的姿态。我并不主张设立韦弗利广场的那种作家晚餐俱乐部，那完全是为这个行当的密友或者联盟而服务。但我认为美国作家并没有因为这种姿态而受益；见鬼去吧，我们是因为共同的爱好才在一起，而不是，我的哥们儿都是在第三大道的酒吧招待。其实，我还真有个好朋友在第三大道的酒吧当招待，不过他是在业余时间兼职写作。

《巴黎评论》：你总体上是如何看待评论家的？因为他们肯定是最接近作家心灵的人物。

斯泰伦：从作家的立场而言，不必对评论家太在乎，但是，不按照他们的建议去写又很难。我觉得与评论家为友是挺不幸的。如果你写了个挺臭的东西，他们写评论时该说什么呢？直接说它挺臭？假如他们是诚实的，就会如实说挺臭的。如果你们是朋友，而且还想继续做朋友，明知你写得非常差劲却又高调地赞扬它，那么这件事就会成为两人之间的一种心结，这挺像一个握有妻子不光彩的私通证据的男人和妻子之间的关系。我认识的评论家寥寥无几，但我经常读他们的评论。消极的指指点点，总让我有一种屈辱感，或者也许就是一种屈辱，尽管他们的语气中带着一丝嫉妒、酸葡萄甚或无知的味道。不过，他们对我的帮助并不大。《在黑暗中躺下》发表后，我们家乡的报纸找本地的某个文人写了一篇关于这部作品的书评。我想，这个家伙大概写过水力学方面的东西，他下结论说我是一个颓废的作家。他说，斯泰伦是一个颓废的作家，因为他写过这样一句话："大海吸吮着沙滩。"对这点儿堕落的瑕疵，他认为应该换成"海浪拍打着沙滩"。这也许跟他的水力学背景有关吧。不过，我恐怕并不是因为这个原因而轻视评论家，我得承认有些评论家待我异常地友好。只有一种人，作家应该听听他的意见并予以重视：不是差劲的评论家，而是读者。这并不意味着妥协或者背叛。作家必须从一个读者的角度批判自己的作品。每天我都拿起自己的某篇小说或者无论什么东西，认认真真地通读一遍。如果我这个读者喜欢它，那说明自己写得还不赖。

《巴黎评论》：你在为本刊第一期写的序言中说，有迹象表明，这一代人能够而且将会创作出堪与任何一代相媲美的文学作品来。请问这些迹象是什么？你是否认为自己就是所谓新一代的代言人？

斯泰伦：代言人是什么破玩意儿？我厌恶代言人这种说法。任何人，特别是年轻人，在写作竞赛中为了排挤他人占据有利位置都喜欢给一代人安顿个说法。其实，那些四处喋喋不休、互相掣肘、排挤对方出局、想看看谁会第一个给两千五百万人——"垮掉的一代"或者"沉默的一代"以及天知道什么的一代——一个新鲜独特的称谓，你不觉得这些所谓的代言人其实很乏味吗？我认为让这些可恶的一代人任其自然会更好。还有那个永恒的竞赛思维——新生代作家团队能否打败多斯·帕索斯、福克纳、菲茨杰拉德和海明威团队——也应该扔掉了。我不久前读了一篇关于一本新人作品集的评论，作者提到在这本集子里就有一篇那种自以为是的散文，把这批新人与二十年代的作家们进行了比较。这位评论家说，其实，说到底，每个人都有属于自己的开阔的生存空间[1]和爱的梦想[2]。

《巴黎评论》：可你的确在我们刚才提到的那篇序言里说，这一代能够而且必将——

斯泰伦：没错，能够而且必将创作出堪与任何一代，特别是二十年代的那一拨人相媲美的作品。也许这样说显得有些莽撞，但我看不出有任何理由需要收回这句话。举例说吧，我认为所谓的"迹象"从这三部小说里就可以明白地体现出来，它们是《从这里到永恒》《裸者与死者》《别的声音，别的房间》。当然，一部处女作还远远不足以充当一个公正的标准，拿它去判断一个作家未来潜在的成就，但是这三部长篇的水准难道不是远在多斯·帕索斯、福克纳、菲茨杰拉德的处女作之上吗？其实，我认为这几部小说中的一部——《裸者与死者》——就特别优秀，可以毫不逊色地堪与二十年代任何一位作家的成熟之作并肩而立。抱歉，在此我又一次提到了跟那些老伙计的比较和竞争了。不过，我真心认为当今有许多作家都是才华横溢。当然，他们中也不乏恬不知耻、令人可怕的自我炒作者——主要是我的一位朋友所谓的"妖精轴心"的成员们，然而，他们终将半途而废，不再被人们提及。另外，包括我刚才提到的那几位，再加上塞林格、卡森·麦卡勒斯和霍滕丝·卡利舍，他们已经写出了好作品，并且还将继续写出好作品，除非有人扔下一颗原子弹炸死他们，或者被魏尔德[3]和那一小撮高雅的家伙给关进监牢。

《巴黎评论》：提到原子弹、魏尔德众议员以及其他眼前的东西，你认为——如某些人所说——如今青年作家的创作环境大不如上几代作家吗？

斯泰伦：我认为绝非如此，自有作家开始写作以来他们所面临的困

---

[1] 原文为德文"Lebensraum"。
[2] 原文为德文"Liebestraum"。
[3] 指哈罗德·魏尔德（1910—1985），时任美国众议院非美活动调查委员会（HUAC）主席。

难就不简单,最主要的困难压缩成一个词就叫"生活"。当然,我们目前生活在一个所谓丧失信仰和绝望的时代,但是新生代作家对丧失信仰和绝望的表达远不及陀思妥耶夫斯基、马洛或者索福克勒斯那样尖锐。每个时代都有自身致命的痛楚和苦难,新发现的特殊的恐怖事物,而且,有史以来,作家跟其他人一样,备受我那位朋友所说的"生活跳蚤",如什么流感、宿醉、账单、脚踝扭伤等种种琐碎和不如意的折磨。这就是生活的常态,就是生活的核心。同时,生活中又伴随着不时闪现的美好的细小欢乐。这些东西,陀思妥耶夫斯基、马洛、我们大家都有,而且它们就像比核聚变或者南特赦令还要永恒的地狱。同样永恒不变的是爱,无私的爱,以及死亡、凌辱、欢乐。马克·吐温跟所有的人一样对达尔文理论的反应是感到既痛苦又震惊。这些理论在维多利亚时代的人们看来简直就跟核聚变一样邪恶恐怖,但他仍然继续写着密苏里河上的小船和古老的汉尼拔镇。我绝不认为当今作家的处境比任何时代都要严峻。在俄亥俄的扬格斯顿,那个著名的警察局长,且不管这位局长姓甚名谁,可能会采取措施检查和禁止某些书籍。但是在美国,事实上作家可以随心所欲地去写,只要不触及违法或者色情的题材。同样,在美国,作家也不见得就会挨饿,很少有作家在经济上困顿到无法正常写作的地步。事实上,一些年轻作家——而且是不错的作家——都已经快成百万富翁了。

《巴黎评论》:那么,你相信作家需要成功吗?不仅是评论上的成功,还有财力上的成功。

斯泰伦:当然。我同情那种赚钱不多、因而生活不够舒适的作家,我在这里指的是舒适,而非不必要的奢侈——因为我就不时深陷严重的贫困潦倒之中,但是贫困潦倒的作家让我想起萨默塞特·毛姆对于通晓多国语言的人士的评论。他说,他钦佩他们,但并没有觉得这一条件必然让他们变得聪明起来。

《巴黎评论》:还是回到刚才的问题吧,在《在黑暗中躺下》,你的女主人公不是选在往广岛投放原子弹的那天自杀吗？在我们看来，这似乎绝非偶然的象征，也许想表达一种对我们这个时代无可逃遁而又强烈的绝望感，你对我们这个时代独特的现状持一种否定态度。

斯泰伦： 那完全是给百合花镀了一层金而已。如果让我现在来写，我会删掉这个情节，让她在七月四日跳楼。其实，我对原子弹、战争、基督教长老会的失败这些东西不想粉饰。这些东西十分可怕。我只想说，这些东西丝毫不能改变一个作家最基本的困惑，那就是爱，有所求和无私的爱以及屈辱等。

《巴黎评论》： 那么你认为当今的青年作家没有理由颓废和消沉吗？颓废可是评论家们针对他们发出的最常见的谴责。

斯泰伦： 当然有理由了。他们完全有理由去成为自己想真诚地成为的对象，但是我想冒昧地说，这种颓废和消沉不见得主要是政治环境、战争的威胁或者原子弹导致的，同样跟人类自身的科学知识——包括弗洛伊德的变态心理学以及那些新出现的精神分析的智慧——可怕的传播繁殖有关。我的天，想想如果陀思妥耶夫斯基熟悉威赫姆·斯特科[1]那些很刺激的著作，诸如《施虐癖和受虐癖》，不知道他会有多么病态和消沉。像约翰·韦伯斯特[2]和希罗尼穆斯·波希[3]这些人对潜伏在人类精神之中的各种强烈的恐惧的本能直感，我们现在可以对它们编出清晰的目录，克拉夫特-埃宾[4]、梅宁格家族[5]、卡伦·霍妮都做了临床描述，任何一个年满十五岁、拥有纽约公共图书馆借书证的人都可以看到这些资料。我并不是说，这些新知识是引发所谓病态和颓废的原因，但我真的认为它们跟当代小说中新出现的一股内省潮流大有关系。你只要打开像《时代》这样的知名杂

---

[1] 威赫姆·斯特科（1868—1940），德国精神病学家、心理学家，弗洛伊德的早期追随者之一。
[2] 约翰·韦伯斯特（约1580—1634），英国剧作家，以充满恐怖感的悲剧闻名。
[3] 希罗尼穆斯·波希（约1450—1516），荷兰画家，多以恶魔、半人半兽甚至机械的形象来表现人的邪恶。
[4] 理查德·冯·克拉夫特-埃宾（1840—1902），奥地利精神病学家，性学研究先驱。
[5] 梅宁格家族系美国精神病学研究世家，创办有著名的梅宁格诊所。

志，就会发现它在抱怨生活对当今的年轻作家的酬励太少了，他们创作出的东西都是自己忧郁症的产品。这家杂志以愚蠢的方式描述了一番现状和显而易见的真理，任何一个时代的优秀作品都是个人精神忧郁的产品，如果所有的作家都是一群开心的傻瓜，我们的绝大多数文学作品不知该有多么枯燥乏味。

《巴黎评论》：言归正传，最后我们又得问一个听上去显而易见的问题：年轻作家应该追求什么样的目标？比如，对小说情节的重视不该与当今世界出现的种种困惑等量齐观吗？

斯泰伦：在我看来，似乎只有伟大的讽刺家才能够处理那种世界难题，并把它们表达清楚。大多数作家写作的动机完全出于某种强烈的内心需要，我认为这才是问题的最终答案。一个伟大的作家如果其创作是出于这样一种需要，他可能会在默默无闻中关注甚或解释那些世界难题，直到他死去一百年之后，某个学者现身从中挖掘出某些蛛丝马迹。年轻作家的目标就是去写，不要无度酗酒。作品竣工之后，不应自恃就是万能的上帝，在华而不实的访谈中四处散布那点儿并不成熟的意见。我们再来一杯白兰地，去勒·夏普兰坐一坐吧。

（原载《巴黎评论》第五期，一九五四年春季号）

T.S. 艾略特

◎刘雅琼/译

这次访谈的地点是在纽约"书之屋"书店的路易斯·亨利·科恩夫人家,她是艾略特夫妇的朋友。客厅布置得优雅宜人,书架上收藏着一本本现代作家的作品,其种类数量蔚为可观。入口处的墙上悬挂着一幅艾略特先生的手绘像,这是由艾略特的嫂子亨利·威尔·艾略特夫人画的。桌上的银制相框里嵌着艾略特夫妇的签名婚礼照。科恩夫人和艾略特夫人坐在房间的另一头,艾略特先生和采访者面对面坐在房间中央。磁带录音机的麦克风放在两人之间的地板上。

艾略特先生精神矍铄。他刚从拿骚度假回来,在回伦敦前他会在美国短暂逗留数日。他晒黑了;而且比三年前采访者见他时似乎胖了些。总之,他看上去更年轻,精神也更愉悦。采访中,他时不时地看向妻子,好似与她心照不宣的样子。

采访者曾经在伦敦和艾略特先生聊过。从罗素广场拾阶而上,就是费伯-费伯出版社的小办公室,办公室的墙上展览着很多照片:有弗吉尼亚·伍尔夫的巨幅照片,照片上内嵌着庇护十二世的肖像;有 I.A. 理查兹、保尔·瓦莱里、W.B. 叶芝、歌德、玛丽安娜·穆尔、查尔斯·威布雷、杜娜·巴恩斯等人的照片。在和艾略特谈话的时候,很多年轻的诗人都盯着墙上的那些面孔看。他们中有人讲过一个故事,展现了艾略特先生在谈话中未被察觉的一些方面。大家都在进行严肃的文学讨论,过了一个小时,艾略特突然想到他最后有一句建议。那个年轻诗人是个美国人,他马上要去牛津了——就像艾略特四十年前一样。这时,艾略特满脸凝重得

2.

~~he~~ was exploring his own mind also. ~~The~~ His compositions in verse and in prose fiction ~~to which I have just referred~~ may I think be ignored, except for such information they can yield about their author; and his other writings, those concerned directly with theological, social or political matter, should be ~~xxxxxxxxx~~ considered as by-products of a mind of which the primary activity was literary criticism.

I ~~first~~ met Middleton Murry ~~by~~ for appointment at some meeting place whence he was to conduct me to his home for dinner and a discussion of his projects for The Athenaeum, a defunct weekly which was to be revived under his editorship. I had heard of him earlier, in the circle of Lady Ottoline Morrell where I had already met Katharine Mansfield on one occasion, but we had held no communication before he wrote to propose this meeting. I do not know what he had been told about me; what is important is that he had read (having had it brought to his attention no doubt) at Garsington) my first book of Verse, Prufrock, and that it was entirely because of this book that he wished to ask me to become his Assistant Editor. Of my critical writings he knew nothing: I gave him some copies of The Egoist to enable him to judge of my abilities. It speaks of the man, however, that he had made up his mind that he wanted my help in his editorial venture, without having seen any criticism of mine, wholly on the strength of Prufrock. After a good deal of hesitation I declined; and I think that I was wise to do so, and to remain for some years at my desk in the City. I did however become one of Murry's regular contributors, reviewing some book

T.S. 艾略特的一页修改稿

17

好像他在推荐救赎的办法似的,结果他说要买件长的羊毛衬衣,因为牛津的石头很潮湿。虽然艾略特先生非常清楚他的举止及其传递的信息之间存在令人可笑的反差,他仍能保持着和蔼慈爱的态度。

这样的亦庄亦谐,在这篇采访中随处可见,只是通过文字我们看不到他令人啼笑皆非的手势。实际上,这个采访时而戏谑,时而逗乐,时而令人捧腹。艾略特时不时哈哈大笑——特别是谈到他早期对埃兹拉·庞德的贬损时,还有在说到他在哈佛读书期间写的未经发表、难登大雅之堂的《波洛王》等诗歌时,他笑的时候仰头靠在座椅上,发出砰砰的声音,录音不时被这种砰砰的声音打断。

——唐纳德·霍尔,一九五九年

《巴黎评论》:我从头开始问吧。你还记得你小时候在圣路易斯是怎么开始写诗的吗?

T.S.艾略特:我记得我是大概十四岁时开始写诗的,我受了爱德华·菲茨杰拉德翻译的《鲁拜集》启发,想用同样的风格写一些非常阴郁、邪恶、绝望的四行诗,还好我把这些诗歌都藏起来了——全部藏起来了,所以现在已经没有了。我从来没拿给任何人看。第一篇发表的诗作先是刊登在《史密斯学院校报》,后来又发表在《哈佛之声》[①],那是我交给英语老师的作业,模仿本·琼森的诗。他觉得十五六岁的男孩能写出那样的诗歌非常好。后来,我在哈佛又写了几首诗,数量很少,但是这些诗就让我有资格入选《哈佛之声》编辑部了,我那时觉得挺有意思的。再后来,我大三大四那两年,一下子写了不少。我读大三的时候开始读夏尔·波德莱尔和儒勒·拉福格,在他们的影响下,我变得很能写。

---

① 《哈佛之声》(*The Harvard Advocate*)是哈佛大学本科生文艺刊物。

《巴黎评论》：有没有人专门给你介绍过法国诗人？我想应该不是欧文·白璧德吧。

艾略特：不不不，怎么也不可能是白璧德。白璧德经常让我们欣赏的诗歌是托马斯·格雷的《墓园挽歌》。那首诗是还不错，但是我觉得这也说明了白璧德有他局限的地方。愿上帝保佑他。我觉得我应该公开说过我诗歌创作的来源，是亚瑟·西蒙斯关于法国诗歌的书，那是我在哈佛学生俱乐部楼（Harvard Union）偶然看到的。那时候，本科生各凭心愿，谁都可以去哈佛学生俱乐部楼。那里有个小图书馆很好，现在哈佛很多房子都有那种图书馆。我喜欢他书里的引文，我就跑到波士顿的哪个书店（我不记得书店的名字了，我也不知道这书店现在还在不在了），那个书店专卖法国、德国和其他一些外国书，我在那里找到了拉福格，还找到了一些别的诗人。我真没想到，那样的书店里居然有像拉福格这样一些诗人的书。老天，不知这些书在书店到底是存了多久，还是有其他人预订过。

《巴黎评论》：你读大学的时候，有没有感受到前辈诗人的巨大影响力呢？现在的年轻诗人，是在艾略特、庞德和史蒂文斯的时代写诗。你还记得你当时对文学时代的印象吗？我觉得你那时候和现在应该差不了多少。

艾略特：我当时对英国和美国任何一个活着的诗人都没什么特别的兴趣，我觉得这应该是好事吧。我不知道就像你说的"巨大影响力"是什么样的，但是我觉得这可能比较麻烦，会让人分心。还好，我们当时没有相互干扰。

《巴黎评论》：你对哈代或者罗宾逊有印象吗？

艾略特：我对罗宾逊稍微有点儿印象，因为我在《大西洋月刊》上读过一篇关于他的文章，里面引了他的一些诗，但那些诗完全不对我胃口。哈代那时候基本上还没有"诗人"的名声。人们只读他的小说，诗是后来才出名的。还有叶芝，可那是早期的叶芝，凯尔特人的薄暮对我来说太多了。那里面没什么值得一读的，读来读去就是十九世纪九十年代的人们——不是酗酒死了，就是自杀死了，这事那事，反正是死了。

《巴黎评论》：你和康拉德·艾肯一起在《哈佛之声》当主编时，你们写诗时互相切磋吗？

艾略特：我们是朋友，不过我不认为我们相互有什么影响。说到外国作家，他对意大利和西班牙的作家更感兴趣，我只对法国作家感兴趣。

《巴黎评论》：有没有其他朋友读过你的诗、帮助你的？

艾略特：嗯，有。我哥哥有一个朋友叫托马斯·H. 托马斯，就住在剑桥，他在《哈佛之声》上读到我的一些诗。他还给我写了一封信，热情地激励我。可惜他给我的那些信都不在了。我当时真是很感激他对我的鼓励。

《巴黎评论》：我听说是康拉德·艾肯把你和你的作品介绍给庞德的。

艾略特：对，没错。艾肯对朋友很慷慨。有一年夏天他去了伦敦，和哈罗德·门罗等人为在伦敦发表我的诗歌而奔走，但是没人愿意发表。他又把它们给我带回来。后来我记得应该是一九一四年，我们那年夏天都在伦敦，他说："你去见见庞德吧。给他看看你的诗。"他觉得庞德应该会喜欢。艾肯很喜欢这些诗，尽管他自己的诗风格跟我的很不一样。

《巴黎评论》：你还记得你第一次见庞德的情景吗？

艾略特：我记得我先去拜访他。当时我们到他位于肯辛顿的家里，在小小的三角形会客室，他对我印象应该不错。他说："把你的诗寄给我吧。"后来他是这样答复我的："这是我见过的最好的诗。过来吧，我们聊聊这些诗。"后来他费了很大工夫把它们推荐给《诗歌》主编哈丽特·门罗。

《巴黎评论》：在献给你六十岁生日的那本书里，艾肯在关于你编辑《哈佛之声》那段时期的文章里引用了你早年从英国寄来的信，在里面你提到庞德的诗歌"平庸得让人惋惜"。你是什么时候改变看法的？

艾略特：哈哈！有点儿没礼貌，是不是？庞德的诗一开始是《哈佛之声》的编辑 W.G. 亨科姆·费尔南德兹拿给我看的。他和我、康拉德·艾肯和其他的诗人关系都很好。他给我看了埃尔金·马修一九〇九年出版的庞德的两本早期的书，就是《狂喜》(*Exultations*) 和《人物》(*Personae*)。他说："这正对你的路子；你应该会喜欢的。"可我其实并不怎么喜欢。对我来说，那些诗浪漫虚幻，离奇古怪，还有些过时。我没觉得有多好。我去见庞德的时候，并不是因为崇拜他，尽管我现在回过头再看看，当时看到的作品的确还不错，但是我确信，他后期的作品才是真正伟大的。

《巴黎评论》：你在已经出版的书里面曾经提到，《荒原》原本比现在长很多，是庞德把它删成现在的样子的。他对你诗作的批评对你有帮助吗？他有没有删改过别的诗歌？

艾略特：是的。在当时是有帮助。他是一位了不起的批评家，因为他并不是让你去模仿他。他是在看你自己在走什么路子。

《巴黎评论》：你有没有帮忙给你的朋友修改过诗歌？比如说埃兹拉·庞德？

艾略特：我想不起来给谁改过诗。当然了，这二十五年来，我给年轻诗人的初稿提过无数的建议。

《巴黎评论》：未删改的《荒原》原稿还在吗？

艾略特：别问我。这事我也不知道。是个未解之谜。我卖给约翰·奎恩了。我还给了他一本没发表的诗歌，因为他在各种事情上一直对我很关照。那是我最后一次知道它们的下落。后来他去世了，再也没见有人卖过这些手稿。

《巴黎评论》：庞德从《荒原》里删除了什么样的东西？他有没有删过完整的段落？

艾略特：完整的段落，有。有一大段是关于海难的。我不知道它们跟全诗什么关系，应该是受但丁《地狱》里尤利西斯诗章的启发写的。还有一章是模仿蒲柏《夺发记》写的。庞德说："别人已经做得很好的事情，就没必要再做了。做点儿不一样的吧。"

《巴黎评论》：删除的部分有没有改变诗歌的思想结构？

艾略特：没有。我觉得完整的版本也一样没什么结构可言，只不过更散罢了。

《巴黎评论》：我有个问题，是关于《荒原》的构思的。批评家认为你在《荒原》中表达了"一代人的幻灭"的观点，你在《朗伯斯后的沉思》中否认了这一点，你否认了这是你的创作意图。现在我看 F.R. 利维斯说那首诗没有表现进步；但是从另一方面来说，一些批评家研究了你的晚期诗歌之后，发现《荒原》蕴含了基督教的精神。不知道这是不是你写作意图的一部分？

艾略特：不，我自己没有这个意图。我觉得在《朗伯斯后的沉思》里，我是从否定的层面而不是从肯定的层面来说明意图的，我说的是什么不是我的意图。人总是想倾诉一些什么的。但是不到他说出来，他是不知道他会倾诉什么的。不过我不能用"意图"来阐述我的任何诗歌，或者任何诗歌。

《巴黎评论》：我还有个问题，是关于你、庞德，还有你的早期职业的。我不知在哪儿读到，说你和庞德在一九一〇年代末的时候决定开始写四行诗，因为自由诗已经发展得很不错了。

艾略特：我觉得那应该是庞德说的。而且写四行诗的主意也是他提的。他给我介绍了戈蒂埃的诗集《珐琅与雕玉》。

《巴黎评论》：我想问问你关于形式与主题的看法。你在清楚自己要写什么之前，会不会已经把形式选好了？

艾略特：从某种意义上来说，是的。一种经过反复推敲的形式。我们仔细研究戈蒂埃的诗歌以后想，"如果用这种形式，我能说些什么？"于是我们就去尝试。形式激发内容。

《巴黎评论》：为什么你早期的诗歌选择了自由诗这种形式？

艾略特：我早期的自由诗，当然了，一开始是试着想写和拉福格形式一样的诗歌。那就只是长短不一的的押韵诗行再加上不规则的押韵。虽然是"诗"，但并没多"自由"，更不像埃兹拉称之为"艾米主义"的意象诗那样自由。后来呢，当然了，下一个阶段有些更自由的作品，比方说《风夜狂想曲》。我不知道我创作的时候脑子里有没有什么范本或者模式什么的。就那样冒出来了。

《巴黎评论》：你有没有感觉到，可能你写诗是为了抵抗什么，而不是为了符合某种模式？可能是在抵抗桂冠诗人？

艾略特：不，不，不。我不认为有人会一直抗拒什么，而应该只是在想找出什么最适合自己。其实，桂冠诗人总是遭受冷落，比如说罗伯特·布里奇斯（Robert Bridges）。我觉得通过类似政治的办法去推翻现有的形式并不一定能产生好诗。我觉得这只不过是新陈相替。人总要找到一种表达方式。"我不能用那种方式来说，我可以用什么方式呢？"其实没人会因为现有的模式而烦恼的。

《巴黎评论》：你应该是在写作《普鲁弗洛克的情歌》之后、写作《小老头》之前写了一些法语诗，收录在你的《诗歌选集》中。想问问你怎么会写法语诗歌的？你后来还写过吗？

23

艾略特：没有，我以后也不会写了。那个事情很奇怪，我也说不清是怎么回事。那段时间我以为我的灵感枯竭了。有一阵子我什么都没写，特别心灰意冷。我开始试着用法语写一些小东西，然后发现我竟然还能写——就是在那个时期。我觉得当我用法语写的时候，我并没有把诗歌太当回事，没那么当回事的时候，反而不担心能不能写的问题了。我做这些事情，不过就是当成耍杂耍，看看我能做什么。就那样持续了几个月。其中最好的一些已经刊出来了。我必须声明的是，这些诗埃兹拉·庞德都读过，还有埃德蒙·杜拉克——我们在伦敦认识的一位法国人，也帮了些忙。剩下的诗歌大概后来都丢了。后来，我突然又开始用英语写了，而且我完全不想用法语写了。我觉得这只是帮助我重新开始写诗而已。

《巴黎评论》：你有没有想过成为一位法国象征主义派诗人，就像上世纪的那两位美国前辈一样？

艾略特：你说的是斯图尔特·梅里尔和维埃雷-格里芬？在哈佛毕业后我在巴黎待了一年，只有在那浪漫的一年，我那么想过。我那时候想放弃英语写作，定居巴黎，慢慢开始用法语写作。现在看来，那个想法挺愚蠢的，就算我对双语的掌握能力比我实际的更强，也不行啊。一方面，我认为没人能成为双语诗人。我还不知道有哪个人，能用两种语言写出同样好的诗歌。我觉得一定有一种语言，是你用来表达自己的，用诗歌来表达自己，因此，你必须放弃另一种语言。而且我认为英语在某些方面比法语更丰富。或者说，就算我可以用法语写得和你提到的那些诗人一样熟练，我觉得我用英语还是比法语顺手。

《巴黎评论》：你现在有写诗的打算吗？

艾略特：不，我目前没有任何打算，我刚把《老政治家》写完，我们离开伦敦时我刚校完最后一稿，我最近可能会写一篇评论。我从来不会提前多考虑一步。再写一部戏剧，还是再多写几首诗歌？现在还不知道，等到写的时候我才能知道。

《巴黎评论》：你有没有一些未完成的诗歌现在还时不时拿出来看一看的？

艾略特：那样的东西没多少，没有。对于我来说，一篇未完成的东西，就不如丢掉算了。如果里面有什么好的东西我能在别处用的，那最好把它留在我的脑子里，而不是写在纸上塞抽屉里。如果我放在抽屉，那它还是原来的东西，但是如果它保留在我的脑海里，那它会变成别的东西。就像我以前说过的，《烧毁的诺顿》就是从《大教堂凶杀案》中拿出来的。我从《大教堂凶杀案》中学到的是，再漂亮的诗句，如果跟情节没关系，那就没必要放进去。马丁·布朗尼的话很有帮助，他会说："这几句诗是很漂亮，但是它们和舞台上发生的事情一点儿关系都没有。"

《巴黎评论》：你的短诗，有没有是完全从长诗中删减出来的？有两首诗有点儿像《空心人》。

艾略特：哦，那些是初稿。时间比较早。其他的我发表在杂志里了，但是没有收录在诗集中。你应该不会在一本书中把同样的东西说两遍吧。

《巴黎评论》：你似乎经常一节一节地写诗。它们一开始都是各自独立的诗歌吗？我主要是指《圣灰星期三》。

艾略特：对，像《空心人》，它一开始是一些独立的诗歌。我记得，《圣灰星期三》一两部分的初稿曾经出现在《交流》和其他杂志上。后来渐渐地，我把它当成一个系列的东西。这似乎是我常年作诗的一种办法——先各自成篇，再看看有没有把它们熔在一起的可能性，重新调整，最后构成整体。

《巴黎评论》：你现在有没有写像《擅长假扮的老猫经》或者《波洛王》一类的作品？

艾略特：时不时地是会有这类东西冒出来！这样的诗句，我记了一点儿笔记，有一两个不完整的猫的片段，但是很可能永远都不会再写了。一个是关于一只妖猫。结局太悲惨了。这不行。我不能让我的孩子为一只犯错误的猫哭泣。她的职业很不靠谱，我是说这只猫。我之前那些猫的读者要是看到，肯定不行。我从来没写过狗。当然了，说到狗，它不像猫那么有写头。这个猫系列，我可能最后会出一个增订版，这比再出一卷的可能性大很多。我确实加了一首诗，那首诗一开始是给费伯-费伯出版社打广告用的。好像还很成功。对，没错，人就是想用各种诗歌的类型都试试手，严肃的，不严肃的，体面的，不体面的。谁也不想丢掉自己的本领。

《巴黎评论》：人们现在都很关心创作的过程。不知你能不能多谈谈你写诗的习惯？我听说你是用打字机写。

艾略特：有的是用打字机。我的新剧《老政治家》，很大一部分是用铅笔和纸写的，很潦草。我会自己先打出来，再交给我妻子整理。打字的过程中，我自己会做些改动，是比较大的改动。但是不管我是写字还是打字，不论作品多长，比方说一部戏剧吧，我工作的时间都是固定的，比如说是上午十点到下午一点。我一天实际写作的时间顶多就是三小时。以后再润色。我有时候想多写点儿，但是等我第二天再看看那些东西，发现在三小时以后写的从来都不能令人满意。所以，最好还是时间一到就停下来，想想别的事情。

《巴黎评论》：你有没有按计划写过非戏剧诗？比如说《四个四重奏》？

《巴黎评论》：只有少数"即兴诗"是这样。《四个四重奏》没按计划写。当然第一部是一九三五年写的，但是其他三部都是在战争时期断断续续写的。一九三九年要不是战争爆发，我很可能会试着写另一部戏剧。幸好我没机会写。我个人觉得，战争的好处就是耽搁我的写作，让我没办法太快写下一部戏剧。我发现《家庭聚会》里有些地方有问题，但是我觉得这五年我停下来专心思考一个剧本，比我去写别的剧本好多了。《四个四重奏》的形式正适合我当时的写作状态。我可以一节一节地去写，不需要持续不断地写下去。就算一两天不写也不要紧，因为当时是战争时期，这种情况经常发生。

《巴黎评论》：刚才只提到你的戏剧，但还没深入地去谈一谈。在《诗歌与戏剧》中，你谈到了你早年的一些戏剧。可不可以说说你写《老政治家》的意图是什么？

艾略特：我想我在《诗歌与戏剧》中谈到了我的理想目标，不过这些理想目标我从来也没想过能实现。我其实是从《家庭聚会》开始的，因为《大教堂谋杀案》是一部历史剧，很特殊。用的是一种很特别的语言，就像在处理另外一个时期时一样。我感兴趣的问题，它其实一点儿都没解决。后来我觉得在《家庭聚会》中，我太重视诗的韵律，结果忽视了戏剧的结构。但从诗作的角度来说，我仍然觉得《家庭聚会》是我最好的戏剧之一，尽管它的结构并不是很好。

在创作《鸡尾酒会》和《机要秘书》时，我在结构方面又有了些许进步，但《鸡尾酒会》的结构仍然不是很令人满意。对于我这样实际从事写作的人来说，有时候按照计划写出来的东西，却不一定是最成功的——真是让人沮丧。很多人批评《鸡尾酒会》的第三幕像尾声，所以在《机要秘书》的第三幕里，我想加入一些新的情节。当然，从某些方面来说，《机要秘书》的结构过于精巧，结果让别人误以为这只是一出滑稽戏。

我当时想把剧场技巧学得很通透，那样我就能游刃有余了。我一直觉得，对规则还不够了然于胸时，就应该好好遵循规则。

我希望《老政治家》能或多或少比《机要秘书》更富有诗意一些。我觉得我现在还没有达到目标，将来也未必能达到，但是我希望每次都能向目标更近一步。

《巴黎评论》：在《老政治家》创作的背后，有没有一个希腊模本？

艾略特：戏剧的背景故事是《俄狄浦斯在科罗诺斯》。但是我不愿意把我这些希腊原型当成模本。我一直把它们看作是写作的出发点。《家庭聚会》就是这个毛病，它和《欧墨尼得斯》太接近了。我之前的模仿太过亦步亦趋，结果我把基督教兴起之前和基督教兴起之后对良心、罪恶、负疚感的态度都混淆了。

所以，在之后的三个剧本中，我试着把希腊神话当成一种跳板。说到底，在古代戏剧里，我觉得最核心的、最有永恒价值的就是情节。你可以借用这个情节，用现代的方式来重新演绎，并且从中提炼出自己的角色和情节。这样的话，你和原作的距离就会越来越远。《鸡尾酒会》跟阿尔克斯提斯相关，只不过是因为我突然想到，阿尔克斯提斯复活之后，她和阿德墨托斯的生活会是怎样的；我是说，经历了生离死别，他们不可能还和从前一样。我刚开始写《鸡尾酒会》的时候，这两个人是中心人物，其他角色都是由此发展的。剧本中最重要的角色西莉亚，原先仅仅是该剧一幕家庭场景的配角。

《巴黎评论》：你在一九三二年提出的理论中，认为诗剧有五个层次：情节、人物、措辞、韵律、意义，你现在还这么认为吗？

艾略特：我现在对我自己关于诗剧的理论已经不感兴趣了，尤其是一九三四年以前提的。自从我在写剧本上花的时间越来越多，我对理论的关注就越来越少了。

《巴黎评论》：写剧本和写诗有什么区别？

艾略特：我觉得处理手法相当不同。写剧本是为观众，写诗则主要是为自己，这是截然不同的——尽管写的诗歌如果不能引起人们的共鸣你也会不高兴。写诗的时候你可以说："我在抒发我自己的感情。我现在就在把我的感受变成文字。"而且在诗歌中，你是以自己的口吻来写的，这也很重要。你在用自己的口吻思考，但在写戏剧的时候，一开始你就知道，你写的东西是给别人用的，在你写的时候你还不知道是谁会用。当然了，我的意思不是说这两种方法是绝对相互排斥的，不是的，理想状态下它们其实应当是糅合在一起的。莎士比亚的戏剧里它们就经常糅合——当他写诗时考虑戏剧效果、考虑观众、考虑演员的时候。这时候两种手法就合二为一了。如果能达到这种境界，那当然很好了。只可惜我只有极少数的时候才能做到。

《巴黎评论》：你有没有尝试过控制演员念剧本里的诗，好让它听起来更像诗一些？

艾略特：这个事情我基本上交给导演了。重要的是，导演得对诗有感觉，导演得引导演员抑扬顿挫地念诗，引导他们掌握好散文和诗的距离。只有演员直接问我问题的时候，我才指导指导。不然，我觉得他们应该听导演的。只要先和导演谈妥了，后面的事情放心交给他就好了。

《巴黎评论》：你有没有觉得，你的作品甚至包括你的诗歌，读者越来越多了？

艾略特：我觉得这里面有两点因素。一个是我觉得写作戏剧——就是《大教堂谋杀案》和《家庭聚会》，与写作《四个四重奏》不一样。我觉得它本身在语言上就比较简单，像和读者谈话一样。我发现后来的《四重奏》比《荒原》和《圣灰星期三》要简单多了，容易多了。有时候我想说的东西可能并不简单，但是我在用一种简单的方式说出来。

另一点，大概是因为经验和成熟吧。我觉得我早期写诗时能力还不够——想说的太多，却不知道该怎么说，或者还不知道怎样用合适的词语和韵律来表达，让读者能一眼就看懂。

在诗人仍在学习运用语言阶段时，语言难免会晦涩。你必须用艰深的方式来表达。否则就不要写——在那个阶段就是这样。写《四个四重奏》的时候，我还没办法用《荒原》的那种风格来写。在写《荒原》时，我甚至一点儿都不操心我知道不知道我在说什么。这些东西，慢慢地大家也了解了，《荒原》，或者《尤利西斯》，诸如此类，大家慢慢就习惯了。

《巴黎评论》：你觉得《四个四重奏》是你最好的作品吗？

艾略特：是的，而且我觉得越写越好。第二部比第一部好，第三部比第二部好，第四部最好。大概也是我敝帚自珍吧。

《巴黎评论》：想请教你一个很宽泛的问题，你能不能给年轻诗人一点儿建议，他们如果想在创作艺术上有所提高时，应该遵循怎样的原则，或者培养怎样的态度呢？

艾略特：我觉得给一些泛泛的建议很危险。帮助年轻诗人最好的办法，就是挑他的一首诗来细致地批评，必要的话和他争论，把你的意见告诉他；如果要概括什么的话，让他自己去概括吧。我发现不同的人有不同的工作方式，写出作品的方式也各不相同。当你说一句话时，你永远不知道这句话是对所有诗人适用，还是只对你自己适用。我觉得用自己的条条框框去约束别人是最糟糕的事情。

《巴黎评论》：你认为可以作个这样的概括吗，那就是，现在比你年轻的优秀诗人，似乎都在教书？

艾略特：我不知道。我认为这种事情，要等到下一代概括才有意义。现在只能说，不同的时代有不同的谋生之道，或者说有不同的谋生局限。显然，诗人除了写诗也是要赚钱吃饭的。诚然，很多艺术家在教书，音乐家也一样。

《巴黎评论》：你是否认为，诗人最好什么工作都不做，只写写东西看看书？

艾略特：不，我觉得那样会……不过这也因人而异。给每个人指定一个最佳职业是一件很危险的事情，但是我很肯定，如果我一开始就能自立，如果我不需要操心赚钱，把时间全部都花在诗歌上，那很可能会扼杀我的写作生涯。

《巴黎评论》：为什么？

艾略特：我觉得对于我来说，去参与一些其他的实践活动很有用，比如在银行工作，甚至是做出版。而且，就是因为抽不出很多时间来创作，反而会逼着我在写作时更集中注意力。我的意思是它会耽误我的时间，我就没法写太多了。一般来说，如果一个人没别的事情好做，那么有可能他就会写得太多，导致不能把精力花费在润色一小部分作品上。那对我来说很危险。

《巴黎评论》：你现在有没有有意识地追踪英国、美国的诗坛新秀？

艾略特：我现在没有，没有专门费劲去追踪。我有段时间做出版时，经常读读短评，看看有没有新人。但是人年纪越大，对自己挑选新人的能力就越没什么把握，还总担心自己会不会跟前辈一样犯同样的错误。现在在费伯-费伯出版社，我有一位年轻的同事负责审阅诗稿。实际上在那之前，当我读到我认为很优秀的新作品时，我都会拿给我认为很有甄别能力的年轻朋友看看，听听他们的意见。当然了，总有你看不出来人家优点的时候，这种危险在所难免。所以我宁肯让年轻人先看看。如果他们喜欢，他们就会拿给我看，看看我是不是也喜欢。遇到一个作品，让有品位、有见地的人看看，如果读的人不论年纪大小都很喜欢，那这个作品一定很有分量。有时也不免会感觉有些排斥。但我不喜欢排斥别人，因为我的作品刚出来的时候也受到了人们的排斥——他们觉得我那些作品都是招摇撞骗。

《巴黎评论》：你有没有感觉到，年轻的诗人普遍都推翻了本世纪初诗歌的实验主义？现在几乎没有诗人像你当初一样受到排斥了，但是赫伯特·里德等一些年纪大点儿的批评家却认为，在你之后的诗歌又退回原样了。当你第二次谈到弥尔顿时，你曾经提到诗歌在语言方面的作用：既抑制语言的改变，也促进语言的改变。

艾略特：是的，你也不希望每隔十年就来一场革命吧。

《巴黎评论》：但是有没有这样的可能，那就是不向前发展，而是出现反革命？

艾略特：不会，我看不出有什么反革命的。一段时期摒弃传统，下一段时期大家就会好奇怎么用传统形式来做新的试验。如果这之间的变革别具一格，那就会产生很好的作品。这不是退步，而是推陈出新。这不是反革命，这也不是退步。的确有些场景、有些情感有重回乔治时期艺术风格的倾向，而大众又总是偏爱平庸的作品，他们看到这些诗时，就会说："太好了！总算又有真正的诗歌了。"也有一些人喜欢现代的诗歌，但是对于他们来说，真正创新的东西他们又接受不了——他们需要比较不那么强烈的东西。

在我看来，我看到的年轻诗人最好的特质根本不是反动。我不会说具体是谁，因为我不喜欢公开评价年轻人。最好的作品会是一种不那么革命的进步——不会像本世纪初的诗歌那么革命。

《巴黎评论》：最后，我想问一些不相干的问题。一九四五年，你这样写道："诗人必须从他日常生活中的语言取材。"后来你又这样写："诗歌的音乐，就是他的时代中隐藏在日常语言中的音乐。"后来你又批评"标准化的BBC英语"。这五十年来，尤其是近五年来，商业语言通过大众传媒的作用越来越盛行，不是吗？你以前提到的"BBC英语"在ITA和BBC的传播下愈演愈烈，更不用说CBS、NBC和ABC了[①]。这种发展会使得诗人处理日常语言时变得更困难吗？

艾略特：这一点你说得很好。我觉得你说得没错，这的确变得更困难了。

《巴黎评论》：我是想请你来谈谈。

---

① ITA系英国独立电视管理局简称。BBC系英国广播公司简称。CBS、NBC、ABC分别系美国哥伦比亚广播公司、美国全国广播公司、美国广播公司简称。——编者注

艾略特：好，你要我谈一谈，那我就来谈一谈吧。我确实觉得因为现代传媒的发展，因为少数人有了把话语强加给大众的工具，这个问题开始变得非常复杂。我不知道电影对白对大众的影响有多大，但是广播语言显然产生了更大的影响。

《巴黎评论》：那么，你所说的日常语言有可能彻底消失吗？

艾略特：如果真那样就太糟糕了，但是的确很有可能。

《巴黎评论》：当代作家还有什么特别的问题吗？人类灭绝这样的事情对诗人会有什么特别的影响吗？

艾略特：我不知道人类灭绝这种事情对诗人和其他人能有什么不一样的影响。只要是人就会受到影响，影响多大只是看这个人有多敏感罢了。

《巴黎评论》：还有一个不相关的问题：我知道一个人如果本身在实践写诗的话，他的评论一般都比较高明——尽管这些评论也不免带着他自己的偏见。但是，你觉得写评论对你写诗有帮助吗？

艾略特：间接地会有帮助，有些诗人影响过我，我也很敬仰，我写关于他们的批评时，多多少少对我写诗都会有帮助。不过这只是让我更清楚地感觉到他们对我的影响。这是一股很自然的推力。有些诗人，在我写他的评论之前，早就受到他们的影响了，我觉得那些评论是我写得最好的评论。它们比其他那些泛泛而谈的话更有意义。

《巴黎评论》：G.S. 弗雷瑟在一篇关于你和叶芝的文章中，提到不知你是否见过叶芝。从你谈到叶芝的语气，你应该见过他。可以说说你们见面的情形吗？

艾略特：当然了，我和叶芝见过很多次。叶芝一向待人很好，他见年轻作家时，就好像他们是他的同辈似的。我记不清哪次具体见面的情形了。

《巴黎评论》：我听说你认为你的诗歌属于美国文学传统。能告诉我们这是为什么吗？

艾略特：我是说我的诗歌显然更接近我那一代的美国诗人的作品，而不是英国诗人的作品。这一点我很肯定。

《巴黎评论》：你认为与美国的过去有关联吗？

艾略特：是的，但是我很难说得更绝对。若非如此，就不会是这样，并且我想也不会这么好；实事求是地说，要是我出生在英国，或者我一直待在美国，就不会是现在这样了。什么因素都有。但是说到源头，情感的源头，那还是来自美国。

《巴黎评论》：最后一个问题。十七年前你曾经说，"但凡诚实的诗人，他都不能确定他写的东西有永恒的价值。他有可能白白地耗尽一生却没什么收获"。你现在七十岁了，你还是这样认为的吗？

艾略特：可能也有诚实的诗人能确定自己写的东西有价值。但我不确定。

（原载《巴黎评论》第二十一期，一九五九年春/夏季号）

埃兹拉·庞德

◎周　琰/译

自从回到意大利，埃兹拉·庞德大多数时间在蒂罗尔度过，和妻子、女儿玛丽、女婿波里斯·德·罗西维尔茨公爵及外孙们待在布鲁能堡①。然而，这个梅拉诺镇附近的度假山区在冬天很冷，而庞德先生喜欢太阳。二月末，采访者正要离开英国前往梅拉诺，一个电报把他挡在了门口："梅拉诺冰封了，到罗马来。"

庞德一个人在罗马，在他的老朋友乌戈·达多内的公寓里占了一个房间。那是三月初，异常温暖。庞德的屋子在这栋房子的一个角上，屋子里的窗户和百叶窗都向着安杰洛·波利茨亚诺街的各种噪声敞开。采访者坐在一张大椅子里，而庞德片刻不宁，一会儿在另外一个椅子上，一会儿又挪到一张沙发上。这个房间里庞德的印迹包括两个手提箱和三本书：费伯出版社出的《诗章》，一本孔子作品，还有他正在重读的 F.N. 罗宾逊主编的《乔叟作品集》。

在晚上的社交时间——先在克瑞斯皮餐厅晚餐，然后游览他过去的各种场景，在一个咖啡厅吃冰激凌——庞德以一个年轻人的活力昂首阔步地走着。戴着他那顶伟大的帽子，坚实的拐杖，撩起的黄围巾，外套拖在后面像个斗篷，他又成了拉丁区的狮子。而后他戏仿的才华表现出来，笑声

---

① 布鲁能堡是意大利北部博尔扎诺自治省（又名南蒂罗尔省）的一个古堡，始建于1250年。罗西维尔茨夫妇修复了它，在20世纪中期那里是他们的家。庞德于1958年从美国返回意大利后待在那里，并在那里完成了《诗章》的最后六篇。现在这个古堡既是罗西维尔茨家族的住所，也是埃兹拉·庞德文学中心。

E. Pound

NOTE TO BASE CENSOR

The Cantos contain nothing in the nature of cypher or intended obscurity. The present Cantos do, naturally, contain a number of allusions and " recalls " to matter in the earlier 71 cantos already published, and many of these cannot be made clear to readers unacquainted with the earlier parts of the poem.

There is also an extreme condensation in the quotations, for example
    " Mine eyes have " (given as mi-hine eyes hev refers to the Battle Hymn of the Republic as heard from the loud speaker. There is not time or place in the narrative to give the further remarks on seeing the glory of the lord.

In like manner citations from Homer or ██████ Sophokles or Confucius are brief, and serve to remind the ready reader that we were not born yesterday.
                    The Chinese ideograms are mainly translated, or commented in the english text. At any rate they contain nothing seditious.

The form of the poem and main progress is conditioned by its own inner shape, but the life of the D.T.C. passing OUTSIDE the scheme cannot but impinge, or break into the main flow. The proper names given are mostly those of men on sick call seen passing my tent. A very brief allusion to further study in names, that is, I am interested to note that the prevalence of early american names (either of whites of the old tradition (most of the early presidents for example) or of descendents of slaves who took the names of their masters. Interesting in contrast to the relative scarcity of melting-pot names.

庞德给战后关押他的比萨拘留营的审查官写的一个解释说明的打字稿。那个官员在审查庞德的通信（包括寄给出版商的诗手稿），显然怀疑《比萨诗章》实际上是密码信息。庞德解释并非如此。（图片由詹姆斯·拉夫林提供）

颤动了他灰白的胡子①。

在三个白天的访谈中，他说话很谨慎，有时问题把他搞得精疲力竭。第二天早晨采访者再回来时，庞德先生会急于修改前一天失误的地方。

——唐纳德·霍尔，一九六二年

《巴黎评论》：现在你差不多完成了《诗章》，这让我想了解它们是怎么开始的。在一九一六年你写了一封信，信中谈到尝试用《水手》②韵律重写安德里亚斯·迪乌斯③翻译的荷马史诗。这好像是指《诗章》第一篇。你是在一九一六年开始写作《诗章》的吗？

埃兹拉·庞德：我想大概在一九〇四年开始写作《诗章》的。从一九〇四年或一九〇五年起，我有过各种构想。当时的问题是要找到一种形式——某种有足够的灵活性，可以容纳必要材料的形式。它必须是一种不会仅仅因为某种东西不合适就得将其割爱的形式。在最初的草稿中，现在的《诗章》第一章的一个草稿是原来的第三章。

显然，你没有中世纪所拥有的那种精妙的天堂地图。只有一种音乐的形式才能容纳材料④，而我所理解的儒家的宇宙，是一个各种语调与张力相

---

① 2009 年 6 月，欧内斯特·希尔伯特采访了唐纳德·霍尔。霍尔在采访中回忆了 1960 年在罗马采访庞德时的情形。他谈到在第一天采访之后，他对妻子说觉得庞德很孤独，于是他们邀请他出去吃晚饭。他们带他到克瑞斯皮餐厅，庞德记得这个过去曾经光顾的地方。离开餐厅后，他们在街上走，庞德看见一个人推着车子卖讲究的意大利花式冰激淋，他给大家买了甜筒。霍尔说他记得庞德走入夜晚，围着他的孔子式的围巾，狮子般的头上戴着帽子的样子。
② 《水手》，现存四首古英语诗歌之一，共 124 行，庞德将其从古盎格鲁萨克逊语翻译成现代英文。
③ 安德里亚斯·迪乌斯，文艺复兴时期的意大利学者，用拉丁文翻译了荷马史诗。庞德《诗章》的第一篇提到了他和他译的荷马史诗。
④ 追求通过音乐形式实现诗歌在现代的新生，是庞德诗歌创作的突破点和核心。

互作用的宇宙。

《巴黎评论》：你对孔子的兴趣始于一九〇四年吗？

庞德：不是，我最开始是意识到了这一点：有六个世纪的材料还没有被处理过。这是一个关于处理《神曲》所没有的材料的问题。雨果写了《世纪传奇》①，那不是评述性的，而只是把历史点滴串到了一起。问题在于建立一个参考圈——把现代的心灵当作中世纪的心灵，用文艺复兴以来的古典文化一遍遍浇灌它。你可以说那就是灵魂。一个人必须处理他自己的主题。

《巴黎评论》：有三十或三十五年，除了《阿尔弗雷德·威尼生的诗》②，你在《诗章》以外没写任何别的诗。这是为什么？

庞德：我到了那么一个点，除了偶尔的冲动，我所要说的都能容纳进《诗章》总体的构想。有很多东西因为我被一个历史人物吸引而被割舍了，结果却发现他在我的形式之内不能发挥作用，不能体现一种需要的价值。我一直尝试使《诗章》是历史性的而不是虚构的（参阅：G.乔奥瓦尼尼，《关于历史与悲剧的关系》。某个语言学期刊上相隔十年的两篇文章，不是原始资料但是有关系）。我想要装进去的材料不总是奏效。如果一块石头不是坚硬得足以保持其形式，它就必须被扔掉。

《巴黎评论》：你现在写一篇《诗章》时是怎么规划的？每一章你都会遵循一个特定的阅读计划吗？

庞德：人不一定非要阅读。我想我在写被赐予的生命。我不知道什么

---

① 《世纪传奇》是雨果于 1855—1876 年间创作的诗集，波德莱尔称之为唯一的现代史诗。
② 《阿尔弗雷德·威尼生的诗》，1934 年庞德滑稽模仿 1913 年出版的《丁尼生的诗歌》一书写的十八首诗作。诗中主人公威尼生是一个靠上夜校、查字典、通过自我教育写诗的人，他在伦敦市中心主要从事皮毛与服装贸易的谢菲尔德街渐渐小有名气。威尼生（Venison）是对丁尼生（Tenneyson）名字的戏仿，是"鹿肉"的意思，诗中的一个细节描述了有一天一个女人问他是否卖鹿肉（venison）。

方法。写什么比怎样写要重要的多。

《巴黎评论》：可当你还是个年轻人的时候，你对诗歌的兴趣专注于形式。你的专业精神和你对技艺的投入众所周知。在过去的三十年，你对形式的兴趣转为对内容的兴趣。这是在原则上的变化吗？

庞德：我想我已经谈到它了。技艺是对诚意的一个考验。如果一件事不值得使用技艺来说，它的价值就比较低。所有那一切必须被视为练习。你看，里希特在他的《和声论》①中说："这些是和声和旋律配合的原则，它们和作曲没有任何一种联系，作曲是一件相当独立的事。"有人声明，你不能用英语写普罗旺斯歌谣体，这是错误的。可取不可取是另一回事。在无倒装的自然语言还没有规范时，这些形式是自然的，它们以音乐来实现。在英语里音乐是一种受限制的天性。你知道乔叟的法语式完美形式，莎士比亚的意大利语式完美形式，还有坎皮恩②和劳斯③。直到接触了《特剌喀斯少女》的歌队合唱④，我才找到了（我想要的）这种形式。我不知道我到底找到了什么，真的，可是我想这是域⑤的一个延伸。它也许是一个错觉。我总是对词语与旋律的一体中音调的转变所蕴含的寓意感兴趣。

《巴黎评论》：是不是写作《诗章》耗尽了你对技艺的全部兴趣？或是像你刚提到的《特剌喀斯少女》这一类翻译的写作更为顺手而让你觉得称心？

庞德：我看到需要完成的工作就去搞定它。（翻译）《特剌喀斯少女》

---

① 《和声论》，德国音乐理论家恩斯特·弗里德里希·爱德华·里希特（1808—1879）于1864年发表的音乐理论著作。
② 托马斯·坎皮恩（1567—1620），英国作曲家、诗人、医生，创作了很多鲁特琴歌和假面戏剧舞曲。
③ 亨利·劳斯（1595—1662），英国音乐家，弥尔顿的朋友。1634年为弥尔顿的作品《科莫斯》(Comus)创作了假面舞曲。弥尔顿赞美他的音乐才能。
④ 《特剌喀斯少女》，索福克勒斯的悲剧。庞德在伊丽莎白医院被拘禁期间将其翻译成英语，与同期翻译的索福克斯另一部悲剧《厄特克特拉》一同在《哈德逊评论》1953—1954年冬季刊上发表。
⑤ 原文为"gamut"，除"域""全域"之外，该词也有"全音阶""长音阶""全音域"的意思。

源于阅读费诺罗萨①的能剧新版本，出于想看看通过同样的媒介，由梅若实（初世）②的公司演出，一部希腊戏剧会是什么样。古中国在希腊这样的景象，看起来就像诗歌，激发起水流的交涌。

《巴黎评论》：你是否觉得自由诗是一种美国特有的形式？我想威廉·卡洛斯·威廉斯或许这样想，并且把抑扬格看作英国的形式。

庞德：我喜欢艾略特的一句话："对想干件漂亮活的人来说，没有诗是自由的。"我认为最好的自由诗出自要回到量的音步③的意图。

我想自由诗或许是非英语的，倒不一定特别是美国的。就好像我记得科克托在一个爵士乐队击鼓，仿佛那是一个非常困难的数学问题。

我要告诉你我觉得是美国的形式的东西，那就是詹姆斯式插入语④。你意识到与你说话的人没有理解不同的步骤，于是你又回头解释。事实上詹姆斯式插入语现在已经很普遍了。我认为那绝对是地道美国的。这是一个人在遇到另一个经验丰富的人时，寻找两种经验可以接触的点的努力，这样他才真的明白你在说什么。

《巴黎评论》：你的作品包含了广阔的经验和多样的形式。你认为一个诗人能拥有的最重要的素质是什么？是形式的，还是思考的？

庞德：我不知道怎么能把需要的素质排个高低先后，可是（诗人）他必须有持续不断的好奇，好奇当然不会造就一个作家，可是如果没有它，

---

① 费诺罗萨（1853—1908），在东京帝国大学教授哲学、政治经济学的美国教师，东方学家。他的中国诗歌和能剧笔记对庞德影响深远。费诺罗萨的能剧新版本由庞德整理于1953年出版。庞德尝试用能剧形式翻译写作《特刺喀斯少女》。
② 梅若实（初世）(1828—1909)，江户晚期、明治早期日本能剧演员，广泛传播能剧。费诺罗萨曾经是他的学生。
③ 量的音步（quantitative meter），古希腊语与拉丁语诗歌占主导地位的格律体系。韵律不取决于重音，而是取决于说出一行需要的时长。这个持续的时间取决于一个音节的长短——这和英语有显著的区别，很少能在英语发音中听到。埃德蒙德·斯宾塞曾尝试在他的诗歌《三音步抑扬格》中采用量的音步。
④ 指美国小说家亨利·詹姆斯常用的描述技巧。

诗人就会枯萎。而好奇来自于持久的精力。像阿加西斯①这样的人永远不会无聊，永远不会疲倦。从刺激的接受到记录、到相互关联，这一流转过程要用一生全部的精力。

《巴黎评论》：你认为现代世界已经改变了诗歌写作的方式吗？

庞德：现在有很多以前从未有过的竞争。看迪士尼也有了严肃的一面，有了儒家的一面。那在于他采取了一种道德观，就像他在《佩瑞》②那部松鼠的电影里所做的，用每个人都可以理解的方式宣扬勇气与温柔的品德。这儿你要有一种绝对的天分。你要有一种自亚历山大大帝以来所拥有过的最强大的与自然的关联。亚历山大命令渔夫，一旦发现任何关于鱼的有趣的、特别的事情，都要告诉他。凭借着那种相互关联，鱼类学成为了科学，并延续了两千年。而现在人们用照相机获得了个体间大量的相互关联。这种产生联系的能力是对文学的巨大挑战。它向我们提出了问题：什么是需要做的，以及什么是多余的。

《巴黎评论》：也许它也是一个机会。尤其在你还是一个年轻人的时候，甚至后来在贯穿《诗章》的写作中，你都一再改变你的诗歌风格。你从来不满足于固守某一处。你是不是有意识地寻求拓展你的风格？艺术家需要一直变化吗？

庞德：我认为艺术家必须一直变化。你在努力用一种不会让人厌烦的方式诠释生活，而且你在努力写下你所看见的。

《巴黎评论》：我想知道你怎么看当代的运动。卡明斯之后，除了邦廷③和祖科夫斯基④，我还没有看到你谈论其他诗人。我猜你是忙于其他

---

① 让·路易·阿加西斯（1807—1873），瑞士古生物学家、冰川学家、地质学家，地球自然历史研究的革新者。
② 1957年迪士尼公司根据菲利克斯·萨尔顿同名小说改编的动画片。
③ 贝塞尔·切西曼·邦廷（1900—1985），英国现代派诗人。注重诗歌的声音特质和音乐性，特别是朗读诗歌的重要性。
④ 路易斯·祖科夫斯基（1904—1978），美国诗人，1930年代客观派诗人的奠基者和理论家，受庞德和卡明斯影响。

事情。

庞德：人不可能遍览所有的东西。我在试图摸索一些历史事实，当你一头钻进历史时就不能从后脑勺往当代看。我不认为一个人有能力批评后起之秀，没有这种记录。这纯粹是一个人能够做到的阅读量的问题。

我不知道这是他自己的话还是他收藏的一句珍贵的话，可不管怎么说弗罗斯特在伦敦——不管是什么时候吧——大概一九一二年，这样说："祷告摘要：'哦，上帝，注意**我**。'"这就是年轻作家们的做法——并不真的向往神圣！——通常我不得不限制自己只去阅读那些至少由另外一位年轻诗人作为鼓动者推荐的年轻诗人。当然这种惯例可能会导致合谋，可是不管怎么说……

至于批评年轻诗人，我没有时间去做一种比较性的评价。谁在向谁学，人确实用一个人来衡量另一个。我看到现在轰轰烈烈的，可是……不过总的来说，无疑还是有种勃勃生气。卡尔·[罗伯特]洛威尔就非常好。

《巴黎评论》：你一生都在给年轻人提建议。现在你有什么特别要对他们说的吗？

庞德：增强他们的好奇心并且不要作假。可那还不够。就像仅仅确定肚子痛和仅仅倾倒垃圾筒是不够的。事实上宾夕法尼亚大学的学生杂志《开怀畅饮》曾经把这句话作为座右铭："任何一个该死的傻瓜都可以是天真的。"

《巴黎评论》：你曾经写到过你从四个活着的文学前辈那里得到有益的启迪，托马斯·哈代、W.B.叶芝、福特·马多克斯·福特和罗伯特·布里奇斯。那些启迪是什么？

庞德：布里奇斯是最简单的。布里奇斯提醒我警惕同音词。哈代是他对主题专注的程度，而不是形式。福特总的来说是语言的新鲜。而叶芝你说是第四个？好吧，到一九〇八年时，叶芝已经写出了不脱离词语自然秩序的朴素的抒情诗。

《巴黎评论》：一九一三年到一九一四年间你是叶芝的秘书。你为他做些什么？

　　庞德：多数是大声朗读。多蒂的《大英帝国的黎明》①等等。还有争吵，你瞧。爱尔兰人喜欢争辩。四十五岁时他想要学击剑，那很有趣。他会像一条鲸鱼般拿着一把钝剑四处乱刺。有时候他给人的印象是一个比我还糟的傻瓜。

　　《巴黎评论》：学术界在你对叶芝的影响上有争议。你和他一起琢磨他的诗吗？你有没有像剪裁《荒原》那样剪裁他的哪首诗？

　　庞德：我不记得任何那样的事。我确实反对了一些特定的表达。有一次在拉帕洛②外，看在上帝的分上，我试图阻止他印发一个东西。我告诉他那是垃圾。结果他做的就是印发了它，并附了一个前言说我说那是垃圾。

　　我记得泰戈尔在他的校样边上涂鸦的时候，他们告诉他那是艺术。巴黎还为那些涂鸦办了一个展览。"这是艺术？"没人热衷于这些涂鸦，可当然有那么多人对他撒谎。

　　至于叶芝的转变，我认为福特·麦道克斯·福特可能有一些功劳。叶芝永远不会采纳福特的建议，可是我想通过我福特帮助他趋向于一种自然的写作方式。

　　《巴黎评论》：通过批评和剪裁，你曾无所不至地帮助了他人的写作，有没有人在你的写作中也这样帮助过你？

　　庞德：除了福特，有一次他很不文雅地在地上打滚，抱头沉思，痛苦呻吟。我不认为任何人在手稿写作过程中帮助过我。福特的作品在那时显

---

① 查尔斯·蒙塔古·多蒂（1843—1926），英国诗人、作家、旅行家。《大英帝国的黎明》是他的史诗，发表于1906年。这首长诗是诗人倾向于前莎士比亚时代英语的基本语言学特点、而非文学特点的典范作品。
② 意大利北部热那亚省的一个直辖市。

得太松散,但是他带头与三流的"之乎者也"斗争。

《巴黎评论》:你和视觉艺术家有密切的联系——像"旋涡主义"[①]运动中的戈迪埃-布尔泽斯卡[②]和温德姆·刘易斯[③],以及后来的弗朗西斯·毕卡比亚[④]、毕加索和布朗库西。这和作为作家的你有什么关系吗?

庞德:我不这么想。一个人在画廊看画的时候可能会有所发现。《象棋游戏》那首诗显示出现代抽象艺术的影响,可是从我的角度来看,旋涡主义是对结构感的复兴。色彩死了,马奈和印象派复活了它。那么我称作形式感的东西变得模糊了,而有别于立体派的旋涡主义是复活形式感的一种努力——也就是皮耶罗·德拉·弗朗西斯卡关于比例和构成的专著《绘画透视论》[⑤]中谈论的形式。我在离开美国前就开始有了各种形式比较的想法。一个叫普尔的家伙写了一本关于构成的书。我到伦敦的时候脑子里确实有些想法,而且我在知道法国现代诗歌之前就知道了卡图鲁斯[⑥]。传记中有的地方可能要纠正[⑦]。

《巴黎评论》:我一直想知道你在来欧洲之前在美国的文学活动。顺便问一下,你什么时候第一次来欧洲?

庞德:一八九八年,十二岁时。和我的姑奶[⑧]。

《巴黎评论》:那时你读法语诗吗?

[①] 旋涡主义(Vorticism),1913 年由庞德命名,立体派的一个分支,植根于布鲁姆斯伯里团体和未来主义,着重于捕捉形象的运动,喜用粗线条和大胆刺激的颜色。
[②] 亨利·戈迪埃-布尔泽斯卡(1891—1915),法国雕塑家。
[③] 温德姆·刘易斯(1882—1957),英国画家、作家,"漩涡主义"的创始人。
[④] 弗朗西斯·毕卡比亚(1879—1953),法国画家、诗人。
[⑤] 《绘画透视论》(De Prospectiva pingendi),文艺复兴时期关于绘画中的透视的数学书,由意大利文艺复兴早期大师皮耶罗·德拉·弗朗西斯卡于 1480 年撰写。
[⑥] 卡图鲁斯(公元前 84—约 54 年),罗马共和国时期的拉丁诗人,约翰·米尔顿称赞他的诗歌讽刺尖锐、赤诚素朴,华兹华斯、路易斯、祖科夫斯基、庞德等近现代诗人亦多受他影响。
[⑦] 此处有可能是指庞德的传记。
[⑧] 1887—1889 年期间,庞德一家离开爱达荷之后曾经住在纽约庞德母亲伊莎贝尔·韦斯顿·庞德的叔叔艾兹拉·布朗·庞德和妻子佛兰克·韦斯顿家中。1898 年夏天,佛兰克带庞德和他母亲到欧洲旅行了三个月。

庞德：不，我想我在读葛雷的《墓园挽歌》之类的东西。不，那时我没在读法语诗。第二年我就开始读拉丁语了。

《巴黎评论》：我想你是十五岁进的大学吧？

庞德：我去大学是为了逃脱军校的操练。

《巴黎评论》：你怎么开始成为一个诗人的？

庞德：我的祖父和当地银行行长常常诗书往来。我的外祖母和她的兄弟们在书信中也作诗唱和。每个人都会写诗被看作是理所当然的。

《巴黎评论》：你在大学学习期间，学到过什么对你作为一个诗人有帮助的东西吗？我想你当了七八年的学生。

庞德：只有六年，六年四个月。我每时每刻都在写，尤其是做研究生的时候。大学一年级时我开始学习拉雅蒙的《不列颠纪事》①和拉丁语。我能进大学全靠我的拉丁语，那是他们录取我的唯一原因。我确实十五岁时就想遍览群书。当然我是不是一个诗人是由诸神决定的，可至少发现别人都做过些什么取决于我。

《巴黎评论》：我记得，你只教了四个月书。可你知道现在美国的诗人基本上都是教师。你对在大学教书与诗歌写作的联系有什么看法吗？

庞德：那是经济的因素。一个人总要想办法挣他的房租。

《巴黎评论》：你在欧洲这些年怎么过来的？

庞德：哦，上帝。那是上帝的一个奇迹。从一九一四年十月到一九一五年十月我的收入是四十二英镑十便士。那个数字清清楚楚铭刻在我的记忆里……

---

① 英国修士、诗人拉雅蒙编写的第一部关于亚瑟王传奇的英语诗。

我从来都不是给杂志写稿的一个好手。有一次我给《时尚》写了一篇讽刺文章，我想是那个杂志。写一个我不怎么喜欢的艺术家。他们觉得我恰恰找到了合适的语气，然后凡尔哈伦①死了，他们让我写一个凡尔哈伦的短评。于是我就去他们那里说："你们想要给欧洲最阴郁的人一篇漂亮、愉快又简短的讣告。"

"什么，阴郁的家伙，他是吗？"

"是的，"我说，"他写农民。"

"农民还是野鸡？②"

"农民。"

"噢，我想我们不应该去碰它。"

这就是我不知道言多必失而自断财路的样子。

《巴黎评论》：我在哪里读到过——我想是你写的——你曾试着写过一部小说。那个小说怎么样了？

庞德：很幸运，它被扔进了郎豪坊③的壁炉。在我知道小说该是什么样之前，我试过两次。

《巴黎评论》：它们和《休·塞尔温·毛伯力》④有什么关系吗？

庞德：这些早在《毛伯力》之前了。《毛伯力》要晚，但它绝对是将小说裁剪到诗的篇幅的尝试。它实际上是有关于"联系和生命"。沃兹沃思⑤似乎认为普罗佩提乌斯⑥很难，因为那是关于罗马的，我也把同样的

---

① 凡尔哈伦（1855—1916），用法语写作的比利时诗人，象征派大师。
② "农民"（peasants）与"野鸡"（pheasants）发音接近。
③ 朗豪坊（Langham Place），伦敦中区的一条街。
④ 《休·塞尔温·毛伯力》是庞德1920年写的一首自传性的长诗，被认为是代表庞德诗歌生涯转折点的诗作。诗的人物及其主题让人联想到艾略特的《阿尔弗莱德·普鲁弗洛克的情歌》。
⑤ 爱德华·沃兹沃思（1889—1949），英国艺术家，和漩涡主义有紧密联系。
⑥ 塞克斯都·奥勒留·普罗佩提乌斯（大约生于公元前50—45年，卒于公元前15年之后），拉丁语挽歌诗人，现存四部挽歌。他是维吉尔的朋友。

东西应用到外面的当代世界。

《巴黎评论》：你说是福特帮助你趋向一种自然的语言，是吗？让我们再回到伦敦。

庞德：我一直在寻找一种简单自然的语言，福特年长十岁，他加快了我这个追求的进程。在这个问题上我们一直持续讨论。福特知道他的前辈中最好的那些人，可是你知道吗，在温德姆、我和我的一代出现之前，没人跟他玩。他绝对是反对——咱们这么说——牛津和莱昂内尔·约翰逊①那一类行话的。

《巴黎评论》：有至少二三十年，你和当时所有英语写作的主要作家，还有很多画家、雕塑家和音乐家都有来往。所有这些人中，对你来说谁是最具激发力的一位艺术家？

庞德：我想我在福特和戈蒂埃那里看到的最多。我应该认为我写过的人对我来说都是最重要的。这个上没什么可修改的。

由于专注于我的朋友们他们具体的人的具体智慧，而不是看他们完整的性格和个性，我可能已经限制了我的工作，限制了对它的兴趣。温德姆·刘易斯总是断言我从来没有看清楚过人，因为我从来没注意到他们有多恶劣，那些狗娘养的都是什么样。我对我的朋友们的瑕疵没有丝毫兴趣，只在意他们的智慧。

《巴黎评论》：在伦敦时，詹姆斯·乔伊斯对你来说是一个典范吗？

庞德：他死了以后你觉得没有人可以去问点什么了。在那之前你总觉得有个人知道。我六十五岁以后很难接受我比我认识詹姆斯时候的他还老。

---

① 莱昂内尔·皮杰特·约翰逊（1867—1902），英国诗人、散文作家、批评家，著作有《托马斯·哈代的艺术》(1894)，曾写诗攻击过王尔德。代表诗作有《阴暗的天使》。

《巴黎评论》：你和雷米·德·古尔蒙①有过私人接触吗？你经常提到他。

庞德：只是通信。这儿有一封信，让·德·古尔蒙②也觉得很重要，在其中他说，"坦诚地去写我们所想的，这是写作的唯一快乐"。

《巴黎评论》：真让人惊叹，你到欧洲之后很快就能结交最优秀的活着的作家。你离开美国之前知道哪些在美国写作的诗人吗？罗宾逊你怎么看？

庞德：艾肯③想给我推荐罗宾逊④，可我没买账。在伦敦也是这样。我那时从他那儿得知有个家伙在哈佛搞些有趣的东西。艾略特先生大约一年后就现身了。

不，应该说在一九〇〇年左右，有卡曼和霍维⑤，凯万⑥和约翰·万斯·切尼⑦。我那时的印象是美国的诗歌一点儿都比不上英国。那时还有茅斯⑧盗版的英国诗歌。不，我去伦敦是因为我想叶芝比任何其他人更了解诗歌。在伦敦我的生活就是下午去见福特，晚上去见叶芝。向他们俩中的一个人提到另一个总能引出谈话。那是练习。我去向叶芝学习，然后发现福特和他意见相左。于是二十年来我一直与他们俩意见相左。

《巴黎评论》：在一九四二年，你写道，你和艾略特互称彼此为新教

---

① 雷米·德·古尔蒙（1858—1915），法国象征派诗人、小说家、批评家。他的文学批评备受艾略特和庞德赞誉。
② 让·德·古尔蒙是雷米·德·古尔蒙的侄孙。
③ 康拉德·波特·艾肯（1889—1973），美国诗人、小说家。他的诗歌受哲学家乔治·桑塔亚纳、象征派、心理分析影响，富有音乐性和哲学意味。
④ 埃德温·阿灵顿·罗宾逊（1869—1935），美国普利策奖获奖诗人。
⑤ 布里斯·卡曼（1861—1929），加拿大桂冠诗人，主要在美国度过一生，母亲一系与爱默生同宗。理查德·霍维（1864—1900），美国诗人。他和卡曼合写的诗集《流浪汉生活之歌》（1894）发表后获得极大成功。在1912年10月的《伦敦诗歌评论》上，庞德说他非常喜欢这本诗集。
⑥ 麦迪逊·朱利叶斯·凯万（1865—1914），美国诗人。他于1913年发表的《荒原》一诗被认为启发了近十年后T.S.艾略特的同名诗作。
⑦ 约翰·万斯·切尼（1848—1922），美国诗人、散文家、图书馆学家。
⑧ 托马斯·伯德·茅斯（1852—1923），美国出版人。

徒，互不赞同。我想知道你和艾略特是什么时候有了分歧的。

庞德：哦，艾略特和我从一开始就有分歧。一个智识之交有趣的地方就是，你们在很多事情上有分歧，而只在几点上有所共识。艾略特终其一生都有着基督徒忍耐的耐心，勤奋劳作，他一定觉得我让人难以忍受。从我们相识起我们就开始在一些事情上各有看法。我们也一致同意一些事，而我想我们俩在某些事上一定都有道理。

《巴黎评论》：好吧，有没有在哪一点上你们感觉从诗性或智识方面讲比以往分歧更大？

庞德：关于基督教与儒教关系方面的全部问题，还有基督教不同教派的全部问题。有正教信仰之争——艾略特支持教会，而我为支持某些神学家而四处扫射。在某种意义上，艾略特的好奇似乎是集中于为数不多的一些问题上。可就是这为数不多的问题也多得没法说。实验一代的真正面貌完全是一个私人气质①的问题。

《巴黎评论》：作为诗人，你们是否感觉到一种基于技巧、同你们的题材无关的分歧？

庞德：我会认为分歧首先是题材的不同。他无疑掌握了一种自然的语言。在我看来他在戏剧的语言方面做出了很大贡献。另一个贡献在于他的写作能够和现存环境接触，一种可理解的现存状态。

《巴黎评论》：这让我想起了你写的两部歌剧——《维庸》和《卡瓦尔康蒂》②。你怎么会去作曲？

---

① 原文为"private ethos"。"ethos"系希腊词，原义指"习惯的地方"，指一个团体、国家、思想的个性、精神、气质，也指音乐对人的行为、情感和精神的整体影响。

② 1919年，庞德企图反对以德彪西为代表的印象派音乐而尝试作曲。他的创作包括：为但丁的六节诗《在短暂的一天》谱写的小提琴曲，为维庸1461年的长诗《维庸的遗嘱》（*Le Testament de Villon*）写的歌剧，以及为佛罗伦萨诗人卡瓦尔乔蒂（1250/1259—1300）的11首诗谱写的乐曲。

庞德：我想要词语和音调。我想要伟大的诗被唱出，而英语歌剧剧本的技巧并不令人满意。以维庸和卡瓦尔乔蒂的文本的品质，我想要获得比单一的抒情诗延伸更广远的某种东西。如此而已。

《巴黎评论》：我猜想你对要唱的词语的兴趣特别受你对普罗旺斯游吟诗研究的激发。你觉得发现普罗旺斯诗歌是你最大的突破？或者是发现费诺罗萨的手稿？

庞德：普罗旺斯游吟诗源于很早的兴趣，因此它不算真的是个发现。而费诺罗萨是意外的收获，它让我同自己的无知斗争。我早有费诺罗萨笔记的内在知识，和一个五岁孩子的无知。

《巴黎评论》：费诺罗萨夫人是怎么碰巧发现你的？

庞德：嗯，我在莎拉金妮·奈都[①]那里碰到她，她说费诺罗萨一直反对所有的教授和学院派，而她看了一些我的东西，说我是唯一可以照欧内斯特的期望完成这些笔记的人。费诺罗萨看到了需要做什么，可他没有时间去完成。

《巴黎评论》：现在让我转变话题，问你一些更多是生平而不是文学方面的问题。我了解到你于一八八五年在爱达荷州的黑利出生。我猜想那时在那儿一定很艰苦。

庞德：我十八个月的时候就离开了，我不记得艰苦。

《巴黎评论》：你不是在黑利长大？
庞德：我没在黑利长大。

《巴黎评论》：你出生的时候你家在那儿做什么？

[①] 莎拉金妮·奈都（1879—1949），印度独立运动活动家，诗人，被称作"印度夜莺"。

庞德：爸爸在那儿开设了政府土地办公室。我在费城附近长大。费城郊区。

《巴黎评论》：西部来的野蛮印第安人那时不是……

庞德：西部来的野蛮印第安人纯属杜撰，钱币化验师的助手不是拓荒地最著名的土匪中的一员。

《巴黎评论》：我相信你祖父修建了一条铁路这事是真实的。那个故事是什么样的？

庞德：嗯，他把铁路修到了奇普瓦瀑布那儿，有人结伙与他作对，不让他买任何铁轨。我把那件事写到《诗章》里了。他去了纽约州北部，在一个废弃的路上找到了一些铁轨，买了它们并把它们运出，然后利用他在伐木工那儿的信用把铁路修到了奇普瓦瀑布。一个人在家里学到的东西是用一种不会在学校学的方式学到的。

《巴黎评论》：你对钱币的特殊兴趣源自你父亲在造币厂的工作吗？

庞德：这事我能说个没完。那时政府机构还很不正规，虽然我并不知道是不是有其他什么小孩进去参观过。现在参观者被带着穿过玻璃隧道，他们只能从远处看，而那时你会被带着在冶炼室到处转悠，看见金子在保险柜里堆着。他们会给你一大袋金子，告诉你如果你拿得走就是你的了。可你拿不动它。

当民主党人终于回来插手的时候，他们重新点数了所有的银币，四百万美元的银币。所有的钱袋都在那些巨大的地下室里烂掉了，他们用比煤铲还大的铲子把银币铲入点钞机。钱币像垃圾一样被四处铲起的壮观景象——那些伙计一直赤裸到腰，在煤气的火焰中四处铲着它——像那样的事情会触动你的想象。

然后还有制造金属货币的全部工艺。首先，检测银比检测金要棘手得多。金子很简单。它被称重，然后提炼，然后再称重。你可以根据相应的重量判断矿石的等级。可测试银的是一种混沌溶液；衡量混沌厚度时，眼睛的精确性是基于一种美学洞察力，像批评的眼力。我喜欢金属的"成色"这个概念，它会随一种类似于口说为凭的习惯而变化。你瞧，那个时候，金砖，还有被误认为金子的黄铁矿样本被带到爸爸的办公室。你会听到说刚才那个家伙买了块金砖，却被证实是块骗人的废铜烂铁。

《巴黎评论》：我知道你认为货币改革是良好治理的关键。我不知道你是通过什么过程从美学的问题转向政府的问题的。是（第一次世界）大战，屠杀了你那么多朋友，促使你转变的吗？

庞德：大战来了，那是一个令人惊讶的事情，当然看着英国人——这些人从来没做过什么——起身应战，让人印象极其深刻。可是战争结束了他们也都死了，之后我用二十年时间试图阻止"二战"。我不能确切地说我对政府的研究从哪儿开始。我想是《新时代》杂志[①]帮助我看到了战争不是一个孤立的事件，而是一个系统的一部分，一场战争接着另一场战争。

《巴黎评论》：我对你的写作中文学和政治联系的这一点特别感兴趣。在《阅读ABC》[②]一书中，你说好作家是那些让语言有效的人，而这也正是他们的作用。你把这种作用和党派分离。一个在错误党派中的人可以有效地运用语言吗？

庞德：当然可以。那正是一切麻烦所在！谁用枪都是一样，枪都一样好。

《巴黎评论》：一件合理的工具会被用来制造混乱吗？假设好的语言被用来推动坏的政府呢？难道坏的政府不是产生坏的语言吗？

庞德：是，可是坏的语言注定催生坏的政府，而好的语言并不注定产

[①] 《新时代》(The New Age)，创刊于19世纪末的英国文学杂志，1907—1922年间对现代派文学艺术的形成发展有重大影响。庞德曾是这个杂志的重要撰稿人。
[②] 《阅读ABC》，庞德于1934年发表的关于欣赏和理解文学（特别是诗歌）的方式的专著。

生坏的政府。这又显然是孔子的思想:"言不顺则事不成。"劳合·乔治[1]的法律纯粹是乱七八糟,律师们从来不知道它们是什么意思。而塔列朗[2]宣称他们在一个会议与另一个会议之间改变词语的意义。交流的方式被破坏了,而那当然正是我们现在的遭遇。我们忍受着在潜意识层面运作的驱动力,而没有诉诸理智。人们配上音乐重复一个商标的名字,然后不放商标重复这段音乐,这样音乐会促使你想起那个名字。我思考这种强暴。使用语言来遮掩思想,抑制所有重要问题和直截了当的回答,这让我们遭难。确定无疑地使用宣传和法庭语言,仅仅是为了遮掩和误导。

《巴黎评论》:无知和天真在哪里结束,而欺诈又在哪里开始?

庞德:有天然的无知和造作的无知。我应当说在目前造作的无知占了大约有百分之八十五。

《巴黎评论》:你希望能够采取哪种行动?

庞德:战胜洗脑唯一的机会是每个人都有权让他的想法一个一个被判断。要是话语都被打包一般对待,要是一个词语被二十五个人用二十五种不同的方式使用,你永远不会得到明晰的判断。那对我来说似乎是首要的战斗,如果还要保留什么智识的话。

个人的灵魂究竟是否还会被允许残存是值得怀疑的。现在你们有一个佛教运动,除了孔子什么都装进去。一种印度喀耳刻[3]式的否定和消解。

我们奋起反抗很多奥秘。有关于仁爱的问题,在哪个点上仁爱停止起作用。艾略特说他们花时间力图去想象完美的没有人需要是好人的系统[4]。艾略特在那篇文章中提出的很多问题不能被回避,比如是否有必要对但丁

---

[1] 劳合·乔治(1863—1945),英国政治家,1916—1922年间为英国首相。
[2] 夏尔·莫里斯·塔列朗(1754—1838),法国外交家,历经路易十六、法国大革命、拿破仑一世、路易十八等时期。
[3] 喀耳刻,希腊神话中的女神。荷马《奥德赛》中描述,奥德赛漂流到喀耳刻住的岛上,他的船员被喀耳刻变成了猪,而奥德赛成为喀耳刻的情人。后奥德赛离开喀耳刻返乡。
[4] 庞德引用的这句话是1934年艾略特参与创作的戏剧《岩石》中合唱团的唱词。

式价值观或乔叟式价值观做一改变的问题。如果有必要的话，在多大程度上必要？失去敬畏心的人已经失去了很多。这是我和蒂芙尼·塞耶①的分道扬镳之处。所有这些豪言壮语都沦为陈腔滥调。

我知道一个关于分散的奥秘，讲的是这样一个事实：彼此了解的人在地理上是分散分布的。像弗罗斯特那样适应他的环境的人，应该被认为是一个幸福的人。

噢，亚历山德罗斯·马夫罗科扎托斯②那样的人就很幸运，他和其他学者接触，这样他有地方去证实一个想法。现在我要是有些想法想证实的话，有个叫达兹的人，在威尼斯，我给他写信然后他会找到一个答案，比如有关君士坦丁伪造捐赠的问题。而我们认为大学固有的优势——在那里有一些人来核实意见或者核实数据——是非常重要的。若没有这些大学，后果极其严重。当然我曾努力了十年多，试图让美国院系中的随便某个成员愿意在系里或外面提及他同一个院系的随便哪个其他成员，试图让他尊重后者的智识并愿意与他讨论严肃的话题。有一例情况中一位绅士表示很遗憾，因为某个人已经离开了那个院系。

对于那些我所认为的重要问题，我无法从人们那儿得到直截了当的回答。或许是由于我提出问题的方式过于粗暴或隐晦。我常常想，所谓的隐晦不是语言中的隐晦，而是在于其他人不能明白为什么你要说一件事。比如说对《恩蒂米雍》③的攻击就因为基弗德④和公众不明白为什么见鬼的济慈要写它而被复杂化了。

在这朝向同一化的可怕的旋涡和雪崩中，我还试图为保留特定文化的本土特性价值而抗争。整个的抗争是为了保存个体的灵魂。我们的敌人是对历史的压制，和我们敌对的是让人迷惑的宣传和洗脑，还有奢侈

---

① 蒂芙尼·塞耶（1902—1959），美国演员、作家。
② 亚历山德罗斯·马夫罗科扎托斯（1791—1865），希腊政治家，希腊独立运动领袖，起草了《希腊独立宣言》。他是雪莱夫妇的好友，雪莱的《希腊合唱曲》一诗就是献给他的。
③ 《恩蒂米雍》，1888年济慈发表的诗作。恩蒂米雍是希腊神话中的牧人和观星者，月亮女神赛琳娜的恋人。
④ 威廉·基弗德（1756—1826），英国批评家、编辑、诗人。他在1818年4月的《季度评论》上撰文攻击济慈的诗作《恩蒂米雍》，此事成为文学史上一桩公案。

和暴力。六十年前,诗歌是穷人的艺术,是一个避世于荒野边缘的人的艺术,或者像佛雷蒙①,口袋里装一本希腊书率性而去。想要最好东西的人在一个孤独的农场上就可以拥有它。可后来就有了电影院,现在是电视。

《巴黎评论》:人们都记得的你的政治活动,是你在战争期间从意大利做的那些广播。你做那些讲话时意识到它破坏了美国的法律了吗?

庞德:没有,我彻底惊呆了。你看我有(意大利政府的)那个承诺。我得到每周两次使用麦克风的自由。"他不会被要求讲任何违背他的良知或者违背他作为美国公民的责任的话。"我想那(承诺)已经包含了一切。

《巴黎评论》:《叛国法》里不是提到"给敌人支持和安慰"吗?难道敌人不是与我们交战的国家吗?

庞德:我认为我在为一个宪法问题而战斗。我想说,我可能完全是个疯子,可我确实感觉那不是在犯叛国罪。

伍德豪斯②做了广播,然后英国人要他不要做。没有人要我不要做。没有任何通告,直到"曾在电台上做广播的人将会被起诉"这灾难的突然来临。

我多年来致力于阻止战争,最后眼看着意大利和美国愚蠢地交战!我确实没有策动部队去起义。我以为我在与宪政内部的一个问题斗争。如果任何人,单独的哪个人,能说他在我这里因为种族、信条或者肤色而被恶劣对待,让他站出来指出具体事实。《科尔谢指南》献给了贝塞尔·邦廷和路易斯·祖科夫斯基,一个贵格会教徒和一个犹太人。

我不知道你是否认为苏联人应该在柏林。我不知道自己是否做了些什么好事,我是否做了什么伤天害理的事。噢,我可能越位了。可波士顿的

---

① 约翰·查尔斯·佛雷蒙(1813—1890),美国军人、探险家,第一位主张废奴的共和党总统竞选人。他著名的竞选口号是:"自由的土地,自由的人,佛雷蒙。"
② P.G.伍德豪斯(1881—1975),英国幽默作家。

裁决是没有叛国的企图就不是叛国。

我的正确之处在于保护个人的权利。如果在行政或其他任何部门超越它的法定权利时，没有人抗议，你就会失去你全部的自由。三十年来我反对专制的方式是错误的，它和"二战"没有任何特别的联系。一个人或者异教徒抓住了一些基本的真理，或者看到在实行的系统中的一些错误，可是他自己却也犯了那么多误差性的错误，以至于在建立自己的观点之前他已经被耗尽了。

这个世界二十年来已累积起歇斯底里的病症——对第三次世界大战、官僚专制的焦虑，以及书面意义上的歇斯底里。我们正在经历巨大的、不可否认的自由的丧失，就像在一九〇〇年时那样，这不可否认。我们已经看到专制方面效率的提高，这足以让人担忧。战争是为了制造债务。我猜想即使远在太空中，我们还是会用卫星和其他方式来制造债务。

《巴黎评论》：你被美国人逮捕时，预料到会被定罪、绞死吗？

庞德：开始时我困惑自己犯了什么错，在哪儿错过了一个齿轮的齿牙。我希望自首，好有人来问我知道什么。我自首了，可没人问我。我知道我也自省过，有好几次在广播中我也反思不该由我来做某些事，或者服务于另一个国家。噢，以为一个人可以反驳剥削，反对那些发动战争并把美国卷入其中的人真是妄想症。可是我恨那种顺从于错误事情的想法。

而后我被赶到基亚瓦里①的一个庭院。他们在射杀他们（被捕的人），我想我完蛋了，就在那个地方，就在那个时候。终于有一个人进来，说要是把我交给美国人他可真该死，除非我自愿被交给他们。

《巴黎评论》：在一九四二年，对美国来说战争开始了，我晓得你试图离开意大利回到美国。你请求回国遭拒的情况是什么样的？

庞德：那些情况都是传闻。有相当一段时期我的脑子有些糊里糊涂，

---

① 意大利热那亚省里维埃拉的一个镇。

我想那是……我知道我有机会可以一直到里斯本，然后在余下的战争期间就要被困在那里。

《巴黎评论》：为什么你那时想回到美国？

庞德：我想在总统选举期间回去，在选举之前。

《巴黎评论》：选举是在一九四〇年，对吗？

庞德：应该是在一九四〇年。我不确切记得发生了什么。我的父母太老了，不便旅行。他们不得不待在拉帕洛。爸爸在那儿退休，靠养老金生活。

《巴黎评论》：战争那些年间在意大利你写诗了吗？《比萨诗章》是你在被拘禁期间写的。你在那些年里写了什么？

庞德：论辩，论辩和论辩。噢，我翻译了一些孔子的东西。

《巴黎评论》：你怎么会在被拘禁后又开始写诗了？你在战争期间根本没写任何诗章，是吗？

庞德：让我们来看看——《亚当斯》①刚好是在战争结束前写出来的。不，有《金子和工作》。我在意大利写经济类的东西。

《巴黎评论》：自从被拘禁以来，你发表了三部《诗章》，《宝座》刚刚出版。你一定快接近尾声了。你能说说在余下的《诗章》里你要做些什么吗？

庞德：当所有表面的迹象显示你应当写一个启示录时，写天堂篇就很困难。显然给地狱甚至炼狱找居民要容易得多。我在努力收集那些心灵飞翔最高的纪录。我本可能做得更好，要是把阿加西斯而不是孔子放到最

---

① 指《亚当斯诗章》，诗中所写"亚当斯"即约翰·亚当斯，美国第二任总统。

高处。

《巴黎评论》：你是不是多少有点儿卡住了？

庞德：好吧，我卡住了。问题是，我死了吗，像某些先生希望的那样？倘若我要报废了，这是我临时必须去做的：我必须澄清隐晦，我必须更清晰地厘定观念或者对事物作出分离。我必须找出一种措辞的方案以对抗残暴的兴起——以秩序对抗分裂的原子的原则。有个人待在精神病院，顺便说一下，他坚持说原子从来没有被分裂过。

一首史诗是一首包含着历史的诗。现代的心灵包含着畸形的元素。过去的口头史诗（epos）之所以成功，在于所有或很多答案已经被假定，至少在作者与听众或者一大群听众之间答案是给定的。因此（史诗）这样的企图在一个实验的时代是鲁莽的。你知道那个故事吗：

"你在画什么，约翰尼？"

"上帝。"

"可是没人知道他长什么样。"

"等我画完了他们就会知道了！"

这种自信我们不再能获得了。

有各种史诗的主题。为个人权利斗争是一个史诗的主题，从雅典审判[1]延续到安瑟伦与威廉·鲁弗斯之争[2]，到托马斯·贝克特的刺杀案[3]以及爱德华·科克[4]，一直延续到约翰·亚当斯。

---

[1] 指公元前399年对苏格拉底的审判。
[2] 威廉·鲁弗斯（1056—1100），即英国国王威廉二世。安瑟伦（1033—1109），坎特伯雷大主教、本笃会修士、哲学家、经院哲学创始人，上帝存在的本体论辩的发起人。安瑟伦与威廉二世及亨利一世的教会与王权之争是中世纪欧洲教会与王权之争最尖锐的事例，涉及许多复杂问题，包括废除将英国人作为奴隶及反抗王权残暴、争取教会权益等问题。
[3] 托马斯·贝克特（1118/1129—1170），坎特伯雷大主教。他是天主教会和圣公会共同认定的圣徒、殉道者，在教会与亨利二世的斗争中被刺杀。
[4] 爱德华·科克（1552—1634），英国大律师、法官、政治家，伊丽莎白及詹姆士一世时期最伟大的法学家。他宣称国王需遵从法律，国会的法律如不符合"普遍权利和理由"则属无效。他对英国法律的形成有重大影响。

然后斗争似乎遭遇到了阻碍。统治权的性质是一个史诗的问题，尽管它可能有点儿被具体情况掩盖了。这其中有些可以追溯源流并被明确指出；显然它必须被浓缩以进入形式。个人的天性，当代意识的畸形内容。这是为了光而与潜意识进行的斗争，它要求晦暗和半影[①]。当代很多写作都集中在避免引起麻烦的主题领域，避重就轻。

我进行写作，以抵制欧洲和文明正在堕入地狱的观点。如果我"为一个观念而被钉上十字架"，我的困惑将围绕这——以贯之的观念聚集一处。这一观念或许是：欧洲文化应当幸存，它的精华应当和不管其他什么文化，在任何普世存在中一同幸存。面对恐怖的宣传和奢侈的宣传，你有一个又好又简单的答案吗？我曾试图用某些材料建立参考的基础和轴心。在如此写作以求被理解的过程中，总会存在着在不放弃正确东西的同时纠正错误的问题。坚持不向自己反对的东西让步的斗争会一直存在。

《巴黎评论》：《诗章》各个单独的章节——现在最后三章也已经以不同名字出现了——是否意味着你在特定的章节针对特定的问题？

庞德：不，《凿岩机》意在暗示一种为让主要的命题得到理解而采取的必要的抵制方式——锤打。我没有完全遵循《神曲》将其分为三部分。你不可能在实验的时代遵循但丁式的宇宙。可是我在被激情主导的人与向上努力的人、那些拥有一部分神圣想象的人之间做了区分。但丁的《天堂篇》中的宝座是给那些实施了好的统治的人的灵魂而设的。《诗章》中的宝座意图抛弃利己主义，并确立某种可能的或至少在世上可以想象的秩序的定义。人类事务中理性运作的低比例让人受到阻滞。宝座关系到那些不仅仅是对个人行为负责的人的心灵状态。

《巴黎评论》：既然接近尾声了，你有没有在《诗章》完成后修改它的计划？

[①] 半影（penumbras），比光源小的不透明物体遮挡光源时产生的半明半暗的影子。

庞德：我不知道。需要详释和阐明，可我还没拿准要不要做全面的修改。无疑作品目前的状态太晦涩，可我希望《天堂篇》中升华的秩序会趋向更加清晰。当然，考虑到因疏忽造成的错误，应该有一个修订本。

《巴黎评论》：我可不可以再次转换话题。在圣·伊丽莎白医院①的那些年里，你有没有从你的访问者那里获得一些对当代美国的感受？

庞德：与访问者交流的问题是你很难获得足够的反对意见。缺乏足够联系所累积的孤独——十五年间更多的是与想法而不是与人生活，让我备受折磨。

《巴黎评论》：你有没有回到美国的计划？你想回去吗？

庞德：毫无疑问我想回去。可是那是不是对已经不存在的那个美国的思乡之情我就不知道了。这是抽象的亚当斯-杰斐逊、亚当斯-杰克逊的美国和当下真实存在着的美国之间的区别。毫无疑问我有非常想在美国生活的时候。可是也有违背总体愿望的具体困难。里士满是一个美丽的城市，可是除非开车你没法在那儿生活。我愿意每年在美国待一到两个月。

《巴黎评论》：不久以前，你说过当你渐渐变老，你觉得自己更像美国人了。这是怎么回事？

庞德：它就是这样。猎奇作为一个基础的尝试是必要的。一个人被移植了并成长，然后被拔出来并带回他被移植出去的地方，而那个地方已经不再在那儿了。联系不在那儿了，而我猜想一个人回归他本然的天性会发现它是仁慈的。你读过安迪·怀特②的回忆录吗？他是创办康奈尔大学的成员之一。在衰落之前，一九〇〇年左右，那是欢欣鼓舞的时代，每个人都认为在美国所有好的东西都会运作良好。从一方面讲怀特经历了可以追

---

① 圣·伊丽莎白医院是美国第一家精神病院。1946—1958年期间庞德被拘押在这家医院。
② 即安德鲁·迪克森·怀特（1832—1918），美国外交家、历史学家、教育家，康奈尔大学的创办人之一。

溯到布坎南①时代的一段历史时期。他在驻俄大使和康奈尔校长之间转换角色。

《巴黎评论》：那么，回归意大利让你感到失望？

庞德：确实如此。欧洲令人震惊。那种不再感觉自己在某个东西的中心的震惊感可能是其中的一部分。然后还有不理解，欧洲不理解有机而富有生气的美国。作为一个美国人，有很多东西我没法讲给一个欧洲人听，你不能有任何被理解的指望。有人说我是最后一个亲身经历着欧洲悲剧的美国人。

访谈者说明：庞德先生的健康状况不允许他完成对这篇访谈的校对。文本是完整的，但可能包含一些庞德先生在更愉快的情况下会更改的细节。②

（原载《巴黎评论》第二十八期，一九六二年夏/秋季号）

---

① 詹姆斯·布坎南（1791—1868），美国第十五任总统。
② 《巴黎评论》1991年秋季号刊登了彼得·A.斯蒂特对唐纳德·霍尔的访谈。访谈中霍尔回忆了采访庞德时的情形。霍尔描述了与庞德相遇的情景："在我敲了门，他把门打开并确认我之后，他说：'霍尔先生，你一路从英国来——你找到了已成碎片的我。'"之后，霍尔谈到他采访时庞德的状况开始变得不好。他说话的时候往往中间会有很长的停顿，会忘了线索。他会反复解释一个问题的回答，好像在构思一个詹姆斯式的句子。有时候他忘了从哪儿开始，就会变得极其沮丧，而他一生都以敏捷机智著称，他的骄傲受到了打击。他会停顿、疲倦、沮丧，那是之后庞德失语沉默的深渊的开始。

艾伦·金斯堡

◎赵 霞/译

一九六五年劳动节那天,艾伦·金斯堡被布拉格的学生们选为"五月之王"。然而不久,他就被捷克斯洛伐克政府驱逐出境。他四处周游了数月——古巴、苏联、波兰,随后他从布拉格飞往伦敦,去商量他诗集英国版的出版问题。我当时不知他就在英国,但某天晚上,在布里斯托尔的一次诗歌朗诵活动前,我在一个酒吧里看到了他。他当天晚上读了自己的诗;此前我没听他朗诵过,而这一晚我震惊于他是如何能在朗诵时情绪完全浸淫于他的每一首诗里的,无论对于观众还是对于他自己,他的朗诵表演都是一次"发现"的过程。

朗诵结束次日,金斯堡和我离开了布里斯托尔,顺风搭车前往威尔士大教堂,后来又去了格拉斯顿伯里。在那里,金斯堡从亚瑟王的墓前摘了朵花,说想寄给他的终生伴侣彼得·奥洛夫斯基。在古代国王的厨房里,他又仔细察看了巨大圆锥形烟囱下的工具和武器类展品,就像之后在剑桥研究菲兹威廉姆博物馆里威廉·布莱克的手稿——对金斯堡来说,那个"耶路撒冷"式的英国[①],就是长发飘飘和新音乐的时代,就是布莱克当年对英格兰预言的实现。我们从格拉斯顿伯里的一家茶店出来(那儿的顾客对这位大胡子、先知似的、神色笃定的陌生人可打量了个够),艾伦说起他所记得的《生活》杂志上一篇讲述他与伊迪丝·西特维尔女爵士[②]在牛

[①] 《耶路撒冷》是威廉·布莱克在1804年写的诗,后被谱曲,它与耶路撒冷并无关系,只是创作者将英格兰视为耶路撒冷般的圣地。
[②] 伊迪丝·西特维尔(1887—1964),英国女诗人,是较早向英国文学界介绍金斯堡诗歌的人。

From Journals ~~New York 1961~~ →

January N.Y. 1961

① Sept 28, 1964

E. 2 STREET
HIGH
★
W/ Harry Smith
★
OPTICAL
PHENOMENA
★
REMEMBERING
LEARY'S BEDROOM
HARVARD
JACK HALLUCINATING
★
OUT ROBT.
LOWELL'S WINDOW

★

UNSTEADILY
WALKING
IN
MANHATTAN
NEAR WHERE
POE WROTE
THE
RAVEN

In bed on my green purple red pink
   yellow orange bolivian blanket,
   the tick of the clock, my back against the wall
   --staring into black circled eyes magician
   man's bearded glance & story
   the kitchen spun in a wheel of virtigo,
   the eye in the center of the moving
              mandala--the
              eye in the hand
              the eye in the asshole
              The serpent eating or
   ~~xxxxxxxxxxxxxxxxxxxxxxxxxxxxx~~
              vomiting its tail
   --the blank air a solid wall revolving
   around my retina--
   The wheel of jewels and fire I saw moving
              vaster than my head in Peru
   Band circling in band and a black
         hole of Calcutta thru which
              I stared at my Atman   ←!
              without a body--
   The Giotto window on Boston x giving
              to a scene in Bibled Palestine
              A golden star
              and the flight from Egypt
              In an instant now
   Come true again--the Kabbala sign
              in the vomit on the floor--
   On a window in Riverside drive,
         the boat moving slowly
         up the flowing river, small autos
         crawling up Hudson Drive
              a plash of white snow on
                        the Palisades
   and a circled white park etched
         by bare thin branches
   with black birds aflutter in the
              frosty underbrush
   Riverside Drive, as in Breughel,
   a girl in the red coat
              --a footprint, a lone
                   coated passerby
   on sidewalk under apartment wall--
   and a blimp from the war floating in air
         over the edge of the city--
   Wagner's last echoes, and Baudelaire
         inscribing his oceanic page
                        of confessions
   Ah love is so sweet in the Springtime--
              and Amor Vincit Omnes
   Eliot's voice clanging over the sky
              of high Broadway
   "Only ~~xxxx~~ thru time is time conquered"
   I am the answer! I will swallow my
              vomit and be naked!--
   A heavy rain, the plick of a raindrop

金斯堡未发表诗歌的一页修改稿

津相遇的报道（"吸毒让我浑身发疹子。"她应该是这么说的）。

出了城，暴雨倾盆，我们坐巴士前往巴斯。随后欲搭车去伦敦，可老搭不着车，直到金斯堡用佛教手势来代替竖起的大拇指——仅仅半分钟，一辆车便停到了我们面前。横穿过萨默塞特，他一路上谈着"记号法"，说是从凯鲁亚克那里学到的这招，说已经在写长篇日志时用到了这个方法。他给我读了他最近一篇关于与诗人叶甫图申科和沃兹涅先斯基在莫斯科会面的笔记，然后抬起头看了看路边一棵枯萎橡树上的结，说："这树得了乳腺癌……我就是这意思……"

两周后他在剑桥朗诵，我请他答应下我的采访。那会儿他还在忙他的布莱克，得闲还老是溜到大学校园和乡下若有所思地闲逛，害我花了两天的时间才逮住他把他按到凳子上，坐够录音需要的时间。他话说得又慢又小心，这么说了两个小时便累了。我们去吃饭，后来又来了些客人——当金斯堡得知其中一位是生物化学家时，他提了好多关于病毒和DNA的问题，问了有一小时光景——之后我们才又回到采访中，进行另一半的录音。

——托马斯·克拉克，一九六六年

《巴黎评论》：我记得戴安娜·特里林谈到你在哥伦比亚大学的朗诵时，评论说你的诗歌如其他英语诗歌一样，一旦涉及严肃的主题，便想也不想地用起了抑扬格五音步。你同意吗？

金斯堡：唔，不这么准确，我没觉得。我自己从不会正儿八经坐下来对我所写的东西进行韵律分析。它们可能更接近扬抑抑扬格吧——希腊的格律、酒神颂的格律——更倾向于：哒——嗯——嗯——哒——嗯——嗯……怎么说呢？大概更接近于扬抑抑格。威廉姆斯[①]有一次说到美式讲

[①] 指美国诗人威廉姆·卡洛斯·威廉姆斯（1883—1963）。

演经常是扬抑格的。不过又要比扬抑抑格复杂些,因为扬抑抑格是三个音节一组的,也就是一个音步分三部分,而通常我们的韵律有五、六、七个音节,好比:哒——嘚——嘚——哒——嘚——嘚——哒——嘚——嘚——哒——哒。这就更接近希腊舞的节奏了——而它被称作了扬抑抑扬格。所以事实上从技术层面看,她说的话可能并不准确。但是——她讲的对某些诗来说是对的,像《嚎叫》《卡迪什》①中的一些段落——那里边有一些可被分析的确确实实的韵律,也符合经典的范式,然而并不能定性其为英语的经典韵律,它们也许符合的是希腊或梵文诗体的经典韵律。然而,像《乙醚》《笑气》等大多数此类的诗都不能这么来分析。她大概是觉得要是能如此归类的话,她本人能更舒服些吧。而我就觉得很受伤,因她好像忽视了我在韵律法技艺方面的主要学术贡献,那些人甚至一点儿都没读出来。当然,我也并非认为她就代表了学院。

《巴黎评论》:《嚎叫》和《卡迪什》中,你使用了经典的韵律格式?这么说准确吗?

金斯堡:算吧,可这么说又有什么意思呢。因为我并不曾有意写成经典的韵律格式,而是听从自己的神经冲动和写作冲动。明白吧,这就是坐下来以一种既定的韵律法则填空式地写诗,和听从生理韵律的召唤而自然趋向于某种韵律法则的区别——那种韵律甚或早已存在了,甚或已然是经典了,但它是以天然而非合成的方式达到的。这样,就任它是抑扬格五音步,也没人有意见了,因为它的来源比头脑(mind)更深,它来自于呼吸、腹部、肺。

《巴黎评论》:美国诗人更早地跳脱开了那些英语特有的韵律法则,英国人则没能做到。你觉得这与英语口语传统的特质有关吗?

金斯堡:不,我不这样认为,因为英国人也不用抑扬格五音步来说

---

① 《卡迪什》(*Kaddish*),又译《卡第绪》《哀祷》《祈祷文》。

话；他们说话时不用他们写作时用到的那种可辨识的韵律。他们讲话时的那种晦暗①及缺乏情感变化也是现今诗歌中措辞和文学手法的晦暗。然而，你听得到各种利物浦腔或源自纽卡斯尔的高地方言，你听得到上流口音——其与当代诗的口气并不合拍②——之外的各种变奏。美国不这么用——我想是因为英国诗人们更怯懦些吧。

《巴黎评论》：你发现过例外吗？

金斯堡：这情况还是挺普遍的，哪怕是那些理应更前卫些的诗人也是一样。你知道，他们的东西总是写得很温吞。

《巴黎评论》：那像巴兹尔·邦廷（Basil Bunting）这样的诗人呢？

金斯堡：唔，他跟一帮史前野人混一块儿，那些人个个特立独行，开天辟地，我觉得。他有这种体验——而且他也了解波斯，知道波斯的诗体。他比大多英国诗人都更有学养。

《巴黎评论》：你在《嚎叫》中运用的那种句法，那种循而复始的句式——你现在不会还想这么写吧？

金斯堡：不会，不过当时我确实想这么弄来着；只不过，那并不是个有意识的决定。

《巴黎评论》：是不是跟你那会儿感兴趣的某种音乐或爵士之类的有关呢？

金斯堡：唔……有凯鲁亚克说到的很牛的莱斯特·扬，他一晚上简直把《窈窕淑女》的副歌吹了八十九遍；还有我自己听的伊利诺斯·雅克特的《交响乐团爵士》第二辑，专辑名好像叫《无法发动》。

---

① 指英国人讲话时乏味而缺乏生气。
② 在这句话原文中，金斯堡故意在主语"上流口音"（upper-tone accent）为单数的情况下用了谓语的复数形式 don't，以表示其更倾向于口语。

《巴黎评论》：你也用克里斯托弗·斯马特这样的诗人做过类比——这是你后来发现的吗？

金斯堡：细想起来好像是这样的。事实上，我一直读，或以前一直读……我受到过肯尼思·费林和卡尔·桑德堡的影响，但实际上我更在意克里斯多夫·斯马特和威廉·布莱克的《先知书》，还有惠特曼，以及《圣经》修辞学的一些方面。还有某些散文，像让·热内的，他的《鲜花圣母》及其中的修辞，还有塞利纳的；但我想更主要的影响是凯鲁亚克——凯鲁亚克的散文。

《巴黎评论》：你什么时候开始接触威廉·巴勒斯的作品的？

金斯堡：我想想……最早读到巴勒斯是在一九四六年……那是篇戏剧小品，随后被他发表和整合到了其他作品中，题为《我们多么骄傲地呼唤》，写了"泰坦尼克号"的沉没——有个乐团，斯佩德·库雷的乐团，在船上演奏着《星条旗》，而那当儿每个人都在往外冲，争上救生艇；船长穿着女人的衣服站起来，冲进事务长的办公室，开枪射了他，偷了所有的钱，另一个抽着筋的麻痹症患者拿了把砍刀跳到救生艇中，往那些试着挤进救生艇的人的手指上剁，嘴里还嚷嚷："滚开，你们这帮傻比，脏狗娘样的。"① 这篇东西他是在哈佛跟一个叫凯尔斯·埃尔文斯的朋友一起写的。确实那就是他作品的主题了，关于沉没中的美国，而每个人都像受了惊的耗子一样一个劲儿地往外跑，那时代在他眼中就是这个样子的。

之后的一九四五或一九四六年，他和凯鲁亚克合写了一大本侦探小说，每人一章轮着写。我不清楚这书现在在哪儿——凯鲁亚克保留了他自己的章节，巴勒斯的应该还在他的纸堆里。所以某种程度上说，是凯鲁亚克鼓励了巴勒斯写作，因为凯鲁亚克对散文、写作、抒情诗、写作的荣誉这些东西都很有热情，一种托马斯·沃尔夫式的兴高采烈。总之他把巴勒

---

① 原文故意有拼写错误。

斯的兴致给撩了起来，而巴勒斯找到了这么一个东西写得那般有趣的伙伴，同时他也非常欣赏凯鲁亚克的眼光。凯鲁亚克能模仿达希尔·哈米特的写法，也能模仿比尔[①]那种天然的、干巴巴、骨感而讲求事实的写法。那阵子巴勒斯也为取材去读约翰·奥哈拉，全因奥哈拉是个讲事实的记者。

到一九五一年，巴勒斯开始在墨西哥写作《瘾君子》。我忘了我是怎么把自己揽进去的——反正我莫名其妙地当起了那书的经纪人，带着它在纽约到处跑，希望有人出版它。巴勒斯好像是一段段寄给我那书的——我现在已想不明白这法子是怎么行得通的。一九四九或一九五〇年的样子，巴勒斯经历了一场个人危机，他妻子过世了。在墨西哥或是南美……但他突然开始写东西了，这就非常大气。巴勒斯一直是那种温雅的类型，自尊又腼腆，性喜孤僻，像他这样的人要把自己完全投身于这么件大部头的自传作品……当时我很受震动，就像永恒中的某个片段爱上了我……这到底是什么呢，永恒爱上了时代的产物？可以这么说，那时候他是在出产一篇时代的产物。

随后我就带着它四处找人了。忘了都给过谁，好像是给了路易斯·辛普森，那时他在鲍伯斯-梅里尔出版社工作。我不肯定是不是直接给了他——倒记得拿给了当时似乎在道布尔戴出版社做编辑的杰生·爱泼斯坦。爱泼斯坦那时还不像现在这样老道。我去他办公室取稿子的时候，我记得他的反应是：嗯，这玩意儿怪有意思，不过也没那么有意思，假如是温斯顿·丘吉尔的瘾君子自传，那才有意思呢，可作者听都没听说过，那就没什么意思了。我便问那散文怎么样，散文是不是有意思点儿，他说不敢苟同。后来我碰到个机会把书交给了卡尔·所罗门，他当时是他舅舅怀恩所在的艾斯出版社的审稿人，这事才搞定了。不过出的是便宜的平装本。还有一大堆战战兢兢的脚注。比如当巴勒斯说大麻是不上瘾的，这点现在已公认是事实，可编辑偏要加上脚注说"尚无可靠的……呃……负责任的医学观点对此予以证实"，还加了一小篇引言……他们确实是害怕此

[①] 指威廉·巴勒斯。比尔是威廉的昵称。

书被审查或被"没收",他们就是这么说的。我忘了是审查或没收制度里的哪些条文让他们这么提心吊胆。那是一九五二年。他们说他们害怕出版的直接原因是怕有个议会调查或诸如此类的东西。以及会不会报纸上也搞得沸沸扬扬……不记得他们的具体理由是哪些。总之他们觉得务必得写上这么个前言,而那玩意儿对于这本书来说,太有碍观瞻了。

《巴黎评论》:你是否曾有过因为害怕审查或类似的事情,表达方面受到限制?

金斯堡:这事挺复杂。我最早的害怕是,我父亲对我将要写下的东西会有怎样一番见解。比方说那时写《嚎叫》,我写的时候就想这东西写好了可不能发表,因为我不想让我爸看到里面都说了些什么。关于我的性生活,我想,要是你父亲读到这些东西……我当时尽想这些。然而这个顾虑随着作品真实性的形成被忽略了,或说,当我宣告了我的……你知道,最终这些顾虑都没什么意义。反而对写作是个帮助,因为我想,反正不发表,所以就无所顾忌了。像《嚎叫》这样的作品,基本只是为我自己、我所熟知的朋友,以及能带着宽容来欣赏它的作家们写的,是为那些不从道德角度去评判,而只是寻找人性的证明、隐秘的想法或坦率真话的人写的。

其后才是出版的问题——我们碰到过好些。我记得英语出版商一开始拒绝了我们;我们也怕海关。首版上我们不得不在一些脏字上加了星号,接下来《常青评论》再版时也用了星号,此后那么多人再版的时候,总想用《常青评论》版,而不是改后的,合法的,城市之光出版社的版本。有本犹太作家选本,忘了谁编的,总之是哥大的一帮知识分子。我曾书面恳请他们用城市之光版,但他们径直就印刷了带星号的。书名记不得叫什么了,好像叫《新一代的犹太写作》,有菲利普·罗斯等人。

《巴黎评论》:对于这些困难,你会否认为它们是社会的,沟通的问题而不太深究,还是觉得它们阻碍了你表达自我的能力?

金斯堡：问题是，要说文学，是这么回事：我们之间一直在对话，我们是有共识的，我们想说什么就说什么。然后呢——要是你把对朋友讲的话跟对缪斯讲的话区分开，会怎么样呢？问题就是打破这种分别：当你接近缪斯时，去说得就跟你对自己和对朋友说的一样坦诚。我于是开始发现，在与巴勒斯、凯鲁亚克和格里戈里·柯索谈话时，在与我了解并尊重的人谈话时，我们互相间掏心窝讲的话与文学中业已存在的完全不一样。这是凯鲁亚克写《在路上》时的伟大发现。他最终发现，他和尼尔·卡萨迪谈及的那些，正是他想要写下的题材。那一刻，无论是对于他本人还是对于首次读到此书的人，都意味着他们观念中的"文学该是什么"被完全地修改了。对那些评论家来说也是一样，那些人一开始攻击它说……构成欠妥，诸如此类的话。好比说，一伙人坐车到处乱跑这样的经典流浪桥段，在那时没被认为是合适的文学题材。

《巴黎评论》：看来这不只是题材选择的问题——性或别的方面……

金斯堡：这是关于献身于写作的能力，去写，正如你我的存在……就那么回事！我们已碰见很多对于文学该是什么有先入之见的作家，他们的定义中排除了那些令他们在私人谈话中个人魅力大增的那部分内容。他们的同性恋或娘娘腔，他们的神经衰弱，他们的孤独，他们的傻气，甚至有时，他们的阳刚。因为他们总想着写跟他们之前读到过的东西类似的玩意儿，而不是更像他们自己的。或来源于他们自己生活的。这么说吧，我们写下的和我们真正知道的这两者之间，不该有什么区别，这是起码的。因为我们每天都知道这些，互相之间都知道。而文学的伪善已被……你知道，大家总是预设该有一种正式的文学，在主题、措辞乃至句法上都与我们富有创见的日常生活所不同的文学。

正如惠特曼所写："没有比贴着我骨头的脂肪更甜蜜的了。"说的是，有些人的自信来源于，他知道他活着，他的存在与任何其他题材一样好。

《巴黎评论》：这里边是否也有生理学的因素——正如你行文的气息总

是很长，而威廉·卡洛斯·威廉姆斯的气息总是很短？

金斯堡：事后分析起来，一切都始于胡闹、直觉，以及对自己在做什么没什么概念。事后，我总倾向于去解释它，"哟，我比威廉姆斯气憋得更长，或者，我是犹太人，或者，我练瑜伽，或者，我唱的歌句子都很长"。但归根结底的原因是，这是我的活动、我的感觉要我发表一长串掷地有声的陈述——那也是我从凯鲁亚克的长散文诗行中分享或直接领受到的；那些句子，正如他自己有一次说的，是延长了的诗。比方他在《萨克斯博士》或《铁路地球》中整页的长句，《在路上》的有些部分也是这样——你要是一句一句去看，它们通常有诗歌的密度及诗歌的美，橡皮筋似的节奏贯穿了整个长句，直到"拖把"一词收尾！

《巴黎评论》：你是否有想过把这种节奏的感觉伸展至安托南·阿尔托或现在的迈克尔·麦克卢尔的那种做法——让一行诗变得跟动物嘶鸣似的？

金斯堡：长句的节奏也是一种动物的哭喊。

《巴黎评论》：这么说你是追随感觉，而不是某个想法或某幅视觉图像？

金斯堡：都是同步发生的。总的来说，诗歌就是感觉的一种节奏化的表达。感觉是一种从内升起的冲动——与性冲动一样，几乎也同样明确。那个感觉从胃部某个凹陷产生，升至胸口，通过嘴和耳朵溢出，之后化为浅吟、呻吟或叹息。如果你试图用词汇来捕摸、理解和描述令你叹息——甚至动用了词汇来叹息——的事由，你就是在表达你所感受到的。就这么简单。要么就是，至多有一个具体无疑的节奏之身，却无明确的词，或有那么一两个词，一两个关键词依附着它。随后通过写，仅仅是通过联想的进程，我就能找到要说的其余部分——已有的词周围该聚拢来哪些词，已有的词该与什么连通。某种程度上说，通过简单的联想，凭借首先进入我脑海的词，比如说"摩洛（Moloch）是"或"那个摩洛"，之后随便带出些什么都可以。但也跟特定的节奏冲动有关,像:哒——嘚——嘚——哒——嘚——嘚——哒——嘚——嘚——哒——嘚。"Moloch whose eyes are a thousand blind windows"(双眼像遮掩掩千扇窗的摩洛)[①]——在我写下"双眼像遮掩掩千扇窗的摩洛"前,我已经有了词汇"摩洛,摩洛,摩洛",我已经有了哒——嘚——嘚——哒——嘚——嘚——哒——嘚——嘚——哒——哒那感觉。只差抬头望见好多窗了,然后就想,哦,窗,当然啊,可那是什么样的窗?可能这些都不需要,而只是"双眼像……的摩洛"。"双眼像……的摩洛"——本身已经很美了——然后呢,怎样的眼睛?"双眼像……的摩洛",接下去我可能想到了"千",那么,千个什么?"千扇窗"。之后我总得结束吧。我就用了"遮掩掩"。完成后,看着很不错。

通常创作中,一步接一步,词接着词,形容词又接着形容词,如果纯粹即兴,我有时都不知是否已有完整的意思。有时当我明白过来它确实已形成了完整的意思,我禁不住开始哭泣。因为我想我触及到了一个绝对真实的区域。一种适用于全宇宙的意义,或者,全宇宙都能理解的意义。一种能经受时间——可能数百年后都能被人阅读而令其哭泣的意义。一种有预言性质的意义,因为他碰到的是普适的钥匙……预言,并非你确实地知道炸弹会在一九四二年炸开。预言是,你体知到某个东西,而这个东西某人将在百年后同样体知。也许用暗示的方式去表达吧——但又足够具体,好教他人百年后轻易领受。

《巴黎评论》:你曾经提到在塞尚那儿发现了什么东西——一句关于他画中经验"小知觉"(petites sensations)之重构的评论,你曾将它与你诗歌的方法做了比较。

金斯堡:一九四九年前后,也就是我在哥大的最后一年,跟着麦耶尔·夏皮罗[②]学习的我对塞尚非常痴迷。我也不知怎会那样——应该也是

[①] 此句出自《嚎叫》。
[②] 麦耶尔·夏皮罗,美国著名艺术史家,对塞尚做过丰富的诠释。

在那个时期，我对布莱克有了幻听（Blake visions）①。我从布莱克那儿意识到，穿越时间向开悟之人传递口信是可能的，以及，诗歌有明确的效用，它不只是漂亮，美，因为我以前就知道漂亮和美——它更涉及人类存在的本质，抵达了人类存在的本源。总之我感觉，他——布莱克——死后仍能通过一种类似时光机器的东西传送他的基本领悟，传达给他身后世界的某个人；或说，他制造了一架时光机器。

那一时期，老盯着塞尚画看的我，突然有种怪怪的，令人颤栗的印象，就像有人突然拉动了威尼斯式百叶窗，啪一下翻转过百叶窗那个瞬间——看塞尚的画也有这么一刹那。好像是画作突然打开成木制物件的三维画面，是三维而非平面的，固体的空间之物。也可以说，巨大的空间在塞尚的风景里展开了。也可能，是他画笔下人物的神秘特质，他的妻子，玩牌者，邮递员，或任何一个艾克斯②当地人。有时他们看着像巨大的三维木偶。很不可思议，非常神奇；也就是说，看着他的画，就有种奇特的感觉，由此我便联想到了那伟大的知觉——通天之感（cosmic sensation）；事实上，布莱克的《啊，向日葵》《病玫瑰》及其他几首诗已令我体验过它。随后我便开始潜心研究塞尚的意图和方法，去找每一幅在纽约找得到的他的画，复制品都不放过，还开始为哥大夏皮罗的艺术课程写关于他的论文。

答案以两种方式在我眼前展开：其一，我读了埃尔·洛兰写的关于塞尚构图的一本书，洛兰在其一张张画作旁展示了好些照片、分析及原始母题图片——一些年后我真的去了艾克斯，弄了好多明信片，然后站在各个场景中，试图发现他当年画圣维克多尔山时的所在。也去了他的工作室，看到了他曾用过的一些母题，如他的大黑帽和斗篷。唔，主要我开始发现塞尚断断续续地用了各种文学化的象征。我那会儿整天琢磨关于时间、永恒的普罗提诺式术语，这些被我在塞尚的画里找到了。他早期的一

---

① 金斯堡在多个访谈及文章中谈到过他的布莱克幻听，并说"就像旧时水手向所能找到的每个听众重复着千篇一律的故事"。
② 法国普罗旺斯小城，塞尚出生地。

张架子上的钟让我想到了时间和永恒，如此，我便开始觉得他私底下是个大神秘主义者。我在洛兰书里也看到一张他工作室的照片，那可真是个炼金术士的工作室，因为他有个骷髅，有件黑色长外套，还有那顶大黑帽。这样我可真开始觉得他是个魔法人物了。起初我只觉得他是个苦行派的艾克斯傻瓜。总之我就真开始对这个隐居人士感兴趣起来，后来我也象征性地去解读他画里也许并不存在的事物。有一幅画画的是条蜿蜒的逐渐消失的路，我就把那看成了神秘之路：它消失于一座村庄，看不到路的尽头。那该是他与伯纳德（Bernard）某次外出写生画的画。有一篇他的精彩对话，洛兰在书里引用了——他用很长的篇幅谈到了"用正方形、方块、三角形这些方式，我试图重组我对自然的印象：这些方式帮我重组诸如我看到圣维克多尔山这样的母题时所'想-感-看'（think-feel-see）到的那种实体感，并把它精简成绘画的语言，于是我用了正方形、方块、三角形，想把它们以一种互相交缠的方式重构出来"[金斯堡的手指也交错了起来]，"光都透不进"。这描述听着很神奇，但这说法被他画布上画笔构成的那种网格印证了，就是说，他创作了一种具实体感的二维平面，若你盯着他的画，也许稍稍离开点儿距离，最好眼神涣散，或眼睛眯起来些，你就能看到那伟大的三维场域，神秘，立体，如同看实体幻灯。随后我又在《玩牌者》里发现了种种不祥的象征，比如那个靠墙的家伙脸上有那种干巴巴的表情，好像不情愿把自己扯进去似的；还有那两个农民，他们看上去就像刚被发到"死"牌；那个发牌的，穿着件大号蓝斗篷，两颊玩偶般红扑扑，一看就是矫揉的城里人；还有那宽脸的，看上去像是个卡夫卡式的中间人，也像个作弊者，而且是个通天的（cosmic）作弊者，把命运分发给那些人。如此便是一幅艾克斯的伦勃朗式隐居派大作了！在那种"塑感价值"（plastic values）[1]以外，这里面还有种幽默的、纪念碑式的东西。

后来，抽了好多大麻后，我到纽约现代艺术博物馆的地下室去看他

---

[1] 指前文提到的那种立体性。

的水彩画，从此真的迷上了塞尚的空间及对空间的塑造了。尤其有一张关于石头的画，好像叫《加伦河之石》，你盯着那些石头看上一阵，它们看上去像石头，像石头的部分，你不知它们在哪儿，是在地上在空中还是在悬崖之巅，可它们确实如云一样浮于空间，形态不定，似膝盖骨，又似龟头，或没有眼睛的脸。神秘之极。当然也可能是大麻的效果。可我确实感受到了。他还对古典雕像、文艺复兴雕像之类做了些颇为古怪的描摹，伟大又庞大的赫拉克勒斯等人的人像被他安了非常小的针尖脑袋……似乎这就是他对它们的评价！

关于塞尚，之后还有无穷无尽的东西去发现。终于，我得以读到他的书信，又发现了这个句子：我的小知觉——"我是老人，但热情不老，我的感官没像我认识的那些老人一样被热情弄糙；多年以来我也试图通过工作，"原句好像是这样的，"重建我取自自然的小知觉；要是我站在山头，脑袋哪怕移动半英寸，风景的构图就全变了。"显然他视觉的灵敏度已精锐到，堪称对视觉现象的瑜伽般的审度——他往那儿一站，从特定的角度审视这视觉的疆域及这个视觉疆域的深度，看，但可以说只是看往他自己的眼球——他眼球中重建知觉的企图。他最后说——人们猜不到这位苦行的老工匠会有如此奇怪的说法——他说："这个小知觉恰是全能的、永恒的父神"。

这就是我感觉到的通往塞尚之隐士方式的钥匙……每个人都知道他工匠般的、手艺人般的、修饰般的绘画方式很伟大，然而背后的浪漫主义母题更震人心魄——你意识到他其实是个圣人！圣人化地退隐于小村落，全心全意修着他的那种瑜伽，过着相对与世隔绝的生活，就算去教堂也只是走个形式，实际上他满脑袋超自然的现象和观感……你知道，这也非常谦卑，因他并不知自己是不是发了疯——那是对存在之物质、奇迹尺度的灵光乍现，而他试图把这些精缩到画布上的二维空间，还要做得令观者只需花足够的时间超脱于肉眼所及，它就会，就会全然如三维空间般，展现出真实的、光学现象的世界。事实上，他是把他妈的整个宇宙都重建进了他的画布——多了不起的一件事！——至少说，是宇宙的外观吧。

回到正题。我在《嚎叫》第一节的最后部分引用了好些这方面的材料:"'万能的父亲,永恒的上帝'① 的感知"。《嚎叫》的最后一部分实际上是对艺术的礼赞,具体点儿说,也是对塞尚方式的礼赞,某种意义上,我尽我所能把它用书写的形式表现了出来;但要解释它,却很难。除非简而化之地说,塞尚并未用透视线条去创造空间,他用的是一种颜色与另一种颜色的并置(他空间的元素之一),以至于我想,也许想得过细了,以这不可解释、未被解释的非透视之线,即,一个词与另一个词的并置,两个词之间的间隙——类似于画中空间的间隙,两个词中可以有个间隙让头脑以对存在的感知去填充。换言之,当我说,哦,当莎士比亚说——在可怖的广袤(dread vast)与夜未央(middle of the night)中,有些事在"可怖的广袤"和"未央"(middle)之间发生了。这就仿佛创造出了黑夜的整个空间,它的空间感。只是这些词放在一块儿就有了这种效果,多诡谲。又比方,在俳句中,你有两个迥然的意象,就放那儿,不做任何关联,不在它们之间做任何逻辑的联系;头脑填补了这个……这个空间。比如:

哦蚂蚁
爬上富士山,
可慢之又慢。②

你有了小蚂蚁,你有了富士山,你有了慢之又慢,而发生的事是你觉得就像……嘴里搁了个什么东西!你感受到了这个巨大的空间——宇宙,这几乎是件可触可及的事。好吧总而言之,这就是现象的知觉(phenomenon-sensation),现象-知觉,这个例子,是小林一茶的小小俳句创造出的。

所以我也试着做类似于"并置"的事情,像"氢自动唱机"(hydrogen

---

① 原文为拉丁语。
② 这个俳句日语原文英译应为"O snail / Climb Mount Fuji, / But slowly, slowly!",在金斯堡引用的版本中,蜗牛(snail)被换作了蚂蚁(ant)。

juke box）。或"冬天午夜小镇街灯雨"（winter midnight small town street light rain）。塞尚用三角形、方块、颜色的方式重建，我则替换掉了方块、正方形和三角形——我不得不用词语，当然还有节奏，这些东西来重建——称它为遣词和造句吧。好。而且头脑的各个部分都要作用到，这些部分是同时存在的，不同的联想也是同时进行的：每边都选个组件，像爵士、电唱机之类的词里面，我们挑个电唱机；政治、氢弹里面，我们选了氢——然后你就看到了这个组合"氢电唱机"，而这一系列动作都是瞬间完成的。或，《向日葵》的结尾是"手推车的逼"，不管这都是些什么意思，或"橡胶美金"——"机器的皮肤"；明白吗，在创作的那一刻我也未必知道它是个什么意思，但之后它变得有意思了，一或两年后，我意识到，它下意识地意味着某些明确的东西。随着时间才获得了意义，就像照片慢慢地显像。因为我们并非始终意识到我们头脑的全部深度，换言之，通常我们知道（know）的比我们意识到（be aware of）的多太多了，虽然我猜，有时我们也能全都意识到。

　　塞尚还有别的有意思的元素……哦，当然，他的耐心。以及记载光学现象这件事。跟布莱克有些接近：通过不用眼睛去见——通过不用眼睛去见，你被引领着相信了虚象。他通过他的眼睛看。其间真正的深意是，我们可以通过他的画看到上帝。或看到"万能的父亲，永恒的上帝"。我可以想象，某人未加准备，带着他特别的化学的、生理的状态，特别的神志的状态，心灵的状态，未加准备，也从没体验过永恒的狂喜，在塞尚的画前走过，心不在焉，几乎没注意到画，他的眼睛却通过画布穿向了空间，然后他便毛发耸立地站住了，就这样半道停住，看见了整个宇宙。我想这就是塞尚真正对很多人做的。

　　我们谈到哪了。噢，我说的那个叠加的意象间关于空间和时间的空隙，正如俳句中两个意象经由头脑的某个闪回被关联了起来，所以那个闪回便是小知觉；或禅宗俳句家所说的"开悟"——如果他们真会那样说的话。这便是霍斯曼[①]谈到的诗意的体验，管它叫汗毛直竖或灵魂出窍吧，

[①] A.E. 豪斯曼（1859—1936），美国古典学者、诗人。

总之是那种来自肺腑的感觉。值得探讨的是，特定的词和节奏的结合，是否确可带来能引发意识之特殊状态的身体电化学反应。我想布莱克带给我的可能就是这个。不那么显著的例子有，爱伦·坡的《钟声》或《乌鸦》，甚至维切尔·林赛的《刚果》，我敢肯定也是这么回事：那里边有种催眠性的节奏，当你将其引入到你的神经系统，它将引起各种电反应——神经系统随之被永久改变了。阿尔托在这个课题中说过：当某些音乐被引入神经系统时，将改变神经细胞的分子结构，或发生些类似的别的变化，其将永久性改变经历这一切的那个存在（being）。嗯，总之，这个肯定确是事实。换句话说，我们所有的任何体验都被记录在了脑子里，被神经模式等诸如此类的东西所处理，于是我想，脑子里的记录既然是以小小电子位移的方式来完成的，那么事实上，艺术确能引起电化学效应。

所以……问题便是，在我们想要的方向上，电化学效应能强到何种程度。我觉得布莱克在我身上起作用了。我也觉得那是艺术的最佳可能性之一。但这些都只是我们随便说了打打牙祭的。然而却是很有意思的……玩物。供我们把玩。这么个意思。

《巴黎评论》：过去的五六个月中你去了古巴、捷克斯洛伐克、苏联、波兰。这些经历有否帮你进一步明确了你对当前世界形势的感受？

金斯堡：唉，我不再有感觉——我甚至没觉得马列主义有任何答案——但我现在很肯定地感觉到，那儿没有能解我欲望之题的答案。对那些国家的大多数人来说也是一样——在苏联，波兰或古巴——真这么觉得的。它就像是种自上灌输下来的理论。没人认真想这个问题，因为它一点意思都没有，反正，在不同的国家，它有不同的意思。而反对"美国式愚蠢"这样的革命，初衷是好的，仍让人报以同情，我想，对于古巴，当然还有越南，这都是件好事。

但有件事我觉得很肯定，那就是共产主义或资本主义里并无人类的回答……也就是说，事后想想，至少对我来说美国的内部并不糟，尽管对黑人来说可能很糟，可也糟不到哪里去，不是令人毛骨悚然的那种糟，不是不可救药的那种。美国人个个有钱有车，而美国之外，人人因美国的外交政策忍饥挨饿。或者就是被炸，被撕裂，流血街头，牙被打坏，被催泪瓦斯砸，屁股被滚烫的拨火棍戳，这种事要是放到美国，你知道，就会觉得很恐怖——黑人除外。

所以我不知道。我看不到任何特别的答案，而且这个月对我来说就好像一场原子弹战争快开始了，好像除了打仗什么法子都没有了。大家都不知妥协。大家都太恶了。我不是说这真的会发生，但……真该有人像马克思一样坐到大英博物馆里，想出一种新系统，一种新蓝图。又一个世纪过去了，技术把一切都改变了，也是时候想出种新的乌托邦系统了。巴勒斯几乎就是在做这件事。

然而，令人印象深刻的是布莱克的耶路撒冷，耶路撒冷式英国的想法，这个我觉得越来越说得通了。我想他给出了个很好的定义。我还对布莱克有一些不解的地方，还没读他读到能完全明白他所指出的方向。有可能是赤身的神圣的人形[1]，有可能是能量（energy），有可能是欲化（sexualization），或性解放，这些我们大家都相信的方向。然而他好像也有一些想象我尚未完全明白。跟我们身体之外的一些东西有关，关于抗拒身体，这个我没完全弄明白。甚至可能是死后的存在。这也是我没明白的。菲兹威廉姆博物馆里有封信是他死前数月写的。他说："我的身体一片混乱，感受着压力，败坏着，但我的观念，我观念的能量及我的想象比以往任何时候都强。"我觉得这很难理解。我想我要是躺在床上奄奄一息，身上哪儿都疼，我就直接放弃了。我是说，我不认为我能在身体之外存在。但他好像可以。身为威廉的他做不到。也就是说，威廉的身体是和宇宙绑在一起的。而布莱克的身体没跟宇宙绑一块儿。很神秘，简直，就像远在天地之外。那天我想了好久。

布莱克的耶路撒冷世界似乎就是仁慈-怜悯-和平（Mercy-Pity-Peace）。

---

[1] 此句原文为"the naked human form divine"，其中"the human form divine"来自布莱克的诗《神圣的形象》（*The Devine Image*）。

这个世界具有"人形","仁慈有一张人的脸。"① 这些都比较明了。

《巴黎评论》：你怎么理解布莱克所说的"在这个时代，感官是灵魂的主要入口"——我不知道"这个时代"是什么意思，有别的什么时代么？

金斯堡：他说的很有意思，因为在印度神话里有同样的说法。他们所说的这个时代（This Age）就是卡利年代（Kali Yuga），损毁的年代，或，耽迷于物质主义的时代。你在韦柯（Vico）那儿也能找到类似说法，怎么说的来着，黄金时代跑着跑着便回到了铁器的时代，然后又回到了石器的时代。唔，印度人称之为卡利年代，或末法时代、末世，而我们那么耽于物质。五官即物质。感官。他们说，即便智力、思想、惩戒、修行、萨达那、智能瑜伽、业瑜伽，也无法将我们拯救，因感官的工作那样强劲，凭我们自己的意志或努力，绝走不出它的魔爪。如今的印度普遍认为，唯一的出路是通过奉爱瑜伽②，即信仰–希望–崇拜–敬慕（Faith-Hope-Adoration-Worship），类似于基督教的"圣心"（Sacred Heart），这也是我觉得非常可爱的一种教义。即，纯粹的欢喜；你被救赎的唯一途径是通过歌唱。换言之，从如此压抑的深渊拔地而起，把自己的灵魂拔往更为妥帖的极乐与通达之境的唯一途径，是完全听随心的愿望。愿景取决于心的罗盘，这个罗盘指明了心向往之的地方。随后，你五体投地、歌唱、吟诵祈祷和咒语，直到达到狂喜和通达的境地，直到极乐溢满周身。他们说，像圣托马斯·阿奎那那样的智者绝不会这样做，因为那就好像我自己老要纠结于是否还记得前世——我是说，你很可能就把自己转晕了，而这跟"存在之花"（the existent flower）终没什么关系。布莱克说过类似的话：能量、过量……其通往智慧之宫。奉爱瑜伽就好像是过多的虔诚——明白吧，就是你，把自己完完全全献出去。

有趣的是，我在布林达班咨询灵性问题的女圣人锡铝·玛塔克里希那

---

① 出自布莱克《人性概要》（*The Human Abstract*）一诗。
② 奉爱瑜伽，又称巴克蒂瑜伽。

基告诉我，要把布莱克作为我的精神导师。精神导师有那么多种，无论是活着的还是不再活着的，只要他确能令你启蒙；而我确实受到了布莱克的启蒙，至少通过他获得了狂喜的体验。所以我一来到剑桥便迫不及待要去菲兹威廉姆博物馆，去找找他那首《天真之歌》里的拼写错误。

《巴黎评论》：你说的布莱克体验是怎么回事？

金斯堡：大概是一九四五年，我对"至上真如"（Supreme Reality）很感兴趣，关于最后的那次寻找"至上真如"之旅，我也写了些长诗。它就像陀思妥耶夫斯基或托马斯·沃尔夫式的理想化，或兰波的——兰波的说法叫什么来着，新图景（new vision），是不是这样说的？还有凯鲁亚克谈话间也提到过一种新图景；其本只是出于直觉的渴望，然而，也出于对宇宙的颇有意味的宽容。一九四八年夏天，在我住的东哈莱姆——我多次说过，有点儿像《古舟子咏》："从三人中拦住一人。／'凭你的灰胡须……'"信天翁挂在你脖子上……①——当时我就想，若过上一二十年我再想跟人讲明白那天在我身上都发生了什么，那可真是件要命的事！我甚至写了首长诗："我将变老，变成灰发的，嘟嘟囔囔的人，／每小时都同一个想法，而对每个想法，都是同样的否认。／我是否会耗费我生，去称颂上帝这个概念？／时光不寄希望。我们爬了又等。我们等了又独终。"那是《圣诗》之二——我从未将它发表。话说回来，我那时在哈莱姆躺在我的床上……手淫。我就这么胡乱躺在窗台边的一张床上，眼睛望着窗外哈莱姆的飞檐和其上的天空。我这人老是一边看书一边手淫——这大概也是青春期少年通常的做法吧。尽管那时我早过了青春期。二十二岁样子。你知道，手淫时做点儿别的事转移下注意力挺好的，看看书啦、望望窗外啦，让脑瓜仍然转着，这样倒像更性感了似的。

那个礼拜我都干了些啥呢——我那会儿处于特别孤独寂寞的状态，就

---

① 这是金斯堡凭记忆背诵的《古舟子咏》诗句，原句应为"Instead of the cross, the Albatross / About my neck was hung"。

这么，处于心灵的黑夜，读着圣十字若望①。可能因为认识的人都走了，巴勒斯在墨西哥，杰克远在长岛，彼此见不着，而我跟他们已多年亲密无间。亨克②像是在蹲监狱。总之就一个熟人都没有。主要也因为此前我跟 N.C. 在一起，结果我从他那儿收到封信，说我们完完了，结束了，不该再认为彼此是恋人了，理由是这个关系走不下去。那之前我们——说的其实是尼尔·卡萨迪，我前面称他为 N.C.，但我想你可以用全名——可是有着一种温柔大爱。我猜，那感觉对他来说有点太多了；也因他远在三千英里之外，在那大洲上有六千女友，成天忙得要死，我却在纽约叫天天不应，叫地地不灵。就这样我收到了他的信，他说："艾伦，现在我们该去新的领地了。"他就像是对我那些最温柔的希望狠命砸了一锤子。我想这辈子是再也碰不到这样的性灵之交，这样的满足了！于是我就陷入……觉得理想化的罗曼蒂克之境对我关上了大门。那会儿我也才毕业，无处可去，工作也找不着，所以真没别的事好做了，只好住在哈莱姆吃吃蔬菜。公寓是从别人那儿借的。分租的。

于是在那样的状况下，没着落，还走到了死角，在这么个成长的过渡期，精神上死水微澜，既没新图景，也没至上真如，只有眼前让人无所适从的世界……精神上的紧张在各个方向上达成了可笑的平衡。这么个情况下，高潮刚过，膝上一本布莱克的书——我甚至没认真在读，视线只是随便飘过《啊，向日葵》的页面，突然间——这首我此前读过多遍，熟得简直除了花之甜蜜什么意思都没有了的诗——突然间，我就觉得这首诗谈的是我。"啊，向日葵！怀着对时间的厌倦/整天数着太阳的脚步。/它寻求甜蜜而金色的天边——/倦旅的旅途在那儿结束；"③那时那刻，我开始读懂了面前的这首诗，而同时又听到房间中传来低沉的，仿佛来自坟墓的声

---

① 圣十字若望，又称十架约翰，中世纪末期西班牙圣徒、灵修大师、诗人。《心灵的黑夜》恰为圣十字若望的作品。
② 赫伯特·亨克，诗人和作家，垮掉派代表人物之一，亦为小偷兼男妓。据说"垮掉一代"的"垮掉"（beat）最早就是出自他的口头语，尽管金斯堡在《对"垮掉一代"的界定》一文中并未提及此事。
③ 此处选用飞白译文。

音，我几乎想都没想就猜到，那是布莱克的声音；那并非我熟知的任何声音，但早先我在一首诗中有过可称为"石之声"的这么一个构想——也可能那是发生在这次幻听之后。

我就这么眼盯着书页，耳朵里是幻听（暂且这么叫吧），房间里这幽灵般的声音在我体内唤醒了一种对此诗更深的理解，因为那声音如此温柔、美好……古老。就如同上帝①的声音。但这声音更加难忘的特质是，这声音既像是上帝，也像人，像是一位活着的创世者带着极大的温柔、古雅和肉身之重在向他儿子说话。"那儿，少年因渴望而憔悴早殇／苍白的处女盖着雪的尸布／都从他们坟中起来向往——／向着我的向日葵要去的国度"②意思就是，彼处真有个地方，甜蜜而金色的天边，还有那甜蜜的向日葵，怎么说呢，与这个声音同时的，还有种情感从我灵魂深处升起，与此声音相回应，此外还有对这奇特现象的那种突然的视觉还原。也就是说，望着窗外，透过窗户看着天空，就仅仅通过望向这个古老的天空，我就突然好像望进了宇宙的纵深处。天空突然显得非常古老。而这就是他所谈到的那个古老的地方，那个甜蜜而金色的天边，我瞬间意识到他谈的就是当下的这个存在！我出生就是为了体验此刻，去明白它谈的都是些什么——换言之，这就是我为之存在的时刻。是这样的一种启蒙（initiation）。或说，这样一种景象，一种意识：为抵达我自己而活，活我自己而抵达造物主（being alive unto myself, alive myself unto the Creator）。作为造物主的儿子——我意识到，那个造物主爱我，或说，回应了我的渴望。两方面都有同样的渴望。

总之我第一个念头是，这是我为之而生的时刻；第二个念头是，永远不要忘记——永远不忘，不背弃，不否认。不，永远不否认这个声音，永远不把它忘记，不要因徘徊到别的什么灵界、美国或工作的世界、广告的世界、战争的世界或尘世的世界而心智上流离失所。我须生而感知的是宇

---

① 原文用了"Ancient of Days"——阿拉米语对"上帝"的称谓，布莱克也有以此命名的水彩及蚀刻作品。

② 此为《啊，向日葵》后半首，选用飞白译文。

宙的精神。视觉上我所说的便是位处哈莱姆的这座老旧公寓楼直穿往后院的，被精雕于一八九〇年或一九一〇年的飞檐。它似是大量智慧、关怀和爱的凝结。此后我在每个角落都注意到了，处处有活着的手的证明，甚至在砖块中，在每块砖的布局中。有一只手把它们放在了那里——有一只手把整个宇宙放在了我的面前。有一只手也放置了天空。不，这样讲有些夸张——并非有只手放置了天空，而是天空即是那活着的蓝色的手。或说上帝就在我眼前——存在本身即上帝。就这么个构想——只是当时没这么去表述，我只是看到了幻境，感到了身体的轻……我的身体忽然变轻了，随之而来的是某种通天的意识（cosmic consciousness）[①]、震颤、领悟、敬畏、惊愕及诧异。还有突然的觉醒，似被带往了比我之前存身其中的更深的真实宇宙。好吧，我试着别把那突然的更深的真实宇宙讲得过于泛泛，我尽量只是严格地去描述现象带来的观察，只是去谈那个特别的声音，飞檐的样子，天空的样子，或，那只大蓝手，那只活着的手——只是从图像角度来谈。

不管怎么说——那同样的……小知觉数分钟后重现了，同样的声音，读的是《病玫瑰》。只是这次在感觉、深度和神秘性方面，有稍微不同的印象。因为《病玫瑰》——你知道，我现在并不可能对这首诗做一番阐释，但它确有一种意义——然而我可以从字面上去阐释它，病玫瑰就是我自己，或自己（the self），或，这个活着的身体，病是因为心智病了，是因为"飞进夜晚，/飞进咆哮风暴"，或飞进乌里森[②]的那条虫；布莱克用的形象可以说就是死亡，它进入躯体并将其破坏，虫就是死亡，死亡的自然过程；有一种神秘的存在以其自己的方式企图进入并吞噬我们的身体——玫瑰。布莱克的描绘方式是复杂的，那是一朵颓败的玫瑰，颓败是因为它正在死亡，其间有虫，而被这虫裹着的，是个挣扎着想逃出玫瑰之唇的小精灵。

总之，我体验到了《病玫瑰》，它被布莱克的声音读着，似乎适用于

[①] 意识（consciousness），此词有多种含义，狭义的有"具有清醒神志的状态"，更为广义的有"体察到宇宙之存在的现象"。本篇访谈中，区别于"神志清醒"之意义的 consciousness 有时也译作"觉悟"。

[②] 又译尤里生。《乌里森之书》(The Book of Urizen) 是布莱克的一部诗歌作品，在他的神话体系中，乌里森是传统理性与法律的化身。

整个宇宙；我就像听到了整个宇宙的毁灭，同时也听到了毁灭的那种不可避免的美。确切的我记不得了，只记得非常美，非常神奇。其中也有些可怕。因其与对死亡的认识有关——我的死亡，还有存在本身的死亡，这是一种大痛。所以，它就像是预言，且不是常人的预言，而像是布莱克他穿透了整个宇宙的秘密核心，以一种有韵有律的，小型神奇配方似的宣告来将其展现——此种韵律如果被内心的耳朵（inner inner ear）所听闻，就能将人发送到宇宙之外。

那天晚些时候，另一首诗《走失了的小女孩》带来了同样的感受，那里边有一些反反复复的叠句：

> 当父亲、母亲哭了，
> 莱卡能在哪里睡？
>
> 莱卡怎能睡
> 如果她的母亲哭了？
>
> "如果她的心脏疼
> 那么就让莱卡醒；
> 如果我的母亲睡了，
> 莱卡便不该再哭了。"

这里边有种催眠似的东西——我突然意识到莱卡就是我，或莱卡就是自己（the self）；父亲、母亲寻找莱卡，就像上帝、父神、造物者在寻找；后面，"如果她的心脏疼 / 那么就让莱卡醒"——醒往何处？醒，就是醒往我刚才谈到的那个对于整个宇宙之存在的觉醒。随之而来的是那种对于整个宇宙的完全的觉悟。这就是布莱克所谈论的。换言之，从寻常的、惯常的、日常的意识，演变到于一朵花中窥见所有天堂的那种觉悟，这样的一种突破。或，怎么说呢，花中的永恒……一粒沙中的天堂①。因我在楼房的飞檐中看到了天堂。我说的天堂，是智慧之手的印迹，或它的具体化，它活着的那个形式——那件其间仍刻着智慧的巧手之作。哈莱姆飞檐上的滴水兽。耐人寻味的是，类似的飞檐随处可见，我之前却从未注意到。我也从未意识到它们对谁来说都是一种精神劳动——有人曾专门花力气在锡块上雕刻，好让一块工业化的锡变成羊角。不止是那人，那个工匠，那个手艺人，建筑师也想到了这一点，造房子的人也为它花了钱，熔炼工熔炼了它，矿工把它从地底下挖起，而土地曾经历了几乎永世的时间去准备它。所以那些小分子可以说是沉睡过了……数劫（kalpas）。数劫之后，它们一鼓作气凑到了一起，最终凝结成房上滴水兽飞檐这么个形式。上帝才知道多少人造就了月亮。或者，怎样的魂灵劳作了……才使太阳生辉。正如布莱克所言，"当我望向太阳我所见并非旭日东升而是一众天使歌咏圣灵啊圣灵"。所以说，他感受到的太阳之领地与寻常人看到的那个具体的太阳是不一样的，后者与太阳并无情感上的联系。

那周的后几天，又断断续续出现过同样的闪回……那种极乐——这体验确是极乐——又回来了。可以说，这些都在《真正的狮子》②里以趣闻轶事的方式描述了——事实上，那是个十分困难的时期，这里我也不想讲太多。因为，就在事情发生的那会儿，我突然地就这么想到，哦，我疯了。《嚎叫》的一行诗里写了："（他们）想，他们只是疯了，当巴尔的摩在超自然的狂喜中闪烁"——"（他们）想，他们只是疯了。"要是真这么简单就好了！就是说，如果你只是发了疯，那就好办了，而不至于……这样你就可以把它归咎为"哦我疯了"——然而如果这些是真的呢，要是你真是个精灵天使，降临于这伟大的通天的宇宙——别人若是问起来，还真他妈不好解释。就好比某天早晨被逮捕约瑟夫·K的那些公人吵醒了一般。我那会儿好像是这样做的，隔壁住了几个女孩，我从防火梯爬出去敲她们的

---

① 这两句指布莱克《天真的预言》中的诗句，只不过原文为"一沙一世界，一花一天堂"。
② 《真正的狮子》，金斯堡的一张朗诵唱片，诗歌与音乐互动的一个作品。

窗户，说"我看到上帝了！"然后她们砰一下就把窗户关上了。哎，我能告诉她们什么才能让她们放我进去！我就这么脑袋里闹腾得欢，神智又依然清醒——我记得我一下子冲向了柏拉图，翻开《斐德若篇》去读那些飞马腾空的伟大画面，又冲到圣十字若望那里，开始读"借着无知的知，超越一切科学"[①]那个片段，再冲到书架另一边，去读普罗提诺的《论孤独》——我是觉得普罗提诺比较难理解。

但我很快就双倍、四倍地加速了思考，一下子什么文本都能读了，也能在里头看出各种神圣的意义。那个礼拜或是那个月吧，我好像有一场关于约翰·密尔的考试。不去读他的观念，我倒被他的阅读经历迷住了——是华兹华斯吧？显然令他回归的是他通过阅读华兹华斯所获得的对自然的一个体验，读的是"崇高的感知"（sense sublime）或别的什么类似的东西。"崇高的感知"，或别的什么于更深层次融合交汇的一些东西——这是个很棒的说法——其寓居于落日之辉，寓居于环绕着的海洋，和那……活着的空气，他是不是这么说的来着？活着的空气——又有那只手了——全在人心中。所以我想这种体验是所有上乘诗歌的特征。打此，我便开始认为诗歌是这样一种特别体验的沟通媒介——不是别的什么体验，仅仅这一种。

《巴黎评论》：此后你又有过这样的体验吗？

金斯堡：是的，这个时期还没完。后来我在我房里不知做什么好。但我想让这状况再次发生，于是我就跳脱开布莱克开始做实验。有一天，我想是在我厨房里——我有间老式的厨房，一个水斗，一个大缸，其上架了块板——我开始四处走动，身体乱晃，在地上上蹿下跳跳着舞，嘴里念着"跳舞！跳舞！跳舞！跳舞！神灵！神灵！神灵！跳舞！"突然我就觉得我是浮士德，在那儿呼唤魔鬼。就这么，那个巨大的……跟看到了大脚野人或前寒武纪怪兽似的，瘆人之感轰然袭来，我便怕得不行而终止了。

后来我在哥大四处乱逛，我走进哥伦比亚书店，又一次阅读布莱克，

[①] 原文为拉丁文，此处选用罗池译文。

就这么翻着布莱克的书,那好像是本《人性概要》:"将有更多的怜惜。"于是在书店里,我又一次被轰然袭击,我就这么又一次身处永恒的所在,我环顾身边他人的脸,看到的全是野生动物!话说那里有一个我未加注意的书店店员,他只是书店场景里熟稔至极的一个摆设,每天书店里有很多像我这样的人进进出出,因为楼下是个咖啡馆,楼上便是这些我们熟得不能再熟的店员——这家伙长了一张长脸,你知道,有些人看上去就像长颈鹿。他看上去就这么副长颈鹿样。他有张长脸,一只长鼻子。我不知此人的性生活如何,但他一定不缺故事。不管怎么说吧,我看着他的脸,就好像突然看见了一个备受折磨的灵魂——而一会儿之前,他只是一个我认为不那么漂亮、性感的人物,并无一张出众的脸,而只是一个熟悉的人,也可能是宇宙里央求着你什么事的一个表兄。但突然间我意识到他像我一样知道此事。书店里的每个人都知道,他们全藏着掖着!他们全都有着这种意识——大家全都有这种意识,乃至于这就像是一种我们之间弥漫着的一种巨大的无意识,然而人们脸上那种固定的表情,习惯化的表情、仪态、讲话的方式,全都是遮藏这种意识的面具。那会儿我就想,要是我们都在一个完全觉悟、洞晓的层面上与彼此沟通,那该多么可怕,那该是这书店的末日了,那该是文……的末日——不是文明,可无论如何,每个人所处的位置多荒谬,大家跑来跑去互相兜售书。就在这个宇宙里!把钱递过柜台,把书装在袋子里,守着门,你知道,还有偷书的,和楼上那些正襟危坐算账的人,那些边走进书店边担心考试的人,千百万个人的思绪——你知道,我担心的是——他们是否会有性生活,或是否会有人爱他们,担心他们的母亲是不是要因癌症去世,或者,你知道,无时无刻跟随着每个人的那个完全的对死亡的知晓——这些东西一下子在这些人的脸上向我透露过来,而他们看上去全像可怕又丑陋的面具,丑陋,因为他们彼此间藏掖着这个知识。满眼尽是习惯性的行为模式和形态,限定的处方,只需去填空的表格。要扮演的那些角色。但那一刻,我的主要洞察是,每个人都知道。每个人都完完全全地知道。知道我正在说的全部真相。

《巴黎评论》：你现在仍然认为他们知道吗？

金斯堡：我现在更肯定了。很肯定。你只消去试着让他们中的某些人开口。你也意识到，他们一直都知道你会试着令他们开口。但不到那一刻，你简直无法展开这个话题。

《巴黎评论》：为什么不能？

金斯堡：唔，害怕被拒。人们扭曲的脸，因被排斥而扭曲。说到底，还有对自己的憎恶。对被排斥的内在化。说到底，也是对能发光的自己的不信任。对于无穷的自己的不信任。一部分是因为具体之事……一部分，是因为我们携带着的洞晓常常是令人痛楚的，全因被排斥的经验，因为缺少爱，因为冷战——我是说，整个冷战对每个人来说都相当于一种巨大的精神桎梏，一种强大的反自然心态。一种硬起心肠的，对渴望、温柔之感受的阻断——尽管这种感受人人尽知，而且恰恰还是……原子的结构！人类躯体及生物的结构。与生俱来的渴望。这些都被阻止了。"那儿，少年因渴望而憔悴早殇/苍白的处女盖着雪的尸布"或如布莱克写的，"我所遇到的每个人脸上的标记/脆弱的标记，哀痛的标记"[①]。所以我在书店里想着的就是这种脆弱的标记，哀痛的标记。你现在随时随地都可以环顾四周看看身边人的脸——你可以从撅起的嘴上看出来，可以从闪烁其词的眼睛里看出来，可以从呆看着火柴的眼神中看出来。替代了与外界之交流的，是自我意识（self-consciousness）。此种意识扎根在自我里头，老想着该如何去操控脸、眼睛、手，才能做成一道面具，遮掩住那背后的涌流（flow）。而自我对此是非常明白的，每个人其实都非常明白！所以我们就说这是害羞吧。害怕。害怕完全地去感觉，真的，完全地去存在，就这么回事。

所以问题便是，获得觉悟之后，如何才能安全地宣告和对外交流。是啊，有这么一则禅宗的老故事，第六代长老传下富有象征意义的零碎物

[①] 此为布莱克的诗《伦敦》中的句子。

品、装饰品、书、碗（锈迹斑斑的碗）……当第五代长老把它们传给第六代长老时，他叫他把东西藏好，说不要告诉任何人你是个长老，因为这很危险，他们会杀了你。那是确确实实的危险。对我来说，我花了那么多年才终于研究出如何才能明明白白地告诉他人，宣告它，而不至于把别人或自己给吓着了。此外还有历史的运动及文明的瓦解。充分瓦解每个人的面具和角色，令每个人不得不面对宇宙和病玫瑰成真的可能性，以及原子弹。所以这几乎是件救世主做的事情。也似乎越来越正当了。而且鉴于我们的存在状况，做这件事越来越合乎情理了。

就是这样。再后来一次发生如此情形，大概是在一周以后，在我傍晚时分沿着环形走道散步的时候——如今它该是哥大正中央图书馆边上的那片花园或菜圃。我又呼唤起了神灵，有意识地想再次体会那种对宇宙的深度感知。突然地，它又一次出现了，像重新开天辟地了一回，然而这次——这是那时期的最后一次了——一样有着意识的深度，或说，一样有着通天的洞察，然而它突然变得跟极乐一点儿关系都没有了，变得极其恐怖。就像有条瘆人的蛇怪窜进了天空。天空不再是一只蓝手，倒像是死亡之手，像种特别可怕的存在直坠到我身上，那感觉就像我又一次看到了上帝，只不过这回上帝是魔鬼。而意识本身却没边地大，比我此前想象或体验过的都要大，简直就是非人的了——一定程度上说，它变成了一种恫吓，因我最终将死于这非人的存在。讲不清楚那是什么状况，但我没胆量再去追究了。就像是完全体验了一把布莱克的《愤怒之门》："径直通过愤怒之门／寻得西方之路"，不过我没敢往前走，而是一下子把它全关了。心惊胆战地想，我做得过了头。

《巴黎评论》：你服用药物这事算不算此种体验的一种延伸？

金斯堡：唔，既然我暗下过决心说，这就是我生而为人的地方，我降临的所在，那么服用药物，显然地，作为意识试验的一种方法，可令人达到那同一图景的不同领地，不同层面，不同的共性，不同的回响（reverberations）。显然湖畔派诗人对气体类药物也颇感兴趣，汉弗里·戴维爵士①的气动研究所里没少做尝试。好像柯勒律治、骚塞、德·昆西这些人都老去那里。全是些正经人。我想关于那个时期，落在纸上的东西并不多。那些周六的午夜，让柯勒律治徒步穿林绕湖去造访的汉弗里·戴维家里，都发生了些什么呢？不过当然，客观来说，药物主要带来仿佛"通天狂喜"（cosmic-ecstatic）或"通天着魔"（cosmic-demonic）那般的意识状态。我们体验到的那种被扩展了的意识几乎就等同于无意识的信息量了，意识（awareness）浮到了表层。不过我再也受不了它们了，因为它们带来过跟布莱克幻听差不多的东西。大约三十、三十五次后，我开始出现那种魔鬼般的身体振颤。所以我不能再碰它们了。说不定以后还会，要是有什么能让我放宽心的话。

不管怎么说，我确实从这些东西那儿得到了很多，像情感上的理解，某种程度上说，对于女性的理解——更多地理解了女人的柔软，对她们有了更多的渴望。也渴望过孩子。

《巴黎评论》：拿致幻剂来说吧，有过什么特别的经历吗？

金斯堡：对我来说是这样，比方我在公寓里嗑多了，我就会觉得公寓和我自己都不再只是身处东第五大街，而是位于整个时空的中心。如果闭上眼睛，我就像是在外太空看到好多鳞光闪闪的巨龙，它们慢悠悠地绕来绕去，还吃自己的尾巴。有时我自己的皮肤和整个房间都好像鳞光闪闪了，似乎什么东西都跟蛇类有关了。还觉得生活这个大错觉无非就是爬行动物的一场梦。

曼陀罗也是。我在一首借致幻剂写成的诗里写到过曼陀罗。嗑高后产生的联想或多或少被我用到了那些诗中。像《魔力诗篇》就是。我曾请斯坦福大学的一位医生从这方面的专家施皮格伯格教授那边借来些曼陀罗画，好让我需要时盯着看。如此我们便有了一些绘有锡金象的曼陀罗画。我在诗里直接描述了这些画在嗑高了的时候看上去是怎么样的。

---

① 汉弗里·戴维爵士（1778—1829），英国化学家。

总之，归纳一下吧，对于拓展感知——感官上的感知，及意识的不同可能性和状态，药物有那么点用，可以体会到"小知觉"的不同版本，有时药物的幻觉对创作有点用。《嚎叫》的第二部分是在药物作用下写的，在幻觉中创作出来的。在旧金山写的《摩洛》①。《卡迪什》也是，从星期六早上一直待到了星期天晚上。恍恍惚惚的。这里边药物起的作用不算很大。它跟诗里情感的力量没多大关系。

《巴黎评论》：这些跟你的亚洲之行有什么关系吗？

金斯堡：唉，亚洲行可以说是把我从我用药物画地为牢的囚笼里带了出来。那可真是个非人的囚笼，我在里头还以为在扩展意识呢，以为在历经考验呢，事实情况却是我就要打不过龙蛇大怪了，情形着实危急。而且到了再碰药物便要作呕的地步。可我还在想，这是天降大任于我吧，叫我去"扩展意识"，去体察，去丧失我自己，去和高级感知、自然做直接接洽，去一意孤行。所以当我到了印度，在整个印度的旅途中，我可以说是逮住个圣者便谈这件事。我想知道他们对此有啥建议。怎想到他们每一个都表了态，给的全是很好的建议。头一个见到的是马丁·布伯，他对这话题挺感兴趣。在耶路撒冷，我和彼得一起去造访他——我们事先给他打了电话约了时间，此后便是好一番长谈。他有一嘴漂亮的白胡子，人也非常友好。他的性格里稍带点苦行气，但仁慈不减。彼得问他有过怎样的图景（visions），他便描述了年轻时在床上体验到的一些。但他又说他已对这种所谓图景不感兴趣了。他提到的图景跟唯心论那种"通灵术"（table rappings）有点像。远非被某个又大又美仙境般的布莱克天使猛砸了下脑袋，而只是鬼神从他的窗户进到了屋子里。而那时，我眼中的重大问题是身份的丧失（loss of identity）、与非人宇宙的对抗这种，要么就是，人类是否不得不进化和演变、乃至变得非人。融入宇宙——且这么说吧，尽管这说法不准确，也很笨拙。布伯说他感兴趣的是人和人的关系，

---

① 《摩洛》即长诗《嚎叫》的第二部分。

人类之间的关系——他觉得我们注定居住其间的,是人性的宇宙(human universe)。所以,更该是人之间的关系,而不是"人性"和"非人性"之间的关系。我当时还觉得那才是我注定要探究的呢。他还说:"年轻人,记得我的话,两年后你就会知道我是对的。"他是对的,两年里我都记得他的话。两年后是一九六三年——我见到他是在一九六一年。不确切记得他说的是不是两年——但他确实说了"再过些年"。这可真像故事里说的,智者言:"年轻人,记得我的话,再过些年你就会知道我说的是对的!"感叹号。

后来又在印度的瑞诗凯诗见到了施化难陀大师。他说:"你自己的心就是你的精神导师。"我觉得这话很甜蜜,也让人安心。我心中就真的体会到了那种甜蜜。突然我意识到我找的其实就是那颗心。换言之,并非什么意识,也不是什么小知觉,不是那种扩展了心智意识(mental consciousness)以容纳更多信息的感知——我一直都在追求那东西,追求巴勒斯的那种支离——其实我找的与其说是头脑(mind)还不如说是心(heart)。换句话说,在头脑中,通过头脑或想象——这就是我弄不明白布莱克的症结所在——我们可以构建各类宇宙,人们在梦或想象中可以构建各类宇宙的范式,可以让你以光速进入另类的宇宙,能让你体验迅速切换的几百万个宇宙。你体会得到宇宙的所有可能,包括那最后的可能——宇宙并不存在。然后你就意识全无了——好像用了药物后失去知觉。你看到宇宙在你的意识中快要消失了,而这一切都基于你的意识。

总之,一众印度圣者全都把问题指向了身体——回到身体,而不是游离到人的形式之外。在人的形式内生活和居住。这就又回到了布莱克,"神圣的人形"。讲得够清楚吗?换句话说,出于种种原因吧,我自己的那个精神问题是,我曾觉得最好的办法是马上去死。或说,不怕死亡,而是进入死亡。进入非人之中,进入宇宙之中,可以这么说;上帝就是死亡,如果我想抵达上帝,就得死。仍有可能确实是这么回事。而我好像是被教唆说,要抵达全部的意识,便须脱离我的身体。

然而一个又一个的精神导师都在说:"寓居于身体:这是你与生俱来

的形式。"要一个个说起来的话，还真有点长。太多圣者，太多对话，而他们所说的都有那么一点切中要害。然而真正让一切告一段落的是在日本的火车上；次年，有了《改变》这首诗，我就这么一下子弃绝了药物，不是弃绝药物，而是我突然再也不想被那些非人的东西掌控了，甚至再也不想受到道义责任的掌控，去扩大什么意识了。不想做"成为我心"之外的任何事——我的心现在只渴望活着，成为它自己。彼时彼地，当我果真卸下背上的那个重负，某种奇异的激动之情升腾而起，因我突然又能爱我自己了，且因此，又能爱我周围的人了，爱他们业已存在的形式。也爱当下的那个我自己。环顾四周的人，好像又跟书店里感觉到的差不多了。只是这一次我完全在我的身体中，不再背负什么神秘的义务。没什么亟待完成的了，而只是在我行将死去的时候，顺其自然，无论它何时发生。并愿以我现在所拥有的形式去过人的生活。我一下子喜极而泣了。幸运的是我还有写作的能力，"以便活着，继而死去"[①]——而不是什么通天的意识，什么不朽，什么上帝，什么永远存在的永恒意识。

后来我到温哥华的时候，奥尔森[②]说了句"我与我的皮肤合一"。我到温哥华那阵，大伙儿好像不约而同地沉回了他们的身体。好像那就是克里利[③]一直在说的。"这个所在"（The place）——他就是用的这个词，我们之所以为我们的那个所在。意味着此地，这里，试图着，在真实的地方保有真实的存在……始终意识到他所身处的地方。我此前却一直认为他是在自我断绝与神圣想象的关系。而对他来说，要是一个人真正身处此地，那么唯一可称为神圣的地方就是此处。温哥华那阵是个很尴尬的时期，至少于我来说——因为我就好像倾家荡产回到的那里。从——天哪——一九四八年到一九六三年的我所有的能量都好像被洗劫一空。在京都的火车上，我弃绝了布莱克，也弃绝了——弃绝布莱克！——幻听。那就好像是个圈，

---

① 这是《改变》中的一句。
② 查尔斯·奥尔森（1910—1970），美国诗人，黑山派诗歌开创者，代表作为《马克西姆诗抄》(The Maximus Poems)。
③ 罗伯特·克里利（1926—2005），美国诗人，与奥尔森同为黑山派诗歌代表人物。

起始于布莱克幻听,止于京都的火车——在火车上我想到的是,要抵达我在谈论布莱克幻听时所寻找的那种意识的深度,我就必须把我自己与布莱克幻听割裂,弃绝它。否则我就只是跟一段经历往事纠缠不清。那就谈不上是对现在,现在的意识了。为了回到现在,为了回到对现在的全部意识,并且与现在我身边的一切获得一种知觉感知上的联系,与此刻的图景发生直接的联系,我如今就得割弃那种渴望重回幻境的乱麻般的思绪。复杂透顶。蠢透了。

《巴黎评论》:你以前好像说过《嚎叫》是首抒情诗,《卡迪什》基本是叙事诗,而你现在感觉想写一篇史诗……有没有这样的打算呢?

金斯堡:算有吧,不过这只是……我很久以来的一个想法。我早晚会写首叙事长诗,描绘出我有过的所有图景,有点儿像《新生》[①]那种。也写一写旅行。我有过的另一个想法是,把我爱过的人都写下来,写成一大篇长诗。写一写性……关于爱的诗。一首很长的爱情诗,写尽一辈子里数也数不清的情事。说的史诗倒不是这个。史诗史诗,涉及历史。它将关于现今的政治,用的是布莱克写《法国革命》的那些手法。我已经写了不少。叙事诗是《卡迪什》。史诗——那就不得不是另外一种结构了,也许是对政治主题的简单的自由联想——实际上我现阶段就是想写一篇包含了历史的史诗篇章。我已经写了很多,但它得是巴勒斯的那种史诗,即,必得是包含了政治和历史的,支离破碎的一串想法。我不觉得这能用叙事的方式表现,我是说,你能叙些什么呢,朝鲜战争还是别的什么东西?

《巴黎评论》:像庞德的那种史诗?

金斯堡:不,因为我觉得庞德多年来似乎一直在基于他自己的阅读及文学史来编故事;而我的这篇东西得从整个当代历史,从新闻标题和斯大林主义、希特勒、约翰逊、肯尼迪、越南、刚果、卢蒙巴、南方、萨科

[①] 《新生》(*Vita Nuova*)系但丁作品。

和万泽提①所有这些"波普艺术"来取材——只要它曾漂进过意识、联系（contact）的个人领地。像编个篮子似地去写，用这些素材编出个篮子。显然，除非你心中有图景去参照，无人知道未来会怎样，或事件会如何终了。那么我想，就得使用一些联想了。

《巴黎评论》：你对当代诗歌作何感想？

金斯堡：我还不知道。尽管曾有怀疑，但现在随着时间的流逝，我仍觉得美国最好的诗人是凯鲁亚克。过二十年再回头来看好了。主要原因是，他是最自由，也最率性而作的一个。他的诗里有极其伟大的联想和图像。还有在《墨西哥城布鲁斯》里，崇高被用作了主题。还有所谓投射诗②所表现出来的那种灵巧——如果想对其加以命名的话。我想，除了少数几个能感受他作品之美妙的人——斯奈德③、克里利和另几个能品味他字里行间韵味的人，所有其他人都愚蠢地低估了他。而懂的人自然会懂。

《巴黎评论》：你说的不是凯鲁亚克的散文吧？

金斯堡：不，我纯粹在谈他的诗。诗句，像《墨西哥城布鲁斯》和其他的一些我看到过的手稿。还有件事说明了他是个伟大诗人，他是整个美国唯一善写俳句的诗人，唯一写下过好俳句的诗人。每个人都似乎写过俳句。有些人要冥思苦想好几周才能憋出一两个可怜的意象，整出一首烂俳句。而凯鲁亚克每次落笔都是用俳句去想的——交谈和思考用的都是俳句。这对他来说是件特别自然的事。这是斯奈德注意到的。而斯奈德为写一首关于伐木的俳句，不得不在一所禅院里劳作多年。他也真还写了一两首好的。斯奈德总是惊异于凯鲁亚克的灵巧……能注意到冬天的苍蝇在他

---

① 萨科和万泽提，美国大萧条时期一桩臭名昭著的冤假错案"萨科和万泽提案"的当事人。
② 投射诗（Projective Verse），由奥尔森、克里利等人首倡的诗歌理论和实践，主张以诗人在特定情感、思维状况下呼吸的缓急长短来确定诗行的长短和节奏。
③ 加里·斯奈德（1930— ），"垮掉派"诗人，他早年翻译中国唐代诗人寒山的作品，在美国产生巨大影响。

的药橱里死于年老体衰。药柜。"在我的药柜里／冬天的苍蝇／死于年老体衰"其实他从未发表过这些诗——倒是在一张与祖特·西姆斯、艾尔·康恩合作的唱片里发表过,都是些非常棒的诗。这些,就我来看,是硕果仅存的真正的美国俳句。

俳句是最难的一道考验。他是写俳句的唯一大师。他写得长的那些诗歌也好。当然散文和诗歌的区别也早已不那么清楚了。我还讲过这话,凯鲁亚克肆意汪洋的一大页,有时感觉跟一行史诗一样崇高。我想他是往存在主义的写作更进了一步——写作被其构想成了一种不可撤销的行动或宣言,一旦形成即不可修订篡改。昨天我还在想,我曾一度被凯鲁亚克震惊过,他这么对我说,未来的文学会是只由落在纸面的东西所构成,写作者将不再能通过之后的改动来蒙骗读者,令他们认为自己写了什么。我想这是打开另一片国度了,再也不能靠骗人混日子了!他们再也不能瞎作改动了。说过的话便是板上钉钉了。凯鲁亚克自己很愿意这么一条道走到黑——作为这片新疆域的头一个朝圣者。

《巴黎评论》:那其他诗人呢?

金斯堡:科尔索[①]有发明的天赋。属于非常机敏的那类人——堪比济慈了。我也喜欢拉曼提亚那种神经兮兮的野性。他写的每篇东西我都觉得挺有意思——他总能记录下灵魂前行而探索的步伐;他的作品始终有关精神上的探索。年复一年地去追读他的作品也挺有意思的。惠伦和斯奈德两人非常睿智、靠谱。我对惠伦理解得不多。早年还比较理解——我得坐下来再好好看看他的作品。有时他似乎有些粗枝大叶——但事后又似乎总是对的。

麦克卢尔有无尽的能量,而且似乎有点……不能说是六翼天使……

[①] 格里高利·科尔索(1930—2001),"垮掉派"诗人,与凯鲁亚克、金斯堡、巴勒斯共同组成"垮掉派"的核心圈子。此处提及的其他诗人有:菲利普·拉曼提亚(1927—2005),美国超现实主义诗人。菲利普·惠伦(1923—2003),"垮掉派"诗人。迈克尔·麦克卢尔(1932—),"垮掉派"诗人。约翰·威纳斯(1934—2002),美国诗人,黑山派成员,奥尔森的学生。

也不是信使，而是……也不是魔鬼。就说他是六翼天使吧。他总在往前冲——你看，我才意识到要跟自己的发肤联系得更紧密些，他却早已坐而论道说自己如何如何地哺乳动物了！所以我就觉得他实在先我一步先得太远了。还有威纳斯，我老跟他一起哭。醍醐灌顶啊。他们都是些老诗人，谁都知道这些诗人。巴勒斯也是个真诗人。随便拿一页他的散文，里面意象的浓度一点也不亚于圣琼·佩斯或兰波。还有那种重复着的节奏。重复的，重复的节奏，有时韵脚也搅了进来！还有谁呢……克里利非常稳健。我越来越喜欢他的好些我一开始没太弄明白的诗。像那首《门》，完全把我给震了，因我起初竟没意识到他谈的也是那个让我忧心忡忡的异性恋问题。还有奥尔森，他说过句"我与我的皮肤合一"。他的第一篇让我喜欢的作品是《欧洲之死》，后来的几首关于马克西姆的东西[1]也很不错。多恩[2]则倾向于写得又长又简约，很男性化，政治化——但温柔仍是他本质的一个特点——"哦坟墓还没被切出"。我也喜欢阿什贝利、奥哈拉和科赫[3]最近的诗作，我喜欢他们所探索的领域。阿什贝利——我听他读过《溜冰者》，那首诗整个儿就跟《夺发记》[4]一样精美而有创意。

《巴黎评论》：你写作时，有没有使命感？

金斯堡：有时我会带着使命感写作。当我涕零于某些真相的时候，就是那样的。那样便会有彻底的使命感。有些时候——更多时候没有。只是瞎摆弄，耍耍雕虫小技，谋得个漂亮形状；我的大多数诗无非如此。只有那么几次我有过完全的使命感。《嚎叫》的一部分可能算是，还有部分《卡迪什》，部分《改变》。其他一些诗的个别片段也算。

---

[1] 指《马克西姆诗抄》(*The Maximus Poems*)。马克西姆亦称"图尔的马克西姆"(Maximus of Tyre)，是一位古希腊哲学家，奥尔森将其作为自己诗篇的主人公。——编者注

[2] 埃德·多恩（1929—1999），美国诗人，黑山派成员。

[3] 约翰·阿什贝利（1927—   ），美国诗人，代表作为《凸面镜中的自画像》。弗兰克·奥哈拉（1926—1966），美国诗人，代表作为《午餐诗》。肯尼思·科赫（1925—2002），美国诗人、剧作家。三人均为纽约派诗歌的代表人物。

[4] 18世纪初诗人蒲柏的一首仿英雄体叙事诗。

《巴黎评论》：你说的使命感是不是指一首诗被你完整地感受到了,而不只是局部?

金斯堡：不,指的是对宇宙的一种自我预言般的掌控。

(原载《巴黎评论》第三十七期,一九六六年春季号)

索尔·贝娄

◎杨向荣/译

  对贝娄的访谈陆续"进行"了若干个星期。前两次录音都是在贝娄所在的芝加哥大学社科楼第五层办公室进行的。在两次录音访谈期间，贝娄坐在他的桌边，在明显伸进房间的屋檐之间，屋里反射着从南面的垂直窗户透进的午后的阳光。四层下面就是59号大街和米德路，大街上汽车和行人发出的噪声不绝如缕地扎进办公室。提问时贝娄总是仔细地听，而且回答得也很缓慢，频频停下来琢磨他所能想到的精确说法。他的回答都很严肃，但充满自己独特的幽默特色。显然，这种愉快的思想机智游戏让他感到很开心，往往在幽默中问题已经作答。为了把自己的想法向记者解释得更清楚，他在整个过程中可谓备受辛苦，反复询问这句话是否说清楚了，或者是否应该就这个话题多讲些内容。访谈期间，由于注意力高度集中，反而搞得疲惫不堪，两次录音结束时，他坦承已差不多精疲力竭。

  而之后的几次录音采访结束后，都会打出一份谈话文字稿。在这些打印稿上处处都留下贝娄用铅笔和水笔修改的痕迹，完成这样一次修改所花费的时间相当于做三次单独采访。最后再打印出一份修改稿，整个过程才宣告初步结束。这部分工作都是记者在场时完成，接着他还会频频修改。这些采访工作通常都是在贝娄的办公室或者他的寓所进行。从他的寓所可以俯视奥特尔大道和密歇根湖。不过，有一次修改工作是他和《巴黎评论》坐在杰克逊公园的一张条椅上进行的，那是一个美丽的十月的午后。另有一次打印稿的修改工作是在当地一家酒吧，在啤酒和汉堡的款待中完成。

——戈登·劳埃德·哈珀，一九六六年

HERZOG 10|12|24 TR-OS (VIKING) 4591

"We're all right."
"Comfortably settled? Liking Chicago? Little Ephraim still in the Lab School?"
"Yes."
"And the Temple? I see that Val taped a program with Rabbi Itzkowitz—Hasidic Judaism, Martin Buber, *I and Thou*. He's very thick with these rabbis. Maybe he wants to swap wives with a rabbi. He'll work his way round from 'I and Thou' to 'Me and You'— 'You and Me, Kid!' I suppose you wouldn't go along with everything."
Phoebe made no answer and remained standing.
"Maybe you think I'll leave sooner if you don't sit. Come, Phoebe, sit down. I promise you I haven't come to make scenes. I have only one purpose here, in addition to wanting to see an old friend...."
"We're not really old friends."
"Not by calendar years. But we were so close out in Ludeyville. That is true. You have to think of duration—Bergsonian duration. We have known each other in duration. Some people are *sentenced* to certain relationships."
"You earned your own sentence, if that's how you want to think about it. We had a quiet life till you and Madeleine descended on Ludeyville and forced yourself on me." Phoebe, her face thin but hot, eyelids unmoving, sat down on the edge of the chair Herzog had drawn forward for her.
"Good. Sit back. Don't be afraid. I'm not looking for trouble. We've got a problem in common."
Phoebe denied this. She shook her head, with a stubborn look, all too vigorously. "I'm a plain woman. Valentine is from upstate New York."
"Just a rube. Yes. Knows nothing about fancy vices from the big city. Had to be led step by step into degeneracy by me—Moses E. Herzog."
Stiff and hesitant, she turned her body aside in her abrupt way, then, her decision reached, turned just as abruptly to him again. "You never understood a thing about him. He fell for you. Adored you. Tried to become an intellectual because he wanted to help you—saw what a terrible thing you had done in giving up your respectable university position and how reckless you were, rushing out to the country with Madeleine. He thought she was ruining you and tried to set you on the right track again. He read all those books so you'd have somebody to talk to, out in the sticks, Moses. Because you needed help, praise, flattery, support, affection. It never was enough. You wore him out."
"Yes . ? What else? Go on," said Herzog.
"It's still not enough. What do you want from him now? What are you here for? More excitement? Are you still greedy for it?"
Herzog no longer smiled. "Some of what you say is right enough, Phoebe. I was certainly floundering in Ludeyville. But you take the wind out of me when you say you were leading a perfectly

《赫索格》的最终校样

《巴黎评论》：某些评论家觉得应该把你的作品划入美国自然主义传统，也许其依据是你对德莱塞所作的某些评论。我不知道你是否认为自己属于某个特定的文学传统？

索尔·贝娄：我认为十九世纪现实主义的兴起仍然是现代文学中的重要事件。德莱塞当然是一个现实主义作家，他有某种天才的要素。他行文笨拙、臃肿，在某种意义上还是一个乏味的思想家。但是，他某些方面的情感却极其丰富，这使他与许多同时代的作家明显地区分开来，每个人都本能地觉得这种情感非常重要。德莱塞对这些重要的情感持有比二十世纪任何一个美国作家都要开放的接纳态度。他的情感没有找到一个更为成熟的文学形式来予以承载，许多人因此感到不舒服。他的艺术可能"太自然"了，这是无需讳言的。他有时用大块的单词和语句的堆砌来表达自己的感悟。他一路走得跌跌撞撞，但总体上还是在沿着真理的方向前进。结果，我们不经某种媒介就被他的主人公们打动了，就像直接被生活感动了一样，于是，我们就认为他的小说完全是从生活中撕下的一角，因此也就不能算作小说。但我们不禁还是要阅读这些作品。他不用过多精致的装饰就表达了我们通常与巴尔扎克或莎士比亚联系起来的情感的深度。

《巴黎评论》：那么，这种现实主义是一种特殊的情感而不是一种技巧？

贝娄：现实主义的特长显然是直接呈现经验本身。让德莱塞激动的不过是这样一种理念：你可以把直接的情感写进小说。他在无需费劲掌握某种技艺的情况下就天真烂漫地做到了。我们看不出这点，因为他摆出了许多我们熟悉的、从他那个时代的流行艺术，甚至从那些华而不实的杂志借鉴来的"艺术"姿态。其实他是一个朴素、原始的作家。我特别敬重他的这种质朴，我认为这种质朴比美国小说中被奉为高级艺术的东西价值大得多。

《巴黎评论》：你能举个例子说明自己的意思吗？

贝娄：比如《珍妮姑娘》中的细腻微妙——珍妮让莱斯特·凯恩去过正常传统的生活，而自己则跟私生女儿宁肯不被承认也要生活在一起，还有她那种宽容心、同情心的深刻和真实，所有这些给我留下动人的印象。她不是那种多愁善感式的人物。她有一种天生的尊严感。

《巴黎评论》：晚近的美国小说很大程度上都遵循这个方向吗？

贝娄：嗯，他的很多追随者中有人觉得笨拙和真实性是并驾齐驱的。可是重拙不见得必然意味着心有诚意。大多数德莱塞派的作家都缺乏天才。另一方面，贬抑德莱塞的人追求小说的所谓"高雅艺术"标准，错失了重点。

《巴黎评论》：除了德莱塞，还有哪些美国作家你特别感兴趣？

贝娄：我喜欢海明威、福克纳和菲茨杰拉德。在我看来，海明威作为艺术家，发展出一种很有意义的个人风格，一种重要的生活方式。他是那些怀旧的老派绅士依然觉得留恋的人物。我并不认为海明威是个伟大的小说家。我更喜欢菲茨杰拉德，但我常常感觉菲茨杰拉德分不清纯真和趋炎附势。我想到《了不起的盖茨比》。

《巴黎评论》：如果我们放眼美国文学之外，你刚才提到自己兴致盎然地读了不少十九世纪俄国作家的东西。他们有什么特别吸引你的方面吗？

贝娄：哦，俄国人有种很直接的卡理斯玛式魅力（charismatic appeal）——对不起，我用了马克斯·韦伯学派的术语。他们的社会习俗允许人们自由地表达对自然和人类的感觉。我们继承的是对感情更为严谨和拘束的传统态度。我们得围绕清教徒式的坚韧克制的约束来行事。我们缺乏俄国人的开放态度。我们的路径相对要窄。

《巴黎评论》：还有哪些作家你特别感兴趣？

贝娄：我对乔伊斯非常感兴趣，对劳伦斯非常感兴趣。有些诗人的作品我读了又读。我说不上,他们在我的理论框架里属于哪个位置;我只知道,我对他们有某种依恋。叶芝就是这样一位诗人。哈特·克兰[①]算一个。还有哈代和沃尔特·德·拉·梅尔。我不知道这些诗人之间有何共通之处——也许毫无共性。我只知道自己被这些人反复吸引。

《巴黎评论》:有人说,一个人不可能同时喜欢劳伦斯和乔伊斯,你得从二人中选一个。你的感觉不是这样吗?

贝娄:不是。因为其实我对劳伦斯的性理论不是很当回事。我严肃看待的是他的艺术,不是教条。但他反复告诫我们不要相信艺术家。他说要相信作品本身。所以,写《羽蛇》的劳伦斯对我没有多大意义,对写了《误入歧途的女人》的劳伦斯我却钦佩备至。

《巴黎评论》:你觉得德莱塞作品中透出的魅力跟劳伦斯有异曲同工的感觉吗?

贝娄:没错,那就是对经验的某种开放包容。愿意相信人的本能,且无拘无束地追随,这点劳伦斯同样具备。

《巴黎评论》:在访谈前你提及不太愿意谈论自己早期的小说,你认为现在的你与那时的你已经不同。我不知道,这个问题谈到这个份儿上是否已经到此为止,或许你还可以谈谈自己的想法有何变化。

贝娄:我想,写早期那些小说时,我是挺怯的。我仍然觉得向这个世界(在某种意义上我是指新英格兰白人世界)宣称自己是一个作家和艺术家时有一种不可思议的狂妄感。我得脚踏实地,证明自己的才华,对形式的限制表示尊重。一句话,我害怕自己放开去写。

《巴黎评论》:你是什么时候发现自己的写作风格有了明显的变化?

[①] 哈特·克兰(1899—1932),美国诗人。

贝娄：我开始写《奥吉·马奇》时。我摆脱了很多束缚。我觉得自己摆脱的太多了，走得太远，但同时我也体会到了发现的兴奋感。我一个劲地扩大自己的自由度，然后像被解放了的平民百姓那样立刻开始诅咒这种自由了。

《巴黎评论》：你在《奥吉·马奇》中摆脱了哪些束缚？

贝娄：我的最初两本书写得还不错。第一本写得很快，但辛苦备至。第二本写得比较吃力，试图尽善尽美。写《受害者》时我采用了福楼拜式的标准。说实话，这个标准不赖，但最终，我感到压力颇大。这种压力与我的生活环境和在芝加哥作为一个移民的儿子的成长经历有关。用在前两本书中形成的表达手段，我无法表现各种非常熟悉的东西。那两部作品虽然都很有帮助，但在形式上还没有达到让我感到很舒服的程度。一个作家应该能够很轻松、很自然、很充分地用一种能够释放能量、自由思索的方式来表现自己。他干吗要用形式主义，用借来的感性，用显得"正确"的欲望来固步自封呢？我为什么要强迫自己像一个英国人或者《纽约客》的作者那样去写呢？我很快发现，做一个保守的知识分子绝非自己心甘情愿；我还应该说，对处于那个位置的年轻人而言还存在种种社会限制。我有足够的理由害怕，我会被当成一个外国人和闯入者给压制下去。很清楚，我在大学研习文学期间，作为一个犹太人，一个俄国犹太人的儿子，我恐怕对种种盎格鲁-撒克逊传统以及英文单词缺乏体贴的感同身受。我甚至在大学还意识到，向我指出这个问题的朋友不见得就很客观公正。但他们对我会产生一定的影响。我必须以此为契机自求超越。我要为自由而战，因为我必须如此。

《巴黎评论》：今天这些社会阻力跟你当年写《晃来晃去的人》时一样强大吗？

贝娄：我想所幸自己是在中西部地区长大的，这种影响在那里不是很强烈。如果我生长在东部，而且上了一所常春藤联盟的大学，我可能会被

105

摧毁得更加厉害。美国的清教徒和新教徒在伊利诺斯州所占的比重没有马萨诸塞州那么大。不过,这种事情已经不会再让我烦恼了。

《巴黎评论》:在你创作《奥吉·马奇》和《赫索格》的间隔期又出现了一次变化吗?你曾说写《奥吉·马奇》时有一种巨大的自由感,而我认为《赫索格》是一部写作难度很大的书。

贝娄:没错。为了创作《雨王亨德森》和《赫索格》,我得驯服和抑制写《奥吉·马奇》时形成的那种风格。我认为这两本书都反映出风格上的某些变化。我真不知道怎么来描述这种变化。我竭力想找到一个准确的说法来描述那种状态,不过它可能跟随时准备记录从某个本源涌现出的各种印象的心情有关,迄今我们对这个本源还所知甚少。我想所有的人内心深处都有一个原始的激励者或解说者,他从遥远的早年就在指教着我们,告诉我们这个世界的真相。我内心就有这样一个解说者。我准备的写作基调必须让他信服。字词、语句、音节都是从这个本源散发出来的,有时从中传出的不过是些模糊的声音,我就试图把它翻译出来,有时会出现整个段落,连标点都完整无缺。E.M.福斯特说:"如果看不见我所说的东西,我怎么知道自己在想什么呢?"他也许是指自己的那个激励者,我们内心还存在一个观察机制,至少童年时期是有这样一个机制。当看到一个男人的脸庞、他的鞋子、光线的颜色、一个女人的嘴唇或者耳朵时,人们就会接到从原始解说者那里传来的一个词、一个短语,有时可能索性就是一组毫无意义的音节。

《巴黎评论》:这种变化反映在你的写作中……

贝娄:……就是想更加接近那个原始的解说者。

《巴黎评论》:你如何接近他,为通向他准备好了路径吗?

贝娄:我说解说者是原始的,并不是说他就是粗陋的,天知道,他总是非常挑剔。但是,如果氛围不对,他会沉默不语。如果你准备好了一大堆棘手的难题交给他解决，他可能没有任何反应。我肯定经常被欺骗和糊弄，因为有时我在酝酿恰当的基调时会碰到巨大的困难。这也是我在创作上两部长篇时困难重重的原因。我直接求助于我的激励者。但是，激励者得寻找最恰当的状态，也就是说要显得既真实又必然。如果在准备过程中出现丝毫多余的奢侈或者内在的虚假，他都能觉察得到。我就得停下来。我经常推翻再来，从第一句话重新写起。我不知道《赫索格》写了多少遍，但最终还是找到了可以接受的基调。

《巴黎评论》：这些准备、酝酿的过程包括寻找作品的主体思想吗？

贝娄：我不知道这种思想是如何产生的，我一般是放任自流。我尝试避开扭曲和变形这种常规的方式。很久以来，也许从十五世纪中期开始，作家就不再满足于单纯自视为作家。他们需要有一套自己的理论体系。他们往往就自命为理论家，发明自己作为艺术家的依据，替自己的作品做注解。他们发现还有必要采取一种姿态而不是单纯创作出几部小说。昨天晚上，我就在床上读了司汤达的一本文选。其中一篇文章我觉得很有意思，也让我感触颇多。司汤达说，在路易十四时代当一个作家不知该有多么幸运，因为谁也不把他们当回事。他们这种低微的身份是很值得珍惜的。高乃依死了数天后，朝廷才有人觉得这件事重要得值得一提。司汤达说，在十九世纪，高乃依的葬礼本应有若干公开演讲登在报纸上。

目前还出现了一种微不足道的时髦紊乱——即那些凭借他人制造的自我形象活着的人的痼疾，这些形象是报刊、电视、百老汇、萨迪饭店、流言蜚语或大众对名人的需求制造出来的。连小丑、职业拳击手、影星都在竞相蹚这潭浑水。我极力回避这种"形象"。我有一种渴望，不是渴望完全默默无闻——对此我也有些自我主义，而是渴望宁静和摆脱琐事纷扰的自由。

《巴黎评论》：与此相应，《赫索格》带来的热烈反响也许极大地影响了你的生活。你想过为什么这本书成为并仍然还是畅销书吗？

贝娄：我不同意这样一种流行观点：你写了一部畅销书，是因为你背叛了某个重要原则或者出卖了自己的灵魂。我知道，那种自以为成熟的舆论就持这样的观点。不过，我并不在乎这种舆论，我拿自己的良知来检验。我一直想弄清楚自己是否犯下不够机智的错误。但我还没有发现这是一种罪恶。我真的认为，像《赫索格》这样一部总销量应该只有 8000 本的低调之书，享有如此殊遇，是因为它诉诸了许多人没有意识到的同情心。我从别人的来信中明白，这本书描写了一种最常见的困境。《赫索格》也诉诸犹太读者，那些曾经离过婚的人、自言自语者、大学研究生、平装本读者、自修者，以及那些希望多生活一段时间的人。

《巴黎评论》：你觉得文学时尚的制造者是在刻意吹捧名流吗？我一直在想，最近，有人认为福克纳和海明威的去世为美国文学留下了空白，而我们都知道这种说法是很讨厌的。

贝娄：我不知道是否可以称之为一种空白。也许只是一个鸽子窝吧。我同意，有必要把鸽子窝给填满了，空白的存在总让人觉得不舒服。再说，大众媒体也需要报道素材，文学记者最终也得制造出文学大腕联盟的氛围。作家自己不会提出要填充这些空白。是评论家需要供奉在万神殿里的那些人物。不过，主张每个作家都必须谋求一席神位的也大有人在。为什么作家要像网球运动员那样希望被排名、充当种子选手呢？像赛马那样被致残呢？一个作家的墓志铭应该是："他赢得了全部民意选票！"

《巴黎评论》：你写作时心目中读者的分量有多重？存在你为之写作的理想观众吗？

贝娄：我心目中另有会理解我的人们。我看重他们。这种理解不是笛卡尔式的完全理解，而是一种犹太人的近似领悟。那是心有灵犀一点通的会意。不过，我头脑中并没有理想的读者，没有。我也只能这样说。我似乎盲目地认可那种想不到自己的怪癖根本不可理喻的怪人。

《巴黎评论》：你对修辞问题不太计较吗？

贝娄：这种事情其实不能过于设计。谈到无中生有的虚构才华时有人肯定认为小说家就是那种建起一幢摩天大楼来掩藏死老鼠的人。兴建摩天大楼可不光是为了掩藏耗子。

《巴黎评论》：据说当代小说都视人类为受害者。你曾以此作为自己早期一部小说的标题，但是你的小说似乎坚决反对把人当作被完全决定了的或徒劳者。你认为对当代小说的这种判断有合理性吗？

贝娄：我认为，现实主义文学从一开始就是一种受害者的文学。它把任何普通个体——现实主义文学本身就关心普通个体——都置于跟外部世界作对的困境中，当然，最终外部世界都征服了他。在十九世纪，人们对决定论、人在自然中的地位以及社会生产力的信仰，必然导致现实主义小说的主人公不会是英雄，而是最终要被击溃的受难者。所以我再写一部描写普通人的现实主义小说，并把它叫《受害者》将毫无新意。我以为自己独立找到了现代主义的本质，于是开始天真无邪地染指此道。严肃的现实主义同时又衬托出普通人身上蕴含的贵族的崇高性。面对命运的压迫，普通人表现得跟莎士比亚或者索福克勒斯戏剧中的主人公一样伟大。但是，这种文学传统中固有的反差性往往会伤害普通人的形象。最后，传统的力量把现实主义变成了拙劣的戏仿、讽刺剧和嘲弄性史诗——利奥波德·布卢姆[①]。

《巴黎评论》：你本人不也偏离对普通人悲剧的关注，转向处理具有更多喜剧色彩的受难者吗？虽然主题基本上依然严肃，写作难度依然很大，《雨王亨德森》《赫索格》和《只争朝夕》中的喜剧元素似乎比《晃来晃去的人》甚至《受害者》更突出。

贝娄：是的，因为我已经很厌倦一本正经的抱怨了，对抱怨完全失

---

① 乔伊斯《尤利西斯》一书的主人公。

去耐心。如果必须在抱怨和喜剧之间做出选择，我会选择喜剧，它更有活力、更机智、更硬朗。这其实也是我不喜欢自己早期小说的理由之一。我觉得它们平淡无奇，有时还喋喋不休。《赫索格》对抱怨进行了喜剧性的加工。

《巴黎评论》：当你说自己必须在抱怨和喜剧之间进行选择的话，是否意味着这是唯一的选择，也就是说你只能在这两项中做出选择吗？

贝娄：我不喜欢预测将来发生的事情。我觉得自己也许会再次偏向喜剧，也可能不会。但是，从二十到五十年代，占据现代文学主流的是一种挽歌式的基调，是艾略特的《荒原》和乔伊斯的《一个青年艺术家的画像》的那种气氛。感性中浸透着这种伤感，艺术家眼中的这种景观，作为当代与一个美好时代的唯一联系，迫使人们注视漂浮在泰晤士河上的垃圾，现代文明的各个方面都在对他（艺术家—反叛者）的情感进行施暴。在这方面，它走得要比本人允许的更远。它最终落在了荒诞上，我想我们绝不缺乏荒诞。

《巴黎评论》：我不知道你能否谈谈在自己的作品中外部环境的重要性。我认为，从现实主义者的传统而言，行为发生的环境是极其重要的。你把自己小说的背景放在芝加哥、纽约，甚至远到非洲。这些背景对小说有多大的重要性？

贝娄：你提了一个我认为谁也找不到答案的问题。人们可以写得很现实主义，同时又要想创造一个令人向往的环境，充满让行为变得高尚的氛围，处处呈现出生活魅力的环境。如果失去了这些东西，还叫什么文学？狄更斯的伦敦充满了阴郁之气，但同时又很温馨。现实主义一直都致力于精确地清除这种品质。也就是说，如果你最终要走现实主义道路，你等于把艺术空间本身带入危险之境。在狄更斯那里，除了雾几乎没有虚无的空白之处。环境是人性化的，而且从来如此。你理解我的意思吗？

《巴黎评论》：我还不太理解。

贝娄：现实主义倾向挑战人在事物中的重要性。你越现实主义，越威胁自己艺术的根基。现实主义总是既接受又排斥普通的生活环境。它接下描写普通生活的任务的同时又试图用某种奇特的方式来完成。福楼拜就是这样写的。描写对象也许平凡、低俗、颓废，最终所有这一切都被艺术赎回了。我在描写芝加哥的环境时其实是看得见它们的。环境自己在表现着自己的存在风格，我不过是把这种风格精致化了。

《巴黎评论》：你不会特别因为《雨王亨德森》的读者而烦恼吧？比如，有读者说非洲其实并不是这个样子。某些现实主义者要求作家敢于把角色放在某个环境之前，花好几年时间定位。你不会有我提到的这种麻烦吧？

贝娄：也许你应该说"事实主义者"而不是"现实主义者"。多年以前，我就跟已故的赫斯科维茨教授研究过非洲种族学。后来他讥笑我写了《雨王亨德森》这样的书。他说这个主题对于如此嬉闹行为而言过于严肃了。我觉得我的嬉闹是很严肃的。文字主义、事实主义都会把想象力统统给窒息掉。

《巴黎评论》：你在某个场合把近来的美国小说划分为你所谓的"干净"和"肮脏"两类。我想前者倾向于保守，容易乐观主义，后者倾向于永远唱反调、反叛、反主流，你觉得今天的美国小说仍然是这么一种局面吗？

贝娄：我觉得这两种选择都是初级和可怜的，但我也知道向其他小说家推荐任何既定的道路都是徒劳的。不过，我还是想说，要摆脱这两个极端。两种极端都没有用，也是幼稚的。毫不奇怪，我们这个社会真正有势力的人，不管是政客还是科学家，都很鄙夷作家和诗人。他们之所以如此，是因为从现代文学中找不到任何证据表明任何人在思考任何重大问题。当代激进作家的激进主义贡献了什么？大多数不过是自我贬低的小资情怀、多愁善感的民粹主义、带着水分的 D.H. 劳伦斯和模仿的萨特。对美国作家而言，激进主义是一个尊严问题。他们为了自己的尊严必须激进。他们把激进视为自己的使命，而且是高尚的使命，去说不，不仅咬给他们喂食物（我应该加一句，用喜剧的丰富养料来喂养他们）的手，而且还咬任何伸向他们的手。然而，他们的激进主义是空洞的。真正的激进主义是果真去挑战权威，这是我们最需要的。但是一种故作姿态的激进主义不仅容易拿得出手而且也显得陈腐不堪，激进的批评需要知识，而不是装模作样、口号和咆哮。通过在电视上耍小伎俩的恶作剧来维护自己艺术家尊严的人只能娱乐一下媒体和大众。真正的激进主义需要做大量家庭作业———思考。另一方面，至于干净文学，实在没有多少可说的，它们似乎正在式微。

《巴黎评论》：你的小说背景一般都设置在现代都市，是吗？除了你来自大城市的经验外，还有其他原因吗？

贝娄：我不知道怎么可能把自己对生活的认识与城市分开。我说不出城市深入我的骨髓有多么深，在这方面我所能告诉你的不会比一个在钟表厂工作涂描刻度盘的女士告诉你的更多。

《巴黎评论》：你提到现代生活中的纷扰特征。这种情况在这个城市感受特别强烈吗？

贝娄：一个人所作判断量的大小取决于观察者的感受能力，如果某个人属于易感型，有不计其数的意见想发表——"你是怎么看待这个那个问题的，如何看待越南的，如何看待城市规划、高速公路、垃圾处理、民主、柏拉图、波普艺术、福利国家或者'市民社会'中的文化教养？"我怀疑在现代生活环境中，是否还有足够的宁静允许我们当代的华兹华斯沉思万物。我觉得艺术与人在混乱中获得宁静有关。那种只有祷告者才会具备的宁静，是风暴眼。我认为艺术与人在纷扰中捕捉到专注有关。

《巴黎评论》：我相信你曾说过，小说特别需要处理的正是这种纷乱，因此，小说家不适合选择某种接近诗歌或者音乐的形式。

贝娄：对这样的说法我不再有那么大的把握了。我觉得小说家可以利用同样的特权。只是他使用的方式不能像诗人那样纯粹或者简洁。他必须越过一个极其泥泞和嘈杂的领域才能得出一个纯粹的结论。他更需要直接面对生活的细节。

《巴黎评论》：你认为当代小说家对这纷扰有什么特别需要正视的吗？它是否仅仅意味着细节的更加丰富，或者这种纷扰的本质今天跟以往已经不同？

贝娄：描写现代混乱的杰作当属乔伊斯的《尤利西斯》，在这部作品中，精神已经不堪抵御经验。纷至沓来、形形色色的经验，无论其快乐还是恐怖，所有这一切都像大海穿过一块海绵般涌进布鲁姆的头脑。海绵是阻挡不住的，它得接纳海水携带的任何东西，记录下从中通过的每一条微生物。我想要说的就是这个意思。其中有多大成分必然是精神痛苦，在多大细节程度上，在接受海水的同时不得已要附带上人类这种浮游生物，有时似乎精神的力量被纷至沓来的经验完全抵消。不过，当然它具有的消极程度跟乔伊斯在《尤利西斯》中带有的消极性一样。更强势、更有目标性的人会要求秩序，影响秩序，进行挑选和舍弃，但是面对纷纭的细节，他们仍然有被瓦解的危险。一个浮士德式的艺术家是不情愿屈从于成堆细节的。

《巴黎评论》：有人觉得你的主人公们都在寻求同一个问题的答案，这个问题也许可以概括为："在当今社会一个好人怎么能生活得下去呢？"我不知道你是否察觉到自己的小说中反复出现这一问题？

贝娄：我不觉得自己描写了什么真正的好人，在我的小说中，没有一个人大获好评。在这方面，现实主义对我的约束是很厉害的。我应该乐于去表现好人才是。我渴望知道他们是谁，是什么样的人及其处境如何。我

113

经常描写一些渴望拥有这种品质的人，但似乎显然未能如愿以偿。我认为这应该归罪于自己。我觉得这是一种局限。

  《巴黎评论》：真遗憾。这种局限究竟是什么？

  贝娄：其实就是我认不清这种品质或者无法用行为来表现这种品质。赫索格多么渴望拥有各种动人的美德，但在小说中这又成为一种喜剧的源泉。我觉得自己更关心别的事情，我不想带着早已准备好的答案去碰这种问题。我更愿意把它看作一篇研究论文，与人的个性或者无需什么合理性的品质有关。这种事情做起来会显得很怪异，它不会必然让某些事情显得合理。但是我们周围充满了喜欢怀疑、反叛或者压根儿就是神经质的作家，他们在这个行当已经待了整整二十或三十年，他们否定或者排斥生活，因为生活不能满足他们作为形而上知识分子的标准。在我看来，如此自信的否定意味着他们不会对生活懂得多少。不可知的神秘性太巨大了。所以，当他们用认知的指节叩敲不可知的大门时，很自然，这扇门会开启，某种神秘的力量将对着他们的目光喷涌而出。我认为，《赫索格》很大程度上完全可能用这样一个毋庸置疑的假设来解释：完全独立于我们的任何判断的存在本身就是有价值的，存在是妙不可言的。但是，那种与他作为人特有的事业不可分割的欲望也可能会卑鄙地背叛赫索格。他想生活吗？那是什么生活啊！塑造他的泥土中就包含着这种共同的需求。一个人配享任何这种殊荣吗？

  《巴黎评论》：可是，这样说有助于对这个问题的解释吗？为什么在整部小说中赫索格头脑中反复折腾他的那些困惑似乎一直都无法用理智来解决呢？

  贝娄：这部小说的主题并非有人所说的反智主义，它只是指出，要想以喜剧的方式达到满足各种现代要求的综合（syntheses）是不可能的。也就是说，我们不可能对所有重大问题，包括必要的历史、科学、哲学知识获得全面的把握。因此，赫索格总是曲解托马斯·马歇尔——伍德罗·威尔逊的副总统——的言论，他曾说，这个国家只需要一根上好的五美分的雪茄。（我想第一个说这句话的是巴格斯·贝尔）赫索格的版本成了：这个国家只需要一个上好的五美分的综合。

《巴黎评论》：你认为许多当代作家试图提出这种综合或者坚持认为伟大的小说应该提供这种综合吗？

贝娄：我不清楚有多少美国小说家，无论年轻的还是年老的，在拿这种问题折磨他们的大脑。欧洲作家的确是在折磨自己。我不知道他们在自己选择的基础上有朝一日能否取得满意的结果。无论如何，他们写出来的好长篇并不多。但那种东西却会引导我们涉猎更为宽阔的领域。

《巴黎评论》：《赫索格》里的这些思想还发挥着其他重要作用吗？"反智主义"的指责似乎来自那样一些人，他们感觉不到这些思想无论在激发行为以及赫索格做决定方面，还是在帮助他最后获得觉悟方面，都是必不可少的基本要素。

贝娄：首先，我认为应该先谈谈思想在美国文学中的不同作用。欧洲文学——在这里我是指欧洲大陆——有着不同于我们的智性主义特征。一个法国或德国小说中的智性人物很可能是个搞哲学的知识分子，一个研究本体论的知识分子。在我们这里，在我们的自由民主体制中，知识分子或者受过教育的大众知道，思想在一个完全不同的传统中才会变得有效。这些界线划分得不是特别分明。比如，我们不指望思想有何结果，比如在道德或者政治领域，而一个法国人则特别希望能在类似的领域开花结果。在美国，做一个知识分子有时意味着禁闭在一种私人生活中，在这种生活中，人们会想到，不过是带着某种屈辱感想到，自己能够取得的思想成果是何其有限。因此，提倡在一部美国小说中来一场思想意义上的戏剧性革命无异于追求几乎没有任何先例的东西。我的小说要表现的就是私人关切与知识分子的兴趣混合（美国式混合）之后所产生的那种屈辱感。这是这本书的大部分读者好像完全忽视了的东西。幸运的是，还是有人捕捉到了。但在某种程度上,《赫索格》试图根据某种盲目的理由,沿着一种渐进的轨迹结束。许多人觉得一种"私人生活"就是一种痛苦的折磨。在某种意义上,那是一种真正的痛苦,它把人同公共生活隔绝开来。在我看来,《赫索格》最耀眼的主题之一,就是个体被囚禁在一个可怜而又苍白无力的私密生活中不可自拔。他觉得这是一种耻辱。他可笑地与之搏斗。最后,他意识到被自己视为知识分子"特权"的东西不过是另一种形式的束缚。忽视这一点的人尚未把握这本书的主旨。因此,说赫索格的行为没有思想的推动,那纯属无稽之谈。任何教育小说——《赫索格》在此就是这样一种小说,用一下这个德语重词:教育小说——在迈出第一步后即告结束。那是真正的第一步。任何为了迈出第一步而摆脱华而不实思想的人就已经做出了极有意义的事情。当人们抱怨这部小说缺乏思想时,他们的意思可能是自己没有在里面找到熟悉的思想、流行的思想。"经典"之外的思想,他们是认不出来的。因此,如果他们所谓的思想是萨特或者加缪的思想,那他们就说对了:在《赫索格》中,这样的思想十分鲜见。也许,他们的意思是:一个人为了心智的健全、为了生活而奋争这样的思想不适合摄取到小说中来。

《巴黎评论》:赫索格排斥这类流行思想,包括萨特或者加缪的思想吗?

贝娄:我认为他首先拿自己对生活的感觉以及他对清晰性的渴求来验证这些思想。在他的内心,这些思想可不是一种游戏。尽管当他想到它们时可能会大笑,但他的生存系于这些思想。我无意把他写成要和萨特这些人物进行全面交战。如果他选择用典型的赫索格式的方式与萨特论辩,也许他首先会拿萨特的这一观点开刀:犹太人之所以能存在下来,仅仅是因为他们的反闪族主义;犹太人必须在真实的存在和非真实的存在之间做出选择;真实的存在永远无法脱离这种决定其存在的反闪族主义。赫索格也许会因为萨特的缘故想起这个来:犹太人之所以生存下来是因为他被人憎恶,而不是因为他有历史,也不是因为他有自己的根源——仅仅是因为他是被一个十恶不赦的魔鬼用其犹太性创造出来的。萨特为那些准备选择真实的犹太人提供了一个医治方案：广泛邀请他们变成法国人。如果当今欧洲哲学的伟大王子都只能给赫索格奉上这么一个拥抱（或抗拒）的主意，谁还会指责赫索格对所谓"思想"和当代知识分子事业的怀疑呢？他是用消极的方式对待思想的。为了生存他需要从大堆毫无意义和互不相关的事物中解脱出来。也许这就是早些时候我们说需要作出数不清的判断时想表达的意思。我们完全可能会因为需要分辨各种各样的观点而被吞没。如果我们要过人特有的或人性的生活，就得抛弃形形色色的思想。有时我们似乎每周七天时间都在受审般地回答这些问题，试图给我们自己一个明白的说法。但人什么时候才算真正生活了？如果必须做出这些无休止的判断，他又如何生活呢？

《巴黎评论》：很多人看出了赫索格对某些思想的拒斥，但是——

贝娄：对他为什么拒斥这些思想却完全不清楚。赫索格对思想有着很深的怀疑。虽然犹太人经常被骂为"没有根"的民族，像赫索格这样的人就非常清楚：习惯、风俗、倾向、脾性、天赋、辩认真实且符合人性的事实的能力与思想同等重要。

《巴黎评论》：你同时也谈到试图把一部小说建立在思想基础之上的徒劳，是指根据某种哲学概念来建构一部小说吗？

贝娄：不是。我没有反对过，我毫不反对把小说建立在哲学概念之上或者其他任何有效的事物之上。不过，我们不妨看看本世纪某个占主导地位并被许多现代艺术家所接受的思想——人类进入终结期的思想。我们不难从乔伊斯、托马斯·曼等人的作品中找到这种终结论。在《浮士德博士》中，政治和艺术在文明的毁灭中融为一体。现在，在二十世纪的某些伟大小说家的作品中也出现了这种思想。这种思想就这么好吗？可怕的事件并没有发生。终结根本就没有应验。文明依然还在这里。各种预言却已经不攻自破。小说家根据艺术创造论对历史做出的解释发表"最后的遗言"是错误的。小说家还是最好相信自己对生活的感觉，少一些宏大的野心。这样更有可能讲出真理。

《巴黎评论》：你的小说中的主人公总是极力想避免被别人的思想或者现实的视角所吞没。有时你好像给予了他所有的当代备选项——比如在《奥吉·马奇历险记》或《赫索格》中。这是你的本意吗？

贝娄：这一切其实说来很复杂。当然，这两部作品关注的是自由选择。我认为它们的问题提得并不很成功——我所使用的措辞的广延性还不够。我认为是自己轻易放弃了。我好像在书中质问过：人们怎能既抵挡得住这个巨大社会的控制，同时又不会变成一个虚无主义者，避免空洞的叛逆的荒谬性？我还问道，还有其他更好的抵抗和自由选择的方式吗？我猜自己像大多数美国人那样，潜意识中更喜欢这个问题中让人感到更舒服更温馨的一面。我不是说我本应该有"悲观主义"，因为我发现"悲观主义"在很多方面几乎跟"乐观主义"一样空洞。但我必须承认，我对这些问题的探究没有达到必要的深度。我没有指责自己未能充当一个苛细的道德家，我总是借口说自己毕竟不过是一个作家。但我对自己至今为止发表的作品并不满意，除了利用喜剧形式这一点。需要格外声明的是，我们的法国朋友无一例外都看到了这种问题以及所有真理问题的答案，在我们看来这些答案都极其可怕、不友善且充满敌意。有时，也许真理本来就是残酷的。我曾试图在自己的作品中描述这个意思。也许人生的真相就是如此。我已完全做好承认的准备：作为习惯性骗子和自我迷惑家，我们完全有理由害怕真理，但我绝不打算放弃希望。在这个世界上，还有一些真理是我们的朋友。

（原载《巴黎评论》第三十六期，一九六六年冬季号）

约瑟夫·海勒

◎杨向荣/译

采访约瑟夫·海勒的那一星期正值他的长篇小说《出事了》（Something Happened）出版发行，这是一个意义重大的文学事件，因为它是这位作家从事写作这个行当以来发表的第二部长篇。第一部当然是《第二十二条军规》。创作第二部小说花了海勒十年的时间，对此他似乎并不在意，因为他有一套很明确而又罕见的工作模式，完全不受截止日期和其他强制性要求的影响。他说自己当作家的愿望由来已久。他最早的一个短篇小说是用邻居家一个男孩的打字机敲出来的，最后被《每日新闻》的小说编辑拒绝。他的作家生涯规划在按自己的节奏进行着。战争时期在意大利的那段时间，他什么都没有写。他的处女作发表在一九四八年的《大西洋月刊》上（同期配发的还有一篇詹姆斯·琼斯的小说），《第二十二条军规》的发表已是十年之后。对于以小说家为业谋生之艰难，海勒绝没有心存幻想。他在大学创作班开课时就告诉学生们：即使一个作家把写出来的每个字都发表了，也绝对需要其他收入来补贴生活，一般来说无非是通过教书（如海勒）或者跟有钱人结婚来弥补。这种职业的困顿似乎在海勒本人身上没有留下很鲜明的印迹。他怡然自得地坐在那里——这是一个颇有魅力的人物（浓密的发盖像狮子的棕毛般在脸部围了一圈），显得整洁利落（他坚持长跑，遵守严格的节食计划，以此来保持结实的体形）——用带有浓重布鲁克林地方味道的口音描述自己的长篇诞生的罕见过程时，脸上带着某个人在谈论第三者的事情的那种超然……

——乔治·普林普顿，一九七四年

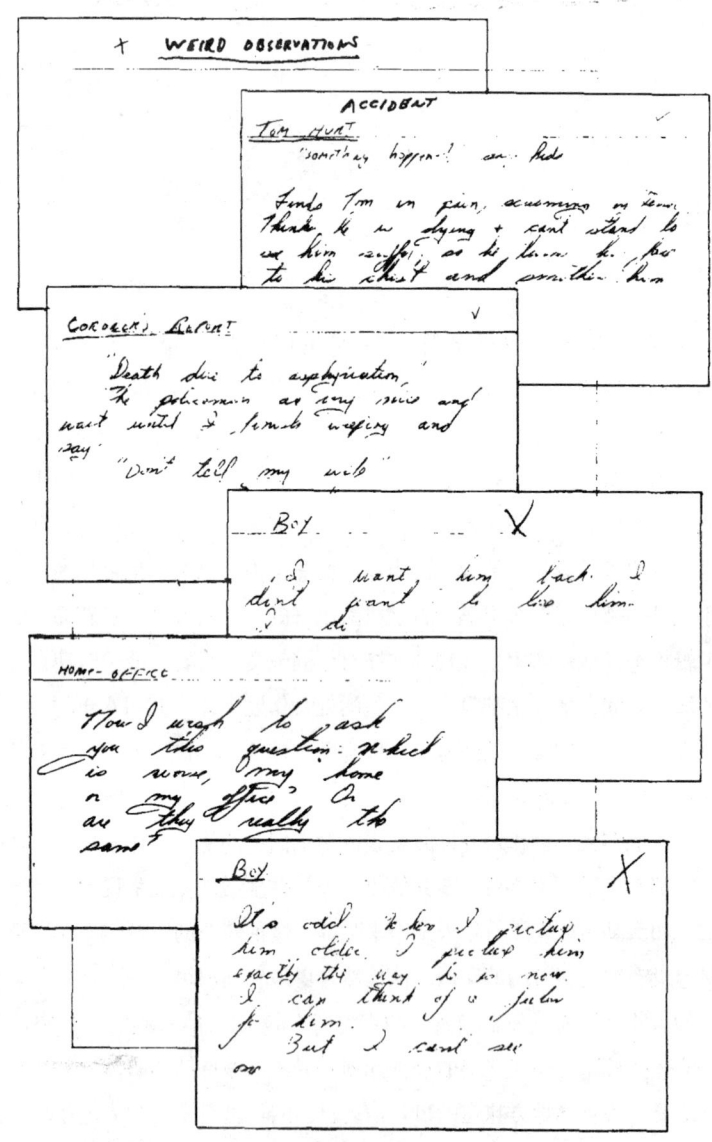

约瑟夫·海勒写作《出事了》时使用的 3×5 规格卡片

约瑟夫·海勒：一九六二年，我坐在小火岛一幢屋子的平台上。我很害怕。我忧心忡忡，因为感到自己的工作已经索然无味，当时我干的是撰写广告和提白脚本的活儿，《第二十二条军规》没有赚多少钱。这本书的销量倒挺稳定（每星期八百到两千本），主要是通过大伙儿口口相传买走的——但它始终没有登上《纽约时报》畅销书榜。我要养活妻子和两个孩子。对下一部书写什么我心里一点儿底都没有。我一直在等待有朝一日能够灵感突现，盼着动手写一本新书。我启动长篇小说创作的方式很特别。我不是先有一个主题甚或一个主人公才开始动笔。我是从写下丝毫没有刻意准备的第一个句子开始的。绝大多数时候，这个句子引发不出此后的任何东西来，也就是说一个句子从脑海里蹦出来后就再也引不出第二个句子了。有时会引出第三十个句子，但接着就至此撞进死胡同了。

我一个人待在那个平台上。当我坐在那里发愁和思索下一步该干点儿什么时，几句话忽然冒上心头："我工作的办公室里有四个人，我挺怕他们。这四个人每个人都害怕着对方。"很快，这些句子就一发不可收拾地引出各种可能性和组合，包括人物（在某公司上班）、语调、焦虑或不安全的情绪纷至沓来。在最初的这一个小时里（有人过来让我去海滩之前），我一本新作的开始、结尾以及中间的大部分内容该怎么写，那个即将出现的奇特"毛病"的全貌，所有这些东西我都已经了然于心。我还知道要出现一个大脑受损的孩子，当然，尤其是心里已经知道我小说的主角鲍勃·斯洛克姆害怕的缘由，他想讨别人的喜欢，焦渴地想被允许在公司大会上讲三分钟的话。全书许多真实的对话一齐向我涌来——整个"出事"的情景，包括那些有关腹腔神经丛的对话（从那个医生的陈述开始，以"别告诉我老婆"等内容结束），所有这些在小火岛的那个平台上，在一个小时的工夫里全都纷纭而至。最后，我用别的内容作了第一章，第一句话也变成"我看到那些关闭着的门时简直心惊肉跳"，不过仍然保留了最初刺激出后面这一切的那句话，只是挪到了第二节的开头。

《巴黎评论》："接到"《第二十二条军规》的第一句话的过程跟这次一样吗？

海勒：几乎一样吧。我当时正躺在西萨德自家的四室套间的床上，脑子里忽然冒出这样一个句子："那是一见钟情。他第一次见到随军牧师时，就疯狂地爱上他了。"当时我还没有想出约塞连这个名字。牧师还不一定是随军牧师——他也可以是监狱牧师。可是一旦写出开头那个句子后，整本书的内容开始在我头脑中清晰地呈现出来——甚至大多数细节……调子、形式、许多人物，包括我最终没有用上的角色。整个作品描写的时间跨度限制在一个半小时内。我激动得要命，然后像那种陈词滥调可能会描写的那样：我从床上一跃而起大踏步穿过地板。那天早上我去广告公司干活儿，用铅笔写出了第一章。周末之前我已经把它打印出来，寄给我的代理人坎迪达·多纳迪奥。一年后，经过反复酝酿，我开始动笔写第二章。

《巴黎评论》：如此独特的写作规程有什么道理在其中吗？

海勒：我不懂形象思维的具体过程——但我知道自己彻底处于它的左右之下。我觉得那些灵感就游荡在空气中，它们挑中了我，然后降落下来。是那些灵感找到了我，而不是我随心所欲地制造了它们。在做那种可以控制的白日梦，即进行一种有方向的幻想之际，那些创意和灵感找到了我。这也许跟我从事广告写作的训练有一定关系（我干这个有好多年），它要面对的种种限制对想象力具有很大的刺激作用。T.S.艾略特有一篇文章曾赞美写作中的限制，他说如果一个人强迫性地在一个特定框架中进行写作，想象力的增值会达到最高，并且会激发出丰富多彩的灵感。然而，如果给作者以毫无约束的自由，机遇虽好，但会写得散漫无边。

《巴黎评论》：你还能想到其他可以用作开头的句子吗？

海勒：总是有人询问《第二十二条军规》中那个失踪了的人物顿巴尔后来怎么了。我都考虑写一部以他为主角的长篇小说。我想好的第一句话自然得益于给当时很流行的比格劳地毯撰写的广告词："门上的名字要配地上的比格劳。"我把它做了变形处理:"顿巴尔起来时发现自己的名字在门上,地上铺着比格劳地毯,他纳闷自己怎么会在这里……"当然这是一部描写健忘症的小说,顿巴尔发现自己待在一间豪华的办公室里,不知道秘书叫什么名字,不清楚有多少人在为他工作,也不知道自己的职务是什么——最后才逐渐搞明白。这个句子不管用。我无法让自己的思绪顺着这个句子继续发展下去。

《巴黎评论》:你有过作品的最后一句话和第一句话同时出现的情况吗?

海勒:在我动笔写《出事了》之前,结尾的句子已经先有了。那句话是:"我是一头奶牛。"我把它写在一张卡片上。后来我感到很不满意,最后又放弃了。但当时似乎感觉挺不错。另外,如果想不好结尾的句子我几乎无法开始动笔。

《巴黎评论》:如果开头(以及结尾)的句子已经想好了,还有什么要素决定你能否继续写下去?

海勒:作家是无意识地朝自以为能写出来的目标迈进的。《第二十二条军规》和《出事了》这两个长篇,我选择反复地试写,这种写法是出于本能的直觉,我认为自己能处理这个题材,而且用了各不相同的处理手法。我具备不止一种天赋。我善于搞笑——有时长达一页半,有时甚至更长,但我不会碰运气尝试花十页的篇幅来搞笑。我可以用几种不同的方式来幽默——包括用讽刺、对话、闹剧等形式,偶尔也用某个祝福的格言或短句。然而,我的本意是想严肃。另一方面,我写不了那种简洁、直接、独立的叙述。我也不会描写。我曾对编辑说,就算要了我的命也写不出一个高质量的描写性比喻句。《第二十二条军规》里面出现的其实都是些微不足道的客观描写。《出事了》中也很少有什么描写的成分。鲍勃·斯洛克姆倾向于用单维的方式看待别人。他喜欢把他人,甚至与自己很亲近的人,包括妻子、儿女和上司想象成仅仅具备某个单一特点和单一用途的人。当他人呈现出更多的维度时,他对付起来便有困难。斯洛克姆对别人的容貌,以及身边的鲜花都毫无兴趣。

《巴黎评论》:你觉得用鲍勃·斯洛克姆这个有限制的角色来叙述整部小说会面临诸多掣肘吗?

海勒:当然我本人可能比斯洛克姆更好玩、更机智、更理性、更聪明。可我必须把他限制住,如果他完全具备了我的特质,他就不想在那家公司干了,他就会去写《第二十二条军规》。而且,虽然我不能让他像尼采或者马尔库塞那样讲话,但是,只要我确立了某种人物类型,这个人物就知道自己什么也不是,那么我写他就有无限的可能。他完全不定型、不确定和模棱两可。所以,我可以把他放进任何思维框架中,让他从任何感情角度做出反应。这样一来自由度不是太小而是太大了。

《巴黎评论》:说得是,不过……

海勒:另外,你的提问也表明一点:斯洛克姆的作用在于传达信息。即使作为作者,我也不觉得自己有什么知识可以献给读者。哲学家和科学家也许能做到这点。我可以表达些你同意或不同意的见解,但这种东西你肯定事先也听说过。所以,我认为区别小说好坏的关键不在于"写了什么"而在于"如何写"——即作家审美感觉的特质,他的技艺,他进行创造和交流的本事。

我没有什么人生哲学,也没有必要整理其演变过程。我的作品不是要打造成"写点儿什么"。我上大学时,每次文学讨论总在那里强调"他写了什么?传达了什么信息?"之类的问题。当时我就觉得没几个作家有什么东西可说。在我看来最重要的是"它在干什么?"。当然,这等于反驳了传达信息是一部长篇小说追求的目标的看法。事实上,任何"信息"都变成结构的组成部分,它被翻搅得差不多跟一大锅炖菜里的一匙盐一样可以忽略不计。不妨想一想众多画过静物写生——一条河或者一只花瓶——的画家,他们在选择让人感到惊异的描绘对象上没有什么特别之处。静物写生之间的区别体现在画家给它赋予了什么。在某种意义上，小说家亦然。

《巴黎评论》：你本人对斯洛克姆有何感觉？

海勒：在写这本书期间，我曾经对好几个人讲过，斯洛克姆也许是有史以来文学作品中出现的最卑贱的角色。我还没有写完就感觉对不起他了。类似的感觉以前也有过。所以，这也是为什么《第二十二军规》里出现了两个将军的缘故，德雷德尔将军显然有某些恶劣品质，但也有一些让我喜欢的品质（他直率、诚实，不玩阴谋），我发现自己不想把某些很难让人同情的品质全都集中到他一人身上。于是我又发明了派克将军作为某种替罪羊。要让人喜欢他是很难的。但是，至于斯洛克姆，看过书稿的许多朋友觉得他不仅值得同情而且具有鲜明的个性。这让我颇感意外，但我想，也不应该感到意外。他这个角色是很人性化的。

《巴黎评论》：别人对你作品的反应经常会让你感到吃惊吗？

海勒：经常这样。我也有赖于此。其实，我得等别人读了我写的东西、讲出自己的体会后心里才有底，才知道该怎么办。我不知道《第二十二条军规》究竟写了些什么，直到出版三个月后，当差不多总是那些没有兴趣对我说什么对与错的陌生人开始出来谈论这本书的时候，我才清楚了。这本书在他们看来是全新的。我原本以为随军牧师是全书另外一个最鲜活的人物（仅次于约塞连），但最后却发现二号人物是米洛。还令我意外的是，《第二十二条军规》中发生的那些事儿最后都显得特别滑稽。我本来想幽默，但没有想到会让大家发笑。一天，我在自己家里听到另一个房间的朋友发出大笑，这时我才意识到自己可能挺会搞笑的，我开始有意识地发挥这种才能——不是要把《第二十二条军规》写成一部喜剧作品，而是要揭示反差，取得讽刺的效果。我其实不觉得作者对他们所写的东西可能会产生的效果有充分的把握。

《巴黎评论》：你不觉得作者（包括你本人）进行这种试探性的把握挺

烦人的吗？

海勒：不。这只会增添写作的乐趣。如果别人告诉我写得不好，没有人会读，我会很紧张。我为了自我保护，把第一章交给我的经纪人，我的编辑，全书的三分之一写完之后，再拿给别的朋友看。他们可能会对我构成很大的压力。

《巴黎评论》：你写作的时候心目中会存在一个读者群吗？

海勒：因为写作其实就是表演给别人看，我可能无意识中会有一个为之写作的观众群，我想这个人其实就是我这样的人，具备跟我一样的情感水平、教育程度和对文学的兴趣。

《巴黎评论》：当你的作品还处于进行状态时，你会跟朋友们讨论些什么？

海勒：绝对算不上讨论。他们只告诉我喜欢或不喜欢什么。我一般都不听他们的意见。几年来，我试着不跟任何人谈论写作的情况。我觉得写作是一项私人事业……因为很多东西得从沉思中产生。没有什么比思考更私人化的了。我宁肯保持这种写作方式。

《巴黎评论》：这种沉思咀嚼的最佳环境是什么？

海勒：我必须独自一个人待着。在公共汽车上也挺好，或者遛狗的时候也可以。刷牙的时候最妙——写《第二十二条军规》时尤其如此。每当感觉很累了，在即将上床睡觉前，洗脸刷牙的时候，我的思维就会变得特别清晰……常常出现第二天写作时会用到的一个句子，或者浮现出可以继续向前推进的灵感。在实际写的时候，最好的灵感往往出不来。记下自认为不错的想法，然后为它们找到合适的语言和段落形式这个过程非常痛苦，也非常辛苦。在要诉诸语言的时候，我并不觉得自己是一个天生才华横溢的作家。我对自己不信任。于是，我就尝试用各种方式写同一个句子，然后是一段话，最后是整页地尝试重写，不断地选择措辞、确定节奏

（我对此非常着迷，哪怕一个句子的节奏）。我经常把希望写到纸上的东西念给自己听，不过但愿声音别太大了。我发现有时自己的嘴唇在活动，不光写作的时候，当我想起自己晚饭要吃什么的时候也会如此。

《巴黎评论》：这种状态一般保持多久？

海勒：写完三四页的篇幅后，我常常得花两个小时来修改。有时会一气工作四个小时，有时只干四十五分钟。这不是时间问题。我会设定一个现实可行的目标：如何逐步推进到下一段？对这个过程很形象的描述就是缓慢推进。我的目标不是：下一章该怎么办？怎么才能用自己喜欢的方式推进到下一个场景？在我遛狗的时候或者从我的住处走到工作室的这段路上，我就开始思考这个问题。

《巴黎评论》：灵感出现时你会把它们写下来吗？

海勒：我的公文包里放着一小叠 3×5 规格的卡片。如果我想到一个不错的句子，就会把它记下来。它不一定是某个想法（比如"让他去逛新奥尔良的一家妓院"）。我记下的是可能要写进作品的实际成形的句子（"新奥尔良的那家妓院就跟上次去过的圣·弗兰西斯科的那家没有什么两样。"）。当然，回过头再来整理这个句子的时候，这句话的变化可能会很大。偶尔也有第一次写出来就是绝唱的句子，比如"那孩子不跟我说了我简直快受不了了"。）我可能就是在公共汽车上或者遛完狗后把它写在某张卡片上的。我把这些卡片放在文件柜里。创作《出事了》用的卡片足有四英寸之厚，写《第二十二条军规》时用到的卡片装了有一只鞋盒那么多。

《巴黎评论》：也有些卡片是给未竟之作准备的吧，比如你提到的计划要写的关于顿巴尔的那本书？

海勒：没有。任何东西只要开始写了我就不会半途而废。我非得等到整个东西都在我脑子里清晰可见时才会动笔。

《**巴黎评论**》：你的素材还有其他来源渠道吗？

海勒：许多是从朋友们那里搜索来的。比如梅尔·布鲁克斯、乔治·孟德尔，尤其是孟德尔。他讲过自己在战争中的经历。有一次，他告诉我，他跟一个随军心理医生交谈过，这个医生问他都做些什么梦，乔治就编了一个，说做过一个手里拿着一条鱼的梦，这只是用在《第二十二条军规》中的微不足道的部分。我从他那里得到的东西太多了。他有一次得了一种非常奇怪的疼痛病。他的唾腺里发现了一粒结石。这种病非常罕见。我们会说那可能是一粒非常小的结石。后来，这个情节写进了《第二十二条军规》里医院发生记录混淆的情景。就在一年前，孟德尔忽然意识到，舒拉富特一家已不在纽约，《世界电讯报》也不再发行——不知为什么他没有注意到，他说："天呐，过不了多久，就什么也没有了。"这句话也记在一张卡片上，用在《出事了》中跟鲍勃·斯洛克姆有关的一个情节里。他的帮助真的挺大。

《**巴黎评论**》：能否谈谈阅读对你的影响？

海勒：每过一阵子我就能识别出某种影响来。在《出事了》中，有一页半的篇幅，是我在读亨利·詹姆斯作品的时期写的……比如"噢？"（Ah?）这个词的使用。当斯洛克姆告诉那位精神分析师他没有听幻觉，只是老闻到有股粪便的味道时，精神分析师说"噢？"，这样说了好多次。这个用法就出自亨利·詹姆斯的《奉使记》。这样的影响不是特别明显。

《**巴黎评论**》：跟当代作家有什么私人联系吗？这种接触有何益处吗？

海勒：我觉得作家之间相处时并不很自在。当然，我们可以交谈上几分钟，但我觉得我们并不想交际。因为在跟他交谈的那个人心目中总是有一种敏感的作家地位高低意识。我发现两个作家之间的谈话带有公然先发制人的味道。听着这样的话我心里总是不舒服——比如"我挺喜欢你的作品"。我经常听到这样的话。其实，这样说带有一种高高在上的屈尊色彩。如果这个人什么也不写会怎么样呢？他根本就不会被人说起。这种关系是作家之间特有的——毕竟，我们的地位永远不会遭到他人的挑战，比如珠宝商或服装制造商。我认为两个很成功的小说家，如果他们继续写作，恐怕很难亲密相处，相安无事到中年——我不相信人性会容忍这种情况存在。事实是，我连可以在一起待整整一周末的人都不多……住在一个房子里或者一起去钓鱼，除非我跟他们非常熟悉，我去的话大家可以无拘无束自行其是。我不是非要取悦他们。在一部长篇小说中，绝对不可能花六十页的篇幅描写这种关系。

《巴黎评论》：你不想跟鲍勃·斯洛克姆继续来场钓鱼之旅吗？

海勒：不想。

《巴黎评论》：《出事了》与你的个人经历之间的密切程度有多大？

海勒：我不想让自己的任何作品有自传成分。在某种程度上这些著作都是基于某些经验——《出事了》是描写某人在一家公司（我也干过）工作、有自己的家庭（我也有），但同时它是在更宏观意义上基于我作为他人观察者以及其他作家的读者这样一个身份经验写出来的。毕竟，它是一部想象性的虚构作品，小说创作最关键的一点是你要不断地面临选择：会是谁？会发生什么？几年前，我的妻子和孩子想当然地以为《出事了》是对他们家庭生活的曝光。我真诚地告诉他们，这部小说并不是写他们。我不觉得（我是以半开玩笑地告诉妻子的）她还没有好玩和有趣到——在这个意义上我本人也是如此——值得写一部长篇。

我没有跟脑部受过损伤的孩子打交道的经验。但是最后，鲍勃体会到的那种不知如何是好的不安全感在有过类似经历的父母看来相当常见……即所谓的"拒绝"……拒绝现存环境。每当斯洛克姆谈起这个孩子时，他就开始焦虑起来——这种反应是很准确的。

《巴黎评论》：可否谈谈你对这两部小说的比较？

海勒：我觉得这两本书有个不同之处，《第二十二条军规》关心的是肉体生存,如何抵御想要摧毁生命或者道德自我的外部力量或者体制,而《出事了》很大程度上处理的是内在的、心理的生存问题。在后一种生存里,我们的战场就是一个人的各种愿望、这些愿望能否实现、孩子们还小的时候以及长大后我们与他们的亲密关系,还有我们自己对与逐渐年迈的父母的关系的记忆——这些都是《出事了》所要处理的恼人问题。当然了,这些问题要比《第二十二条军规》所处理的问题难很多。面对阿道夫·希特勒或者一个不称职乃至腐败的人,或者面对一个无情之徒,我们知道危险所在,而且也知道如何应对。《出事了》中有这样一句话:"战争结束后,战斗才开始。"

《巴黎评论》:写《出事了》中直到结尾时才出来的那个"毛病"的高潮段落,花了你多长时间?

海勒:两分钟。多年前在小火岛,我坐在那个平台上的时候,一切就都已经完成了。

《巴黎评论》:取书名对你来说容易吗?

海勒:只有很少几个比较容易。《出事了》的书名是在一九六三年秋天出现的,当时我正在跟乔治·蒙代尔散步,经过科尔维特或布伦塔诺家,有个孩子跑过来,回头对另外一个什么人高喊:"嗨,快点,出事了。"——我猜估计是车祸之类的事情。

《巴黎评论》:你好像说过,写作的时候音乐很重要是吧?

海勒:音乐能够消除那些会让我分心的噪声——比如水龙头漏水的声音,我女儿在房间别处播放的摇滚乐,或者从院子对面传来的别人家收音机的声音。我有很多磁带。我主要听巴赫,他的合唱乐。贝多芬当然没问题,他是很伟大的,但对我来说,巴赫最好。

《巴黎评论》:你都有哪些必要的写作约束?

海勒：我从不跟别人共进社交午餐。不跟别人共进午餐的意思就是我不喝马提尼酒，那往往意味着这个下午可能一个字也写不出来了，因为喝过两杯马提尼后我就只能看看报纸了。

《巴黎评论》：可是，还有大量的时间……

海勒：我是个离奇的写得巨慢的作家。我说"离奇"是因为此事无法解释。我是坐在小火岛平台上过了两年后才开始写《出事了》的。在此期间，我写过一出音乐喜剧，为《性与单身女郎》写过最后一集的剧本，然后又写了一部最后成为《麦克哈尔海军》的领航员什么的电视剧——这些东西没有一个重要的。后来要写《我们轰炸了新港》又让我忙了起来——实际写作（只花了六个星期）倒没有花很长的时间，精力都用在两个制作上了。最后看来所有这些耽搁都是好事。当我在已经写成的二百五十页的基础上重新开始动笔时，我已经不喜欢前两年写的那些内容了。我能够用自己希望的方式来写这本书。我经历了很多事情，也读了不少作品。最初的五十页变成一百二十页，第二部分三十页变成了八十页，写妻子的那部分由七十页变成一百页——所有这些无论结构还是语气都跟我最初的构想有了很大的不同。这种情况在写每本小说的时候都出现过。最初，我以为《第二十二条军规》不会很长，顶多是个小长篇。增加的部分不是什么填料而是有其独特意义和特质的实质性的东西。写完《第二十二条军规》所用的时间比我预计的要多出四五年。我觉得这是我要写的唯一的一本书，所以我是全力以赴。其实，我从来就没有十分的把握觉得自己会成为一名作家。我写《第二十二条军规》时心想，写长篇小说也许是个挺管用的消磨时间的方式。我还记得写到三分之一时，我的经纪人把它拿给编辑看，如果他们都说"不好"的话，我就用不着把它写完了。我还没有那种自恋的动力，不是那种花几年时间写一本没人有兴趣出版的书的自大狂。正如后来所出现的情况那样，没费多大劲就找到一个出版商。顺便说一句，《第二十二条军规》是我平生写的第一部长篇。

《巴黎评论》：成功对你的生活或者写作态度有改变吗？

海勒：我认为没有。原因之一是，对我来说，成功来得太晚了。我不觉得年少成名是一件好事。如果你已经得到了所有梦寐以求的东西，未来还能给予你什么呢？一个作家在一生中只会被发现一次，如果被发现得太早，他将无法与那一时刻相匹配，这会对他的个性并肯定会对他的写作本身产生腐蚀性影响。

《巴黎评论》：这好像是一个极具美国特色的困境。

海勒：这一问题源自困扰着美国成功人士的那种根本的不安全感，特别是那些凭借自我奋斗在具有极高风险因素的领域中获得成功的美国人。他们始终觉得自己不配享有那样的成功，或者觉得那样的成功不会长久。事实上，他们害怕自己的下部作品会使他们失去业已获得的一切……有点像赌博时把最初的本钱和赢得的赌注双双押在了轮盘上……连续五次都赌黑。演员也有同样的痛苦。他们不敢相信自己业已取得的成功。他们坚信会出现一个像克劳德·雷恩斯[①]一样的天使，说自己犯了个错误，并且说"我们会把这一切都拿走"，对此我本人也难以免疫。这对我同样是一个巨大的困扰，但我倾向于认为自己能克服这个障碍。如果我年仅二十八岁就已写完了两本书，那么，我会忧心忡忡。那还很不够。但我现在五十一岁了，才完成了两本书，那就意味着下一本书得到我将近七十岁时才会出现了，我还可以优哉游哉好长一段时间。

《巴黎评论》：你是否想过从此以后可能什么也写不出来了？

海勒：如果我觉得自己无论怎么都想不出下一部小说该写什么——涌现不出可以让我看到整部作品轮廓的一个句子，我也不会为此感到痛苦。我会这样想，现在我手上已经有两本书了。我可以心满意足地把它们当作

[①] 克劳德·雷恩斯（1889—1967），英国电影演员，曾出演《隐形人》（1933）、《罗宾汉历险记》（1938）等影片。

自己的终生之作，完全可以优哉游哉地找别的事儿干了。我已经相当幸运了。我已经写出两本不同寻常而且取得非同寻常成功的书了。

《巴黎评论》：你是从什么时候开始写东西的？

海勒：我上六年级的时候就想当作家——当然我只是幻想，并没有付诸行动。我想在《纽约客》或者纽约的《每日新闻》上发表文章，当时，每日新闻每天要刊登一篇小说。我记得自己写了一篇俄国入侵芬兰的短篇，投给《每日新闻》，当然是遭到拒绝了。我当时只有十一岁。我写的所有的东西是模仿自己读过的作品：我哥哥或姐姐带回家的杂志，我们住的康尼岛流动图书室的东西，我还记得一九三〇年代杰摩·威德曼的作品比现在写得好。一九四八年，我的第一个短篇在《大西洋月刊》上发表了，而且差点儿荣获"大西洋一等奖"，我兴奋极了。大致与此同时，诺曼·梅勒的《裸者与死者》出版，他上了《星期六文学评论》的封面。我们的年龄差不多——都是二十六或者二十七岁——这事让我感到很气馁。

《巴黎评论》：你还写过其他类型的东西吗？你考虑过写非虚构性作品吗？

海勒：我写的非虚构性的东西都不太好，因为我写得很辛苦，我只能集中精力攻自己做得来的领域。我觉得自己太自我了，不适合当新闻记者。我是那种喜欢卖弄的家伙。我写东西时，要别人都注意到我跟别人干的不是一回事。一个新闻记者——至少是我钦佩的那些记者——是那种能够让我忘记他的存在，让我专心于文章主题而非作者个性的人。新闻记者和小说家的智力性质完全不同。新闻记者是用打字机直接写东西。他们从来不打底稿。他们的思维流程是开头、发展、结论——一切几乎都是自动生成的。我很嫉妒那种才华。但是，如果让我拥有，我就会去当新闻记者。你不可能二者兼备。

《巴黎评论》：自从写完《出事了》后，还有什么第一个句子在你头脑中出现过吗？

海勒：好多呢！我觉得，当一本书写完了，如果编辑也喜欢，把它交上去，作者会经历一个紧张的疯狂期。有的作家会去投资加拿大铜矿，有的会更换经纪人或者妻子，有的会自杀，有的会在幻觉中听到各种声音。那段时间想要坚信自己的判断是很难的。作者一定会很忙碌，也很热心。我想起来了，这次想到的第一个句子是："那小子，他们说，出生于一个老板家，但坦率地说我表示怀疑。"这个句子不坏，但我觉得不可能从中演变出一部书来……我又经过一番深思，很喜欢这个创意，但它不可避免地启发我联想到 T.S. 艾略特写的一个开首句，我想是在《圣灰星期三》[1]中吧，东方三博士向老板走去，"一股冷气袭来，我们都感觉到了"——然后我就放弃它了。所以，我继续等待下一个句子不期而至。

（原载《巴黎评论》第六十期，一九七四年冬季号）

---

[1] 访谈者注：其实出自《智者之旅》。

卡洛斯·富恩特斯

◎温峰宁 / 译

十二月一个下雪的日子，卡洛斯·富恩特斯在他位于新泽西州普林斯顿大学的家中接受了采访。这间维多利亚式的大屋子位于一片旧居民区中。他是个高而魁梧的男人，在这寒冬里穿着高领毛衣和夹克。富恩特斯家的屋子以欧洲的方式微微供暖，让人感到寒冷。会客厅里放着一棵圣诞树。他的两个孩子正和富恩特斯太太在外面滑冰。房间里展示着的大量艺术收藏——东方青铜器，前哥伦比亚时代的陶器，西班牙殖民地的圣像——都反映了富恩特斯的文化背景和他不同的外交使命。墙上有皮卡比亚、米罗、马塔、瓦沙雷利的油画和版画，还有许多艺术家朋友送给他的礼物。

采访在书房的火堆前进行，还有一壶热咖啡。墙上满布书籍。富恩特斯在一张简单的桌子上写作——后面就是一扇窗户，在十二月看出去，只见在阵雪中显得模糊不清的、结起冰挂的灌木丛和树林。

一九五八年，他的作品《最明净的地区》震惊了墨西哥，这部小说犀利地分析了一九一〇年到一九二〇年革命之后的墨西哥；《好良心》是一部教育小说，描绘杰米·塞巴洛斯的成长，还有他最终投身墨西哥建设的情形；《阿尔特米奥·克罗斯之死》的部分灵感则来自于奥森·威尔斯的电影《公民凯恩》；《神圣之地》和《换肤》都是关于墨西哥的，却是从完全不同的方面展开：《神圣之地》追寻一个迷恋母亲的年轻男人的俄狄浦斯式漫游，而《换肤》则审视墨西哥人与外国人的关系，从而研究六十年代的墨西哥与"外面的世界"之关系。

《我们的土地》则从不同的方向发力。在这部小说里，富恩特斯研究了西班牙文化的地中海文化根基，试图发现这种文化哪里"出了问题"。他在菲利普二世对纯净与正统的狂热追求、对西班牙文化中的异端元素（犹太文化与阿拉伯文化）的无情毁灭中发现了一种致命的罪恶。《我们的土地》还有富恩特斯最近谈论塞万提斯的散文，标志着整体西班牙文化研究的新时期，这是在破碎的西班牙文化世界中寻求统一的新方式。

《水蛇头》则回到当代墨西哥，富恩特斯探索了以墨西哥的油田为象征的自然力量。一九八〇年，富恩特斯出版了西班牙语的《遥远关系》，检验作家知晓一切并讲述一切的需要，还出版了英语作品《燃烧的水》，这是本短篇小说集，收录了作家不同时期的作品。

担任墨西哥驻法大使的年月里，富恩特斯发现自己没法写作，而这次采访一开始，他就讲述了自己离开政府岗位后重新开始写作的情形。

——阿尔弗雷德·麦克亚当、查尔斯·鲁阿斯，一九八一年

富恩特斯：我在一九七七年四月一日离开了驻法大使的职位，然后马上在巴黎市郊租了套房子，重新开始写作。我是个尽职的外交官，但两年来写不出一个字了。结果，我租的房子曾是古斯塔夫·多雷[①]的，它重新唤起我对形式与恐惧的渴望。多雷为《小红帽》画的插画就是个好例子：它们是多么的情色啊！小姑娘和狼同床！我最近的小说《遥远关系》就是在这些符号下诞生的。

《巴黎评论》：你发现是什么导致在担任大使的时候没法写作？

富恩特斯：在某种程度上，外交和写作恰好相反。你总是在分心：那

---

① 古斯塔夫·多雷（1832—1883），法国版画家、雕刻家。

个和秘书发生了争执哭着进来的女人；出口和进口；惹麻烦的学生；大使馆的图钉。而写作要求作家专心致志，除了写作不能干别的事情。现在，我又重新拥有了这些正在流失的被压抑的能量。这些天来我写了很多东西。而且我还学会了如何写作。之前我并不懂得如何写，我觉得担任官职让我学会了写作。身为官员，你的手头便有了大量的"心理时间"：你有时间去思考、去学习如何在大脑中思考。还年轻的时候，我可吃了一番苦头，因为我每天都面临着马拉美的白纸困境[①]，完全不知道自己要说什么。我和白纸搏斗，只换来一个个问题。我用纯粹的激情来弥补，在二三十岁时写作，你有的是激情。这以后你就得学会理智地使用能量了。回想起来，我觉得或许在办公桌后坐了两年，让我的心能够自由地自行书写，能好好准备我一旦离开这岗位就要书写的一切。所以现在我坐下来写作前，就能在脑里写好，我能以前所未有的方式利用一张白纸。

《巴黎评论》：告诉我们你写作的程序吧。

富恩特斯：我在早上写作。八点三十分我开始手写，一直到十二点三十分，然后我去游泳。回来吃午饭，下午用来阅读，然后去散步，准备第二天的写作。我现在必须先将书在脑中写出来，然后才坐下。我在普林斯顿散步的路线一直是个三角形：先到梅瑟大街上的爱因斯坦宅邸，然后走到斯托克顿大街上的托马斯·曼家，再走到伊夫林街上的赫尔曼·布洛赫居所。拜访这三个地方后我就回家，这时我已经在脑中为第二天的工作写了六七页了。

《巴黎评论》：你用手写？

富恩特斯：我会先手写出来，然后当我觉得"我写出来了"的时候，我就让它放着。然后我会修改手稿，自己打印出来，再修改到最后一刻。

[①] 马拉美诗歌以精粹见称，他也常在诗歌中讨论写诗的问题。他一再写到自己苦思冥想，到头来仍然面对一张白纸。

《巴黎评论》：你修改的量大吗？或者说，是不是大部分的修改都是在脑中写作时完成的？

富恩特斯：我将它们写到纸上的时候，事实上我已经完成写作了：不会有遗漏的章节和场景。我基本上已经知道情节会如何发展，我多少会让它固定下来，但同时我也牺牲掉了让我惊喜的元素。每个写小说的人都知道他会面临一个普鲁斯特式的问题：他在某种程度上知道他要写些什么，但同时他又震惊于真正写出来的东西。普鲁斯特只写他曾经历过的东西，却得写得仿佛对此一无所知——这太棒了。某种程度上我们都被卷入了同一场历险当中：得去了解你将要说出的东西，控制好你的材料，同时还得保持自由的空间——如探索与惊奇，这也是读者之自由实现的前提。

《巴黎评论》：在英国和美国，完全可以写一部关于编辑以及他们对文学的影响的历史。这样的史著可能出现在西班牙文化世界吗？

富恩特斯：不可能，因为西班牙绅士的自尊绝不允许一个卑微的劳工来告诉我们应该怎么处理工作。这种情形源于我们糟糕的精神分裂症，这病一方面来自极端的骄傲，一方面来自继承自西班牙的极端个人主义。西班牙绅士们一方面对更高的权力卑躬屈膝，另一方面又希望剩下的人全都尊敬他。在拉美，你要是想修改别人的文字，哪怕只是砍掉一个字，别人都会辞退你，并谴责你是在审查甚至侮辱他。

《巴黎评论》：你认为自己和美国作家相比，与社会的关系是不是相当不同？举个例子，西班牙绅士的意象是否表明在你的文化当中，写作是件更有尊严的事？

富恩特斯：墨西哥作家的地位就和东欧作家相似。我们拥有言说的权力，这在社会里是种罕见的权力。我们为其他人说话，在拉丁美洲，这是很重要的事情，中欧也是这样。当然你也得为此付出代价：要么服务社会，要么颜面尽失。

《巴黎评论》：这是否意味着，你认为自己是你所在文化的官方代表？

富恩特斯：不，我希望不是。我一直铭记法国超现实主义者雅克·瓦谢的名言："没什么比代表国家更能杀死一个人的了。"所以我不希望这样。

《巴黎评论》：你是否发现美国作家和拉美作家的社会角色的差异所在？

富恩特斯：在我们的文化里，我们要做的事情比美国作家多。他们有更多的时间留给自己还有写作，而我们还要满足社会的需要。巴勃罗·聂鲁达曾说过，每个拉美作家都拖着沉重的身体四处走动，这身体属于他的人民，他的过去，他国家的历史。我们必须吸收过往的重负，这样才不会遗忘给了我们生命的东西。如果你遗忘了你的历史，你就死去了。你必须为集体承担许多职责，这是你作为一个公民的义务，而非一个作家的义务。尽管如此，你还是保有审美的自由和审美的特权。这形成了一种紧张，但我觉得拥有这种紧张比一点都没有（在美国有时会这样）好。

《巴黎评论》：你早期的作品聚焦大革命之后墨西哥的命运。这是你的墨西哥，在这些作品中，我可以感受到你是个墨西哥作家。但之后你凭借《阿尔特米奥·克罗斯之死》蜚声国际，我想知道你的角色改变了吗？

富恩特斯：没有。我想，所有的作家都活在执念之中。有些是历史性的，有些则纯粹是个人化的，还有一些则属于纯粹的迷恋——这在作家的灵魂中，是最普遍的。我的执念在我的书里都有：它们都关联着我的恐惧。我所有的书都与恐惧有关——最普遍的恐惧感受：害怕可能穿门而过的人、欲求我的人、我渴望的人、我实现欲望的方法。我欲望的客体，是我在镜中所凝视到的欲望主体吗？这些执念全都在我的书里，我还处理了更普遍、更具历史性的文本，但在历史和个人的层面，我的主题是"不完整"之状态，因为我们恐惧世界也恐惧自身。

《巴黎评论》：你提到自己在担任外交官的时候，在大脑里面写作，现在恢复写作了也还坚持这样做。我想知道，会不会在某种程度上——特别是你远离祖国操用不同的语言——先在大脑中写作、并且在大脑中编辑改变了你写作的天性？

富恩特斯：你必须了解到，我是墨西哥文学的一个特别案例，因为我远离墨西哥长大，墨西哥对我来说是个想象的空间，一直如此，我得补充说明这点。我的墨西哥和我的墨西哥历史都发生在我的大脑之中。这是段想象的历史，并不是我的国家的真实历史。年轻的时候，我终于回到墨西哥生活，当然我得将我的幻想、我对这个国家的恐惧与现实情况比较。这创造了丰富的张力，其产物就是《最明净的地区》，墨西哥没别的人能写出这本书。还没人写过一部关于后大革命时期的小说，后大革命时期体现在城市中，体现在社会结构里，体现在我们的虚构生活与历史生活中幸存下来的古代遗迹里。我认为，这本书来自我十五岁时带着恐惧感与陶醉感对墨西哥的探索。远离墨西哥对我的帮助巨大。

《巴黎评论》：你是在说，相比起待在墨西哥，与它保持物理上与精神上的距离让你可以更能看清楚它？

富恩特斯：是的。我意外地拥有了一种崭新的看待墨西哥的视角。伟大的西班牙巴洛克诗人克维多是这样表述的："没什么可以让我震惊，因为这世界让我神魂颠倒。"我还为墨西哥神魂颠倒。正如你所说，我在生活中使用不同的语言，但这对我的西班牙语帮助很大。我在美式英语中长大，然而我还是能保持我的西班牙语能力。西班牙语成了我必须去保持、去重新创造的东西。当我离开墨西哥的时候，那种与语言单独相处、与语言角力的不变感受会变得非常强大，然而在墨西哥，它就贬值为要一杯咖啡、接个电话、进行如此种种琐事时用的语言。对我来说，远离墨西哥的时候，西班牙语变成了一种非凡的经验。我感到我必须为自己保护好它。这成为了我生命中一件高要求的事情。

《巴黎评论》：你试过用英语写作吗？

富恩特斯：没有。我很快就认识到，英语作家多我一个不多。"出色"本来就是英语的传统，每当这种语言要陷入沉睡时，总会有个爱尔兰人出现来唤醒它。

《巴黎评论》：你懂得那么多种语言，在梦里面你说哪种语言？

富恩特斯：我用西班牙语做梦，我做爱的时候也用西班牙语——这有时会十分让人困惑，但我只能用西班牙语来做这个。其他语言的侮辱对我来说什么都不算，但是西班牙语的侮辱会让我暴跳如雷。我来讲讲今年夏天一件有趣的经历。当时我正在写一个关于安布罗斯·比尔斯[①]在西班牙的历险的中篇。比尔斯在大革命期间去了墨西哥，在一九一四年加入了庞丘·维拉的起义军。我碰到了一个问题，我必须找到比尔斯的声音，但这在西班牙语里很难做到。我必须让比尔斯用他自己的声音说话，而在这个故事里，我听到了他的声音，于是我用英语来写这个中篇。这段经历很恐怖。我正用英语写着呢，福克纳先生的声音会从桌底传来：啊，啊，你不能这样写；麦尔维尔先生的声音又从门后传来：不能这样写，不能这样写。这些鬼魂全都涌现，英语坚定地维护自身的叙述传统，我失去了力量。我为北美同行感到可怜，他们得和这些悬挂在枝形吊灯上、将碟子弄得嘎嘎作响的人一道写作。但你看，在西班牙，我们需要填补十七世纪到二十世纪间的巨大空虚。写作更像一场历险，一次挑战。除却两个十九世纪小说家克拉林和加尔多斯，塞万提斯和我们之间是一片荒漠。

《巴黎评论》：试图去涵盖更多的社会历史层面，是拉美文学爆炸的原因之一吗？

[①] 安布罗斯·比尔斯（1842—约1914），美国小说家，其名作《魔鬼辞典》以词条形式戏谑世界。1913年，比尔斯参加墨西哥革命，最后失去踪迹。

富恩特斯：我记得十年前我和美国作家唐纳德·巴塞尔姆聊过，他说："你们在拉美是怎么做到的？你们怎么写出这些大部头的？怎么想到这些主题的，还写出那么长那么长的小说？拉美没有纸张短缺吗？你们怎么做到的？每当美国作家试图寻找主题的时候，我们都会遇到很大的困难。我们写薄的书和更薄更薄的书。"那时我的回答是，我们的问题是，我们觉得什么都能写。我们必须填补四个世纪来的沉默。我们必须让历史掩盖的一切发出声音。

《巴黎评论》：你觉得拉美作家是在试图为自己创造一种文化身份吗？

富恩特斯：是的，这方面我觉得我们和中欧东欧作家有很强的联系。你要是问我，现在我们还能在哪儿读到生机勃勃、令人兴奋的小说，我会说基本都在拉美和所谓的东欧，虽然捷克斯洛伐克人会坚持称其为中欧。他们认为东欧指苏联。不管怎样，这两个地方的人们感觉自己有东西要说出来，如果作家不说出来，那就没人会说出来了。这形成了巨大的责任，为作家带来重负，也带来了一定的困惑，因为有人可能会说，这个使命很重要，这个主题很重要，因此这本书一定会很好，然而并不永远会这样。在拉美，你读过的小说里有多少都带着良善的意图——揭发玻利维亚矿工和厄瓜多尔摘香蕉工的困境，但它们其实都是糟糕的小说，既没帮助玻利维亚矿工和厄瓜多尔摘香蕉工，也对文学无益……它们全面溃败，因为他们除了好意图，什么都没有。

尽管如此，我们还是要说出全部的历史。这段历史沉默无声，死气沉沉，你必须用语言来重焕其生机。对我而言，写作主要是种需要，以建立身份认同，建立与国家和语言（我和我的同代作家都觉得我们在某种程度上需要粗暴对待语言，来唤醒它，就像唤醒睡美人）的联系。

《巴黎评论》：可以这么说吗：你在为好几代西班牙和拉美作家代言，你们拥有双重文化背景，一只脚在本土文化里，一只脚却在外面的西方文化里？

富恩特斯：拉美文化的一个基本元素就是，它是西方文化的一个奇异分支。它既是西方，又不是西方。所以我们觉得，我们必须比法国人和英国人更了解西方文化，同时也得了解我们自己的文化。这有时候意味着你得重归印第安文化，然而欧洲人觉得他们完全不必去了解我们的文化。我们必须了解羽蛇神①和笛卡尔。他们觉得了解笛卡尔就足够了。所以拉美一直在提醒欧洲承担起其普适性。因此，博尔赫斯这样的作家就是一个典型的拉美作家。他如此欧洲化，只更凸显出他是个阿根廷人。没有欧洲人会像博尔赫斯这样觉得必须逼近极限，创造现实。他不是复制现实，而是创造了新的现实，以填补他自己的文化传统中的空虚。

《巴黎评论》：在西班牙语小说的历史中缺乏哪类作家？你提到了福克纳和梅尔维尔，而我很快就想到了巴尔扎克和狄更斯。

富恩特斯：他们全都是在场的，因为我们挪用了他们。你这个问题很重要，因为它强调了一个事实：拉美作家必须挪用其他文化传统中的作家来填补空虚。有时候，我们也很震惊地发现一种特殊的巧合感。很多人都在讨论乔伊斯和福克纳对拉美小说的巨大影响。而这个我要说两点：首先，这个世纪早期的时候，西班牙语诗人和伟大的英语诗人颇为相近。聂鲁达和艾略特在同一个时期写作，只不过聂鲁达在智利南部一个浸满雨水、没有图书馆的地方写作。然而，他和艾略特位处同一波浪潮。正是这些诗人维护了小说家们的语言：没有这些诗人，没有聂鲁达、巴列霍、帕斯、多夫罗、卡夫列拉·米斯特拉尔，就根本不会有拉美小说。第二，欧洲和美国的伟大现代小说家革新了西方小说中的十八世纪以来属于笛福、理查逊、斯摩莱特的那种时间观。它们打破时间，拒绝单数的线性时间概念——这已被西方在经济和政治的层面加以利用，正暗合我们继承自印第安信仰的循环时间观。我们的旋涡状时间观念，我们的历史眼光，来自维柯②以及我们与共存的时代打交道的日常经验。山里是铁器时代，城市里

---

① 中部美洲文明中被普遍信奉的一个神祇，一般被描绘为长羽毛的蛇形象。
② 维柯的历史观具有循环论的特点，可参考其《新科学》。

是二十世纪。承认时间的非线性在福克纳的小说里尤为明显,因为他是个巴洛克风格的作家,他共享拉美的包洛克风格。他或许是二十世纪唯一一个和我们拥有相同的挫败感和失败感的西方小说家。

《巴黎评论》:但福克纳还重塑了一种后南方农业文化。

富恩特斯:从农业文化过渡到后农业文化同样也是我们的情况,但最重要的是,福克纳是个书写挫败的作家。作为一个美国作家,他说"我们不仅有成功的故事,我们同样也有挫败的历史",他和我们共同拥有这点。自西班牙征服美洲以来,拉美是由历史政治皆失败的社会组成的,而这种失败创造了一种隐秘的语言。拉美的巴洛克风格是新世界对旧世界的回应:它借用欧洲文化的巴洛克风格,将其改造入一个属于印第安文化、黑人文化、西班牙-葡萄牙融合文化的隐秘空间。当我们写作的时候,我们会将自己放进这传统里面去。

《巴黎评论》:我们之前谈到的历史重负的确很重要,不是吗?它创造了沉重的负担,每个拉美作家都必须背负起来。它同样也使语言变形,因为每一个词都在历史与未来中回响。

富恩特斯:我记得艾伦·泰特[①]轻蔑地认为福克纳是个美国南方的贡戈拉主义者[②],但我觉得这是最高的评价,因为它将福克纳与这残缺、贪婪、互文的文化相联系。我认为,加勒比文化会包括福克纳、卡彭铁尔、加西亚·马尔克斯、德里克·沃尔科特和艾梅·塞泽尔,这是种涉及三种语言的文化,位处加勒比海和墨西哥海湾的巴洛克式漩涡中。想想简·里斯的《藻海无边》[③]。

[①] 艾伦·泰特(1899—1979),美国作家和编辑。
[②] 指采用西班牙著名诗人贡戈拉·伊·阿尔戈特(1561—1627)的写作风格(以不自然的隐喻和牵强附会的比喻为特点)的人。
[③] 小说《藻海无边》续写《简·爱》,并对这一经典文本做了颠覆性的处理。作者简·里斯出生于多米尼加,被认为是伟大的后殖民作家。

《巴黎评论》：在你成长或写作的过程中，是否会觉得自己也获得了这种文化视角？

富恩特斯：我长大的过程啊，我这样解释下吧：很多年以前，我的一个朋友提托·格拉西得到让-保罗·萨特的许可来写他的传记。他说："我有个很棒的想法，我让萨特写下他小时候读的书，这样我就能知道他是怎么变成知识分子的了。"后来格拉西过来和我说："这些是什么书，我从来都没听过。"萨特还是小孩时读的书我们在拉美也读，我是个小孩的时候就读过：埃米利奥·赛格瑞①，没有他就没有意大利、法国、西班牙或者拉美文学。还有米歇尔·泽瓦科②。这些作者属于我们的传统，却不属于盎格鲁-撒克逊人的传统。我很幸运，我两者兼有：我读赛格瑞和泽瓦科，同时也读马克·吐温和罗伯特·路易斯·斯蒂文森。E.L.多克托罗告诉我，他之所以成为作家，是因为读了《铁血船长》的作者萨巴蒂尼的书。在这些书里面，你获邀进入了一个奇异的世界！你在一艘西班牙大帆船上行向那片岛屿！我从没想过下船，我想用尽余生寻找金银岛。

《巴黎评论》：不过，我想知道你长大的时候，会不会有种感觉，觉得总得在别的文化面前代表自己的文化？

富恩特斯：还真有。我再讲件趣事。我是个在三十年代的华盛顿长大的墨西哥小孩。我到公立学校上学，你必须在美国的学校里过得开心，我也的确颇受欢迎，直到墨西哥政府在一九三八年三月十八日没收了所有外资油田。我在学校里成了一个受蔑视的人，没人愿意和我说话，每个人都不理我，因为报纸头条每天都在嚷着墨西哥共产党偷了"我们"的油田。我的反应则是变成了一个糟糕的墨西哥沙文主义者。我记得一九三九年，我去华盛顿的凯斯剧院看了一部理查德·迪克斯的电影，在里面他扮演山

---

① 埃米利奥·赛格瑞（1862—1911），意大利科幻小说先驱。
② 米歇尔·泽瓦科（1860—1918），法国记者、小说家。

姆·休斯顿①。阿拉莫②出现后,我从座位上跳起来吼:"外国佬去死!墨西哥万岁!"战争开始后,富兰克林·罗斯福在一九三九年十二月和来自全世界的儿童开了一个会议,呼吁和平。我被推选来代表墨西哥,我戴着墨西哥宽边帽,穿得就像一个墨西哥骑手,代表墨西哥发表了演说。

《巴黎评论》:我之所以问这个,是因为你能用很客观的视角去看待"墨西哥是什么"的问题,同时你又似乎觉得墨西哥就在你心中。

富恩特斯:我十分感谢我的超脱感,因为我可以说出我的国家里其他人不说的东西。我为墨西哥人提供了一面镜子,让他们可以看清,在这个戴面具的国家里,他们长什么样子,他们如何交谈,他们如何表现。当然,我也意识到我的写作也是我的面具,我为我的国家提供一块言语面具作为镜子使用。墨西哥是被羽蛇神的神话定义的,这个神祇创造了人类,却毁于魔鬼送他的镜子。他以为他自己没有脸,但是魔鬼却让他看见了自己的脸。这就是墨西哥的本质:在你以为自己只拥有面具的时候,去发现你的脸。

《巴黎评论》:司汤达的"一部小说犹如一面在大街上走的镜子"意象对你来说是否很讽刺?

富恩特斯:这种说法带来了麻烦,因为我不认为文学可以满足于只成为面具或者现实的反应。我认为文学创造现实,否则它就不是文学了。你得写"侯爵夫人五点钟出门"③来复制生活的陈腐细节,但这并不够。镜子也是放大现实的方式之一,它要不放大现实,就一无所为。

---

① 山姆·休斯顿(1793—1863),美国军事家、政治家。他曾大破墨西哥军队,以战功任得克萨斯共和国第一任总统,得克萨斯并入美国后任得克萨斯州州长。休斯顿市以他的名字命名。
② 阿拉莫(Alamo),美国得克萨斯州圣安东尼奥的天主教方济各会传教区,曾于1836年得克萨斯独立战争中被墨西哥占领。
③ 法国诗人瓦莱里对布列东说,写出"侯爵夫人下午五点钟出门"这样的句子是不可想象的。这句话几乎成为传统现实主义被奚落的标签式话语。比方说,为何不能是五点三十出门?为什么不能是一位王子?

《巴黎评论》：我们似乎借用了艾丽丝的镜子。我们通过一面镜子看见了自己，我们将一面镜子呈现给别人，我们穿行于另一面镜子。但在你成长的过程中，第三面镜子却令人恐惧。

富恩特斯：这是面神经质的镜子。它指涉欲望与洞穴。巴洛克诗人克维多也和我很相近，认为文学是面镜子。克维多认为，镜子之纯洁与肛门的不洁总是相连的。毕竟在西班牙语里，镜子是"espejo"，而内窥镜则含有代表"肛门"之义的"culo"①。对于克维多而言，这就是世界的中心，通过这个快感之洞，你可以接受欲望、排斥欲望。所以克维多可以歌颂镜中倒影的纯洁。奎瓦斯的一幅油画里，他拿着一面镜子，说"看看镜中的自己"，我一直让这一幕中的他陪着我。仿佛镜子就是心，是嘴，是眼睛，最终会通过肛门、通过内窥镜将现实排斥出去。想到镜子，我一直都觉得：镜子和厕所是无法分离的。

《巴黎评论》：文本的胚芽是怎样在你的想象中扎根的？你作品的主题是从何而来的？

富恩特斯：我觉得我的书是从城市意象中衍生的，我的美梦或噩梦中的城市都是墨西哥城。巴黎和纽约并不能激发我的写作。我的许多故事都基于我在那儿看到的事情。比如《燃烧的水》中的短篇《玩偶皇后》，就是根据我十几岁时每天下午都能看见的东西写成的。那儿有一间隔成公寓的建筑，你可以透过窗户看到一楼的景象，一切都很正常。但到了晚上，这儿就会变成一个超凡之地，满是洋娃娃和花朵，枯花和一个玩偶（也可能是一个女孩）躺在棺材里。我是个城市作家，我没法理解城市之外的文学。对于我来说，就是墨西哥城，还有它的面具和镜子，就是当我俯视这座拼图城市的根基和泥土、看着人们在这里移动、相遇、改变时那些焦躁而微小的意象。

---

① 西班牙语中的内窥镜"espéculo"以"culo"为后缀。

《巴黎评论》：我也不想问太抽象的问题，不过是什么诱使你，是什么让你开始写作的？

富恩特斯：是哈姆雷特所说的"一本虚构的故事、一场激昂的幻梦"①。我虚构的故事就是一场激昂的幻梦，诞生自一声叫喊："我是不完整的。我渴望完整，渴望被包围。"所以例如说《阿尔特米奥·克罗斯之死》就是一本声音的小说。我想文学脱胎自声音：你找到了一个声音，你希望诉诸纸笔，但这小说中真实的东西恰是这声音。

《巴黎评论》：你听到了阿尔特米奥·克罗斯的声音？

富恩特斯：是的，正是他的声音在说："我现在正在死去。我已是尸体，我正逐渐消失。我正在干涸。"他满身风尘，就要死去，他的记忆也要死去了。还有一个声音，一个集体的声音，在说："我们将比这个体更为长寿，我们会用永恒的语言和记忆规划这言语的世界。"但简单来说这个问题，只是许多声音在一个文本空间中相遇，然后希望道成肉身。

《巴黎评论》：同一年出版的《奥拉》，看起来却和《阿尔特米奥·克罗斯之死》非常不同，实验色彩浓重。

富恩特斯：《奥拉》是用单数第二人称写的，这种声音诗人们总在使用，小说家也有权利去用。这种声音承认自己并不了然一切，而正因有所不知，你才是个小说家。这和知晓一切的史诗诗人不同。荷马准确地知道门是如何关上，正如奥尔巴赫所说：在荷马这里，关一扇门要四行，而描述赫克托耳之死也要四行，因为它们是同样重要的。但这诗化的声音则说，我们并不孤单，有别的东西在陪伴我们。写作《奥拉》的时候，我意识到自己在沿袭一种特定的传统，而没有传统是不会有创造的。伟大的日

---

① 语出《哈姆雷特》第二幕第二场。

本电影《雨月物语》①让我找到了《奥拉》的灵感。在电影里,一个男人娶了一个高级妓女以后就上战场了。她变成了一个纯洁的妻子。他回来之后,却发现她已经自杀。小镇被敌军侵占后,她杀死自己以防遭暴。他到了她坟前,发现她美丽的尸体完好无损。唯一能唤醒她的方法,是找到一个保存了女孩的声音的老太婆和他对话。②这是一个杰出的传统:有魔力的老女人。我将自己放入这个可以上溯到福克纳、亨利·詹姆斯、狄更斯小说中的郝薇香小姐③、普希金《黑桃皇后》里的伯爵夫人以及白女神④的传统。我非常赞同弗吉尼亚·伍尔夫的话,当你坐下来写作的时候,你必须感觉到自荷马起的整个传统都在你的骨头里。

《巴黎评论》:在《奥拉》中,你同样也为此前很少被提及的东西赋予声音,那就是拿破仑三世在墨西哥的军事调停,还有马西米连诺一世和夏洛特⑤。

富恩特斯:我对夏洛特很着迷,她是属于我的鬼魂之一。在我的国家里,亡者之生和生者之亡同样重要。奇妙的是,我是同时在写《阿尔特米奥·克罗斯之死》和《奥拉》的。他们互为补充:《阿尔特米奥·克罗斯之死》写生命的消亡,而《奥拉》写亡者的生活。

《巴黎评论》:《奥拉》中的老妇是其中一种典型的女性形象。你的作品里还有其他的女性形象吗?

---

① 日本导演沟口健二1953年执导的一部剧情片。
② 富恩特斯叙述的情节与沟口健二的电影《雨月物语》有出入,译者向有关学者求证,也暂未找到情节一致的日本电影。可能是富恩特斯记错了,《奥拉》出版于1962年,而这个访谈进行于1981年,时间比较久远。
③ 《远大前程》中被抛弃而满腔愤恨的老处女。
④ 白女神即月亮女神。
⑤ 法国军事介入墨西哥是拿破仑三世推行冒险主义外交政策的例子之一。1863年,拿破仑三世在墨西哥保守派的支持下将本是奥地利大公的马西米连诺一世扶上皇位。马西米连诺后来被推翻,拿破仑三世和欧仁妮皇后在杜伊勒里宫会见了墨西哥皇后夏洛特。夏洛特请求拿破仑三世提供支援,遭到拒绝。她随后患上了精神疾病。富恩特斯七岁时曾在夏洛特发疯死去的晨报中看到过她年轻时的肖像,又在档案室里看到她死去时的照片。

富恩特斯：我一直因描写非常不纯洁的女性而被攻击，但这是因为我的文化对女性有非常负面的看法。这种融合了阿拉伯人、西班牙人和阿兹特克人的文化，并不适于女性主义发展。比方说，在阿兹特克文化中，每个男神都代表一种东西：风，水，战争，然而女神所代表的东西却是暧昧的，如纯净与肮脏，白天与黑夜，爱和恨。她们总是从一个极端移到另一个极端，从一种热情转向另一种，在阿兹特克文化中，这就是她们的罪孽。我小说中女性的模糊是模式化的。

《巴黎评论》：在这种观念中，女性形象为男人塑造，你很自然就会联想到女电影演员，这让我想起《神圣之地》中的克劳迪娅·内尔沃。

富恩特斯：噢，当然，她是个绝好的例子。去年夏天我写了一个喜剧，关于两个女人，两个墨西哥面孔的极好象征：玛利亚·菲利克斯和多洛雷斯·德里奥[1]。剧名叫《月光中的兰花》，引用自好莱坞的老音乐剧《飞往里约》中扭捏的探戈舞曲。有两个女人以为自己是玛利亚·菲利克斯和多洛雷斯·德里奥，并且表现成这样，你很容易就以为他们是流亡威尼斯的演员，最后却发现这是加利福尼亚的威尼斯[2]，这只是两个定居美国的墨西哥女人，每样东西都似是而非。但两位演员真实的面容就投影在舞台上，这些不可思议的脸庞从不变老，画家迭戈·里维拉曾说："像你们这样美丽的头颅，是永远不会变老的。"

《巴黎评论》：在《神圣之地》中，你处理了女性对男性的冲击：主角米托似乎在母亲面前丧失了身份。她就像夏洛特和老太婆，是一种极端的女性类型。

富恩特斯：不，我不觉得克劳迪娅·内尔沃是一种极端。恰恰相反，是墨西哥男人让她变得极端。她只是自我防卫。她是个焦点人物，但男人

---

[1] 玛利亚·菲利克斯和多洛雷斯·德里奥均为墨西哥女演员。多洛雷斯·德里奥出演了下文提及的《飞往里约》。

[2] 美国加州洛杉矶市西区的一个海滨区域，以运河、海滩和街头艺人著称。

们不允许女人成为焦点人物。她们被驱逐到极境,因为在墨西哥,女人注定要成为荡妇或是修女。女人要么就是背叛自己的民族帮助了科尔特斯的印第安女人玛琳齐①,要么就是因宗教权威和政治权威的压力而自行剥夺声音和人格的索尔·胡安娜·伊内斯·德·拉·克鲁斯修女②。现在在墨西哥,女人们说她们不是荡妇,也不是修女,是其他的许多东西。她们僭越了男人留给她们的角色。事情在改变。

《巴黎评论》:你目睹西班牙经历的巨变,从一九三八年油田国有化到今天的墨西哥。我想社会中原有的道路已经瓦解,整个价值系统也被改变了。我想知道,历史性的现实如何进入你颇具神话色彩的文化视野当中?

富恩特斯:在墨西哥,不断改变的现实世界只会指向一个事实:墨西哥有一个传统,神话是一种传统,神话们在呼吸,它们滋养了史诗,悲剧,乃至当代生活的闹剧。正因社会在解体,我们处于盘点库存的糟糕局面。墨西哥,实际上还有整个拉丁美洲,都被进步的幻觉愚弄了。要是我们能模仿美国、法国和英国就好了,我们就能变得富有兴旺,而且稳定。但这并没发生。我们突然间就来到了八十年代,我们知道,在你们的世界里,进步也已变成一种幻觉,所以我们得回顾自己的传统,这是我们真正拥有的东西。我们的政治生活是破碎的,我们的历史遍布失败,但我们的文化传统很丰富,我想时候到了,我们得好好看看自己的面容,看看我们自己的历史——凝望我们之前谈论的镜子。

《巴黎评论》:墨西哥文化是否重蹈纽约覆辙,让金钱成为了唯一的价值标准?物质主义摧毁墨西哥了吗?

富恩特斯:没有。你的文化并没有历史,它只活在当下。墨西哥文化

---

① 科尔特斯是殖民时代活跃在中南美洲的西班牙殖民者,以摧毁阿兹特克古文明、在墨西哥建立西班牙殖民地而闻名,后娶了他的印第安向导和翻译玛琳齐为妻,并生儿育女。
② 索尔·胡安娜·伊内斯·德·拉·克鲁斯修女(1651—1695),拉美巴洛克时期诗人,被尊称为"第十位缪斯",其《答费洛蒂雅修女函》被视为"拉美女性知识的圣书",但因其所属修会认为女流之辈饱读诗书太"多余",她探索学问的旅程在不惑之年即告终止。

和不同的世代共存。墨西哥的资产阶级十分糟糕，比你们的糟糕得多，一无所知，又为无知骄傲。但我们大多数人都相信信仰的精神价值。是的，现在看来，我们以前攻击甚多的信仰，是一种处在墨西哥深处的文化价值。我指的是那种神圣的感觉，而不是天主教价值观，是那种兔子可以是很神圣的、一切都可以很神圣的感觉。如果你到塔拉乌马拉人①的地方去，你会发现他们一点都不在乎物质的喧嚣。他们在乎的，是重新规划事物的起源，重新参与事物的起源。他们在过去而非未来里寻求兴旺。

《巴黎评论》：但正如你在间谍小说《水蛇头》里所写，墨西哥石油资源如此丰富，注定会被卷入事件的中心。

富恩特斯：是的，石油会影响这个社会。我正在写一本小说，《未出生的克里斯托巴尔》，故事发生在一九九二年的十月十二日，正好是发现新大陆的五百周年纪念。我想知道那个时候墨西哥城和这个国家会变成怎样，我们都在审视欧洲人五百年前的发现。

《巴黎评论》：能告诉我们你的规划吗？不用说出所有的秘密，说说你的想法就好了。

富恩特斯：噢，我的规划很阴郁。这不是部科幻小说，书里没有小发明。故事是被一个未出生的孩子讲述的，他所听见的一切，塑造了他对即将投身的世界的全部印象。墨西哥城里的生命几乎要被摧毁了，因为你不能让一座有三千万人口的城市面临着那么多物理问题——远离平地，寒冷，环绕的群山让浓雾滞留，清水必须从很远的地方带过来，污水必须被泵出去。城市会被淹没在粪便中，这就是墨西哥会遭遇的事情。

《巴黎评论》：我不禁想起了《我们的土地》。这部小说的情节也发生在未来，在一九九九年的六月到十二月间。当然，在这部小说里你最关心

---

① 墨西哥北部印第安部族。

的还是历史,而你的视野也十分广阔。

富恩特斯:这部小说诙谐得多,它的视野也更为集中。只是叙述者处于他妈妈的子宫中,这彻底限制了叙述的可能性。他所接收到的信息是有限的——只有他听到的还有他的基因告知他的东西。我并不想像《我们的土地》那样漂移到地中海文化,到我们的故土,到我们社会中那些权力的起源去。

《巴黎评论》:既然你让我们先看了一眼《未出生的克里斯托巴尔》,我想你会不会介意说说我听说过的一个文本,是你在一九四一年离开华盛顿以后写的,那时你是个身处智利的小男孩。你还记得那本书吗?

富恩特斯:我记得很清楚。生活在华盛顿,我都有点儿被英语困住了,所以我们搬到了智利后,我发现自己在重新发掘西班牙语。那时我十一岁。智利那时是个属于伟大诗人的国度——特别是加夫列拉·米斯特拉尔和巴勃罗·聂鲁达。这同样也是拉美最政治化的国家。当然,最后我还是到了一所英国学校,因为在智利和阿根廷,英国学校是最好的。我迅速地穿上运动夹克,戴上学校的领带和小灰帽。早上七点我们在安第斯山边做体操,被罚藤杖,庆祝同盟国的胜利:每次蒙哥马利赢了战争,我们都得将帽子扔进空中,然后集体欢呼三声。格兰齐学校里有很多正在萌芽的作家,他们是:路易斯·阿尔韦托·埃因曼斯,一个已经过世的剧作家,还有小说家何塞·多诺索、豪尔赫·爱德华兹。我的好朋友罗伯托·托雷蒂后来成了杰出的康德学者,当时他和我一起写了这部小说。我们碰到很多问题,我们一个墨西哥人,一个智利人,却在写一部发生在马赛的小说。这个故事必须发生在马赛,因为这是基督山伯爵登场的地方。还有哪里,能比拥有伊夫堡[①]的马赛更适合船只起航?但大仲马不会碰到的问题,是要让人物如何说话:用墨西哥西班牙语还是智利西班牙语?我

---

① 位于法国马赛港海域伊夫岛上的城堡,因成为大仲马小说《基督山伯爵》中的场景而闻名于世。

们还是妥协了,让他们像安达卢西安人那样说话。小说从马赛转移到海地:我们读过《简·爱》,对阁楼上的疯女人印象很深。我们在山顶放了一个阴森的城堡"无忧宫",这时阿莱霍·卡彭铁尔还没写出关于海地的小说《人间王国》呢。小说在这阴郁的环境中进行,疯女人被绑在床上,年轻的主人和第一代黑白混血姑娘做爱。我们写了大概四百页。

《巴黎评论》:有谁读过这部哥特巨著吗?

富恩特斯:准确来说,没有。我曾大声读给壁画家戴维·阿尔法罗·西凯洛斯听。他是我的受害者。他被卷入刺杀托洛茨基的计划中,只能逃离墨西哥。他来到了智利,在小镇奇廉为当地遭受地震袭击后墨西哥捐赠的一所学校画浮华的壁画。我父亲当时是代理外交官,西凯洛斯赚的钱不多,多少依靠大使馆过活,我们就时常邀请他来。他是个迷人的男人,晚饭后我就让他坐下听我的小说。他无路可走了。当然,他打起了盹,最后睡得很好。

《巴黎评论》:所以说你结合了英国哥特小说、大仲马和赛格瑞?

富恩特斯:是的。它很戏剧性,一点儿也不如画①。我们觉得这小说很阴郁,颇具勃朗特姐妹风格。我们受夏洛特·勃朗特和艾米丽·勃朗特影响很深,我们在智利的朋友圈全都如此。对于我们来说,布伦威尔·勃朗特设定了堕落的顶点②。要成为艺术家,你得像勃朗特家族才行。

《巴黎评论》:这些清教徒成为了堕落的顶点?

富恩特斯:我们是这样认为的——看看那些荒野,那些乱伦的暗示。想象一下,十三岁的男孩,在一九四二年的智利,会怎么看待勃朗特家

---

① 如画(picturesque)风格,与哥特风格同属 18 世纪浪漫主义艺术风格的一部分。最初指涉风景如画的荒野,在文学里则主要体现在简·奥斯汀、瓦尔特·司各特的小说和华兹华斯的诗歌中。

② 布伦威尔·勃朗特(1817—1848):画家,作家,诗人,勃朗特家族唯一的男孩,1848 年 9 月因慢性支气管炎与过量饮酒造成的衰弱而去世,年仅 31 岁。

族呢？

《巴黎评论》：在出版作品前，你是否写过很多东西？

富恩特斯：是的。搬回墨西哥城之后，我被安排进了一所天主教学校——这还是人生中头一回。我们离开智利后曾搬到布宜诺斯艾利斯，但我受不了那里的学校——当时正值庇隆政权上台，教育所受到的法西斯影响实在是很难忍。所以我要求去墨西哥。唉，回来之后我就被扔进了天主教学校。这所学校让我成为了一名作家，它教我关于罪的知识，你所做的一切都是有罪的。那么多东西都是有罪的，因而也变得如此令人愉悦，促使我去写出来。事情如果被禁止了，那么就得有人去书写，而被禁之后，事情也变得令人愉悦。

《巴黎评论》：罪的观念是否激发你一直写作？

富恩特斯：是的。我想我是在墨西哥城的那所天主教学校里开始写《我们的土地》的。约翰一世说，男人女人间纯粹的精神之爱应被谴责，因为他们会难以餍足，情欲会聚集。这是《我们的土地》中重要的部分，人们永不能以肉身相见，真正的通奸都是由他人完成的。我在天主教学校里学到了很多东西。

《巴黎评论》：墨西哥城的天主教教义是怎样的？

富恩特斯：其天主教义十分政治化，完全结合了对墨西哥历史的保守派解释。每年开学，有个老师会拿着一朵马蹄莲进来。他说："这是一个前往舞会前的纯洁天主教徒。"然后他将马蹄莲扔到地上，踩在上面。然后，他捡起马蹄莲的残枝，说："这是个去完舞会、亲吻了一个女生的天主教徒。"然后他会将花儿扔进垃圾桶。他们重写了墨西哥的历史，支持马西米连诺一世，支持导致了墨西哥革命爆发的独裁者波费里奥·迪亚斯，支持所有法律和秩序的意象。我被扔出学校一个月，因为我竟然敢庆祝贝尼托·胡亚雷斯的生日。胡亚雷斯是成为墨西哥总统的印第安人，是我们国家自由主义的象征。

《巴黎评论》：我们看到你是怎么开始写作的了，那么在你创作生涯的开始，你是怎样决定写什么的呢？

富恩特斯：我决定写一部属于我生活其中的墨西哥的小说。墨西哥小说都局限在几个类型里：印第安小说，墨西哥革命小说，还有无产阶级小说。对我来说，它们就像中世纪的城墙一样，限制了墨西哥小说的可能性。我生活的墨西哥城掩饰了这些限制，因为它就像座突然失去了城墙和吊桥、在狂欢中延展自身的中世纪城市。这儿有因为战争滞留在墨西哥的欧洲贵族，还有积极进取的资产阶级，不可思议的妓院被霓虹灯照耀，开在鱼肆附近，女人的气味和鱼的气味媾和。作家萨尔瓦多·埃利松多会上那儿去，在和妓女做爱时割开她们的腋窝，以在血流如注中做爱。墨西哥流浪乐队成员彻夜演奏。墨西哥城在四十年代末和五十年代才找到自己的巴洛克本质——壁垒粉碎，一切泛滥。我记得在令人惊骇的餐馆里跳曼波舞的情形，这是《最明净的地区》的来源：墨西哥城就是后革命时代墨西哥生活的主角。我觉得没有小说谈论过这点。

《巴黎评论》：你的家庭里还有其他作家或艺术家吗？

富恩特斯：不多。我父亲是个外交官，我母亲是家庭主妇。我的叔叔是个有趣的诗人，但他在二十岁时就因伤寒去世了。我在韦拉克鲁斯的伯祖母是个摩西奶奶[①]那样的诗人。她写热带，湖泊，大海，颇为知名。

《巴黎评论》：你的叔叔或伯祖母可能为你创造了一个文学原型，有没有什么关于他们的奇事？

富恩特斯：唯一的奇事是我曾祖母克洛蒂尔达·维雷兹·德·富恩特

[①] 摩西奶奶（1860—1961），本名安娜·玛丽·罗伯森·摩西，美国艺术家，75岁开始学画，80岁举行首次个人画展。

斯的。她在韦拉克鲁斯到墨西哥城的马车上被土匪割断了手指。她不肯脱掉戒指，所以他们割断了她的手指。这是我唯一记得的奇事。

《巴黎评论》：你成为了作家，以写作为生，你的家人如何反应？

富恩特斯：呃，我的父母让我去学习法律，他们说在墨西哥如果我想靠写作生活，会饿死的。我也拜访了伟大的诗人、人文主义者阿方索·雷耶斯，他提醒我说，墨西哥是一个非常形式主义的国家，如果我没个头衔，人们会不知道如何应对我。"你会像个没有杯柄的茶杯。"他说。我一开始学法律就学得很不开心。首先我去了日内瓦，这是我第一次到欧洲，学会遵守纪律。回到墨西哥之后，我和那些在西班牙内战时期逃离西班牙的好老师学习。塞维利亚大学的前院长曼纽尔·佩德罗索告诉我，要是想要理解刑法，我就应该读读《罪与罚》，如果想了解贸易法就得读读巴尔扎克，忘掉那些枯燥的章程。他说对了，我马上就在我人生的社会维度和叙事维度之间发现了一种关联。我本可能成为企业律师的，但相反我写了《最明净的地区》。那时我有怎样的能量啊：法学院毕业后，我在墨西哥大学工作，写了四年，每晚都喝醉酒，跳起曼巴舞。真好。再没有了。你失去了能量，获得了技巧。

《巴黎评论》：你的第二部小说紧跟着第一部出版了。

富恩特斯：我的第二部小说事实上是第一部。我之前已经在写《好良心》，这是本更传统的小说，只是它在《最明净的地区》的风暴中被忘却了。它对我而言不只是本书而已，它是我的生命。它引起了轰动，被夸上了天，又被贬到地狱里。一个批评家说，它只配被冲到厕所里。现在我懊恼地发现，墨西哥城的圣心修道院竟要求十五岁的女孩读它。

《巴黎评论》：我们见到了一个独具形态的世界是如何被创造的，这是个福克纳式的、巴尔扎克式的世界。它还存在吗？

富恩特斯：我从来没离开过。在《燃烧的水》的前言里，我提到了墨西哥城里一所虚构的公寓房。阿尔特米奥·克罗斯住在华丽的顶层阁楼，老太婆奥拉住在地下室里。我让其他的角色生活在其间。我觉得我常陷入幻觉现实主义的紧张之中，这些小说中的现实主义都是虚幻的。我希望我是个可靠的塞万提斯读者，毕竟他开创了一种将怀疑投射现实之上的现实主义。这种幻觉现实主义是我写作的一极，而另一极则是幻想的维度，它是极端真实的，因为就发生在脑中。人们只把巴尔扎克当作现实主义社会作家，却忘了他的幻想小说。对我来说，巴尔扎克的经验比其看上去的要深刻得多。

《巴黎评论》：你很清楚地认识到自己写作的连贯性。

富恩特斯：某种程度上，我的那些小说就是一本书的不同章节：《最明净的地区》是墨西哥城的自传；《阿尔特米奥·克罗斯之死》则处理这座城市中的个体；《换肤》中，这座城市，这个社会，面对着世界，紧握着"它自身是文明的一部分、外面的世界正在侵略墨西哥"的事实不放。这些小说中有一个集体性的心智，被否定、被个体化。但是没有一个角色是自言自语的，因为我希望有一种感觉：有一个鬼魂穿梭在每页之间，在每个角色之间。这在《遥远关系》中达到顶点，这是个鬼故事，关乎文学中的鬼魂、关乎作为虚构的创造而存在的世界，是部危险的小说，你会因为太害怕，而不敢将他交给读者。《遥远关系》是我最关心的小说。它最能说出我作为一个作家想说的、最能体现我的文学兴趣。它是关于写作的，这是我写过的唯一一部关于写作的小说。这个故事由一个角色说给另一个角色听，最后传到我富恩特斯耳中。我不到故事被完全讲述是不会满足的。我必须知道完整的故事，但一旦我得到它之后，就必须将它提供给你们读者，好像这是一份来自魔鬼的礼物。就如同标题所暗示的那样，这是个关于遥远关系的故事，关于一个处在新世界和旧世界之间的家庭，他们完整的故事无法被说出，因为没有文本可以容纳完整的故事。它同样涉及法国对加勒比海国家的影响，如那些来自拉美的法国作家的鬼魂，洛特雷阿蒙①和埃雷迪亚②。这部小说涉及小说的起源,何以没有故事能被完全讲述,何以没有文本可以被完全消耗。

《巴黎评论》:《我们的土地》和《遥远关系》都处理了起源的问题:前者标记出美洲西班牙文化的地中海和西班牙源头,后者描述了文学文本的起源,描述理解和表达整体历史的徒劳尝试。在这两部小说中,我们能看到对这种或那种总体性的追求,这反映了六十年代所谓的拉美文学爆炸中,小说家们的一种普遍关切。你怎么理解这次"爆炸"?

富恩特斯:我会像加西亚·马尔克斯那样说,我们都在写同一部拉美小说,加西亚·马尔克斯写了哥伦比亚的章节,卡彭铁尔写了古巴的章节,胡里奥·科塔萨尔写了阿根廷的章节,等等。在我们所生活的大陆,小说新近才取得发展,许多东西都没被说出来。很难单独谈论一个人,因为我们相互融合:《阿尔特米奥·克罗斯之死》的角色出现在《百年孤独》里,而《我们的土地》里又有《百年孤独》里的角色,卡彭铁尔的《光明世纪》里的角色,加夫列拉·因方特《三只忧伤的老虎》中的角色,还有科塔萨尔的《跳房子》里的角色。互文性永远可见,象征着在拉美写作的性质。

《巴黎评论》:所以你从来不因自己是一个墨西哥作家而感到孤立?还是说你的作品只是写给墨西哥人的?

富恩特斯:在我职业生涯开始的时候,我想我就意识到,要为墨西哥文学、秘鲁文学抑或智利文学代言是很荒谬的,如果我们希望创造意义、创造任何具有普适性的东西,都必须融进我们称之为西班牙语的这种衣衫

---

① 洛特雷阿蒙(1846—1870),法国诗人,出生于乌拉圭首都蒙得维的亚,他的童年是在处于战乱之中的乌拉圭度过的,他的父母都是法国移民。其代表作是散文诗《马尔多罗之歌》。
② 何塞·马利亚·埃雷迪亚(1803—1839),古巴诗人,生于古巴圣地亚哥,其父属于西班牙血统,母亲是法国人。他在法国完成中小学的学业,又在哈瓦那一大学攻读法学,最后定居巴黎。

褴褛、四处行乞的语言的更宽广范围之中。

《巴黎评论》：有些西班牙语美洲作家曾暗示，只有到了六十年代，他们才能想象一个从墨西哥城延伸到布宜诺斯艾利斯的读者群。

富恩特斯：对我来说并非如此。我在五十年代创办并领导一本叫《墨西哥文学杂志》的生机勃勃的杂志，一九五五年我们出版了胡里奥·科塔萨尔早期的短篇，还有辛提奥·比铁尔、何塞·莱萨马·利马这样的古巴诗人，甚至还有一个豪尔赫·路易斯·博尔赫斯和阿道夫·比奥伊·卡萨雷斯合作的短篇小说。到了五十年代中叶我觉得传统的屏障已被破除。与此同时，读者群也在发展，因此文学爆炸出现时，它是有智识基础乃至物质基础的。我们有出版社、发行者，还有作者们认识到我们隶属于同一语言共同体。

《巴黎评论》：为什么六十年代有利于作家之间的公共精神的形成？

富恩特斯：古巴革命其实提供了一个相遇的场所。这样的热情和希望是被古巴革命燃起的！在古巴建立起了自己的炽烈的社会主义现实主义之前，哈瓦那一直是个焦点。他们最终破坏了建立共同体的可能性，但古巴革命在创造团结感觉的过程中扮演了重要角色。卡斯特罗进入哈瓦那时我就在那儿。我们的生命中曾有刺激的时刻，现在回想它刺激依旧。拉美西班牙语文学的历史上发生了一件非凡的事情：这场爆炸中任何优秀者都是其他人的朋友。但可悲的是现在这结束了。我们进入了中年，友谊也破碎了，人们因个人的原因或政治的原因成为了敌人。我们怀旧地回头看。

《巴黎评论》：你关于文学爆炸的个人观点让我想起了西班牙世界中传记和自传材料的缺乏。直到现在我们才开始看到有作家描述他们与拉美历史事件之间的关系。比如何塞·多诺索的《文学"爆炸"亲历记》，但是拉美并没有写回忆录或自传的传统。

富恩特斯：我告诉你原因吧：大家担忧自己写出的东西，因为它会伤害你。我记得我到达巴黎的墨西哥大使馆时，我想要向我的一个前辈要点儿信息。我对他关于法国政治的观点很感兴趣，结果我发现他什么都没写，因为有一天这些东西可能会被用来对付他。

《巴黎评论》：你提到了《公民凯恩》对《阿尔特米奥·克罗斯之死》的影响。电影对你的写作是否重要？

富恩特斯：我是个十足的影迷。我孩提时分最开心的日子就是父亲带我去纽约看世博会和《公民凯恩》，那时我十岁。它深深留在我记忆中，从未离开。那一刻起，我就和《公民凯恩》的鬼魂一同生活。还有些电影是我在写作时我会想到的。有布努埃尔的作品。也有埃里克·冯·施特罗海姆，特别是他那版伟大的《风流寡妇》，是部默片，没有华尔兹舞曲。梅·默里和约翰·吉尔伯特之间的那些伟大的爱欲场面，在黑色床单的床上，还有美丽的女人蒙住眼睛，围着他们吹着长笛，打着小手鼓。爱欲达到高潮的时候，他们拉下小床上的帘子，彻底从观众的视线里消失；我们看着景象消失———一系列的影像全都看不见了，只能被观众想象出来，我发现这太有力量了。但除了这一幕之外，我不觉得它有什么影响。

我想喜剧演员影响了每个人，马克斯兄弟就是二十世纪最杰出的的艺术家之一。他们是最伟大的无政府主义者和革命者，是财产破坏者。他们让世界带着笑声和滑稽尖叫、爆炸。我想他们实际上影响了每个人。基顿和卓别林。但文学又是另一种东西。这是个言语的过程，和电影不一样，十分十分不一样。

《巴黎评论》：所以你不觉得电影会篡夺小说的地位？

富恩特斯：几个月前我和我们时代最伟大的电影制作人之一路易斯·布努埃尔在墨西哥谈过。他已经八十岁了，我问他会怎样回顾自己的职业生涯，还有电影的命运。他说："我觉得胶片是不经久的，因为它们太依赖于科技了，科技进步得那么快，胶片终会变成过时的古董。我希望的是，科技进步会到某一个地步，看未来的电影你只需要吃一点儿药片，然后坐在黑暗中，你想看的电影就会从你眼中投射到黑白的墙面上。"

《巴黎评论》：但可能有人走过来合上你的眼睛。

富恩特斯：是，会有审查者。但那样电影会投射在你的大脑里。他们必须杀掉你。这是艺术自由的最后证明。

《巴黎评论》：你如何推销自己的作品？你会上电视谈话节目吗？

富恩特斯：也许每个国家都会有自己的流放地。在苏联他们得和苏联国家安全委员会打交道，这里则得和约翰尼·卡森打交道，我想他的破坏性要更大些。菲利普·罗斯曾将自己的状况与捷克作家米兰·昆德拉比较，他说在美国，一切都顺利，但没什么是重要的；而在捷克斯洛伐克，没什么是顺利的，但一切都是重要的。在这里，这一切给了作家们一个外加的、他自己并没有的维度。

我去年待在巴黎。我出版了一本书，他们说我必须上电视。我不想去。他们说，不行，不行，这节目能卖掉很多书——那个节目叫《猛浪谭》，非常流行，在法国有三千万人看。我说："好吧，让我们看看会发生些什么。"那真是一次可怕的经历，一个暴躁的法国人不断地打断我，我都不能表达我的意见。他想要一切都迅速进行，我什么都不能说。对这一切，对我说的一切，我感到很不开心。我和我的妻子西尔维娅回到公寓里。门房在等着我们，她说："啊，我刚打开了电视。多棒。太杰出，太棒了。"我说："不，太糟糕了。太恶心了。我不喜欢我说的东西。"她说："但富恩特斯先生，我没听到你说的任何东西。我看到你了，我看到你了。"

那些着迷于电视的人，灵魂真的停止工作了，只希望看见他们自己，因为这是对他们身份的神化。瓦尔特·本雅明就摄影术的发明，这一十九世纪真正的革命发表过卓越的见解。回顾历史，人们都是没有面容的，突然人们就有面容了。第一张照片被保存在以天鹅绒为内衬的珠宝盒里，因为它们太珍贵了。它们就是你的身份。突然间你就可能被三千万、四千万、五千万的人看到。你拥有了一种身份。你存在。你的确是个东西。不管多么转瞬即逝，多么短暂。封建主义的终结。这就是。封建主义的终结就在你的电视前。

《巴黎评论》：你有想过写一部回忆录吗？

富恩特斯：噢，有的。时候到了的话，我十分想写，我也保存着许多有趣的笔记。我想，在墨西哥和在拉美，开始考虑回忆录这一文类，考虑留下什么东西，在这文类中创造些什么，会是个好主意。我这一代人已经进行了大量的工作去开创叙述的传统，我们或许需要时间去开创回忆录的传统。毕竟，这在过去是存在的，在科尔特斯的书信中，在贝尔纳尔·迪亚斯·德尔·卡斯蒂略①关于征服墨西哥的个人史中。我在吉列尔莫·加夫列拉·因方特关于自己在哈瓦那度过的童年的书中看到了希望。

《巴黎评论》：你觉得自己还会以以前的速度继续写下去吗？

富恩特斯：呃，对我来说，写作确实变得更容易了。时光流逝，过去也变成了当下。你读过的、以为自己就要永远失去的一切都附属于你的工作上。突然间它就渴求形体，以时间顺序自足存在，而这种时间顺序要求文学的形式。因此历史的呈现成了你今天生活的中心。你以为它们不重要，它们已经死去了，但它们只是在伺机而动。在你二十五岁的时候，经历得不多，当你强试一个主题时，你会发现你自己什么都做不了。突然它就无偿地送上门来。五十岁的时候，我发现我的窗户外，有一长列的人物和形体在渴求语言呈现。我希望我能捕捉到它们，但我们没有足够的时间。筛选的过程实在是太可怕了，因为筛选时你得杀掉一些东西。

---

① 贝尔纳尔·迪亚斯·德尔·卡斯蒂略是16世纪初的西班牙士兵，参与了西班牙在中美洲的征服战争。他在84岁时撰写了《征服新西班牙信史》，翔实地记载了他年轻时在中美洲的征战活动。

《巴黎评论》：这真是令人不可思议的意象，是种双重的学徒期：写作最初的阶段是酝酿期，紧接着现在是痛苦饱胀的时期。

富恩特斯：当你年过半百时，我想你就该看看死亡的面孔，以开始严肃地写作。有的人太早看到结局了，比如兰波。当你开始看到后，你会觉得你得拯救这些东西。死亡是伟大的资助者，死亡是伟大的写作天使。你必须书写，因为你要活不下去了。

（原载《巴黎评论》第八十二期，一九八一年冬季号）

菲利普·罗斯

◎陈以侃／译

我在麦楚恩出版社的"当代作家系列"中出版过一本探讨罗斯作品的小书，他读了那本书，写了封很客气的信给我。后来我们见了一面。罗斯小说创作的最后阶段，他喜欢挑几个感兴趣的读者，尽可能多听一些评论和回应，所以第一次碰面后，他给我寄了《解剖课》的第四稿，我们就此做了些探讨。《解剖课》完成之后不久，我们开始了这个访谈。一九八三年初夏的访谈安排在蓓尔美尔街的皇家汽车俱乐部，罗斯来英国时偶尔会在这里租一个房间工作。此处俨然成了一个小办公室，收拾得一丝不苟：IBM 球形字头的打字机、按字母排序的文件夹、曲臂台灯、几本辞典、阿司匹林、书稿架、修改用的毡制粗头笔、收音机。壁炉上面还有几本书，包括最近出版的欧文·豪的传记《希望的限度》、埃里克·埃里克森的《年轻的路德：精神分析与历史研究》、伦纳德·伍尔夫的自传、戴维·马加尔沙克的《契诃夫》、约翰·契弗的《宛若天堂》、福代斯的《慢性病痛患者的行为方式》（对朱克曼来说很有用）、克莱尔·布鲁姆的自传《光耀舞台，灯暗之后》，还有一些《巴黎评论》的访谈。我们就在这个商务气氛浓厚的小间里聊了一天半，中间只有吃饭的时候才停下。罗斯很细心地让我没有觉得任何不适，他待人接物礼貌、温和、敏感，很符合他的外形——衣服低调而传统，金框眼镜，看上去就像一个学者、律师，或者因为其他工作关系造访伦敦的安静的美国人。我说的任何话他都听得很仔细，不停地插进些机敏的小玩笑，也很容易被逗乐。不过在这和善的表面之下，可以感受到他极度的专注和智性上的贪婪；一切都可以成为他的材

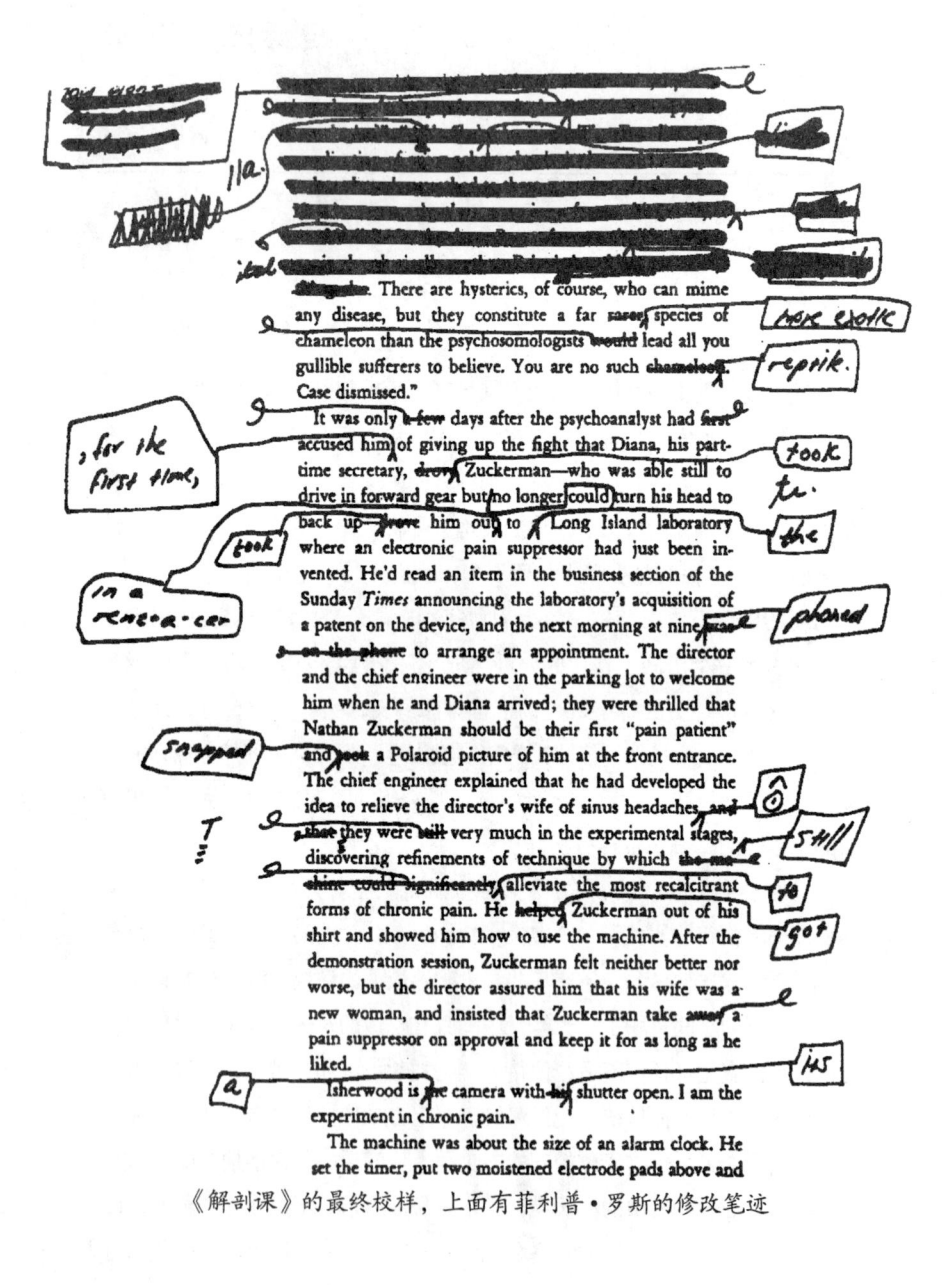

There are hysterics, of course, who can mime any disease, but they constitute a far more exotic species of chameleon than the psychosomologists reptile. You are no such reptile. Case dismissed."

It was only for the first time, days after the psychoanalyst had accused him of giving up the fight that Diana, his part-time secretary, took Zuckerman—who was able still to drive in forward gear but no longer could turn his head to back up—him out to the Long Island laboratory in a racecar where an electronic pain suppressor had just been invented. He'd read an item in the business section of the Sunday *Times* announcing the laboratory's acquisition of a patent on the device, and the next morning at nine phoned to arrange an appointment. The director and the chief engineer were in the parking lot to welcome him when he and Diana arrived; they were thrilled that Nathan Zuckerman should be their first "pain patient" and snapped a Polaroid picture of him at the front entrance. The chief engineer explained that he had developed the idea to relieve the director's wife of sinus headaches. I still very much in the experimental stages, discovering refinements of technique by which to alleviate the most recalcitrant forms of chronic pain. He got Zuckerman out of his shirt and showed him how to use the machine. After the demonstration session, Zuckerman felt neither better nor worse, but the director assured him that his wife was a new woman, and insisted that Zuckerman take his pain suppressor on approval and keep it for as long as he liked.

a Isherwood is camera with shutter open. I am the experiment in chronic pain.

The machine was about the size of an alarm clock. He set the timer, put two moistened electrode pads above and

《解剖课》的最终校样，上面有菲利普·罗斯的修改笔迹

166

料，任何含糊都不被容忍，一旦出现意见分歧他都会饥渴地扑上去，所有可被利用的契机他也从不放过。有时话题出乎意料，他就用一种形象化的语言慢慢摸索自己的思路——这既是他避免过于坦白（但有时他也可以非常直接），同样也是他提起自己兴致的办法。录音转成文字之后篇幅极大，引人入胜、风趣好笑之外，也缺乏条理，时有重复。我将文字稿整理删减到可以驾驭的篇幅，寄给了罗斯。接下来他回到美国，《解剖课》出版了，这件事也搁置了下来；等他一九八四年初再次到了英国，我们便将访谈继续了下去。他已经修改了我寄过去的文稿，我们讨论了这些改动之处，敲定了访谈最后的样子。我觉得这个过程妙不可言。六个月之间，从他完成一部作品到开始一部新的小说，访谈的整个气氛不同了，后面的这次交锋更多，也更活泼。而改动过程中的那几稿也展现了罗斯的工作方式：大段原始而粗糙的对话被打磨成了精致、饱满、凝练的散文，而且回顾当时的想法也引发了新的思考。这既是罗斯呈现自我的一个展品，也是对其制作过程的一段记述。

——赫米奥娜·李，一九八四年

《巴黎评论》：你的新书一般是如何开始的？

菲利普·罗斯：开始一本新书总让人不快。我的人物和他的困境还非常不确定，但它们又必须是起点。比不了解你的主题更糟的是不知道该如何处理这个主题，因为写小说无外乎就是后面这件事。我把开头打出来，发现写得一塌糊涂，更像是对我之前一部书不自觉的戏仿，而不是如我所愿从那本书里脱离开来。我需要有样东西凿进书的中心，像一个磁铁一样把所有东西吸引过去——这是我每本书最初几个月想要寻找的。我很多时候要写一百或一百多页才会出现一个段落是有生气的。可以了，我会告诉自己，你找到了开头，可以就从这里开始；那就是全书的第一段。开始六个月的创作之后，我会重新读一遍，用红笔划出有些生气的一个段落，一个句子，有时甚至只是几个词组，然后我把这些划出来的文字打到一张纸上。很多时候都不够一页纸，但如果运气好的话我书的第一页就有了。我是在找能给全书定调的那份活力。非常艰难的开头之后是数月随心所欲地与文字游戏，游戏之后是危机，你会对你的材料产生敌意，开始讨厌你的书。

《巴黎评论》：在你开始一本书之前有多少已经在你的脑子里了？

罗斯：最关键的东西完全都不在脑子里。我不是指问题的解决办法，而是问题本身。在你开始的时候，你找的是那些会抗拒你的东西。你是在找麻烦。有些创作的开头会让我感到疑惑，并不是因为写得太艰难，而是因为还不够艰难。流畅有可能是一种什么事情都没发生的标志；事实上流畅可能会是让我停下来的标志，反而是身处黑暗，只能从一个句子挪向下一个句子让我知道可以继续。

《巴黎评论》：你一定要先有一个开头吗？有没有从结尾开始过？

罗斯：说不定我的确是从结尾开始的。我的第一页要是没被扔掉的话，可能一年之后就变成第两百页。

《巴黎评论》：之前提到那不要的一百来页会保存起来吗？

罗斯：一般来说我再也不想见到它们了。

《巴黎评论》：一天当中有没有一个时间段最适合你创作？

罗斯：我都是从早写到晚，上午和下午都写，基本每天如此。如果我能这样坐两三年，最后我就能有本书出来。

《巴黎评论》：你觉得其他作家也每天工作那么长时间吗？

罗斯：我不会去问别的作家他们的工作习惯是怎样的。我的确不关心。乔伊斯·卡罗尔·欧茨好像在哪里说过,当作家们互相询问彼此几点开始工作,几点停笔休息,每天午餐时间是多久时,他们其实是想知道"他是不是跟我一样不正常"。我不需要这个问题的答案。

《巴黎评论》:阅读会影响你的写作吗?

罗斯:我写作时一直也在读书,一般是晚上读。这是保持"电路"畅通的一种办法。这也是让我在思考我所从事的行当的同时,能从手上的工作中抽身休息片刻。它给我的帮助是至少能为我完全沉溺其中增添燃料。

《巴黎评论》:你会不会把尚未完成的作品给别人看?

罗斯:让我的那些错误自己成熟、自己绽开会更有帮助。在我写作的时候,我自己的批判已经足够了,而当我清楚这个东西还远未完成时,别人的赞扬也没有意义。在我绝对无法继续,甚至一厢情愿地相信作品已经完成之前,我不会给任何人看的。

《巴黎评论》:在你写作的时候,头脑中会不会有一个"理想的罗斯读者"?

罗斯:没有。偶尔会有一个"反罗斯读者"在我的头脑中出现。我会想,"他得多恨这一段啊!"可能这正是我需要的鼓励。

《巴黎评论》:你刚才提到写小说的最后一个阶段是一种"危机",你会对手中的材料产生敌意,讨厌你的书。是不是每本书都是这样,都有这种"危机"?

罗斯:每本都是。对着手稿看了几个月,你会说:"这东西不对——但是,哪里不对呢?"我会问自己:"如果这本书是一个梦,那么这个梦是关于什么的?"不过当我这么问的时候,我同时又在试图相信我已经写下的东西,忘记它是写出来的,而告诉自己:"这已经发生了。"虽然有可能它其实并没有。目标是把你的创造看作现实,却又当成梦去理解。目标是把血肉之躯变成文学人物,把文学人物变成血肉之躯。

《巴黎评论》:能不能再多聊几句这些"危机"?

罗斯:《鬼作家》的危机——它的众多危机之一——是处理祖克曼、艾米·贝莱特和安妮·弗兰克这三个人物。是祖克曼在自己的想象中把艾米·贝莱特视作安妮·弗兰克,要看出这一点儿也不容易,但我也是尝试了很多种其他选择之后,才决定艾米不仅是祖克曼创造的,也可能是她自己的造物,也就是说她是个在祖克曼的想象中创造了自己的年轻女子。既要让他的想象世界饱满,但又不能晦涩浑浊,既要模棱两可,又要一辨即明,这是我从夏初一直延续到秋末的写作困扰。《被释放的祖克曼》的问题在于,我一开始没有意识到,故事开头祖克曼的父亲还不能死。我后来明白,他父亲的死应该是书的结尾,表面上作为儿子出版亵渎神灵的畅销书的后果。不过,开始的时候,我完全弄反了,傻子一样对着它瞪了好几个月,一点儿想法也没有。我知道自己希望这个小说能慢慢离开阿尔文·佩普勒——我希望能朝一个方向强势推进,然后突然把意外放出来——但我始终不能放弃我对小说之前几稿的预设,直到我发现这小说纠结于暗杀、死亡威胁、葬礼、殡仪馆,是想归拢于祖克曼父亲的死,而非从这件事宕开。怎么安排这些事件让你全没了头绪,但顺序一旦重新调整,突然就很顺畅地滑向终点了。《解剖课》,我用头撞打字机撞了那么久,终于发现,祖克曼在登机要去芝加哥当医生那一刻起,应该假装自己是一个做色情杂志的人。他必须自愿地走向道德图谱的两个极端,他的两个自我转换的逃逸之梦,必须互相颠覆含义,嘲讽对方的初衷。如果他只是去当医生,只是被那种高尚的热忱所鼓动,或者他只是到处装色情贩子,释放自己无视法规又让人抗拒的愤怒,那他就不是我要的人物。他有两个主要模式:"自我消解模式"和"让别人去他妈的模式"。你想找个犹太坏小子,结果就会出现这样的一个人物。他要从一个身份抽身休息片刻,是靠投入另一个身份;不过,我们也看到,其实那算不上什么休息。祖克曼身上最让我感兴趣的是:每个人都是分裂的,但没有人分裂得如此大开大合。每个人都有裂隙和豁口，但我们常见到他们会试图掩盖那些分裂的地方。大多数人会拼命想让这种伤口愈合，且不断为此努力。掩盖有时候也会被当成愈合（或当成它们不存在了）。不过祖克曼两者都做不到，而到三部曲的最后，即使他自己也知道这一点已经得到了证明。决定他生活和创作的是那一道道裂痕，而那些裂痕又决不能说断开得很干净。我很愿意沿着那些裂痕探索。

《巴黎评论》：当罗斯化身为内森·祖克曼的时候，是怎样的情形？

罗斯：内森·祖克曼是一出表演。这其实就是扮演他人的艺术，不是吗？这是写小说的天赋中最根本的部分。祖克曼，他是一个作家，想当医生，又假装成一个色情业贩子。而我，是一个作家，正写一本书，扮演着一个想当医生又假装成一个色情业贩子的作家——而为了混淆这种模仿，让它更具锋芒，我又假装自己是个知名文学评论家。造出假的生平，假的历史，从我生活中真实的剧情里调制出半想象的生命，这就是我的生活。这份工作里面中总也得有些乐趣吧？这就是。就像是乔装打扮之后出门见人，扮演一个角色，让别人相信自己是另外一个人。去伪装。一副狡猾和精巧的假面。你可以想象一个腹语者，他说话的方式让人觉得他的声音来自一个与他隔着一段距离的人。但如果腹语者在你的视线之外，他的艺术就不能带给你任何愉悦。他的艺术是既在场又缺席；他在成为另外一个人的同时，最贴近真实的自己，其实幕布降下来之后，他两者都不是。一个作家并不一定要完全抛开自己的真实过往，才能扮演他人，保留一部分的时候更有意思。你歪曲、夸大、戏仿、变形、颠覆、利用你的人生，让你的过往增添一个新的层面，去刺激你的文字活力。当然，很多人成天在做这样的事情，而且没有文学创作的这个借口。他们并不把这当成表演。在他们真实脸孔这张面具背后，人们能长久经营的谎言是让人惊叹的。试想那些出轨的人技艺多么高超：压力多大，被发现的概率多大，可那些普通的人夫和人妇，虽然平时上台会紧张得无法动弹，但在家庭这个剧场里，面对着已经遭到背叛的配偶，他们以无可挑剔的戏剧技巧演出清白和忠贞。都是非常了不起的表演，每一个细节都才华横溢，一丝不苟地甩掉了所有的舞台感，而这些人，都是彻头彻尾的业余演员。人们都在优美地演出着"自我"。你知道吗，假扮可以有各种各样精微的变化。一个小说家的职业就是伪装，所以他和一个古板的、出轨的会计相比，难道不该更熟练、更值得相信一些吗？还记得吗，杰克·班尼[①]以前就是演一个吝啬鬼？一边喊着自己的大名一边说自己又小气又刻薄。这么做可以激发他的喜剧想象力。如果班尼演的是一个普普通通的好心人，给犹太人联合募捐协会写两张支票，请朋友吃饭，可能他就没那么好笑了。塞利纳号称自己是个冷漠，甚至有些不负责任的医生，但实际上行医时他工作勤恳，对病人也尽心尽责。但这就没有多大意思了。

《巴黎评论》：但这是有意思的啊。当一个好医生怎么会没意思？

罗斯：对于威廉·卡洛斯·威廉斯或许是有意思的，但对塞利纳并非如此。在新泽西的拉瑟福德，当一个疼爱妻子的丈夫、聪明的父亲、热忱的家庭医生，或许对塞利纳来说是值得赞赏的，对你——要说的话，甚至对我——来说也是如此，但他写作的活力来自于他通俗的语言和他将自己反叛的一面戏剧化（而他这一面其实是很可观的），于是那个属于伟大小说的塞利纳就被创造出来了，也是用类似的方式，杰克·班尼触碰了社会上的忌讳，将自己塑造成了一个吝啬鬼。作家也是一个表演者，他的这种伪装正好是他最擅长的而已，如果不能理解这一点就未免太幼稚了——当他戴上"第一人称单数"这个面具时尤为如此。在所有的面具中，可能第二自我最适合的就是这一张。有些人（很多人）可能会装得更可爱些，有些则更讨厌。这无关紧要。文学不是心灵美的选美大赛。文学的力量来自于你在扮演另外一个角色时的说服力和冒险精神，观者相信与否才是衡量的标准。如果要向一个作家提问，不该问"为什么他品行如此拙劣"，而是要问"他靠佩戴这个面具获得了什么"。我并不欣赏热内将自己呈现出

---

① 杰克·本尼（1894—1974），美国电影喜剧演员，是一位犹太人。

的样子，就像我不欣赏贝克特所扮演的让人生厌的莫洛伊。我欣赏热内是因为他写了那些书，让我再也忘不掉热内这个人。丽贝卡·韦斯特在评论奥古斯丁的《忏悔录》时，说它主观上太真实了，客观上必然难有真实。我想热内和塞利纳用第一人称写的几部小说也是一样，还有科莱特，她的《枷锁》《流浪的女人》也是相同的道理。贡布罗维奇有一本小说叫《色》，里面他用真名作为一个角色出现——在某些极其可疑的事件中把自己牵涉进去，从而让它们在道德上的骇人之处更加鲜活，自然是一步妙招。另一个波兰人孔维茨基[①]在他最后两部小说《波兰综合征》和《小型末日》中，为了弥合他的读者与叙述之间的空隙，他引入了一个叫"孔维茨基"的人作为故事的中心人物。只是通过扮演自己，小说真实发生过的这个幻觉被加强了，不能再以"虚构"为名将它抛到一边。这些都可以用之前杰克·班尼的道理来解释。不过，这些努力都是带着个人目的的，这我应该无需特别指出了吧？对我来说，写作并不像鱼会游泳、鸟会飞翔一样，是自然而然就完成的事。它在某种刺激之下发生，有种特殊的紧迫感。通过反复的角色扮演，私人的危机转化为一种公开的"act"——这个词既指一个行为，也是一种表演。将你生命之中那些与你的道德感相抵触的特质像虹吸一样抽取出来，对你和你的读者来说，都是一种非常艰难的精神训练。你可能会觉得自己表演的已经不再是腹语或者模仿，而是吞剑。你有时候会太过为难自己，因为真的是在伸手去抓那些你触不到的，或者说是在你生命之外的东西。普通人都有该呈现什么、隐藏什么的本能，但是伪装者是不能放任自己去听从这些本能的。

《巴黎评论》：如果小说是一种伪装，那么你怎么看自传？比如，最后两本祖克曼小说当中父母的去世至关重要，这跟你自己父母的过世是什么关系呢？

罗斯：那你为什么不问一下盖博·沃勒克母亲的死和我父母过世之间

[①] 塔伏乌什·孔维茨基（1926—2015），波兰作家、电影导演。

的关系呢？那可是一九六二年我的那本小说《放任》的源头。或者问一问我发表的第一个短篇《下雪的那天》的核心——父亲的去世和葬礼，那是一九五五年登在《芝加哥评论》上的？还有《欲望教授》里面，卡兹凯尔斯旅店老板、凯普什母亲的死，这是小说的转折点。父母亡故的打击我很早就开始写了，比我自己父母的去世要早得多。小说家对那些没有发生在他们身上的事情和发生在他们身上的事情一样感兴趣。天真的人以为是赤裸裸的自白，我之前也提到，更可能是仿自传、假设的自传，或者是虚夸拔高的自传。我们听说过有人走进警察局自首，说的是自己从没犯过的罪行。那些虚假的坦白对于作家也一样有吸引力。小说家甚至很关心发生在其他人身上的事情，然后，就像所有的说谎者和诈骗犯一样，他把别人身上发生的跌宕起伏的、不堪回首的、不寒而栗的，或者光彩夺目的事情放在自己身上。祖克曼母亲的死，从种种具体细节到道德上的考量，其实和我母亲的死没有任何关系。我最好的朋友曾告诉我他母亲去世时遭受的痛苦，后来就一直留在我的脑海中，《解剖课》中祖克曼母亲去世最有意义的细节都是从那里找来的。说到那个在迈阿密海滩上替祖克曼宽解丧母之痛的黑人清洁女工，她的原型是我几个旧友在费城的管家，这位女士我有十年没有见过，而且我的家人她也只见过我。我一直很着迷于她说话的独特风味，既然有了合适的时机，我就用上了；但她所说的话都是我创造的。这个佛罗里达八十三岁的黑人清洁女工，c'est moi[①]。

你也很明白，关于传记的问题，那其实也是文学评论的问题，最有意思的不是作者写了哪些发生在他自己身上的事情，而是他是如何写的，当你真正懂得他为何这样写时，对你了解他为何写也极有裨益。一个更有意思的问题是：他身上没有发生过的事情他为什么要写和是怎么写的——他是如何将假设和想象倾注到由回忆所激发和控制的部分，而回忆又是如何生发幻想。我顺便建议，要问《被释放的祖克曼》作为高潮的父亲之死和我自己生活的关联何在，可以找我的父亲，他住在新泽西的伊丽莎白。

---

① 法语：就是我。

我给你他的号码。

《巴黎评论》：那么你自己关于精神分析的体验和把精神分析用作一种文学策略之间的关系是什么？

罗斯：如果我没有接受过分析，《波特诺伊的怨诉》不会是我现在写成的样子，《我作为男人的一生》和《乳房》也会大不一样。而我本人也不会是现在的我。相对于我作为一个神经官能症患者，精神分析可能对我作为作家的帮助更大；虽然这两个身份未必就能这样划清。精神分析是我和成千上万困惑的人共同的经历，而对于作家来说，在私人领域中如此强大的一种体验，可以让他参与到自己的时代、自己的阶层，以及他身处的那个当下，这当然是非同小可的，但这也有一个前提，就是之后到了写作的诊室中，他能够将自己抽离出来，客观地、有想象力地重新审视那段体验。你必须要成为你医生的医生，即使只是为了写如何做一个病人，而后者无疑是《我作为男人的一生》部分的主题。之所以我会对病人感兴趣——在我接受分析之前四五年写《放任》的时候就有兴趣——是因为有那么多有才智的当代人接受了自己是病人，也接受了"心理疾病""治疗""恢复"那些概念。你刚刚在问的是艺术和人生的关系吧？它们之间的关系就像精神分析需要的大概八百个小时和看完《波特诺伊的怨诉》所用的大概八个小时之间的关系。生命很长，而艺术更短一些。

《巴黎评论》：能不能谈一谈你的婚姻？

罗斯：那是太久以前的事了，我已经不再相信我的记忆。而且《我作为男人的一生》让这个问题更加复杂，因为这本书在很多地方大幅偏离了我当时糟糕的处境，所以现在要我在二十五年之后，把一九七四年的虚构和一九五九年的事实分开，确实有些为难。你还不如问问《裸者与死者》[①]的作者，他在菲律宾到底发生了什么。我只能这样说，那就是我的步兵生

[①] 诺曼·梅勒的处女作，战争小说，带有自传色彩，但其中大部分战斗场面作者并未参与。

涯，在多年没有拿到我的"优异服务十字勋章"之后，我写了一部战争小说叫《我作为男人的一生》。

《巴黎评论》：现在回头看还会觉得痛苦吗？

罗斯：现在回顾我就觉得那些年很有趣——人到了五十岁经常会这样，思量起年轻时的大胆经历觉得已经久远得让人舒心了，虽然可能曾为之白白耗费了十年。当年我比起现在来可能更凶一些，有些人甚至说我让他们害怕，但当时要攻击我依然很容易。二十五岁的时候我们都很容易被攻击，只要对方找到我们那个巨大的命门。

《巴黎评论》：你的命门在哪里？

罗斯：哦，和所有自认为初露头角的文学天才都差不多。我的理想主义。我的浪漫倾向。我想要把"生活"变成粗体字的激情。我希望有些艰难、危险的事发生在我身上。我希望生活再难一些。行，我果然如愿了。我的出身是不起眼的，生活无趣，但相对来说还算幸福——我成长的三四十年代，纽瓦克那个区域就是一个犹太人的特雷霍特①——那里给了我野心和动力，但我也同时吸收了我那代美国犹太孩子的忧虑和恐惧。到二十出头的时候，我想证明给自己看，我再也不害怕那些东西了。这并没有错，虽然一通闹腾之后，我有三到四年实际上就是无法写作了。自从成为职业作家以来，最长一段没有作品出版的时间就是一九六二年到一九六七年间。离婚之后的赡养费以及反复出现的诉讼费用吸干了所有我靠写作和教书能够挣到的钱；我还没到三十岁的时候，已经欠了我的好友和编辑乔·福克斯好几千美金。那些贷款就是用来支付精神分析的；我当时只是因为一段没有孩子的为期两年的婚姻就引发了那么巨额的赡养费和诉讼费用，要是没有心理辅导我可能就出去杀人了。那时反复纠缠我的一个画面是一列转到错误轨道的列车。在我二十出头那几年，可以算是一帆

---

① 西奥多·德莱赛的出生地。

风顺的——从不误点，停站时间都很短，终点明确；可突然我发现自己跑在了一条错误的轨道上，高速朝荒山野岭冲去。我就问自己："你怎么才能把这玩意儿弄回到正确的轨道上去呢？"结果就是，你不能。这么多年来，夜阑人静之时，我还是会为自己突然停靠在一个莫名其妙的站头而吃惊。

《巴黎评论》：但没有回到原来那条轨道上看来是大好事啊。

罗斯：约翰·贝里曼①说，对于作家来说，没有将他置于死地的折磨都棒极了。事实上他最终就是被那份折磨杀死的，但这并不能说明他的这句话没有道理。

《巴黎评论》：你怎么看女权主义，特别是女权主义对你的攻击？

罗斯：什么攻击？

《巴黎评论》：这些攻击的重点在于，你对女性角色的处理某种程度上都很冷漠，比如《当她是个好女人的时候》里的露西·尼尔森，呈现她的时候就似乎带着敌意。

罗斯：不要把那些上升为"女权主义"的攻击。那些只不过是愚蠢的解读罢了。露西·尼尔森是一个愤怒的少女，她想要一个体面的人生。小说呈现她比周围的世界更优秀，而且她也知道这一点。反对她、阻碍她的这些男人都是一些让很多女人厌恶的典型。她要保护一个消极无助的母亲，后者的脆弱快要把她逼疯了。这本书问世几年之后，露西所控诉的美国中产阶级的某些方面恰好正是那些激烈派女权主义者眼中的仇敌——露西的态度甚至可以看作是尚未成熟的女权怒火。《当她是个好女人的时候》刻画了露西想要从极度的失望挣脱出来，而这种失望的源头是一个女儿对

---

① 约翰·贝里曼（1914—1972），美国诗人，与西尔维娅·普拉斯、罗伯特·洛威尔同为自白派诗歌的代表人物，57岁时投河自尽。

不负责任父亲的失望。它刻画的是她对真实父亲的憎恶，以及对一个假想父亲的向往。如果要争辩说一个醉鬼、懦夫、罪犯的女儿心中不会有这样强烈的失落、鄙夷和羞辱，那是彻头彻尾的愚蠢，如果这就是所谓的"女权主义"攻击，那就更蠢了。而且露西还嫁给了一个对母亲言听计从的男人，她对丈夫的无能和专业上的无知也很憎恶。难道我们活在一个婚姻中不再有憎恶的世界里吗？至少那些赚了大钱的离婚律师不是这样以为的，更不用提托马斯·哈代和居斯塔夫·福楼拜。顺便说一句，露西的父亲被呈现为一个醉鬼，小偷小摸，最后进了监狱，这是否"带着敌意"呢？露西的丈夫就是一个没长大的孩子，这是否"带着敌意"呢？那个想要毁了露西的叔叔，是否把他呈现为一个粗野残忍的人也是"带着敌意"呢？这个小说写的是一个受了伤的女儿，她有足够的理由为她生命中的那些男人而感到愤怒。如果认识到年轻的女子会被伤害、会感到愤怒也算是敌意的话，那这个人物的确是带着敌意刻画的。我敢说有不少女权主义者也可能被伤害并且感到愤怒的。你知道吗，现在难以启齿的私密已经不是性了，而变成了憎恶和愤怒。现在激烈的斥责已经成了禁忌。我们已经拥有陀思妥耶夫斯基一百年（弗洛伊德五十年），奇怪的是现在体面的人都不愿意承认自己有这些情绪了。这就像在过去的好日子里，大家也是这么看待口交的。"问我吗？从来没听说过。真恶心。"可说真的，探究一下这种所谓"敌意"的激烈情感就一定是"带着敌意"吗？《当她是个好女人的时候》不是为女权运动添砖加瓦的——这我不能否认。我在描绘这个年轻女子的愤怒的时候，并没有带着一句热忱的"正该如此"去肯定她，从而鼓舞平民百姓都行动起来。我检视的是愤怒的本质，还有伤口的深度。同样也考察愤怒对露西、也对所有人造成的后果。我很不愿自己来说，但这个人物的描绘是带着伤感的。这个伤感并不是那些带着同情心的书评人所谓的"同情"，我指的是你可以看到真正的愤怒是很痛苦的。

《巴黎评论》：但假设我换个角度去说，你书中几乎所有的女性角色都只是用来妨碍、帮助或者安慰男性角色的。她要么是做饭的、善解人意的、理智的、让人平静的,要么就是另外一种女人,危险的疯子,一个妨碍者。她们的出现都只是帮助或妨碍凯普什、祖克曼或者塔诺波尔,可能这种对女性的理解会被认为是有局限的。

罗斯:首先我们得承认,有些理智的女人正好会做饭,而有些危险的疯子也会做饭。所以做不做饭这件事我们就暂且先不考虑了。一个男人让自己和一个接一个用佳肴美馔填饱他的女子缔结情谊,这可以写成一部《奥勃洛摩夫》类型的伟大作品,只是我还没有写而已。你刚刚所说的"理智""平静""善解人意",如果有任何人配得上的话,《欲望教授》里的克莱尔·奥运顿必然是其中之一,凯普什在婚姻破裂多年之后依然和她保有联络,且不乏温情。好,如果你要用克莱尔·奥运顿的角度写一本小说,描绘这段关系,我一点儿意见也没有——我会对她的想法、态度很感兴趣——那为什么我从大卫·凯普什的角度写了一本小说你似乎颇有微词呢?

《巴黎评论》:从凯普什的视角去写一点问题也没有。但对有的读者来说,似乎不能认同克莱尔或者小说中的其他女士只是在那里帮助或者阻碍凯普什。

罗斯:我给你的只是凯普什在和这位年轻女士共同生活之时的体验,对此我丝毫没有掩饰。我的书成功与否并不看克莱尔·奥运顿的性格是否平静理智,而要看我是否能描绘平静或理智是什么样子的,是否能描绘当你的同伴大量拥有这些或其他优良品质时,会是怎样的情形,还有就是为什么一个人会渴望拥有同伴。当凯普什的前妻这个不速之客出现时,她也会受妒忌心的困扰,而且她也因为自己的出身而时常带着一种忧伤。她出现不是作为帮助凯普什的"手段"。她帮助凯普什,凯普什也帮助她。他们相爱了。凯普什之前娶了一个不好相处但激动人心的女子,在结束了这段他对付不了的婚姻之后,他爱上了一个理智、平静、善解人意的女子,这是克莱尔出现的原因。这不是大家常做的事情吗?可能比你更教条一点的人会说仅仅相爱,特别是如火如荼的爱恋,并不能成为男女之间建立长期关系的基础。只可惜，大家——甚至头脑敏捷、见识广博之人——就是这样做的，过去是这样，以后看样子他们也不准备停下来，我并没有兴趣告诉别人如何做才是为了全人类的福祉考虑，或者假装他们真的在做着造福人类的事；我写的是这些不像理论家一样一贯正确、通盘趋利避害的人们，他们在现实中究竟是如何行事的。而凯普什他处境的反讽之处在于，他已经找到了一个可以共同生活的这样一个平静、善解人意的女子，她有数不胜数的可贵品质，这时他发现自己对她的渴望正难以理喻地渐渐消失，意识到除非他遏止住激情不由自主的衰减，他生命中最美好的一部分也将离他而去。这也不是会发生的事吗？我听说这种渴望的消失见了鬼的一天到晚在发生，而且牵涉其中的人都觉得苦不堪言。你看，渴望的消失不是我发明的，激情的诱惑不是我发明的，理智的同伴、疯子，这些都不是我发明的。要是我笔下的男人对女性的感受不够正确，或者他们没有体会到所有可能的对女性的感受，或者他们的感受在一九九五年看起来已经不够正当了，那我致歉，但我的确要坚持，我对一个男人成为凯普什、波特诺伊——或者一个胸部——那种体验的描绘，其中有一星半点儿是真实的。

《巴黎评论》：为什么你没有在其他书中再次使用波特诺伊，就像凯普什和祖克曼那样？

罗斯：但我在其他书中用过波特诺伊了啊，《我们这一帮》和《伟大的美国小说》里就有。对我来说波特诺伊不是一个角色，他是一次爆炸，《波特诺伊的怨诉》之后我的爆炸并没有结束。我写完《波特诺伊的怨诉》之后写的第一个东西就是一个中篇，发表在特德·索罗塔洛夫的《美国评论》上，叫作《在空中》。约翰·厄普代克不久之前也在这边，一次晚餐时他问我："这个故事你怎么一直没有重印？"我说："这个故事太恶心了。"约翰笑了起来，说："没错，这个故事的确恶心。"然后我还说了一句："我不知道我写这个故事的时候在想什么。"这句话某种程度上是对的——我也不想知道我当时在想什么；这个故事的意义就在于这份"不知道"。但我也的确知道。我在武器库里面看了看，发现还有一根炸药，我就想:"把引线点着了看看会怎样吧。"当时我想做的就是继续引爆自己。他们教授文学课的时候会说这是作家在改变自己的风格。我当时炸毁了很多过去信奉和禁忌的事情,不管是文学上的还是个人的。我想这也是为什么《波特诺伊的怨诉》出版后有那么多犹太人觉得愤恨。他们也不是从来没听说过小孩会手淫,或者不知道家人之间还会吵架,而是他们觉得像我这种附庸于那么多体面的机构、有那么多正经资质的人——所谓有那么"严肃的人生志向",他们也控制不了了,那一定出了问题。归根结底,我不是艾比·霍夫曼[1]或者莱尼·布鲁斯[2],我是一个在《评论》[3]杂志发过文章的大学教授。但当时在我看来,接下去要严肃对待的事情就是别再他妈那么严肃了。就像祖克曼提醒阿佩尔时候说的:"严肃有时候也可以跟任何不严肃的事情一样愚蠢。"

《巴黎评论》:你写《波特诺伊的怨诉》的时候是否也在故意挑起争执呢?

罗斯:争执在我还没找它之前,很早就找到我了。《再见,哥伦布》出来之后他们就再也没有放过我,在某些圈子里他们说这就是罗斯的《我的奋斗》。我和亚历山大·波特诺伊不一样,让我懂得小资道德观的并不是我的家庭,而是我离开家并且出版了我最早的那些短篇小说之后。我小时候的家庭环境更像祖克曼,而不是波特诺伊。当时也的确有些限制,但和后来我碰到的那些想让我闭嘴的"正宗犹太人"不能相比,后者的苛刻、狭隘,以及由羞耻驱动的排外情绪都是我之前见所未见的。波特诺伊家庭中的道德氛围,特别是其中压抑的部分,很大程度上是正宗犹太人社群对我处女作持续的声讨所赐。这本书的成功他们的功劳很大。

《巴黎评论》:你刚才谈了不少对于《波特诺伊的怨诉》的反对。那么

---

[1] 艾比·霍夫曼(1936—1989),美国社会活动家,嬉皮士运动代表人物。
[2] 莱尼·布鲁斯(1925—1966),美国喜剧演员。
[3] 美国文化评论杂志,创立于1945年。与上文提及的《美国评论》并非同一刊物。

它所受到的认可——它所获得的巨大成功——对你产生了什么影响？

罗斯：它太成功了，这种疯狂程度我是完全应付不了的，所以我就撤了。小说出版的几个星期之后，我在纽新港务局客运总站登上了一辆开往萨拉托加温泉的客车，躲进了雅杜花园。我在这个作家的聚居之所待了三个月。这正是祖克曼在《卡诺夫斯基》出版之后应该做的事情——可是他没有走，这个蠢蛋，你看到了那会是什么后果。相比于阿尔文·佩普勒，他应该会更喜欢雅杜的。不过让他留在曼哈顿让《被释放的祖克曼》更好笑，但我没有待在那里也让我活得更容易了一些。

《巴黎评论》：你讨厌纽约吗？

罗斯：我是从一九六二年直到《波特诺伊的怨诉》出版之后搬到乡下去的；但我不会把我在纽约的时光跟任何东西交换。从某种意义上来说，纽约给了我《波特诺伊的怨诉》。当我住在爱荷华城或者在普林斯顿教书的时候，从来没有感觉像六十年代在纽约时那么自由，不论是在纸上还是和朋友在一起，我都尽情地投入到我的喜剧表演中去。当时和纽约的朋友们有过很多喧闹的夜晚，在精神分析中有过很多完全无羞无耻的谈话，肯尼迪被刺之后的几年中那个城市本身就有种戏剧化的舞台感——这些都给了我灵感去尝试一种新的声音，那是第四种声音，比《再见，哥伦布》《放任》《当她是个好女人的时候》更不书面化。当时对越战的反对之声也起到了同样的作用。每一本书背后都有这样一些读者看不见的东西，表面上毫无联系，但却释放了作者最初的冲动。我想到的是当时空气中的那种愤怒和反叛，周围随处可见活生生的例子向我展示愤怒的违抗和歇斯底里的反对。这给我自己的表演提供了不少想法。

《巴黎评论》：你觉得自己也属于六十年代的那股潮流吗？

罗斯：我感受到周围生活的一种力量。我认为那是我孩童时期之后第一次完全感受到某个特定的地点——当然，我指的就是那时候的纽约。同时，我也和其他人一样，从美国丰富的公共生活以及在越南发生的事情中受到了一次震撼的教育，学到了道德上、政治上、文化上有很多不同的可能性。

《巴黎评论》：可是你一九六〇年在《评论》发表了一篇很有名的文章，叫作《美国小说创作》，表示美国的知识分子和愿意思考的人觉得他们好像并没有生活在自己的土地上，而是居住在一个不能参与公共生活的国家里。

罗斯：好吧，那就是一九六〇年和一九六八年的区别了。另外在《评论》上发表的文章自然也不一样。在美国社会被孤立，觉得它的快乐和关心的问题和自己格格不入——这是五十年代像我这样的年轻人的体会。这个姿态完全没有什么好丢人的，在我看来，这个态度形成是因为我们的文学企图和现代主义的激情，也是追慕崇高的第二代移民与战后第一次媒体垃圾喷涌之间的冲突。我们当时哪里想得到，当初我们就曾抗拒的粗鄙和无知后来居然会像加缪笔下的鼠疫一样荼毒这个国家。要是在艾森豪威尔的年代里一个讽刺作家写了一部未来小说，想象里根当上了总统，这部作品会被斥责为一次粗俗、可耻、幼稚、反美的小聪明；可实际上他作为一个瞭望警戒员却真正做到了先知先觉，这也是奥威尔失手的地方：他会看到英语世界所遭受的光怪陆离之灾并不是东方集权压迫噩梦的西渐，而是西方愚蠢媒体和无德商业化的这场闹剧的遍地开花——美国式反文化的横行。屏幕上并不是"老大哥"在监视我们，而是我们正在看着一个强大到令人恐惧的世界领袖，他有着一颗肥皂剧里热心老奶奶的灵魂，价值观属于一个尚存人文关怀的贝弗利山凯迪拉克倒卖手，而在历史和思辨素养上，他像一个琼·阿利森音乐剧里的高中生。

《巴黎评论》：之后在七十年代你怎么样了？当时美国发生的事情对像你那样生活的人还有影响吗？

罗斯：我得先想起来我当时写的是什么书，才能记得我当时发生的事情——虽然我发生的事情基本上也就是我手头上的那本书。一九七三年尼克松来了又走了,而在他来来去去的时候我正在被《我作为男人的一生》逼疯。从某个角度来说,我从一九六四年开始断断续续都在写那本书。我一直在找一个恶心的场景,安排莫琳从一个穷困的黑人女子那里买一份尿样,让塔诺波尔误以为自己让她怀孕了。一开始这个桥段我本打算用在《当她是个好女人的时候》,不过露西和罗伊在利伯蒂森特完全没法发生这样的事。然后我又考虑能不能放进《波特诺伊的怨诉》,但对于那样的喜剧来说这个情节又过于恶毒了。我写了一箱又一箱的草稿,最终它们变成了《我作为男人的一生》——所谓"最终",是我终于意识到我的解决方案就在那个我无法克服的问题中:这部小说的核心并不是那个恶心的事件本身,而在于我无法找到它合适的场景。我没有写作的时候,"水门事件"给我的生活增添了一些趣味,但是每天早上九点到下午五点我没有想太多关于尼克松和越南的事情,我一直在试图解决这本书的问题。当我觉得这问题不可能解决之后,我停下来写了一本《我们那一帮》;我又试了一次,发现还是不行,我又停下来写了那本关于棒球的书;那本棒球书快完成的时候,我停下来写了《乳房》。我似乎是一路爆破,炸开一条通往那本我写不出来的小说的隧道。这些书每一本的确都是一次爆破,为下一本书扫清障碍。不过其实你从头到尾写的就是一本书。晚上你睡觉做了六个梦。但那真的是六个梦吗?前一个梦预演或者暗示了后一个梦,或者用某种方式将没有做完整的梦终结。然后是下一个梦,它矫正着前一个梦——是替代物,是解药——它可以扩展、嘲笑、抵牾,或只是试着将之前的梦做对。这种事情你可以整夜都不断尝试。

《巴黎评论》:《波特诺伊的怨诉》之后你离开纽约,住到了乡下。那里的生活如何?很明显你把它作为材料用到了《鬼作家》之中。

罗斯:要不是我自己浅尝了一口伦诺夫那三十五年乡村生活的美妙滋味,恐怕我不会对描写一个隐居的作家感兴趣。我需要一些坚实的基础才能发挥想象。但乡居人生除了让我感受到了一点儿伦诺夫这样的生活方式之外,并没有给我其他什么主题。或许它永远也不会,那我赶快溜走就行了。只可惜我很喜欢住在乡下，也不能所有事情都把是否对写作有益作为判断标准。

《巴黎评论》：那么英格兰呢？你每年都要到这里来住一段时间，这是否也可能成为小说的源泉呢？

罗斯：那你得二十年之后再来问我。艾萨克·辛格就是用了这么长的时间才清除掉足够多的波兰，吸纳了足够多的美国，才开始作为一个作家一点点发现和描绘他的那些上百老汇咖啡厅。当你不知道一个国家在幻想中的生活是怎么样的，那你写关于它的小说最多不过是形容它的布景、人物外形，等等。当我看到一个国家的梦幻显现出来的时候，的确能点滴传递一些讯息，比如像在剧院中，在选举中，在福克兰岛危机中，但我实际上并不懂得这里人对这些事真正的感受是什么。我很难理解这些人是谁，即使他们告诉了我，我也不知道这是他们的性情使然，还是因为我的身份。我不知道他们在扮演谁，即使我分辨出了真相和伪装，我也不容易看出两者重合在哪里。我的观察也因为语言相通而变得有些朦胧。你看，有的时候是我认为我听懂了，但实际上我并没有懂。最糟糕的是这里完全找不到我讨厌的东西。没有文化上的怨愤，听不到自己的声音选择立场、发表意见、复述所有不公之事，实在让人舒心！的确是一大乐事——但对于写作来说并没有好处。这里没有要把我逼疯的事情，但写作的人一定要快被逼疯的时候才能看得清楚。写作的人需要他的毒药，而用来解毒的很多时候是一本书。如果我必须留下来，出于某种原因被禁止回到美国，如果我的立身处世和个人幸福突然和英格兰永远捆绑在一起，这样的话，把人逼疯或者意义深远的事情会开始明晰起来，也可以说，到大概二〇〇五年，或者二〇一〇年，我会慢慢停止写纽瓦克的故事，而是把场景设在肯辛顿公园路一个红酒吧的酒桌上。主人公变成了一个上了年纪的背井离乡的作家，他手上也换成了《先驱论坛报》，而不再是《犹太先锋日报》。

《巴黎评论》："最近的这三本书，"祖克曼三部曲"，里面似乎又重新纠缠于犹太身份，以及对犹太人的批判。在你看来为什么这几本书又如此明显地回到了过去的主题呢？

罗斯：七十年代早期，我开始经常造访捷克斯洛伐克。每年春天我都去布拉格，都会接受一点关于政治压力的速成教育。我之前亲身认知的压力都更温和，也更隐蔽——往往是一种性生理心理上的束缚或者社会生活的限制。对我个人来说，我对反犹迫害并没有什么体验，反而是对犹太人压迫犹太人感受更深，当然这后一种压迫也是由反犹的历史造成的。波特诺伊，你应该记得，就认为自己是这样一个遵从犹太传统的犹太人。不管怎样，我越发意识到对于一个作家来说，在布拉格和在自由放纵的纽约生活是多么不同。于是在最初的犹疑之后，我决定关注那个我最熟悉的世界中，艺术家的生活有哪些出乎预料的后果。我知道亨利·詹姆斯、托马斯·曼、詹姆斯·乔伊斯已经写过不少关于艺术家的精妙、传世的短篇和长篇，但我没有读到有谁写过在美国把艺术作为一门事业会变成怎样的喜剧。托马斯·沃尔夫处理这个主题的时候他带着一种喜不自胜的狂热。而祖克曼困扰于犹太身份，以及对犹太人的批判，是放在了他作为一位美国作家的滑稽经历这个背景之下：逐出家门，被自己的读者疏远，最后心力不济。像我的这几本书，它的犹太特质并不在它的主题之中。谈论犹太人是怎么样的几乎完全提不起我的兴趣。要说是什么让比如说《解剖课》这样一本小说成为所谓"犹太书"，大概是某种气质：紧张、易激动、喜争执、戏剧化、常义愤填膺、过于执着、过于敏感、装腔作势——而比这些更重要的，是爱说话。里面全是说话和喊叫。你知道，犹太人开了口都停不下来的。看一本书是不是一本"犹太书"，并不是看他聊了什么，而是你没法让它闭嘴。它会缠着你，不让你走，和你过于亲密。"你听着，你听着——我才说了一半啊！"当我打破祖克曼的下巴的时候，是很有道理的。对于一个犹太人来说，下巴坏了是个惨剧。正是为了避免这件事我们之中才有这么多人选择了讲台而不是拳击台。

《巴黎评论》：米尔顿·阿佩尔这个善良的、追求崇高的犹太人在祖克曼年轻时曾是他的心灵导师，为什么到了《解剖课》之中就成了一个挨揍的沙袋了呢？祖克曼为什么要将他去神圣化？

罗斯：如果这本书不是我写的，而是把"作者罗斯"这个身份分派给另一个人，那么很可能我那个化身就是他的米尔顿·阿佩尔。

《巴黎评论》：祖克曼对米尔顿·阿佩尔的愤怒是否表达了你自己的某种愧疚？

罗斯：愧疚？完全没有。事实上，早先有一稿，祖克曼和他年轻的女朋友戴安娜就阿佩尔这件事起了争执，他们的立场和后来正好反了过来。戴安娜涉世未深，还很好斗，跟祖克曼说："为什么他让你往东你不敢往西？为什么你要这么温顺地受这份气？"祖克曼更年长一些，劝她："别胡闹了，亲爱的，冷静一点儿，他无关紧要。"这一幕是带着自传意味的，但作为小说读来毫无生命可言。虽然我自己在这个问题上早已心平气和，但我必须把愤怒灌输到那个主人公身上去。在忠实于真实生活的时候，其实我是在避重就轻。所以我就转换了这两人的立场，让这个二十岁的大学女生告诉祖克曼要成熟一点儿，把耍小孩脾气这件事分配给了祖克曼。这样更有意思。要是祖克曼像我本人这样无比理智，那我就没法写了。

《巴黎评论》：所以你的主角一定要很气愤，或者身陷困境，或者抱怨个不停吗？

罗斯：我的主角一定要处在一种鲜活的身份转换，或是颠覆性的错位之中。"我不是我，我是——如果非要描述的话——那个我不是的人。"总之再说下去也就是那套老生常谈了。

《巴黎评论》：当你从第三人称转到第一人称的话，是很自觉的吗？

罗斯：这不是自觉或不自觉的问题——它是一种顺其自然。

《巴黎评论》：但是对于写作者来说，第三人称和第一人称感受上有什

187

么不同？

罗斯：那么当你调整显微镜焦距的时候是什么感受呢？一切都取决于你要把被观测的对象拉到离你肉眼多近的地方，或者推到多远。取决于你要放大的是什么，放大多少倍。

《巴黎评论》：不过当你用第三人称去写祖克曼的时候，是不是用某种方式解放了自己？

罗斯：有些话祖克曼自己说出来会不合适，那就由我来替他说，只在这个意义上，我解放了自己。用第一人称的话，可能会丢失那层反讽或者滑稽；或者我可以给他加一份庄重，要是人物自己开口会显得突兀。在同一个叙述中人称的转换也是决定读者道德视角的方式。我们平常对话时也会做类似的事情，在谈论自己的时候用的却是不定代词"一个人"。当你说"一个人如何如何"时，所表达的意思和说话之人的关系就更松弛。你看，有时候是让他自己说更有效，有时候是谈论他更有效；有时候间接地叙述更有效，有时候也未必是这样。《鬼作家》是第一人称，大概是因为它描述的是一个祖克曼在自身之外发现的世界，这是一本关于年轻的探索者的书。他年岁增长，添加了伤痕，也就对他人更冷漠，所以我也要站得更远一些。《解剖课》里面他的自我中心危机在一段距离之外会看得更清楚。

《巴黎评论》：在写作的时候你会指引自己去注意区分对话和叙述吗？

罗斯：我不会"指引"自己。我只是会捕捉那些最有生命力的可能性。对话和叙述之间的平衡并不是一定的。你只是选择那种最有活力的写法。两千页的叙述和六行对话可能对一个作家是正解，而两千页的对话加六行叙述可能是恰好适合另一个作家。

《巴黎评论》：有没有把一大段对话变成叙述，或者反过来的情况？

罗斯：当然，《鬼作家》中安妮·弗兰克那段就是这样。之前怎么写都不对。我开始使用第三人称是对材料感到某种敬畏。我用了一种宏大的挽歌式的语调叙述安妮·弗兰克如何生还，然后来到美国。创作初期不清楚自己应该如何写下去，就照着叙述圣人生平的正统方式来。那种语调和圣徒传记是很相称的。安妮·弗兰克在我的故事没有收获什么新的内涵，反而是我在利用每个人想到她时会引发的老套情绪。即使是优秀的演员在排演舞台剧的最初几个星期有时也会这样做——倾向于更传统的表达方式，一边墨守成规一边焦躁地等着一些真实的东西确立起来。我当时的困境回过头去看就显得很诡异，因为我所屈从的对象正是祖克曼所要反抗的——官方认可的最慰藉人心的传说。这么跟你说吧，要是我把那套空洞的写法留在了书里，后来那些抱怨《鬼作家》玷污了安妮·弗兰克的人连眼睛都不会眨一下。那样也不算写得多差；甚至还会有几个人去引用我呢，但我自己不会恭喜自己写出了什么好东西。讲一个犹太故事的困难之处——如何讲？用什么语调？对谁讲？有什么目的？还是根本不该讲？——最后成了《鬼作家》的主题。但在它成为主题之前，显然作者先要吃些苦头。这种艰辛是在变数很多的创作初期作者懵懂之间施加在作品之上的，正是这种艰辛赋予了一本书的精神生命，至少我的写作是这样。《鬼作家》的折磨正是之前所描述的，我结束这场折磨是把这一部分整个用第三人称改写——让艾米·贝莱特来讲安妮·弗兰克的故事。受害者自己是不会用《时间进行曲》①那种新闻播音式的腔调来讲述自己的苦难的。至少在那本《日记》中没有，那换成真人来表述就更不会了。我并不想让这一段以第一人称自述的形式出现，但我知道，那个可怕的腔调是我的，而不是她的，只要用第一人称过滤一遍大概就能消除。后来果然如此。那种深情的韵律，勉强的情绪，庄严的、古旧的、过于戏剧化的用词——靠艾米·贝莱特帮忙，全被我清理干净了。接下来我几乎没费多少心思又把它重新改写回了第三人称，然后我就可以着力加工打磨它了——把它写成

---

① 美国1931年至1945年期间的广播节目，并以此为基础发展成1935年至1951年在影院播放的纪录短片。两者形式相仿，都是以时事为基础的新闻播报和情景再现的表演。

小说，而不是颂歌或者狂想曲。

《巴黎评论》：你觉得你作为一个作家对文化环境产生了怎样的影响？

罗斯：完全没有影响。要是我照着刚入大学时的打算成了一个律师，我看不出来文化会因此有什么损失。

《巴黎评论》：这句话背后是愤懑还是庆幸？

罗斯：都没有。这就是生活的现实。在一个要求绝对言论自由的巨大的商业社会里，文化就是无底洞。最近，第一个美国小说家获得了国会颁发的特别金质奖章，表彰他"对国家做出的贡献"，这个小说家是路易士·拉莫①。总统在白宫给他颁了奖。除了我们，世界上只有一个政府会把最高荣誉颁给这样一个作家，那就是苏联。幸好美国是里根而不是柏拉图的共和国，除了他们那些愚蠢奖章，对文化是不管不问的。当然我们这样的更可取得多。只要那些管事的人一直把奖章颁给路易士·拉莫，其他事一概不理，那就什么问题也没有。我第一次去捷克斯洛伐克的时候，突然想到，在我生活的社会里，对于一个作家来说，什么都可以写，写什么都无关紧要，然而对于那些我在布拉格遇到的捷克作家来说，什么都不能写，但写出的每一句都至关重要。这不是说我想和他们交换。我甚至不羡慕他们似乎更有价值、更严肃的主题。东方那些生死攸关的严肃的事情在西方变得琐碎轻佻本身就是一个主题，于是精微的想象力才能转化成引人入胜的有力小说。写一本严肃的书，但它的严肃不靠标识性的修辞或主题的沉重来表明，这本身就是一个值得佩服的目标。有些心灵上的困境并非一听即知是骇人或可怖的，它不会引发所有人的同情，也没有出现在一个重大的历史舞台上，比不上二十世纪所见证的最深重的苦难，要把这种困境写好——好吧，这个任务就落到了那些什么都可以写、写什么都无关紧

---

① 路易士·拉莫（1908—1988），美国小说家，一生创作近九十部长篇小说和十多部短篇小说集。

要的作家头上。我最近听到评论家乔治·斯坦纳在英语电视上宣称当代西方文学毫无可取之处，一文不值，而对人类灵魂的伟大记录，那些杰作，只能产生于像捷克斯洛伐克这样的政权中。于是我便想不通为什么所有我在捷克斯洛伐克认识的作家……他们怎么就不能像斯坦纳那样明白这是他们写出伟大作品的好机会呢？一种群体性的文学如果封闭得太久，将无一例外变得狭隘、落后，甚至幼稚，尽管他们有丰富的经历可以提供素材。相较之下，我们在这里的创作至少没有丧失真实性。除了乔治·斯坦纳之外，我没有听过任何一个西方的作家对苦难——和"杰作"——会有这样浮夸做作和感情用事的幻觉，所以他虽然是从铁幕之后生还，但却因为没有与那样可怕的智识和文学环境搏斗而认为自己贬值了。如果要在两者之间做出选择，一边是路易士·拉莫、我们的文学自由，和我们国家庞杂、活泼的文学，一边是索尔仁尼琴、文化荒漠和难以承受的压迫，那就给我拉莫好了。

《巴黎评论》：但是你不觉得作家在美国很无力吗？

罗斯：写小说并不是一条通往力量的道路。我不相信在我所处的社会中，除了五六个作家之外，因为读了小说而发生什么显著的改变；那五六个人的小说，自然了，肯定受到其他小说家的重大影响。这种事情在我看来不可能发生在一个普通读者的身上，我也不期待它会发生。

《巴黎评论》：那小说的作用是什么呢？

罗斯：对于普通读者来说吗？小说只是让读者有些东西可以读。最好的情况是作家改变了读者的阅读方式。这对于我来说是唯一现实的期待。同时对于我来说也足够了。阅读小说是一种深层的独一无二的快乐，它是一种让参与者全情投入的神秘的人类活动，不需要任何附加的精神或政治理由——和做爱一样。

《巴黎评论》：但是会不会引起其他的余波呢？

罗斯：你之前问的是我的小说有没有对文化带来什么改变，我的回答是没有。当然，有一些愤慨的回声，但任何事总有人会感到愤慨的，这完全不能说明什么。如果你问的是我是否想要我的小说给文化带去什么改变，我的回答依然是不想。我想要的是读者在读我的小说的时候能完全沉浸其中——如果可以的话，我希望用和其他作家不同的方式让他们沉浸于小说中。然后再原封不动地放他们回到那个所有人都在努力改变、说服、引诱、控制其他人的世界中。最好的读者来到小说中是为了避开所有那些噪声，他们原本那个被小说以外种种因素所塑造和约束的意识能在小说中松绑。每一个曾经爱上书本的孩子都立马会理解我所描绘的体验，虽然阅读的重要性绝不仅仅是个孩子气的判断。

《巴黎评论》：最后一个问题。你会怎样形容自己？和你那些生机勃勃、不断变换自己的偶像相比，你觉得你是怎样的一个人？

罗斯：我是一个很生机勃勃地努力着，想要把自己从自己变换成他那些生机勃勃、不断变换自己的偶像的人。我也是那个一天到晚在写作的人。

（原载《巴黎评论》第九十三期，一九八四年秋季号）

约翰·欧文

◎唐 江/译

约翰·欧文在其宽敞、豪华的曼哈顿公寓的里屋接受了采访,不过这间里屋有些逼仄。门上挂着一根跳绳,地上放了一只沉甸甸、"总是碍手碍脚"的杠铃,窗边是一辆健身自行车,欧文不去私人健身俱乐部健身,也不去中央公园慢跑的日子里,就拿它锻炼身体。他用一台蓝色IBM打字机写作,打字机上方陈列着他儿子参加预科学校摔跤比赛的彩照,还有他本人当年参加预科学校和大学摔跤比赛的黑白照片。高大的书柜里放了不少书,其中有他的小说十五种语言的译本。

采访当天,他穿了身粗花呢外套、绿方格法兰绒衬衫、蓝色牛仔裤和跑鞋。欧文是个精力充沛、体格健壮的人,棕色的头发日渐花白。他大约有五英尺八英寸高,体重只比多年前摔跤时的一百三十六点五磅重了二十五磅。欧文是个说故事好手,也是一位不吝赐教的老师;听到问题之后,他会停下,思索好长一段时间,看起来,仿佛他的思绪已经陷入停滞,不过一旦经过深思熟虑,想好了如何作答,他就会用温文尔雅的新英格兰口音,给出详尽的回答。

——罗恩·汉森,一九八六年

《巴黎评论》:你今年才四十四岁,就已经出版了六本大部头的长篇力

4. THE LITTLE LORD JESUS

The first Christmas following my mother's death was the first Christmas I didn't spend in Sawyer's Depot. My grandmother told Aunt Martha and Uncle Alfred that if the family were altogether, my mother's absence would be too apparent -- if Dan and Grandmother and I were alone in Gravesend, and if the Eastmans were alone in Sawyer's Depot, my grandmother argued that we would all miss each other; then, she reasoned, we wouldn't miss my mother so much. Ever since The Christmas of '53, I have felt that the yuletide in America is a special hell for those families who have suffered any loss or who must admit to any imperfection; the so-called spirit of giving can be as greedy as receiving -- Christmas is our time to be aware of what we lack, of who's not home.

Dividing my time between my grandmother's house on 80 Front Street and the abandoned dormitory where Dan had his little apartment also gave me my first impressions of Gravesend Academy at Christmas, when all the boarders & had gone home. The bleak brick and stone, the ivy frosted with snow, the dormitories and classroom buildings with their windows all equally closed -- with a penitentiary sameness -- gave the campus the aura of a prison enduring a hunger strike; and without the students hurrying on the quadrangle paths, the bare, bone-colored birches stood out in black-and-white against the snow, like charcoal drawings of themselves, or skeletons of The alumni.

The ringing of the chapel bell, and the bell for class-hours, was suspended; and so my mother's absence was underlined by the absence of Gravesend's most routine music, the academy chimes I'd taken for granted -- until I couldn't hear them. There was only the solemn, hourly bonging of the great clock in the bell-tower of Hurd's Church; especially on the most brittle-cold days of December, and against the landscape of old snow -- thawed and refrozen to the silver-gray sheen of a pearl -- the clock-bell of Hurd Church tolled the 5 like a death knell.

约翰·欧文正在写作中的长篇小说《为欧文·米尼祈祷》的一页手稿

作，还发表了好些没有结集的随笔、短篇小说和访谈录。你是如何完成这么多工作的？

约翰·欧文：我不给自己安排休息时间，也不督促自己工作；我工作起来没有规律可循。我对写作欲罢不能，就像需要睡眠、运动、食物和性爱一样需要写作；我可以有一段时间停笔不写，不过随后，我就得写了。长篇小说就是这样，让人长年牵肠挂肚；我刚开始写一本书时，每天顶多写两三个小时。对新的长篇，我了解的内容有限，只够每天写两三个小时。然后，写到中间部分，我可以每天写八九个、十二个小时，一星期写满七天——如果我的孩子让我这样写的话；通常，他们是不会答应的。赚到足够的钱，让自己可以专职写作，由此带来的一大好处，就是我可以一天写上八九个、十二个小时了。我对自己不得不从事授课和做教练感到不满，并不是因为我不喜欢授课、做教练或摔跤，而是因为那样一来，我就没时间写作了。你让医生每天只当两小时的医生试试。每天在打字机旁边待八个小时，轻而易举；晚上读两小时的材料，也同样轻松。这是家常便饭。再往后，写到结尾部分，又会变成每天写两三个小时。收尾就像开头一样，需要精雕细琢。我写第一遍时，写得很快，重写时就很慢了。我用在重写上的时间，跟写初稿的时间差不多。我可以写得比阅读速度还快。

《巴黎评论》：你如何着手写一本书？

欧文：我一直等到自己知道的内容够多，才会动笔。我在E.P.达顿出版社的编辑——已故的亨利·罗宾斯，说这是我的"灌肠"理论：尽可能久地忍着不写，不开头，把货存起来。写历史小说的时候，这样做挺沾光的。就拿《将熊释放》和《苹果酒屋的规则》来说吧。在开始写这几本书之前，我得了解那么多事；我得搜集那么多资料，做那么多笔记，要看、见证、观察、研究——诸如此类，最后我开始动笔时，对后面将会发生什么，早已一清二楚。无论如何，这样做绝无坏处。我想要知道，一本书在讲完重大事件之后，会给读者留下怎样的感受。叙述者的表达——不管怎么说，也是我的表达——的权威性，源于事先对结果的通盘了解。要下不少苦功夫才行，真的。

《巴黎评论》：在你的创作过程中，有没有哪部小说发生了戏剧性的变化？

欧文：一路上，会有意外，会走弯路——最后你会发现，有些意外其实是最美妙的。但这些意外可不是"天赐的"，我不相信那一套。我相信，你在写长篇小说时，之所以会遇上有建设性的意外，原因就在于，你已经提前把路线规划清楚了。如果你确定自己走的方向没错，你就会胸有成竹地探索一些别的路线；如果事后来看，它们跑偏了，你自然会承认失误，再做一些必要的修订。你对一本书吃得越透，在信马由缰地偏离正轨时，就越能放开手脚。你了解得越少，就越是放不开手脚。

《巴黎评论》：就这些意外，你能否举个例子，稍加说明？

欧文：美洛妮就是这样一个意外。我知道，在《苹果酒屋的规则》里，她就是会让荷马·威尔士重返圣克劳兹孤儿院的重要人物；当然，起初，读者会以为，如果美洛妮找到荷马，会杀死他。在某种程度上，她是这样做了；她有能力在顷刻之间，让荷马成熟起来。不过她扼杀掉的，是他的这种错觉——自己正过着优越的生活。她是个有道德感的人，而不是毁灭性人物；如果她真想杀荷马，那她对他来说，毁灭性是够足的。她就是向他挑明他的生活既可鄙又平庸的那个人。她有这样做的说服力。我原先不确定她会怎么做，我是说，她找到他之后，具体会怎么做；后来我构思出她在荷马的卫生间里无疾而终的那股愤怒，她对他的物品做了特别的处置，做了些破坏。我构思出她用牙刷和剃须刀片自制的那件丑陋、吓人的武器；她把牙刷柄烫软，把刀片嵌进去；塑料变硬之后，她就有了一件致命武器。那一刻挺吓人，不过她把它留在了他的卫生间药橱里，他在偶然间割伤了自己。说是"偶然"，其实并非偶然；那东西是为了给他提个醒，让他知道，她本可以施展出什么样的暴力。这段构思就是个幸运的发现；把它写进去，效果恰到好处。

《巴黎评论》：除了《接受水疗的人》——你说你在写这部小说时，最初给它取名为《搞砸》(*Fucking Up*)——你似乎在构思之初，就已经知道你的长篇小说要叫什么名字了。在开始某个写作项目之前，确定行之有效的书名，这对你来说，是至关重要的吗？

欧文：书名是很重要；我在写书之前，会把书名提前想好。另外我也是先构思最后的章节，然后才构思出开头的章节。我通常从结局写起，有一种大局已定、尘埃落定、收尾的感觉。我喜欢故事情节，如果不事先知晓结局，又怎能构思长篇小说呢？如果你不知道一个人物结局如何，又怎能知道，该如何介绍这个人物呢？可以说，我是倒着进入长篇小说的。一本书结尾部分的所有重要发现，我都要在动笔写作之前预先了解。我知道，盖普的母亲会被一个盲目憎恨女人的蠢男人害死；我知道盖普会被一个盲目憎恨男人的蠢女人害死。我甚至不知道，他们当中谁会先遇害；我只能等着瞧，看看他们当中谁才是主人公。起初，我以为珍妮是主人公；但她太像个圣人，不适合做主人公——正如韦尔伯·拉奇太像大圣人，无法充当《苹果酒屋的规则》的主人公一样。与珍妮和拉奇医生相比，盖普和荷马·威尔士是品行有瑕疵的人，他们更软弱。他们才是主人公。演员们在说台词之前，对自己的结局如何——我是说，他们所扮演角色的结局如何——是心知肚明的。作家们对自己笔下人物的了解，起码也该像演员对角色的了解一样，不是吗？我认为理应如此。不过我是恐龙。

《巴黎评论》：此话怎讲？

欧文：我不是二十世纪小说家，我不是现代派，当然更不是后现代派。我沿袭的是十九世纪的小说形式；十九世纪是小说形式得以成型的世纪。我是个老派的说故事的人。既不是分析家，也不是知识分子。

《巴黎评论》：你对分析家和知识分子怎么看？你从他人对你的作品的批评中，学到过什么东西吗？评论会让你感到高兴或气愤吗，还是你很少

197

关注它们？

欧文：评论只对那些默默无闻的作家重要。在理想化的世界里，人们都应该知道，所有作家都不需要评论家。正如托马斯·曼所说："我们对褒扬的接受能力，与我们容易被卑鄙的蔑视和恶意的毁谤所伤害的程度大不相同。不论这样的毁谤是何等愚蠢，不论报私仇的动机是何等一目了然，作为一种敌意的表达，它对我们心神的占据，都要比褒扬来得深重和持久。当然，这样很傻，因为对任何强健的生物而言，敌人都是必不可少的伴生物，恰恰证实了前者的力量。"我有个朋友说，评论家就像文学犀牛的啄牛鸟——不过他说得很宽宏大量。啄牛鸟给犀牛带来益处，犀牛几乎注意不到啄牛鸟的存在。评论家们并未给作家带来什么益处，受到的关注却太多了。我喜欢科克托就评论家讲的一番话："留意你的作品收到的第一轮批评。注意评论家们不喜欢你的作品的哪个方面；或许这是你的作品中唯一富有原创性且有价值的东西。"

《巴黎评论》：可你本人也评论书。

欧文：我只写褒扬性的评论。小说作者最看重自己的小说，他作为读者，难免失之主观，所以不便写负面评论。再说，急于撰写负面评论的职业书评人已经够多了。如果我拿到一本要写评论的书，而我又不喜欢，我就把它退回去；我只评论我喜欢的书。所以我写的书评寥寥无几，其实都是赞歌式的，要么就是对某些作家的全部作品作连篇累牍的回顾性点评：比如约翰·契弗、库尔特·冯内古特和君特·格拉斯的作品。其次，我偶尔也向读者推介"年轻"作家，比如杰恩·安·菲利普斯（Jayne Anne Phillips）和克雷格·诺瓦（Craig Nova）。不写负面评论的理由还有一条：大人不应该读完他们不爱读的书。长大成人，不在家里住了，也用不着非把盘子里的东西吃完了。离开学校的一大报偿，就是你再也用不着读完自己不喜欢的书了。你要知道，如果我是个批评家，我也会既恼怒又恶毒；硬要让批评家读完他们不爱读的书，就会让可怜的批评家变得既恼怒又恶毒。搞批评是多傻的差事啊！这工作实在违背常情！这工作当然不适合成年人干。

《巴黎评论》：那"虚构"这件事呢？

欧文：当然。我做的事，讲故事，也挺幼稚的。我一直没能坚持记日记，也写不出回忆录。我试过；一开始，我写的是真有其事的事，回忆真实存在的人、亲朋好友。风景的细节相当不错，但这些人物不够有趣——他们彼此之间没有充分的互动；当然，让我感到不安和厌倦的，是故事情节的缺失。我的人生没有什么故事！后来，我发现自己在一件小事上做了夸张，只是少许的夸张；慢慢地，我的自传就变成谎言了。当然，谎言要有趣得多。我对自己杜撰的那部分故事更感兴趣，那部分故事说的是我从未有过的一位"亲戚"。再然后，我开始构思一部长篇小说；记日记这件事，最后就变成了这样。我向自己保证，一旦写完小说，我就重新开始记日记。然后，还会发生同样的事；谎言变得有意思得多——一向如此。

《巴黎评论》：读者能从你的作品中，体会到一个成年人在玩耍，一个天生的作家在自得其乐，这层意味在你早期的作品中尤为明显，不过在现在的作品中也能感觉得到。你现在写作时，还像当初在埃克塞特高中写故事时一样快乐吗？

欧文：我不能说，写作让我感到乐在其中。我写的故事让我感到悲哀，也有喜剧，但很大程度上还是让人难过。那些人物让我感到难过——就是说，如果故事情节不错的话。写长篇小说，其实就是寻找受害者的过程。在写作过程中，我不断地寻找受害者。故事情节会将受害者揭示出来。

《巴黎评论》：有人说，你写的是灾难小说。

欧文：这样的事不会发生？他们是这个意思吗？我写的当然是灾难小说。我们在这个星球上留下了灾难性的纪录，它记录下了愚蠢、荒谬、自我糟蹋、妄自尊大、自我欺骗、虚荣自负、自以为是、残忍、冷漠，人类的上述本领远远超过了其他任何物种。我受够了那些安然无恙、因循守旧到自鸣得意的人跟我说,我的作品古怪离奇,就因为他们已经在这个世界的混乱之中,找到了一小片安身之地——这些人因此就否认,这种混乱会殃及其他不幸的人。如果你有钱,你就可以说,世间不存在贫穷,不存在饥饿吗?如果你是个冷静、温和的人,你就可以说,除了在坏书和坏电影里,世间不存在暴力吗?我并未杜撰多少内容。真的。我其实不是个名副其实的创造家。我只是见证了不同寻常的新闻——它还是新闻,它还是正在发生的事情,只不过更突出,描述得更充分,因此你可以看得更清楚些。乔治·桑塔亚纳曾这样写道:"有人说狄更斯言过其实的时候,我只觉得,他们简直是视而不见,听而不闻。他们对人和事是什么样,或许只有模糊的看法;他们依循常规,按照表面价值来理解人与事。"

《巴黎评论》:至少有部分读者觉得,你从查尔斯·狄更斯、君特·格拉斯和库尔特·冯内古特那里获益良多。你如何看待他们给你的作品带来的助益?

欧文:嗯,没错,在某种程度上,可以说,他们都是我的作品之父。上流社会说他们是极端分子,但我认为他们说的是真话,说得没有错。作家们吸引我的地方,并非他们的风格。狄更斯、格拉斯、冯内古特的风格有什么共通之处?这问题多傻!吸引我的,是令他们愤怒、热情洋溢、愤慨、赞赏的事物,是令他们对人寄予同情的事物,还有令他们对人感到憎恶的事物。他们是情感跨度很大的作家。他们都为那些被社会(或被彼此)戕害的人感到不安,他们从中既感受到了喜剧性,也感受到了悲剧性。这一点是无法模仿的,你只能表示认同。

《巴黎评论》:你在维也纳的生活,对你成长为作家有何帮助?

欧文:与维也纳的历史共同生活,对我在自己的作品中探寻历史,给笔下的人物编造历史,把时间的推移看成是短暂的真实,都有帮助。我对维也纳的了解其实并不多,不过我在那儿学会了思考过去——思考我的过去、新英格兰的过去和自己笔下人物的过去。

《巴黎评论》：你研究过西格蒙德·弗洛伊德的心理学吗？你对他的理论有没有认同感？

欧文：我认为弗洛伊德是个了不起的小说家。句号。

《巴黎评论》：句号。

欧文：嗯，好吧——不光是这样。西格蒙德·弗洛伊德是一位拥有科学背景的小说家。只不过他不知道自己是小说家。所有那些追随他的该死心理学家，他们也不知道他是个小说家。他们把他的直觉认识变成了可怕的学问。人们说卡尔·荣格要好一些，但荣格不会写作！弗洛伊德是个很不错的作家！而且会讲故事！他那些理论，我并不怎么放在心上；它们有时管用，有时压根儿不对头，不过要是听到人们说，弗洛伊德在这件事或那件事上"犯了错"，我还是会哑然失笑。查尔斯·狄更斯在《雾都孤儿》中的费金身上"犯了错"吗？我说的也不是费金的犹太特质——我的意思是，他在费金这个人物身上怎么可能"犯错"？那是个多棒的人物啊！所以我喜欢读弗洛伊德，喜欢其中的细节、观察、人物和历史。其他内容嘛，还是见鬼去吧。

《巴黎评论》：你说，你的作品政治性越来越强。

欧文：你说得对，我说过我越来越关心政治。我知道，我说过这话。但其实并非如此。我是越来越关注社会；我在乎社会弊端，在乎这个时代和每个时代被人生动揭露的社会弊病。我对揭示恶行、不公、是非善恶很感兴趣。我在政治活动中表现活跃，引起了人们的注意。好吧，我是表现得挺活跃的。不过身为作家，我对确定政治立场的兴趣，不如对曝光腐败或恶行（通常是个人或团体所为，但也有可能是不公的法律，或者大众的冷漠）的兴趣那么大。像查尔斯·狄更斯一样，我相信社会是种调节性的力量，而且社会往往是种邪恶的力量，但我也相信刚正不阿的男人和女人。我读过一篇对我的作品提出批评的评论文章，文章的作者觉得，我还在写"好"人和"坏"人，未免可笑。这个人一直以来，是不是没在这个社会上生存过？他是不是什么都没见过？我倒不是说，他是不是没看过什么文学作品。我是说，一直以来，他是如何看待这个世界的呢？这个世界上有坏人，也有好人。很多恶形恶状是该由社会负责，但没有哪样东西能为所有的事负责。里根总统想让美国人民相信，是国内的自由主义者和国外的共产主义者，把这个世界变得如此糟糕。借着这个疯狂的主张，他还获得了不小的成功。马克思主义文学观令我不快。还有，女权主义者对堕胎的看法，就像天主教对这个问题的看法一样令人不快，但愿你不是天主教徒。

《巴黎评论》：你认为美国作家应该对政治考量多加重视吗？

欧文：不久前，我曾与君特·格拉斯共进晚餐。他是我心目中的大英雄。他说，他想让自己的小说保持纯粹，就是说，不受政治影响；但他不写小说的时候，他愿意在政治领域尽可能地表现活跃。这是一种不错的生活方式，不过也许，在这方面，西德小说家要比美国小说家成功得多。德国总理维利·勃兰特有这样的智慧——让格拉斯为他写东西。哪位美国政治家敢让一位美国小说家给自己写东西——让他写出真正的细节、真正的争议、真正的是非对错？我跟你说吧，如果库尔特·冯内古特当上总统，会胜过从我开始投票起、我们选出的任何一位总统。E.L.多克托罗也会干得不错。如果菲利普·罗斯志愿为一名总统候选人撰写竞选演讲稿，会发生什么事呢？我不相信，演讲稿变得更真实、更优美、更明智、更有人情味这一前景，会给政客们做出自食其言的政治"宣言"这一风气带来多少改变，如今，人们常把这种政治"宣言"与演说混为一谈。我不相信会有政客聘请菲利普·罗斯、威廉·斯泰伦、阿瑟·米勒，或者你叫得出名字的任何一位优秀作家。

《巴黎评论》：相对而言，美国小说家对国家政治漠不关心，你如何解释这一点?

欧文：我告诉格拉斯，在这个国家，作家不可能在政治领域大有作为。我们所做的，大体上还是参与大规模的抗议活动。我们宣扬种种理想；我们讲给我们的朋友听；我们讲给那些已经准备赞同我们的人听。我觉得，我们没什么影响力。我们在政治领域做了不少好事，这让我们在美国又有十分愚蠢而危险的事情发生时，自我感觉良好，认为自己并不属于糟糕的主流群体。我们自鸣得意地说"啊，我不属于那部分人"；或者"正如我在《国家》杂志上说的"；或者"正如我对斯坦福大学的学生所讲的"；或者"我在上《今日秀》的时候"（亮相两分钟）——诸如此类。我觉得，如果我们要在政治领域大有作为，只能不事声张地从小说着手。君特·格拉斯或许认为，他在德国拥有政治活动家的影响力，或许的确如此。他作为一位优秀小说家，当然有不可估量的影响力。但我们这些政治活跃分子在国内有什么影响力？我目睹的事让我感到恼火；越来越恼火。因此，我想把小说写成这样：能让读者对我们的社会视为理所当然的事，感到越来越不痛快。作家必须描写糟糕的事。当然，要描写糟糕的事，方法之一，就是用喜剧手法来写。萧伯纳承认，他的讽刺手法大多源于狄更斯，他说过，写作的要义在于找到一件真实的事，将它随随便便地夸大到昭然若揭的地步。我知道，写得昭然若揭，不怎么后现代，但作家在政治方面，一定要越来越昭然若揭才好。

《巴黎评论》：在政治方面？

欧文：也许我应该不再用"政治"这个词，只说社会观察是作家的本职就行了；当然，光是如实地观察这个社会，就已经很有"政治"意味了。我认为新英格兰作家和南方作家的社会观察有着共通之处：我们承认，美国是一个阶级社会。人们因为"品位"方面的问题而彼此意见不一，在彼此之间划定界限，这正是阶级社会的表现之一，正如财富和权力的差异也是阶级社会的表现一样。除了社会习俗，社会还有更多的内容；就是这些内容，把我们变得政治化。我们这些作家通过展现美国人之间的差异,也染上了政治色彩。只要我们还有欺骗我们的总统——比如像里根总统那样不负责任地运用语言的人,那么我们只要清清楚楚地运用语言,也会变得政治化。不过我厌倦了指责里根本人的行事方式;美国人民必须为这个人负责——是他们想让他当总统的,两次都选了他。从来没有人要求他承担责任。他对马科斯在菲律宾取得的"胜利"作出的第一反应,是建议阿基诺夫人"尊重民主进程",换言之,就是让她得体地接受自己的失败。面对那么多令人惶恐不安的证据,他居然说,双方阵营都有操纵选举的行为——这简直荒谬。不错,从某种意义上来讲,他这番话并不是说过就算;后来马科斯出局了。但五分钟之后,我们听到里根政府将此归功于菲律宾的"民主进程";美国人忘了此人糟糕的第一本能反应了吗?看起来,他们是忘了他说过什么话。这样的事令作家们备感困扰;如果美国人留意一下语言,我们就不会有这样不负责任的总统。有道是,语言无关紧要。但作家们把语言变得至关重要;我们精确地描述事物。你明白了吗?就连关注语言,都会变得"政治化"。

《巴黎评论》:你能描述一下你参与一九八四年总统竞选活动的经过吗?

欧文:我为沃尔特·蒙代尔和杰拉尔丁·费拉罗声援,为北卡罗来纳州、德克萨斯州、爱荷华州和密歇根州的那些与差劲候选人竞争的优秀候选人声援。在大学校园开展的竞选活动尤其让人沮丧。那些日夜性交的学生听众对于堕胎权的关注还不如我,他们想当然地认为,他们要堕胎的话,不会遇到任何困难。我比他们更在乎,他们这一代人会不会在中美洲,再迎来一场越战那样的战争——只不过,正如我告诉他们的,届时被派去送死的美国人中,不会有我这么个人,这些送死的人会从他们这一代当中产生。众多衣食无忧、确立了职业目标的年轻人,面带笑容,用那种"他在担心什么呢?"的表情望着我。有一次,我在新学院大学说起《苹果酒屋的规则》,听众当中有个"机灵鬼",冲我嚷嚷。当时的话题是流动工人,还有一九五〇年代末那个时代,当年,我曾与南方的黑人苹果采摘工一起在果园工作，我说，这些流动工人的状况跟当年相比，并没有多少改善，我从小就对那些穷人寄予深切的同情，我一直想尽可能忠实地写一写他们的状况。听众中的这个傻瓜喊道："这些流动工人会读吗？"他的两三个朋友举起拳头，吆喝着，帮腔赞扬："说得没错！"我不清楚他们究竟想表达什么观点，不过看起来，他们好像觉得，他们表达出了某种观点——有可能，那些流动工人不会读这本书，那又怎样？当然，如果你了解这本书，你就会知道，这正是我对流动工人所抱的观点之一：他们没有阅读能力！总之，我觉得这件事挺滑稽，既让人迷惑，也挺典型。

《巴黎评论》： 此话怎讲？

欧文： 人民对政治感到不满，他们认为，对政治局势或社会形势最没有帮助的，就是艺术家、作家和知识分子。一直以来，我们这个群体对这个国家没有多少帮助。每一届政府都认为我们傻乎乎的，没有什么价值，在大众媒体上，知识分子和艺术家总是被描述成全然不可靠、自私自利的人，描述成跟普通人全然无关的怪物、伪君子、软骨头。这是个问题，你同意吗？我对那些受到伤害的人怀有本能的同情，我只能这么说。我看到人们受到伤害，我把事情的经过描述出来。人们喜欢把自己视为受害者，或者爱听受害者的事情吗？以我的经验来看，答案是否定的。

《巴黎评论》： 也许没有哪位男作家像你一样，对通奸、强奸，还有如今的《苹果酒屋的规则》里的堕胎问题，给予如此的重视。对此你有什么要说的吗？

欧文： 多年来，我一直在写女性遭受的种种暴力。不法堕胎是女性遭受的暴力形式中，最假道学的一种。对女性施加的暴力，是这个国家最能接受的暴力形式。强奸依然怪有意思，老婆依然是最容易挨揍的人，打了之后也没什么大不了，这句老话也依然奏效：如果男人能怀孕，绝不会有人抱怨堕胎合法化。那些古板、自以为是的人，紧闭两眼，说我书里的女性遭受的所有暴力，是我为了赚钱才那样写的——就好像那些暴力仅仅存在于我的书里！还有一些人，认为女性遭受暴力，没什么大不了，他们认为我是个操闲心的人，或者是个撰写女权主义小册子的人。顺便说一句，就是那个声称《盖普眼中的世界》是女权主义小册子的傻瓜，又说《苹果酒屋的规则》是对女性的残酷虐待。他是说，我改变立场了吗？他知道他自己在说些什么吗？

《巴黎评论》：你写过《将熊释放》的电影剧本，还在《接受水疗的人》致谢那一页上，为"珍贵而激动人心的观影体验"，向电影导演欧文·克什纳表示感谢；从那以后，你不再参与把你的小说改编成电影剧本的工作。为什么？

欧文：啊，电影，电影，电影——当然，电影是我们的敌人。电影是小说的敌人，因为它们正在取代小说。小说家不该为电影写东西，当然，除非他们发现，他们写不好小说。我从克什纳那儿学到不少东西，直到现在，他都是我的一位挚友，但我不喜欢写电影剧本。我喜欢拍电影的人，我感到庆幸的是，他们当中的一些聪明得可怕的家伙不是写小说的。上帝知道，写小说的人已经够多的了。总之，我从为克什纳写《将熊释放》的剧本中，学到的一件事就是：编剧其实并非写作，更像是木匠活。剧本里没有多少语言成分，故事节奏、叙事的口吻也由不得作者掌控，作者还能掌控什么呢？托尼·理查德森告诉我，不存在什么剧作家，所以起码还有一位导演赞同我的看法。可以说，这是我做过的最有价值的事——有机会在十分年轻的时候写电影剧本，当时我刚刚发表第一部长篇小说——因为我再也没有上钩，重蹈覆辙。

《巴黎评论》：总体而言，你喜欢《盖普眼中的世界》和《新罕布什尔旅馆》改编的电影吗？

欧文：乔治·罗伊·希尔拍《盖普眼中的世界》时，我帮过一些忙；就是说，我就史蒂夫·泰希克写的剧本，向乔治提供过一些参考意见，还看过一些拍摄和样片，甚至还在片中扮演了一个小角色，演一名摔跤裁判——顺便说一句,那可不是表演;多年来,我经常给摔跤比赛当裁判。我的几个孩子也上了电影,他们在舞会中露了脸。如今,乔治也是我最好的朋友之一。他把《盖普眼中的世界》拍得不错;他把剧情搬到了郊区,给所有人物安排了发型,让他们看起来比书里写得顺眼得多,不过他忠于人物的家庭关系,忠于故事主线。乔治是个讲故事能手;看看他把《五号屠场》拍得多棒吧,看看《骗中骗》(*The Sting*)吧。叙事很不错。他是执导《盖普眼中的世界》的恰当人选。当然,这本书九成的内容都没在影片中出现,但乔治把他力所能及的事做得不错。我对亲自撰写电影剧本不感兴趣的另一个原因,就是我把小说改编成电影时,着重要做的,就是舍弃小说九成的内容。对我来说,这怎么可能是一桩乐事呢?托尼·理查德森拍《新罕布什尔旅馆》时,采用的是更困难的方式。他不像乔治那样忠于原著,叙事也更有跳跃性,不过他试图把它拍成一则名副其实的童话故事,它正是这样一个故事——欧洲人似乎比咱们这儿的人理解得更好(对书,对电影,都是如此)。我觉得托尼拍这部影片,冒了不小的风险,我觉得这部影片挺讨人喜欢,挺迷人的。它的开头好一些,结尾的水准中等偏上。影片原本有上下两部,但托尼没法解决两部的剧本——电影业人士这种"解决"(solving)剧本的说法,是否有些可笑?他也找不到肯为两部电影投资的人。于是他把影片截短,拍成了一部电影,结果效果不佳;人物变得有些卡通化,节奏有点太快了,至少对没看过原著的观众来说是这样。不过他摄制每个画面,都满怀爱意和热情;托尼的诚意无可怀疑。

《巴黎评论》:就我所知,《盖普眼中的世界》中的短篇,是你完成时间距今最近的短篇。你有再写短篇小说的打算吗?

欧文:没有。我写不出好短篇。我写的东西里,最接近好短篇的就是《葛利尔帕泽寄宿舍》,我尽全力把这个短篇写好,是因为我是替 T. S. 盖普写的——我一定要证明,我笔下的人物是真实的,他真的会写作。如果是给自己写短篇,我绝不会下那么多功夫。我对短篇小说这种形式不怎么看

207

重。那些总结、遮遮掩掩、抓住中心之类的，不适合我。我也不会再写另一则短篇——除非是一则特意为人们大声朗读而写的短篇。它的篇幅要够长，能读满四十五分钟到一小时，需要说明的是，它绝不会公开发表。一旦我发表了什么东西，通常就再也不爱大声朗读了，不过我在公开场合，为听众朗读过《葛利尔帕泽寄宿舍》，读过七十三遍。有一次，朗读完之后，一个年轻女人对我说："我听您读过十二遍了。"她先后从纽约赶到了加州、佛蒙特州、密苏里州、爱荷华州、南卡罗莱纳州。每次她听到的都是《葛利尔帕泽寄宿舍》。她看上去有点儿心神不宁。"我老是觉得，您会读点儿别的。"她恼火地说。从那以后，我再也没有读过这个短篇。不过现在，我又想再试试；这则短篇的篇幅很理想，而且它自成一体。我没写过与此类似的东西。我喜欢当众朗读，但我近年的长篇小说章节，都要一个半或两小时才能读完；删减它们的篇幅，又有损于效果，而且朗读尚未完成的长篇之前，还得介绍它的章节，或者章节片段……这些事挺让人泄气的。

《巴黎评论》：你对当代作家写的书怎么看？在这方面，你是个好读者吗？

欧文：当代作家，当然，我读他们的作品。或者说，我开始读他们的书了。当然，其中我最欣赏的是库尔特·冯内古特——他是自马克·吐温以来最富有原创性的美国作家，也是自查尔斯·狄更斯以来最富有人道主义精神的英语作家。当然，还有君特·格拉斯。我很喜欢约翰·契弗；我了解他的写作领域，我喜欢他对恶作剧和公平行事的欣赏能力——两者总是彼此冲突。我很看重自己欣赏的许多作家与我结下的友谊：约瑟夫·海勒、盖尔·戈德温、约翰·霍克斯、斯坦利·埃尔金、彼得·马西森、罗伯逊·戴维斯……嗯，这样的名单很难开列"完整"。我喜欢其他作家；我尽可能地认识每一位作家——别人告诉我的每一本书，我都尽可能找来读一读。

《巴黎评论》：你觉得美国文学的当前阶段跟以前相比，怎么样？

欧文：说到我对当代小说的看法嘛……嗯，就像我多次讲过的那样：我是个老派人物。首先，我相信故事情节，我一直相信叙事，相信讲故事，相信人物。我对十分传统的形式感兴趣。有种荒谬的说法讲，小说重在"文字"……这是什么意思？难道我们这些小说家要像那么多当代诗人那样——他们写的诗只能彼此欣赏——不是作家的人根本读不懂？约翰·弥尔顿的诗，我只在上预科学校时学过。但我能读懂弥尔顿，我真的可以理解他。时间已经过了那么久，但他的诗仍然明晰易懂。可我读跟我同龄的某人写的诗，读不出任何头绪，这说明我受的教育失败了，还是诗失败了？

《巴黎评论》：《将熊释放》《接受水疗的人》《一百五十八磅的婚姻》在设计安排、不同视点或第一人称—第三人称叙事的混用，以及对语言的高度关注方面，可说是标新立异，或者至少是后现代风格。你后来的小说对叙事试验的关注有所降低，更注重故事情节本身。你对此如何解释？

欧文：小说是一种受欢迎的艺术形式，一种易于接受的艺术形式。我不喜欢这样的小说：完全是乏味的炫技式写作，没有故事情节、没有人物、没有意蕴——这样的小说是用各种风格，进行智性化东拉西扯的文本。它们的目标就是要让我自觉愚蠢吗？这些文本并非小说。写这些作品的人以作家自居，但他们的努力并不符合受到公认的形式。他们的题材和技巧是一码事。他们的视野呢？他们没有视野，没有个人化的世界观；只有风格和技巧的个人化演绎。我刚给《远大前程》写了一篇导言，我在这篇导言中指出，狄更斯从不在这方面白费力气——想象他对语言的热爱或运用，是何等的与众不同。只要他愿意，他也可以写得很优美，但他从来不说，他认为写作的目标就是优美的语言。那些最重要的小说家从不在意什么富有新意的语言。对狄更斯、哈代、托尔斯泰、霍桑、梅尔维尔这些小说家来说，语言的新意只是时尚而已；时尚会过去的。他们关注和痴迷的，是更重要、更朴实的内容——这些内容能流传下去：故事情节、人物、欢笑与泪水。

《巴黎评论》：你读爱荷华作家班的那几年有多大帮助？

欧文：作为学生，那儿并没有"教会"我什么，不过当然，他们鼓励了我，帮助了我——万斯·布尔雅利①、库尔特·冯内古特和何塞·多诺索的忠告无疑节省了我的部分宝贵时间；就是说，就我的写作和写作这回事，他们告诉我的内容，我也许能自己摸索出来，但对年轻作家来说，时间非常宝贵。我总是说，我能"教会"年轻作家的，就是这样的事——过不了多久，他自己也会搞明白；不过干吗还要等上一段时间呢？我说的是技巧方面的事，不管怎么说，这是你能传授的唯一内容。

《巴黎评论》："技巧方面的事"当中，比较重要的有哪些？

欧文：叙事的"口吻"是技巧方面的；选择贴近这个人物，远离那个人物——选取这种或那种视角。这些事是你能学会的。你能学会分辨自己的好习惯和坏习惯，比如，在用第一人称叙事时，哪部分做得好，哪部分做得过火了；使用采取历史立场的第三人称叙事（比如，传记作者的口吻）有何危险和好处。在讲故事时，可以采取多种立场、多种姿态；它们可以是精心安排，并由作家充分掌控的，其程度远远超过外行人的认识。当然，这一点不宜让读者过分注意。我来举个出色的例子，格拉斯有时把奥斯卡·马策拉特称为"他"或"奥斯卡"，还有时候——有时就在同一个句子里——用"我"来指代小奥斯卡；在同一个句子中，他既是第一人称叙述人，又是第三人称叙述人。但这一点完成得天衣无缝，不会引人注目；我不喜欢那些过于引人注目的形式和风格。

《巴黎评论》：你还说过，你在爱荷华作家班教课时，跟一些人结下了宝贵的友谊。

欧文：对。尤其是盖尔·戈德温、斯坦利·埃尔金和约翰·契弗。

---

① 万斯·布尔雅利（1922—2010），美国小说家、剧作家，1957—1980年间执教于爱荷华作家班，雷蒙德·卡佛亦曾受教于他。

《巴黎评论》：你在爱荷华还见过 J.P. 唐利维①。

欧文：我喜欢认识其他作家，爱荷华城是个认识作家的好地方，但我不喜欢唐利维。我和约翰·契弗养成了一起看《周一晚间足球》的习惯，我们一边看球，一边吃自己做的意大利面，听说唐利维要来，我们都很高兴。我们都很欣赏《姜人》，想要认识一下作者。我去机场接他——当时我已经写了三部长篇小说，但还没有写《盖普眼中的世界》，还没有出名。我没指望唐利维能读过我写的东西，不过听他说，他不读任何活着的作家的作品，我还是挺惊讶的；然后他问，这里是不是堪萨斯州。我跟他讲了一点儿作家班的事，但他是那种对写作课程一无所知、满腹偏见的作家：上写作班是浪费时间。最好还是出外闯荡。当时，他身穿昂贵的三件套西服，脚上是一双很好看的鞋子，拿着一根很时髦的手杖，我开始感到恼火。在与作家班学员见面时，他告诉学员们，任何自贬身价、教授写作的作家，都无法教会他们任何东西。所以我去接这位大人物，开车送他参加朗读会时，心里十分窝火。我说，我们要接契弗先生一起去朗读会，契弗先生和我都很仰慕您，尽管我知道唐利维先生不读任何在世的作家写的东西，他应该也知道契弗先生是一位出色的作家。我说，契弗的短篇小说是这种文学类型的典范。可我把契弗介绍给唐利维时，唐利维压根儿就没正眼看他；他跟他老婆说个没完，说的是什么阿司匹林的事，就好像契弗不在场似的。我想说说为什么有那么多美国作家专注于教学——这是一种谋生的方式，这样就不用把赚钱的希望都押在写作上了，同时也能给他们自己充裕的时间练习写作。但唐利维不感兴趣，他把这话说了出来。他的整趟行程让他感到厌烦；他见的那些人，不管是哪儿的人，都让他感到厌烦。因此我和契弗坐在车子前排，被排斥在有关阿司匹林种种危害的谈话之外，开车载着唐利维夫妇四处兜风，他们就像是闷闷不乐、来

---

① J.P. 唐利维（1926— ），爱尔兰裔美国小说家、剧作家。下文提及的《姜人》(*The Ginger Man*) 是他的第一部长篇小说，出版于 1955 年。

到乡下市镇的皇亲贵胄。我得说,唐利维夫人似乎是在忍耐丈夫的粗鲁无礼,又或许,她只是头痛而已。契弗试了几次,想跟唐利维聊聊,而且在我认识的人当中,契弗聊天的本领不下于任何人,我对唐利维的冷淡、麻木和无礼,越来越恼火。我心想,如果旁边就有个泥坑,我应该把这个蠢货扔进泥坑里,真的。这时契弗发话了。"你知道吗,唐利维先生,"契弗说,"没有哪个一流小说家在另一个小说家心目中像坨屎一样,只有海明威例外——他是个疯子。"就是这样。唐利维没有回答。或许他以为海明威也还是在世的作家,所以也没读过他的作品。我和契弗把唐利维在朗读会会场放下之后,不约而同地决定开溜。很多年以后,我结识了乔治·罗伊·希尔,跟他交上了朋友,他告诉我,他跟"迈克"·唐利维在都柏林的三一学院做过室友,"迈克"只是有点儿古怪,绝不是坏人。但我想起我和契弗那天晚上的种种,就跟乔治说,我觉得,唐利维是二流作家、一坨屎,要么就是疯子——要么三种都是。我要补充说明的是,那天晚上闹得不愉快,跟喝酒没有什么关系:契弗没喝酒,唐利维也没喝醉——他只是自以为是,在耍大牌而已。我觉得我讲述这件事,有点像学生背后说同学的坏话,但我真的感觉很糟——倒不是为我自己,而是为契弗不平。这件事实在可恨:唐利维——这个拿着手杖的傻大个——竟然对约翰·契弗不理不睬。我想,我直到现在气还没消,是有点儿傻,但乔治·普林普顿①告诉我,唐利维也是《巴黎评论》的订户;这显然有悖唐利维不读任何在世作家的作品这一说辞,不过我希望他能读读这篇访谈。如果这件事让他感到尴尬,或者恼火,那么我会说,我们扯平了;那天晚上的事也让我和契弗感到尴尬和恼火。

《巴黎评论》:约翰·契弗的小说往往充满基督徒的情感。你的小说呢?你是个虔诚的人吗?

欧文:现在是。我以前有过普通新英格兰新教徒常有的那种三心二意

---

① 乔治·普林普顿(1927—2003),美国记者、作家、演员,《巴黎评论》第一任主编。

的教会生活体验。我原先是公理会教友，后来成了主教派教友，因为我的朋友去那所主日学校的，比去"刚果"主日学校的多，我们那时常用"刚果"来称呼公理会的教堂。如果我现在可以选择的话，我还会选公理会，不过我还在为它们合并而生气——你要知道，它们就像其他教派一样，算是合并了，我更喜欢它们以前的样子，那时它们独立于其他所有教派，甚至独立于其他所有号称是公理会的教派；这样更有北方风范，新英格兰风味十足。其实我正在写一部宗教小说。就是说，我正在写一部恳请读者相信奇迹的小说。我希望，这个奇迹够小，能让大家普遍相信；书里所写的"宗教体验"有些可疑，信教的读者会觉得这无疑是宗教体验，不信教的读者会以其他方式予以接受。顺便说一下，我是信教的。并不是一直都信。时不时地会有一两天，我会忧心忡忡，或者半信半疑。唔，为了写好这部新的小说，我强化了自己的信念。我是个很平常的信教者——你要知道，我发现自己置身教堂时，更容易"相信"，如果我离开教堂日子久了，我祈祷时，就有点找不到感觉。

《巴黎评论》：你愿意多讲讲你正在写的这部小说吗？

欧文：它会叫这个名字——《为欧文·米尼祈祷》。它讲的是这么一个小家伙——他既是英雄，也是受害者——他相信自己是被上帝指定的，是被特别拣选出来的；他所遭遇的十分糟糕的"命运"，只是其神圣使命的一部分而已。作家的任务正是让读者们怀疑，这种想法是否不尽属实，不是吗？甚至要让不相信宗教的人，也萌生这样的怀疑。另外我得让他们相信，小欧文·米尼在这个世上负有特殊使命。也许，从这层意义上来讲，写小说总像是宗教活动，我们只能相信，我们笔下的人物是被指定的——哪怕只是被我们指定的——并且他们的行动并非偶然，他们的反应并非随意。我不相信偶然。我想，由此也可以印证，我有多么老派。

《巴黎评论》：你现在是公众人物了。这对你实现身为作家的种种目标有影响吗？

213

欧文：没影响。

《巴黎评论》：你没有嗜酒的问题。事实上，你对体育锻炼的投入众所周知，你的身材也保持得不错。但很多作家都有酗酒的问题。我听说，你曾把某些书归咎于作者的酗酒问题。譬如，你说过，海明威和菲茨杰拉德的最佳作品之所以都是二十来岁写出来的（他们写出《太阳照常升起》和《了不起的盖茨比》时，都是二十七岁），就是因为他们"喝坏了脑子"。你真这样想？

欧文：对，我真这样想。随着年龄增长，他们本该写得更好才对，我就是这样。我们不像职业运动员；有理由认为，随着我们日渐成熟，我们能写得更好——起码在我们衰老之前是这样。当然，有些作家早早写出最佳作品之后，就失去了写作的兴致，或者再也无法专注于写作了——或许是因为他们想做别的事。但海明威和菲茨杰拉德的确是为写作而活着，只是他们的身体和头脑背叛了他们。好在我不胜酒力。如果我在晚餐时喝下半瓶红酒，我会连自己跟谁共进晚餐都想不起来——更别提自己和别人说过些什么了。如果我喝掉大半瓶，当场就会昏睡过去。想想看，小说家要做哪些事；写小说离不开记忆力，要有善于编造的强健记忆力。既然我连自己跟谁共进晚餐都想不起来，那么，对自己正在写的小说，没准也会忘记一些内容。讽刺的是，酗酒对小说家来说格外危险：对我们来说，记忆力至关重要。我并不是从道德角度反感作家酗酒；不过酗酒显然不利于写作和驾驶。你要知道，劳伦斯说过："小说是人类探明的微妙联系的至高体现。"我完全同意！不妨想一想，酗酒会给"微妙联系"带来什么样的影响吧。且不说"微妙"，小说全靠"联系"来成就——没有了"联系"，就没有了叙事的动力，只有毫不相干的东拉西扯。醉鬼走起路来东摇西晃，醉鬼写的书也是一样。

《巴黎评论》：你的自负程度如何？

欧文：一直在一点点地减弱。退役运动员的身份，有助于削弱自负的程度。而且我觉得,写作跟自负是相互冲突的。不应该把身为作家的自信,与妄自尊大的自信混为一谈。作家只是媒介。我有这样的感觉:自己正在写的这个故事,在我存在之前,便早已存在;我只是发现了这个故事的笨蛋而已,而且笨手笨脚地想把它写出来,故事中的人物和是非善恶也只是被我发现了而已。我认为写小说就是恰如其分地评说故事里的人物,恰如其分地展现他们的故事——它并不是我的故事。这很像是通灵,我只是灵媒而已。作为作家,我听得多,说得少。W.H. 奥登说,写作的第一步就是"留意"。他指的是洞察力——不是我们编造了什么,而是我们见证了什么。哦,当然,作家要"编造"语言、叙事口吻、过渡段落、衔接故事情节不同部分的沉闷章节——不错,这些内容是编出来的。我是个老派的人,依然认为小说的故事情节才是这部小说的特别之处,故事情节才是我们看到的内容。在这层意义上,我们都只是记者而已。福克纳不是说过类似的话吗:要想写得好,只要写出"人的心灵与自身的冲突"就行了?唔,我认为这就是我们所做的一切:我们发现的要比我们编造的多,我们看到和揭示的,要比我们创作和虚构的多。起码我是这样。当然,正如我们所说的那样,有必要将小说的氛围营造得比真实更真实。不管小说发生在何处,其场所都要给人以真实感,那儿的细节要比我们记得的任何地方还要丰富。我认为读者最喜欢的就是回忆,越生动越好。小说的气氛就有这样的作用:它给出的细节,跟回忆一样令人满意,或者同样可怕。在我的书里,维也纳要比真正的维也纳更有维也纳风情;圣克劳兹要比缅因州更有缅因州风情。

《巴黎评论》:你塑造的主人公们,有一个突出特点,他们未经正规培训,就取得了职业上的成功——T.S. 盖普压根儿没上大学,莉莉·贝里十来岁就出版了一本小说,荷马·威尔士没有医学文凭,就能做产科手术——但你取得了硕士学位,在好几所大学当过教授。你如何解释你本人的经历与你笔下人物的经历之间的这一差别?你是否在暗示,没必要接受高等教育?

欧文:我需要预科学校阶段的学习;我需要上学的体验,在学校努力拼搏的体验,我只需要接受这种程度的教育。顺便说一句,我在埃克塞特高中受了很多教育;起码我学会了如何学习,如何查明问题的答案。这是教育的另一项重要内容:你学会如何保持专注,哪怕你觉得厌烦。这是作家需要学会的一项重要本领。但大学对我来说,是浪费时间。我离开埃克塞特高中之后,就不再专注了——我是说,就不再专注于学业了。那时,我已经立志要写作了;我已经成了一个读书人。我需要的是更多的时间——阅读更多的小说,练习自己的写作。这就是我想做的一切,真正对我有所帮助的一切:阅读大量小说,练习自己的写作。当然,你在大学里也能读到更多的小说,不过你也得浪费时间谈论它们、写一些与之相关的作业,你本可以用这些时间阅读更多小说的。

《巴黎评论》:那作家班呢?

欧文:作家班为我争取了时间,让我获得了少许听众。新罕布什尔大学的托马斯·威廉斯和约翰·扬特对我来说十分重要;他们鼓励我,为我提出批评意见,也为我节省了时间。他们教我的东西,我早晚也会在别处学到,但对我来说,在那个时候,从他们那儿学到,着实不错。正如你已经知道的,在爱荷华,库尔特·冯内古特对我来说也很重要。不过我说的这些,是三位作家给我鼓励,帮我审稿——我并不需要大学阶段的教育。我觉得,自己的确需要那些傻乎乎的文凭,因为要是没有那些文凭,我就不会取得教职。在我写前四本书的那些年里,教学是一种既体面又不太耗费时间的谋生方式(我当时确实需要挣钱糊口)。所以说,教育的这一点总归还是真的,不是吗?你受过教育,就能找一份更好的工作——对吧?不过,如果说我是个好老师的话——我的确是,那是因为,我读过很多小说,而且在不断地写作;这是我从事教学的本钱,也是我切实传授的内容。我并不需要先上大学,再当作家;我所需要的,正是许多人想从所谓的高等教育中得到的东西:文凭!说真的,我能拿到大学教职,不光是因为我有学士学位和艺术硕士学位,我拿到这些教职,是因为我出版了作品。上学对我出版作品并无帮助。

《巴黎评论》：你的作品最初是如何出版的？

欧文：我从一开始就挺走运的。汤姆·威廉斯[①]把我上大学时写的两则短篇拿给他的经纪人梅维斯·麦金托什。她把其中一篇《冬枝》以一千美元的价格卖给了《红皮书》杂志，就这样，我有了一位经纪人。又过了不到一年，她退休了，把我转给了彼得·马特森，从那以后，我的经纪人就一直是他。这是我保持得最久的一段文学生意关系，他也是我的一位挚友。幸运的是，彼得和我很合得来；这是可遇不可求的。彼得介绍我认识了兰登书屋的乔·福克斯，我觉得福克斯也很不错——是位好编辑，是个好人，笔头过硬，我需要他。在兰登书屋不肯改变作风、排除障碍出版《盖普眼中的世界》时，正是福克斯给了我正确的建议——他让我撇开他。这很不简单。达顿出版社的亨利·罗宾斯出版了《盖普》，获得了成功。在出版方面，我遇到的第一桩不幸，就是亨利的过世。他是个可爱的人，他的去世对我影响很大。不过达顿出版社的人做了最好的安排——一位相当年轻的编辑简·罗森曼，跟我合作得不错，为《新罕布什尔旅馆》作了出色的编辑工作。后来我认识了哈维·金斯伯格，他是亨利的一位老朋友——念哈佛时的同学——当时我正好在写《苹果酒屋的规则》，结果我发现，哈维是哪儿的人呢？缅因州班戈市人。你不觉得这很巧？如今，我和哈维在威廉·莫罗出版社合作，我很满意，不打算更换出版社。能说出这种话的作家，你认识多少位呢？你听说过很多让人满意的出版轶闻吗？我一直很幸运，我知道这一点，也心怀感激。作家、出版社和经纪人之间，总有那么多的烦恼，但我从未经历过，这意味着，我可以把心思放在写作上，用不着操心出版情况如何——据我所知，出版方面的事搞得很多作家心神不宁。你必须排除干扰因素。你得心无旁骛才行。

（原载《巴黎评论》第一百期，一九八六年夏/秋季号）

[①] 即上面提及的托马斯·威廉斯。汤姆是托马斯的昵称。

多丽丝·莱辛

◎邓中良　华　菁/译

多丽丝·莱辛在位于曼哈顿东四十条的罗伯特·戈特利布家里接受了采访。戈特利布先生在克诺夫出版社工作时曾担任她的编辑多年，而当时他是《纽约客》杂志的主编。其时，莱辛为了参加菲利浦·格拉斯以她的小说《八号行星代表的产生》而改编的歌剧的试镜，在城里作短暂的停留。她还为歌剧写了歌词。歌剧演出的计划总是在不停地改变，因而是在收发了一阵子的明信片后——莱辛女士一般是通过明信片和别人交流的，而且一般都使用大英博物馆的明信片——才最后确定下这次采访的。

在准备录音设备的时候，她说："这个地方够吵的，尤其是当你想到我们所在的这个花园是在一排房子后面时。"她指了指对面凯瑟琳·赫本住的公寓房，聊了会儿这个城市。她在伦敦住了近四十年，可还觉得"城市里的一切都是那么的特别！"她在别的时候还说过更为让人吃惊的话，她说："如果事实证明那些高楼的庞大体积在以令人意想不到的方式影响我们，我一点儿都不会觉得惊讶。"她谈到了自己在五岁之前曾在英国待了半年，她说："我认为孩子们应该多出去走走。带着孩子出游非常好，对孩子们很有帮助。当然对于父母来说可能就很麻烦了。"

采访是在花园天井里进行的。她头发花白，中分往后梳了个小发髻，身着一条短裙，穿着长筒袜，一件宽松的衬衣外面罩了一件夹克，和她书籍封面上照片很像。由于最近不停地奔波，她看起来有点儿疲惫。她的声音很有力，也很有乐感，她的语言既幽默风趣，又辛辣尖酸。

——托马斯·弗里克，一九八八年

everything they said. Words in their mouths, now in June's, had a labouring effortful quality, dreadful because of the fluencies so easily available, but to others.

They went off at last, June lingering behind. From her look around the room, I could see she did not want to go. She was regretting not the act but the consequences of it, which might sever her from her beloved Emily.

"What was that about?" I asked.

Emily's bossiness dropped from her, and she slumped, a worried and tired child, near Hugo. He licked her cheek.

"Well, they fancied some of your things, that's all."

"Yes, but ..." My feeling was: But I'm a friend and they shouldn't have picked on me! Emily caught this, and with her dry little smile she said, "June had been here, she knew the lay-out, so when the kids were wondering what place to do next, she suggested yours."

"Makes sense, I suppose."

"Yes," she insisted, raising serious eyes to me, so that I shouldn't make light of her emphasis. "Yes, it does make sense."

"You mean, I shouldn't think there was anything personal in it?"

Again the smile, pathetic because of its knowingness, its precocity, but what an old-fashioned word that was, depending for its force on certain standards.

"Oh, no, it was personal! ... a compliment, if you like!"

She put down her face into Hugo's yellow fur and cheek with laughter, I knew

多丽丝·莱辛长篇小说《幸存者回忆录》的一页手稿

《巴黎评论》：你出生在波斯，现在的伊朗，你的父母是怎么到那里的？

多丽丝·莱辛：当时我的爸爸参加了第一次世界大战，后来他就不能再忍受英格兰了。他发现那里出奇地狭窄。那些士兵在战壕里经历了太多了，他们不想回家也待在像战壕一样的地方。于是他要求他的银行把他派到别的地方去。他们就把他派到了波斯。在那里，我们有了一个很大的房子，还有供骑乘的马。那里充满了乡野气息，非常漂亮。不久前有人告诉我，那个城市已经变成了一堆瓦砾。这是这个时代的特征，因为那里曾是一个有着美丽建筑的古老市场。没有人注意这一点，那么多的东西都被毁掉了，我们没有什么可想的了。他被派到了德黑兰，那是个非常丑陋的城市，但我妈妈却非常高兴，因为在那里她变成了使团机构的成员，她非常珍视在那里度过的每一分每一秒。那里每天都有晚宴，我的爸爸很讨厌这些。他又随机构回去了。于是一九二四年我们回到英格兰，去参加了一个很有影响的帝国展览会（这个展览会在文学作品中经常被提及）。南罗得西亚[①]的展台堆了好多的玉米棒子和玉米穗子，横幅上写着"五年内你就能致富"之类的废话。于是我那富有浪漫主义想法的父亲就回家收拾了行李。他因为在战争中腿部受伤了，所以有一笔抚恤金——不是太多，大概五千英镑的样子，他就带着这些钱和家人一起去了那个陌生的国家当农民去了。他小时候是在科尔切斯特长大的，那时候那个地方还只是个很小的镇，因而他过过农民孩子的生活。这也是为什么他会选择去南罗得西亚。他的故事在当时来说并不新奇。倒是我花了好长时间才适应的。但是在写《什卡斯塔》的时候，我才发现有好多受过伤的退役兵在那里生活，英国的、德国的都有，这一发现着实让我很吃惊。他们都受过伤，而他们又都和自己的另一半一样，很幸运没有死在战场上。

---

① 津巴布韦的旧称。

《巴黎评论》：可能我们的越南老兵也和他们差不多，回来后不能适应社会。

莱辛：人们在经历了那么多之后是很难再适应这个社会的。那对他们来说要求太高了。

《巴黎评论》：你最近在《格兰塔》杂志发表了一篇回忆录。从题目来看，是关于你妈妈的，可是从某些方面来看更多的是关于你父亲的。

莱辛：嗯，你怎么能把他们分开来呢？她的一生，他们经常这么说的，完全奉献给了他。

《巴黎评论》：读到关于他的黄金预测、他的远大抱负、他的冒险部分的时候，真让人觉得很吃惊。

莱辛：嗯，我的父亲，他是个很了不起的家伙。他是一个非常不实际的人，一定程度上是因为战争。他只是远离社会，疲于应付。我妈妈是所有事物的组织者，而且把事情打理得井井有条。

《巴黎评论》：我觉得他的黄金预测还是挺有科学性和创新性的。

莱辛：他认为，只要你知道方法，预测哪里有黄金或其他的金属是完全有可能的。现在看来，这个想法还是有一定的道理的。所以他就一直做实验。我在一个叫作《黄金国》(*Eldorado*)的故事里写到了他，故事是以一种演讲的形式写的。我们生活在一个黄金的国家，小金矿俯拾皆是。

《巴黎评论》：所以那还是很正常的一件事。

莱辛：是的，农场主们总是在车里放一个锤子或平底锅，以防不时之需。他们回来的时候经常带回一些金矿石，当然这些矿石上也就那么一点点金子。

《巴黎评论》：你小的时候身边有很多讲故事的人吗？

莱辛：没有……非洲人讲故事，但是我们不被允许和他们在一起。这是非洲生活中最不好的地方。我的意思是，我本来可以拥有丰富多彩的童年生活。但作为一个白人女孩，我只能对这样的生活望洋兴叹。现在，我参加了英国一个被称为"讲故事学院"的组织。大概三年以前有一些人想复兴"讲故事"这个艺术形式。他们做得相当好。但问题在于——我只是一个赞助者，参加过几次活动——人们一想到讲故事就会联想到笑话。所以他们有点儿心灰意冷。还有一些人把讲故事集会看成是一种交心的心理治疗小组，总有一些人想讲他们的个人经历，你知道的。但是大量的真正的讲故事的人被吸引过来了。他们来自世界各地，有些来自非洲。他们是传统的故事讲述者，或是力图抢救正在消亡的故事的人们。就这样，这个组织还一直持续着。讲故事这一形式还活在人世，是很好的（遗产）。每当伦敦或其他什么地方有故事集会的时候，观众总是非常多的。人们没有去观看《达拉斯》[①]，而是来听故事，那的确是让人感到惊奇的。

《巴黎评论》：回到伦敦时的感觉怎么样？我记得 J.G. 巴拉德[②] 第一次从上海回来的时候，觉得非常不舒服；他觉得所有的东西都非常小气而落后。

莱辛：噢，是的！我感到非常受拘束，灰蒙蒙的而且很潮湿，所有的东西都显得很封闭和保守。现在我还是这样认为的。我觉得到处都很漂亮，但是过于做作。我想象不到有哪一寸的英格兰风景没有被刻意安排处理过。我想不到哪里还有什么野草。

《巴黎评论》：你有没有要回到非洲神秘大地的强烈冲动？

莱辛：嗯，我不会在那样的地方生活的，我为什么要呢？那里不可能还像我过去在的时候那样。三年前我回到津巴布韦——她在两年前刚刚获

[①] 《达拉斯》(*Dallas*)，20 世纪 80 年代美国热播剧集，又名《朱门恩怨》。
[②] J.G. 巴拉德（1930—2009），英国科幻小说作家，生于上海租界，直到 1946 年才首次返回英国。

得独立。如果我回去，我一定只能回到过去，那是非常肯定的。我在当下唯一的一项功能就是作为一个象征物。这是不可避免的！因为我是"改造好了的本地女孩"。在白人的殖民政权里我是一个坏人。人们对我没有一句好话。你不知道他们把我想象得多么坏。不过现在我"好了"。

《巴黎评论》：是不是因为你对黑人的态度而被认为是坏人？

莱辛：我反对白人政权。那里有颜色隔离政策。"颜色隔离"这个短语现在已经完全过时了。我和黑人接触的唯一机会就是和仆人在一起的时候。因为晚上九点的宵禁令，你很难和黑人保持一种正常的关系，而且他们生活在赤贫之中，而你则不是。

《巴黎评论》：在《格兰塔》杂志上的那篇回忆录中有你儿时的形象，拖着枪到处乱转，打猎什么的……

莱辛：嗯，那个时候那里有很多猎物。但是现在却很少了，一个原因就是白人把它们猎杀光了。

《巴黎评论》：在这些早期的日子里你有成为一个作家的渴望吗？你提到过经常把你的写作藏起来不让妈妈发现，因为她总是对那大惊小怪的。

莱辛：我妈妈是个受了很多挫折的人。她多才多艺，这些能力大部分传给了我和我的弟弟。她一直希望我们有所成就。在很长一段时间里，她希望我成为一个音乐家，因为她本人曾是一个非常好的音乐家。我对音乐没有什么天分。但是那个时候的所有人都要上音乐课。她总是强迫我们。当然，一定程度上，这是很好的，因为小孩子需要一些强迫的。但是她希望我们学会任何当时流行的东西。所以（作为孩子）要进行自我保护。不过，我觉得所有的孩子应该找出一种能够拥有自己作品的方式。

《巴黎评论》：我只是想知道，你是否在很早的时候就想成为一个作家。

莱辛：相对于其他的可能而言，我的确还有可能成为一个医生。我也可能成为一个很好的农场主等等。我之所以成为一个作家是因为生活中的挫折。就像许多其他作家一样。

《巴黎评论》：人们是否会觉得被欺骗了呢？因为你不是总在某一个营地上耕耘，你尝试了太多的小说模式了。我想到了那些"科幻小说"迷们，他们非常的小心眼，排斥那些不固守在"科幻小说"这个小圈子里的作者。

莱辛：嗯，这是有点儿狭隘，的确是有点儿。事实上，那些自认为是这个团体代表的人希望这种封闭的情况能够有所改善。我之后将作为特邀嘉宾参加在布赖顿举行的世界科幻小说大会。他们也邀请了两位苏联的科幻小说作者。以前总是有很多麻烦，现在他们希望"公开化"①使作家能亲自来参加。事实上，在写作这些晚近的书时，科幻小说之类的想法从来没有在我的头脑里驻足过。直到有人把我的小说当作科幻小说来评论的时候，我才意识到我涉足了这个神秘的领域。确定无疑地，我事实上并不是写真正的科幻小说。我刚读了《索拉里斯星》作者斯坦尼斯拉夫·莱姆写的一本书，现在这本小说已经成了科幻小说中真正的经典之作……充满了科学的思想。当然，有一半的内容对我来说是浪费，因为我根本不懂它们的意思。但就我能读懂的那部分而言，它们的确奇妙。我曾经遇到过很多年轻人——有些已经不是特别年轻了。说到这个问题的时候，他们会说："对不起，我没有时间读现实主义的作品。"于是我说："上帝！但是看看你们为此失去了什么！这是一种偏见。"但是他们并不想知道。我也经常遇到一些中年朋友，他们说："对不起，我读不懂你的非现实主义的东西。"我觉得非常遗憾，这就是为什么我愿意去做那次会议的嘉宾的原因：它真实地展示了一种分裂。

---

① 原文为俄语"glasnost"，意为"公开"，常与"改革"（perestroika）并提，二者均为戈尔巴乔夫上台后提出的施政口号。

《巴黎评论》：我最喜欢《什卡斯塔》的原因，是它把科幻小说中所有的隐藏起来的或压抑下去的关于精神的话题都拉了出来，并且把它们放在醒目的位置。

莱辛：我在创作它的时候完全没有把它当成是科幻小说，完全没有。我不知道，那真的不能算是一本书的开头，像"一八八三年，汤姆斯科，下午三点整……"这样的开头是完全不合常规的，但这种是我第二喜欢的开头方式。

《巴黎评论》：你为苏菲故事和散文写了很多介绍性的文章，你对苏菲主义有多大的兴趣，或者受到了它多少影响呢？

莱辛：嗯，你知道，我讨厌谈论这个问题。因为虽然你说得好听，但是你所说的却是陈词滥调。我真的想说的是：我想寻找一些这类的理论来指导自己。所有人都觉得我们需要一个老师。我一直在四处寻找，但是没有一个能令我满意，因为他们都只是这个或者那个方面的导师。后来我就听说了沙哈这个人，他是一个苏菲派教徒，他真的令我印象深刻。因此从六十年代早期我就开始写这些东西。很难对这些作一个总结，因为它们都是你的体验。我想强调的是，很多人到处宣扬"我是个苏菲教徒"，可能是因为他们读了一些相关的书，然后觉得非常吸引人。这样的做法和任何真正的苏菲教徒的言行都是悖逆的。一些伟大的苏菲教徒会说："我从来不会说自己是一个苏菲，因为这个名字太大了。"但是我时常收到这样的信："你好，多丽丝，我听说你也是一个苏菲教徒！"我真的不知道说什么好。我倾向于不理他们。

《巴黎评论》：我想人们是想把你当成一个导师，政治上的或是哲学上的。

莱辛：我想人们一直在寻找导师。成为导师是世界上最容易的事情。那很可怕。我有一次在这里——纽约，看到一些奇妙的事情。那应该是在七十年代的早期，那个导师的时代。有一个人总是穿着一件金黄色的袍子坐在中心公园里。他从来不张嘴说话，只是呆坐着。他在午餐的时间出现。显然他看起来像一个圣者，从四面八方来的人也恭恭敬敬地静坐在他身边。这样一直持续了几个月。最后他感到厌烦了，所以就离开了。是的，（做导师）就是这么容易。

《巴黎评论》：让我再来问您一个这一类的问题。你是否觉得"转世再生"是个可行的概念？

莱辛：嗯，我觉得这是个很吸引人的概念。我自己对此并不相信。我更倾向于认为我们在自己漫长的旅途中对这个世界进行了一次浅尝辄止的探索。

《巴黎评论》：也就是说这个星球只是其中一站？

莱辛：我们并没有被鼓励花费很多的时间去冥思苦想——我说的是跟沙哈学习的人。因为还有更紧迫的事情等待我们去做。当然，对这些事情的冥想是非常有意思的一件事，我甚至希望写一些与此有关的书。但是就目前我的情况来看，在《什卡斯塔》里，"转世再生"的素材只是一个隐喻，或者是一个文学观点，虽然我知道有些人把这本书当成了某种教科书。

《巴黎评论》：预言类的书？

莱辛：这是讲故事的一种方式——我们那些伟大的宗教里都有着相呼应的观点。在《什卡斯塔》的前言里我曾写道，如果你读过《旧约》《新约》《次经》和《古兰经》，你会发现一个连贯的故事。这些宗教中有些相似的观点，其中一点就是关于最后的大战或者天启或者其他什么的。所以我就想来发展这个观点。我把它称为"太空小说"（space fiction），因为没有更合适的名字。

《巴黎评论》：我有一种感觉，你是一个极度感性的小说家，所以你在写作的时候不作具体的计划什么的,而是一点点地感觉和发现。是这样么,或者不是?

莱辛:嗯,我有个大概的计划,是的。但是这并不是说这里就没有多余的空间,在我写作的过程中,很可能会有一两个古怪的家伙突然冒出来。在《好恐怖分子》这本书的写作过程中,我很清楚我下一步要写什么。哈罗德商场的爆炸是这个故事的起点。我想如果写一个无所事事的团伙参与爆炸行动将会是非常有意思的,他们没有什么能耐,只有业余水平。我有一个中心人物,我知道一些和艾丽丝类似的人。她有母性般的爱心,为鲸鱼、海豹和环境问题而担心,但是却又在同时说着这样的话:"你不可能不打破鸡蛋而得到煎蛋。"她也还可能想着毫不犹豫地杀死一大群人。我想得越多,故事就越有意思。于是就有了她。我知道她那个男朋友,我脑子里有一个我所需要人物的粗线条的形象。我想要各种各样的角色,于是就产生了这对同性恋姊妹花。但是接下来真正让我感兴趣的是那些不在计划之中的角色,比如费伊。后来他也变成了这帮被毁掉的人之中的一员,这是非常令我惊奇的。那个小坏蛋菲利浦是这样产生的:当时我听说有一个非常脆弱的年轻人,二十一岁或二十二岁的样子,他失业了,但是总有人给他一些活做,当然,只是一些体力活,比如从卡车上搬大卷的纸。你也许会觉得他们是神经病!所以他就总是在最后三天里被骗而得不到钱。我觉得这是一本很有意思的书。

《巴黎评论》:真的吗?

莱辛:是的,从一定程度上讲,很可笑。我们总是谈论那些按照常理我们觉得应该会发生的事,而且所有的事都很有功效。事实上,我们所经历的事情都是一片混乱,我是说所有的一切!所以为什么要让这个(小说)例外呢?所以我不相信那些效率特别高的恐怖分子。

《巴黎评论》:阴谋,等等?

莱辛:还会继续这样地混乱和混沌下去。

《巴黎评论》：你会同时编造几个故事吗？

莱辛：不会的。我确实有的时候会把之前写的稿子收起来放到一边去，然后做一些其他的事情。但是总的来说我喜欢做完一件事情再做另一件。

《巴黎评论》：我可以想象你从头至尾地专注于一件事，而不是把一些事混起来做……

莱辛：是的，我是这样。我从来不用别的方式做事。如果你断断续续地写，你就会损害文章形式上的连续性，而这是非常重要的。那是一种内在的连续性。只有当你想重塑它们的时候才能感受到它们的存在。

《巴黎评论》：你是否有这样的感觉，你在写作时会渗入到你使用的各种文体内部？比如说，《好恐怖分子》，甚至像《简·萨默斯日记》此类书中的现实主义视角要比你早期的现实主义更为超脱。

莱辛：可能是因为我年纪大的缘故吧。我们的确会变得越来越超脱。我把每本书当成是必须要解决的一个问题。这个问题框定了你的形式。并不像你所说的："我想写一个科幻小说。"你是从另一端开始的，你想说的框定了你要选择的形式。

《巴黎评论》：你是一直不间断地写作？还是会在写完一部作品之后稍作休息呢？

莱辛：是的，我并不是一个劲儿地写，有时会有很长时间的间隔。但是你总是会有一些事情要做，你要写文章，不管你愿意不愿意。现在我就在写一些短篇小说。这很有意思，因为都很短。一次很偶然的机会我的编辑鲍勃·戈特利布[①]说，很少有人寄给他短篇小说，但是他发现它们很有

[①] 即罗伯特·戈特利布。鲍勃是罗伯特的昵称。

意思。我想："哦，上帝，我已经有年头儿没写短篇了。"所以我就写了一些一千五百字左右的小故事，这其实是很好的训练。我很喜欢这样。我已经写了不少。我想我会把它们命名为"伦敦写生"，因为它们都是关于伦敦的。

《巴黎评论》：所以它们不是寓言式的，也不是异国情调的？

莱辛：是的，完全不是。它们是完完全全的现实主义作品。我经常去伦敦的大街小巷闲逛，对伦敦了解不少。所有的城市都是一个大的剧院，不是吗？

《巴黎评论》：你的工作有规律吗？

莱辛：这并不重要，因为这只是习惯的问题。我带孩子的时候学会了如何在非常短的时间来集中做很多工作，捕捉灵感。如果给我一个周末或者一周的时间，我可以完成的工作你难以置信。现在这已经成了我根深蒂固的习惯。其实如果我写得慢一点儿，我可以写得更好一点儿。但是习惯是不好改变的。我注意到有很多女性作家是这样做的，而格雷厄姆·格林每天只写两百字。人家是这样对我说的。事实上，我觉得我自己在文思喷涌的状态下写得更好。你开始写一个东西的时候可能有点生涩，但是当你抓住了某个点，一切突然豁然开朗。每当这时，我觉得自己写得很好。坐在那儿，为了一个单独的短语而绞尽脑汁，我反而写不好。

《巴黎评论》：你最近都读哪些书呢？你看当代小说吗？

莱辛：我读得很多。感谢上帝，我读得很快，否则我不知道怎么对付这么多的作品。作家们会从他们的出版社得到非常多的书。我每周会从出版商那里得到八九本，甚至十本书。这其实是一个负担，因为我一直是一个尽职尽守的人。只看前面一两章就能知道这是一本什么样的书了。如果我喜欢，我就继续往下读。这不公平，因为也许你当时心情坏极了，或者一直想着自己的工作。但对于那些我一直敬仰的作家，他们最新的作品我是一定会读的。而且,当然还有很多别人推荐的书,所以我一直在读。

《巴黎评论》:你能跟我们再多谈一点儿你是怎样用"简·萨默斯骗局"①愚弄了评论家的吗?我觉得你用假名为两部长篇小说署名的做法很有雅量,你让世人了解了年轻小说家们的遭遇。

莱辛:首先要说的是原先并没有打算要写两部的!原打算只写一部的。情况是这样的,我写好了第一部,然后告诉我的经纪人说,我想把这当作是一位伦敦女记者写的第一本书来卖。我想找一个和我类似的身份,不能太不一样。我的经纪人了解了我的意思,便把书发给了出版社。我的两个英国出版商都拒绝了。我看了看阅读报告,内容非常傲慢。真的是很傲慢!第三位出版商迈克·约瑟夫出版社(我的第一本书的出版商)当时的经理是一位非常聪明的女人,她叫菲丽帕·哈里森,她看了我的书后对我的经纪人说:"这让我想起了早期的多丽丝·莱辛。"我们当时有点惊慌失措了,因为我们不想她到处这么说!于是我们请她一起吃午饭,我对她说:"这就是我的,你相信吗?"刚开始她还挺失落的样子,但接着她真的变得很喜欢那本书了。当时在美国克诺夫出版社任我的编辑的鲍勃·戈特利布也猜到了这是我写的。这样就有三个人知道了。然后法国的出版商打电话过来说:"我刚买了本一位英国作家写的书,但是我想你是不是对她进行了指导!"于是我又告诉了他。这样总共就四五个人知道。我们都希望书面世时,每个人都在猜想谁是作者。在正式出版前研究我作品的专家们每人都收到了一本这样的书,但没有一个人猜出那是我写的。所有的作家都很讨厌被这些专家给框住——成了他们的财产。所以,结果非常棒!这是天下最好的事了!欧洲的四位购买此书的出版商都不知道这本书是我写的,这也非常好。然后书出版了,我像第一次发表小说时一样受到了评

---

① 1982年,莱辛化名"简·萨默斯"写成长篇小说《好邻居日记》并向其英国出版商投稿,投稿遭拒,该书随后由另一英国出版商出版。次年,她如法炮制,写出续作《岁月无情》。1984年,莱辛将两部小说合为《简·萨默斯日记》一书出版,此时方恢复真实署名。

论家们的评论,但都只是些小报的,主要是女记者们写的,她们觉得我和她们是一样的。然后"简·萨默斯"收到了很多的读者来信,大都是非文学界的,而且一般是由于照顾老人而要发疯的人。还有很多社会工作者写来的信,有的同意书中的观点,有的不同意,但都非常高兴我写了这本书。于是我就想,好的,我应该再写一本。到了那个时候我已经对简·萨默斯很着迷了。当你用第一人称写作时,我不能离那个人的本真生活太远。简·萨默斯是一位中产阶级,英国人,家庭背景很一般。没有比英国中产阶级更狭隘的事了。她没有上过大学。她很早就开始工作了,而且直接就进了办公室。她的生活就是在办公室的。她的婚姻形同虚设。她没有孩子。她不怎么喜欢出国。当她和丈夫一起去国外,或出公差的时候,回到家的时候总是最高兴的。所以在写作过程中,我得砍掉所有涌到笔端的其他各种东西。删!删!她是一位非常普通的女性。她的是非观也是很清晰的,什么是对的,什么是错的,一目了然。

《巴黎评论》:她的穿着呢?

莱辛:随便什么都可以!我有一位朋友非常在意自己的穿着。她为了让自己在穿着上完美而绞尽脑汁,苦不堪言,我可不想让我的人物受那样的罪!简·萨默斯是各种各样的人的集合。另一个这样的人是我母亲。我想她要是现在很年轻,而且也在伦敦的话,会是什么样的。第三个这样的人经常说:"我有一个非常完美的童年。我非常喜欢我的父母。我喜欢我的弟弟。我们有很多钱。我喜欢上学。我很早就结婚了,我非常喜欢我的丈夫。"——她会这样没完没了地说下去的。可是突然有一天她的丈夫去世了。然后她从一位很可爱的"女孩宝贝"变成了一个"人"。我把这些人都集中成一个人物。以第一人称写一个和你很不一样的人物时,你会有很惊奇的发现的。

《巴黎评论》:你最初写《简·萨默斯日记》时只是想看看文学界的反应,是吗?

莱辛：是的。我对文学界这架机器已经了解了很多年。我知道什么是好的，什么是不好的。我不是要看出版商的反应，也不是要看评论家和批评家们的反应，因为我知道他们的反应会是什么样的。我知道将要发生在这本书上的所有的事！就在公开此事之前我还接受了加拿大电视台的采访。他们问我："你觉得将会发生什么呢？"我回答说："英国的评论家们会说这本书不怎么样。"他们真那么说了！我看到了那些酸不拉叽的、令人讨厌的小评论。而与此同时，这本书在其他国家颇受好评。

《巴黎评论》：你在《什卡斯塔》的序言里写道，现在这个时代图书触手可及，但人们却看不到这种优势。你是否觉得我们正在远离书本文化？你觉得这一形势有多严峻呢？

莱辛：嗯，不要忘了，我记得"二战"的时候，那时市面上只有很少的几本书，纸张也很紧张。对于我来说走进一家商店或拿着一张列表看看上面有没有我要的东西，或是任何其他东西，这都是像奇迹一样的不可能发生的事。在艰辛的年代，谁知道我们还会不会再享受到那样的奢侈呢？

《巴黎评论》：除了讲述一则好故事外，你在提出这些预言的时候有没有一种责任感在里面呢？

莱辛：我知道人们经常会说："我更多的是把你当作一名预言家。"但是我所说的那些话在像《新科学家》这样的杂志上都出现过了。没有什么是没有说过的！所以我为什么被称作预言家，而他们却没有呢？

《巴黎评论》：你写得要比他们好。

莱辛：好吧，我正打算说我以更为有趣的方式把它们说了出来。我也确实觉得自己有的时候在预言事件的时候，会突然冒出些想法，其实很多作家都有这样的经历。但是我觉得这种情况并不多见。我觉得一位作家的工作就是要提出问题。我非常乐意看到读者看了我的某本书之后仿佛经历了一场——我不知道是什么——文学上的甘霖。他们会开始以一种不同的方式去思考。这就是我所认为的作家的职责。这也正是我们的功用所在。我们所有的时间都花在了考虑世界是怎样运行、为什么这样运行等问题上，这就意味着我们对于这个世界更加地敏感。

《巴黎评论》：你在六十年代的时候有没有尝试过像迷幻剂这样的东西呢？

莱辛：我倒是吃过一次麦司卡林。我很高兴我尝过了，但没有再吃过。当时的情形非常糟糕。给我搞到麦司卡林的那两个人有点负责过头了！他们从头到尾都坐在那里，也就是说我只发现了自己性格中"主持人"的一面，因为我从头到尾就在不停地做一件事：就是向他们展示自己的那种经历！部分的原因是我在保护着自己真正的感受。他们本应该做的是让我一个人待着。我想他们可能是担心我会从窗户上跳下去。我可不是那样的人！然后我就不停地哭。这一点没有什么，但是他们倒是因此而觉得很沮丧，这反过来让我觉得很烦。所以整件事原本可以有更好一点的结果的。我不会再做一次的。主要是因为我知道有些人会有很不好的反应。我有一个朋友有一次也吃了麦司卡林，然后整个过程就像一场噩梦一样，而且这场噩梦持续出现了好几个月——人们的头脑仿佛从肩膀上滚落下来。太恐怖了！我可不想那样。

《巴黎评论》：你是不是经常要外出旅行呢？

莱辛：太多了。我是说我都不想出去了。

《巴黎评论》：主要是公事吗？

莱辛：就是工作，你知道的，推销新书之类的。人们觉得作家就是要卖书的！这是一个非常让人震惊的发展！我跟你说说我今年都去了些什么地方吧，都是为我的出版商去的。我去了西班牙……巴塞罗那和马德里，当然这些都是很舒服的地方。然后我去了巴西，在那里我发现——我之前不知道此事——我的书在那里卖得不错。尤其是太空小说。他们对太空小

233

说非常着迷。然后我去了旧金山市。他们说道："你在这里的时候，你不妨去……"——就是这个表述，"你不妨去"——"沿着海岸到波特兰遛一下。"你去过那儿吗？

《巴黎评论》：没有，从来没有。

莱辛：你可真得去一次！在旧金山，他们都是享乐主义者、愤世嫉俗的人，很和善可亲，非常随和，而且穿着体面，当然也很随意。半小时的飞行后你就到了一个非常正式拘谨的城市，没有一点儿休闲随意的感觉。太不可思议了，它们就在同一条海岸线上。美国就是这样的一个国度。然后我就第二次去了芬兰。他们有着世界上最好的书店！非常棒的书店！他们说那是因为这里的夜晚特别的长！现在我又到了这里。接下来我要去布莱顿，去参加那个科幻小说大会。我还在意大利赢得了一个叫蒙德罗奖的奖项，将在西西里颁发。我问："为什么在西西里呢？"他们面无表情地回答说："你知道的，西西里因为黑手党所以城市形象不好……"于是我要去西西里，然后整个冬天我都要工作。

《巴黎评论》：我听说你在和菲利普·格拉斯合作写一部"太空歌剧"。

莱辛：书的遭遇实在让我太吃惊了！谁会想到《八号行星代表的产生》会被改编成歌剧呢？我是说这很让人吃惊！

《巴黎评论》：这是怎么一回事呢？

莱辛：呃，菲利普·格拉斯写信给我说他想写一部歌剧，于是我们就碰头了。

《巴黎评论》：你以前听过他的音乐吗？

莱辛：没有！他寄了一些他的音乐作品过来。我花了好长时间才让自己习惯它们。我的耳朵总是在期盼什么其他事情发生。你知道我是什么意思吗？然后我们碰头讨论了一下，结果很顺利，这也很让人吃惊，因为我们之间的差别实在是太大了。我们相处得很愉快。我们从来都没有遇到过什么交流上的问题。他说那本书吸引了他,我觉得他说对了,因为那本书确实和他的音乐很配。我们见面了,一般是短期的,一天在这里,一天在那里,决定好了我们该干什么,不该干什么。我负责写歌词。

《巴黎评论》:你以前写过类似的东西吗?

莱辛:没有,从来没有写过和音乐相关的东西。

《巴黎评论》:你在写的时候有音乐参考吗?

莱辛:没有,我们从歌词开始的。到目前为止我们已经写了六个版本了,因为这是一个故事,和他所做的不太一样。一旦某些地方定下来了,他就谱写那部分的曲子,然后会说这里还少六行或那里还缺三行什么的。这是个很大的挑战。

《巴黎评论》:你能再谈谈你的下一个计划吗?

莱辛:好的,我的下一部书是一本很小的书。一部扩展了的短篇小说。说句笑话,在英国短篇小说非常受欢迎。但在美国倒不是那么红火。美国人喜欢大书。那样的书才觉得物有所值。小说讲的是一家非常普通的家庭里出生了一个小精灵。这是现实主义的。我的灵感有两个来源。一个是这位名叫劳伦·埃斯利(Loren Eiseley)的非常棒的作家。他写了一篇文章——我记不得是关于什么的了,文中说他在晨曦中的海边散步,在一条乡村的路上遇到了一位姑娘,他说是一位尼安德特姑娘:一个农村女孩在一条乡村的路上,没有什么可问的,只注意到她身材短小,头脑笨拙。那篇文章很感人也很忧伤。我一直想着它,我问道:"如果是尼安德特人,为什么不是克罗马农人,为什么不是侏儒或小精灵呢?因为所有的文化都在讨论这些人。"还有一个来源是发表在杂志上的一篇最为忧伤的文章,是一位女人投稿的,同时还附了封信说:"我只是想把这些写下来,不然的话我就会疯掉了。"她曾有三个孩子。她最后一个孩子,现在七八岁的样子，是一个天生的魔鬼。她就是这么说的。她说这个孩子除了憎恨周围的每一个人外什么也没有做。她从来没有做过什么正常的事，从来没有笑过或高兴过。她毁了这个家，他们没法忍受她。母亲说："我晚上走进她的房间看着这个孩子睡觉的样子。我只有在她睡的时候才亲吻她，因为她醒的时候不敢那样做。"所有的这些都编进了小说中。关于这个小精灵的主要一点是，他自己是完全可以生存下去的。他是一个正常的小精灵。但是我们就是没有办法和他相处。

《巴黎评论》：那个太空系列还有下文吗？

莱辛：有的。我没有忘记它。如果你读了最后一本，即《多愁善感的特务们》——这是一本讽刺小说，而不是科幻小说——你就会发现其结尾暗示了下一本书。在下一本书里，我把这个过于幼稚的特务送到了⋯⋯我的那个坏行星叫什么来着？

《巴黎评论》：莎玛特？

莱辛：是的，送到了莎玛特上，为的是改良所有的一切。写莎玛特可能会有点困难，因为我不想把它写得太像地球！那样的话就太简单了！我想好了情节，但是我需要找一个基调。你明白我的意思吗？

《巴黎评论》：你有没有为公众读过你的作品？

莱辛：没怎么读过。我只是在被要求的情况下才会读的。他们在芬兰没有让我那么做。我想不起来最近的一次是什么时候了。对了，是去年在德国，天哪！那次旅行实在是太糟糕了。那是在德国的一个学术机构里。我对他们说："我将同在其他地方一样。我先读故事，然后回答问题。"他们说，就是学院派的人经常说的："哦，你可不能指望我们的学生问你什么问题的。"我说："你们就让我自己来处理吧。我知道怎么做。"不管怎么说接下来发生的事情在德国是颇为典型的。我们四点就见面，等着讨论晚上八点才发生的事。他们不能容忍任何模棱两可的事或混乱发生——不行！不能容忍的。我说："你们不用管那么多的。"礼堂非常大，我用英语读了一篇小说，一切都进展得很顺利，非常好。我说："我接下来回答问题。"然后四个该死的教授就开始回答观众提出的问题，还相互讨论争辩，他们讨论的问题实在是太学术化、太无聊了，最后观众们开始起身离席了。一个年轻的小伙子，是个学生，他四肢伸开躺在出口处——当时一位教授刚发表完自己的长篇大论——大声嚷道："无聊，无聊，无聊，无聊，无聊，无聊。"于是我也不管教授们的感受了，我说："我将回答观众们用英语提出的问题。"于是他们又都回来坐下了，接下来很顺利……非常有意思的问题！教授们非常生气。那就是德国。德国的学术界是最烂的。

《巴黎评论》：最近你开始写一些非虚构类的作品。

莱辛：我刚写完一本书，一本很短的书，是关于阿富汗情况的。我去参观了那里的贫民营。在那里男人经常去找报纸，而根据伊斯兰的教义男人不能和女人说话。所以我们把焦点投向了女人。这本书的名字叫《风把我们的话吹走了》(*The Wind Blows Away Our Words*)。这是他们的一个士兵说的，他说："我们大声呼喊向你们寻求帮助，但是风把我们的话吹走了。"

《巴黎评论》：你作为旁观者在那里逗留了很短的时间，（以这么少的经历）来写这么大的一本书，你是否觉得缺少权威性呢？

莱辛：那么记者在访问很短的时间之后是否考虑过他们所带来的信息的权威性呢？我的旅途很短，但是相对于很多记者，我在去那里之前对这些问题进行过几年的研究，所以我了解阿富汗和巴基斯坦（这我在书里讲得很清楚）。我还认识一些懂波斯语的人。而这最后一点是很多记者所不具备的条件。

《巴黎评论》：一些美国的记者把你在这本书中的报道方式当成了靶子来批评，他们认为你的这次阿富汗之行是在一个亲阿富汗的组织赞助下完成的。你对此作何回应?

莱辛：这是左翼批评的沉滢一气，你不能指望这帮人有什么严肃的言论。因为我在书中写得很清楚，我们的旅行不是任何一个政治机构组织的。我参加了一个叫作"拯救阿富汗"的组织，它是由我的一些朋友建立起来的，我帮助一些人去访问巴基斯坦，但不给他们经济上的帮助。我是自费去的，我的同伴们也不例外。这个组织和阿富汗人有紧密的联系，包括流亡在外的和在国内作斗争的，还有在伦敦作顾问的，等等。他们是我的私人朋友，而不是"政治性"的。目前为止："拯救阿富汗"没有在管理上花一个便士，所有的集资工作，无论是在这里的还是在巴基斯坦的，都是自愿完成的。明白说吧："除了阿富汗人，没有人从'拯救阿富汗'组织里得到什么东西。"

《巴黎评论》：在《简·萨默斯日记》中你经常用像"假如年轻人知道/假如年纪大的人可以……"这样的话。有什么往事是你希望改变的，或者你可以给出什么建议之类的吗?

莱辛：我没有什么建议。问题的关键在于，你一定不相信我所知道的这一切都只是陈词滥调，所有的话都被人说过了，但你就是不相信你正在变老。人们也不知道他们衰老的速度是多么的快。时间真的过得很快。

（原载《巴黎评论》第一百〇六期，一九八八年春季号）

玛格丽特·阿特伍德

◎仲召明/译

玛格丽特·阿特伍德一九三九年出生于加拿大安大略省渥太华。童年时期，她在魁北克北部的荒野之地、渥太华、苏圣玛丽和多伦多都住过。一直到十一岁时，她才完完整整地上了一年学。进入高中后，受埃德加·爱伦·坡影响，阿特伍德开始写诗，十六岁时她决定当一名作家，六年后，出版第一部诗集《双面佩塞芬尼》。

她的第二本书《循环游戏》（也是诗集）为她赢取了总督奖——加拿大文学最高荣誉，从那以后，她就一直是加拿大文学界的一个重要人物。一九七二年，阿特伍德出版了加拿大文学研究专著《幸存：加拿大文学主题指南》，引发了一场大讨论。在这本书里，阿特伍德认为，加拿大文学反映了这个国家惟命是从和活命主义的倾向，而导致如此倾向的根源在于，加拿大是美国的附庸，从前是殖民地，国土广袤，但很多地方难以控驭。这本书出版后，阿特伍德放弃阿纳西出版社的编辑工作，离开多伦多，在安大略省阿利斯顿一家农场住下，开始全职写作。

阿特伍德出版了十九部诗集：《循环游戏》（1964）、《苏珊娜·穆迪日记》（1970）、《强权政治》（1971）、《你是快乐的》（1974）、《真实故事》（1981）和《无月期间》（1984）等。但她的小说更为出名，如《浮现》（1972）、《神谕女士》（1976）和《猫眼》（1988）。《使女的故事》（1986）是她最受读者喜爱的小说，描述了一个森严的神权国家，读来令人心惊胆寒。《使女的故事》为她赢取了第二个总督奖，最近还被改编成了电影。她还写过两本童书：《在树上》（1978）和《安娜的宠物》（1980）。短去年九月，阿特伍德女士到瑞典哥德堡参加北欧书展，《没有青蛙》(Frogless) 这首诗是她在 SAS 酒店房间提供的便签簿上写下的。"我经常在这种状态下写作。在酒店房间，在没有电话铃声没有监控的飞机上。在过海关之前，我会写点儿关于时差的东西。"

篇小说集有《跳舞女孩》(1977)和《蓝胡子的蛋》(1983)两种。她编辑过剑桥加拿大诗歌选、短篇小说选，她还和香农·拉夫纳尔共同编辑了一九八九年度的《美国最佳短篇小说》。

女性身份问题是经常出现在阿特伍德作品中的一个主题，女权主义者宣称她的写作是女权运动的产物。阿特伍德还在自己的作品里探讨了许多政治和哲学议题，如加拿大对创造自身身份的努力。近些年，她关注起了人权。

访谈是在普林斯顿大学附近的一栋房子里进行的，此前阿特伍德曾在那里朗诵作品并演讲。她亲自朗读自己的作品时和读者对她的期待正相符合——单刀直入。在两天的时间里，小伙子们在外面打篮球、玩音乐，人们进进出出，隔壁房间的电视里播放着橄榄球赛，阿特伍德专注地一坐好多个小时，毫不犹豫地回答每个问题。她从不偏离自己的观点，从不显得疲惫。她就像自己书里的某个叙述者，克制，镇定自若。

——玛丽·莫里斯，一九九〇年

《巴黎评论》："生存"一直都是你作品中一个固有的主题吗？

玛格丽特·阿特伍德：我是在加拿大北方的树林里长大的。你必须知道点儿生存的知识。在我长大成人那段时期，野外生存课程还没正式成型，但我学会了一些东西，知道在树林里走失了应该怎么办。

《巴黎评论》：从认为生存是一种肉体奋争，到认为生存是一种智力上或者政治上的抵抗，你是在什么时候完成这次跨越的？

阿特伍德：当我开始把加拿大当成一个国家时，我很清晰地意识到，生存是一种国家困扰。六十年代来美国时，我感觉没人知道加拿大在哪里。尽管他们的兄弟可能还去那里钓过鱼或干吗。在哈佛时，我以"外国学生"的身份,受邀去一个女人家里吃晚饭。我竟然被要求穿上"民族服饰"。非常不幸,我把民族服饰丢在老家了,而且我也没有雪鞋。我没穿民族服饰,就这样去了那里,看到了那个女人和那么多吃的。我坐着,等待真正有异国风情的外国学生,穿着他们的民族服饰出现——但他们并没有来,因为所有人都知道,外国学生晚上不出门。

《巴黎评论》:关于"外来性"这个主题,你也写过很多作品。

阿特伍德:"外来性"无处不在。只有在加拿大心脏的心脏,也就是美国的心脏,你才可以避开这么个东西。在一个帝国的中心地带,你可以认为自己的经历是普遍的。在帝国之外,或者在帝国边缘,你做不到这一点。

《巴黎评论》:在《苏珊娜·穆迪日记》的后记中,你写道,如果美国的精神疾病是妄想自大症,那加拿大就是妄想型精神分裂症。关于这句话,你可以再阐述阐述吗?

阿特伍德:美国地域辽阔,国力强盛;加拿大各地区互相割裂,饱受威胁。也许我不该说"疾病"这个词。也许我该说"意识状态"。人们经常问我,为什么你笔下的女性角色都那么多疑?那不是多疑。那是对她们处境的认识。同样,美国觉得自己强大也并不是一种错觉。她确实强大。也许,她希望自己地域更辽阔,国力更强盛才算精神疾病。每个加拿大人和美国都有错综复杂的关系,而美国人只把加拿大看成是各种气候的来源地。在一种力量失衡的关系中,如何认识你自己是一件很难的事。

《巴黎评论》:你如何评价这种政治关系下的加拿大和加拿大文学?

阿特伍德:加拿大不是一个被占领的国家。她是个被控制的国家。在一个被占领的国家,事情要简单明了得多——英雄和恶棍泾渭分明。当然,麻烦的是,美国乐意吞下任何东西。这是她受人爱戴的一个原因。加拿大作家常常发现,他们在美国比在加拿大过得更开心,因为从某种意义上来说,生活在加拿大就像生活在一个小镇上。你摔断了一条腿,所有人都来帮助你,但另一方面,如果你胖了,裤子变紧了,好了,所有人也都会注意到。艾丽丝·门罗写过一本书。这本书在美国的标题是《乞丐女佣》,但在加拿大,书名叫《你以为你是谁?》。一举一动像总理似的,你以为你是谁?美国人热爱成功。美国梦就是人人都有可能成为总统,或者上《人物》杂志。但在加拿大,你知道,更有可能出现的情况是,人们也许并不喜欢你这么干。灌木丛里埋伏着很多狙击手。

《巴黎评论》:你觉得,作为一个作家,你在哪里受到的待遇更高?

阿特伍德:在加拿大,恶毒的攻击,针对个人的攻击最多,因为我就来自那里。我们都知道,家人之间的争吵往往最极端。不过,如果看图书销量,看在街头能认出我的人数,加拿大的数字是最高的。如果我在美国卖的书和在加拿大一样多,我已经是亿万富翁了。

《巴黎评论》:女人想要出版作品,是不是比男人要难?

阿特伍德:这个问题恐怕太过宽泛了。比如说,我们指的是在北欧,爱尔兰还是阿富汗?除了性别,还有其他很多种分别。比如说年龄、阶级和肤色,以及宗教、民族血统、以前作品的出版情况和性取向。我想我们可以改述一下,这样问:如果年纪、阶级、肤色、民族血统或地区、才华——不管才华这种东西是什么吧——都相近,一个初试啼声的女小说家会比她的男性对手更难出版作品吗?从拉丁美洲女性作家——这个群体人数众多,但被翻译过来的寥寥——的经历来看,答案是肯定的。很多国家的女人要出版作品简直太难了——比如中东。或者南美的黑人妇女。其实,对于她们来说,想写作都很难。或者说想受教育都很难。女性写作的障碍在她们很小的时候就存在了,而且是很难跨越的障碍。

但如果我们只谈北美的情况,当然了,商业出版商都想出版他们能卖掉的书。这种出版商是否会出版某本书——不管它是男人、女人还是海龟写的——主要取决于他们认为这本书的市场认可度会怎么样。我不认为存在一个反对女性作品的公开原则，或者女性作品有个公开的出版配额。一本书能不能出版，主要取决于作品本身和出版商对它的感觉。不过，现实的情况是，大多数已经面世的书仍然是男人写的，男人评的。然后就有个评论主题的问题。在书评里，你最有可能读到的是性别偏见，各种偏见。

《巴黎评论》：对于你而言，从男性视角写作很难吗？

阿特伍德：在我的书里，大部分"叙述者"或者说叙述视角都是女人，但有时候，我也会使用一个男性角色的视角。请注意，我尽量避免使用"男性视角"这个说法。我既不迷信男性视角，也不迷信女性视角。同时使用两种视角的作家很多，不过有些想法和态度，男人不可能有，而另外一些，女人又不可能有。所以当我使用一个男性角色时，那是因为故事中的某个东西或某个人必须如此传达出来，或者通过女性角色来传达的话会改变我的本意。比如说，最近我在《格兰塔》杂志上发表了一个短篇小说，小说名字叫《黑暗中的伊西斯》。小说是讲关系的，经年的微妙关系——一个女诗人和一个男人，我想这个男人对这个女人有一种文学崇拜。小说也写到了这个女人是如何影响这个男人的生活的。如果我通过这个女人来讲述……从被迷恋对象的视角讲述这种关于浪漫迷恋的故事，会失去情感韵味。那样小说会变成"在阳台外面流连不去的坏人究竟是谁"这种故事。

《巴黎评论》：你可以只阅读文本就知道一个作家的性别吗？

阿特伍德：有时候可以，当然，并不总是可以。英国有个很著名的例子。一个圣公会牧师说他总是出不了书。后来他用一个东亚女人的名字写作，结果他的一部小说被维拉戈公司接受了。关于叙述视角，有很多种论调。比如有些人认为，女人做不到、也不应该从一个男人的视角写作。诸如此类。男人对女人如何描述他们是很不以为然的，事实上，小说里或舞台上最邪恶最讨厌的男人，大多是男人写出来的。族群笑话的原则似乎在此发挥了作用——男作家写一个男人脚臭，没有道德，吃饭时没教养，没问题,但如果一个女作家写同样的事情,那么她肯定讨厌男人。男性的自尊受到了伤害。如果她写了一些善良的男性角色,男读者会觉得这些角色"软弱",尽管男作家让他的角色在厨房做饭就是现实主义的。诸如此类。

我们越来越习惯于通过封面判断一本书。"逼真"已经成了一个重要的考虑标准。我倾向于站在创作自由这一边。不管男作家女作家,每个人都应该按照自己的想法写作。而且我们应该评判作品,而不是评判后勒口的作者照片。

这个问题表明你把"女人"臆想成了一个固定不变的群体,以为有些男人比其他人更"善于"描写她们。不过,我拒绝承认这个群体是固定的。不存在一个单一的、简单的、固定不变的"女性视角"。我们可以这样说,好的作品,不管作者是谁,类型为何,都出人意料、繁复、有力、婉转。把女人写得都一样或者把她们当成人肉家具和性交工具的男人,也是在描述,可能描述的还是她们的内心世界——从某种意义上来说,这样的作品也值得一观。但不能把它和这个作家头脑以外的生活混为一谈。

《巴黎评论》:对你来说,写诗和写散文有什么不同?

阿特伍德:我的理论是,这两种活动使用的大脑区域不同,当然也有重合的部分。写小说的时候,我觉得自己更有条理,不紧不慢——写长篇小说就得这样。写诗是一种自由漂移状态。

《巴黎评论》:我觉得在诗里面,你解决问题,但在小说里,你将问题变成比喻,或者将它们戏剧化。

阿特伍德:我写一首诗,常常是源于一串词语。我能想到的唯一一种好比喻是科学的比喻:在过饱和的溶液里再滴入一滴液体,让溶液变得透明。我并不觉得自己在诗歌里解决了问题;我只是揭示了问题。而长篇小说似乎是一个解决问题的过程。那个时候——也就是我写诗的时候——我并不这么想,我并不知道自己正在被引往下一部长篇的路上。只有当我写完了长篇,我才可以说,嗯,那首诗是钥匙。那首诗打开了一扇门。

我写长篇的时候,首先出现在笔下的是画面、场景或者声音。一些非常微小的东西。有时候,这样的一粒种子来自于我写过的一首诗。我在写的过程中解决结构和布局问题。我没法以另一种方式写作,也就是先弄好结构。那样写作,实在太像画数字油画了。至于我的作品的血缘联系——也就是从诗歌到小说,我可以举出很多例子来。在我的第二本诗集《那个国家里的动物》中,有一首诗叫《一个拓荒者越来越严重的精神错乱》。它导致了诗集《苏珊娜·穆迪日记》的诞生,而这部诗集又导致了小说《浮现》的诞生。另外还有一条血脉联系:《真实故事》里某些章中的某些诗歌,和小说《人身伤害》明显有血缘关系。诗歌好像开启了什么东西,一个房间,一个盒子,或者一条路,然后小说走进去或者走上去,看看那里还有些什么。我不知道这种经历是不是很独特。但我猜很多其他熟练的作家,应该有过相同的经历。

《巴黎评论》:作家观察到的东西是不是和其他人不同?作家的眼光有什么独特之处吗?

阿特伍德:这与我们用什么样的词汇来表示事物有密切关系。爱斯基摩人,也就是因纽特人,有五十二个表示"雪"的词。每一个词描述的都是一种不同的雪。芬兰语里没有男"他"和女"她"。如果用芬兰语写小说,你得早早就将人物的性别非常明显地写出来,要么通过给人物取好名字,要么描述能让读者知道人物性别的活动。其实我不打算回答你这个问题,因为我不知道其他人怎样"观察"这个世界。但根据我收到的信来看,许多"其他人"在我写的东西里,至少认出了部分的自己,当然,他们认出的那部分自己千差万别,因人而异。作家独特的地方在于,他们写作。所以他们对词语更加挑剔,至少在纸上如此。但是从某种意义上来说,所有人都"写作",也就说,每个人都有一个"故事"——一种个人叙述——这种叙述经常被重新播放、修改、拆解,又组合在一起。这种叙述的显著特点随着一个人年纪的改变而改变——二十岁时的悲剧,在四十岁时回望也许就成了喜剧或怀旧散文。所有孩子都"写作"。(也画画,唱歌）我想真正的问题在于，为什么这么多人都放弃写作。我想是因为威胁。害怕不够好。没有时间。

《巴黎评论》： 你曾感受到过语言的局限吗？

阿特伍德： 所有作家都感受到过语言的局限。所有严肃的作家。

《巴黎评论》： 你的作品里为什么有那么多的暴力？《人身伤害》尤甚。

阿特伍德： 有时候人们惊讶于一个女人居然会写这些东西。比如说，有些人认为，《人身伤害》是对一个应该是男人的世界的某种入侵。我作品中的暴力，肯定要比简·奥斯丁或者乔治·艾略特作品里要多。在那个时代，她们不这样写。查尔斯·狄更斯描述比尔·塞克斯用大棒打死了南希，血喷得到处都是①，但如果当时的女人也这么写，那肯定没有人愿意出版她的书。其实我生长在一个没有暴力的环境中，我周围的那些人言行举止都非常文明。当我走进外面更广阔的世界，暴力让我惊骇，我比那些已经习惯了它的人要惊骇得多。另外，在第二次世界大战期间，尽管邻里之间并无暴力，但忧国情怀——你知道的，对战争的忧虑——无时不在。加拿大一九三九年加入战争，在我出生前大约两个月。当时死亡率非常高。

《巴黎评论》： 但读你的作品，仿佛你经历过暴力。

阿特伍德： 但我写了好多我好像经历过、其实并未经历过的事情。我从未得过癌症。我从来没胖过。我有各种不同的情感。在我的批评作品里，我就像十八世纪的理性主义者。在我的诗歌里，我什么也不是。你没办法预先知道你的作品里将出现什么。作家收集所有能够激发想象力的闪光碎片——数目庞大。有些你觉得毫无用处。我也收集了很多这种小奇珍，时不时地，我需要拿出一样用一用。它们在我的脑袋里，但我也不知道在脑袋里的什么地方！它们杂乱无章。有时候我很难找到自己需要的

---

① 这是《雾都孤儿》里的情节。

东西。

《巴黎评论》：性很好写吗？

阿特伍德：如果你说的"性"只是指性行为的话——"地动山摇"之类的描述——呃，我想我很少写这种场景。这种描述很容易变得滑稽、自命不凡或者隐喻过度。"她的乳房就像苹果"，诸如此类的。但"性"不只是谁谁谁身体的哪一部分在哪儿。参与者之间的关系，房间里的家具，树上的叶子，事前事后说的话，情感——爱的行为，欲望的行为，恨的行为，毫不在乎的行为，暴力的行为，绝望的行为，操控的行为，希望的行为——这些都是性。必须把这些事情都包括在性之内。

舞女的衣服脱光之后，脱衣舞就没意思了，变成了牛顿力学。身体在空间、时间里的移动。很枯燥。

《巴黎评论》：母亲的身份，让你对自己的感觉有了什么样的变化？

阿特伍德：在我写作生涯的早期，有一段时间，我被定格在我接触到的一些女作家的形象里——自杀的天才女作家，如弗吉尼亚·伍尔夫。或天才的遁世者，如埃米莉·狄金森和克里斯蒂娜·罗塞蒂。或者某种劫数难逃的人物，像勃朗特两姐妹，她们都在很年轻时就死掉了。但你会降落到哈里特·比彻·斯托和盖斯凯尔夫人[①]的队列里，她们过的都是正常生活。但乔治·艾略特没有孩子；简·奥斯丁也没有。回顾这些女作家，你会觉得一个女作家想要有孩子，想要过家庭生活似乎很难。有一段时间，我觉得自己必须在我想要的两样东西之间做个选择：孩子，成为女作家。最后我决定冒个险，两样都要。

《巴黎评论》：在你的许多作品里，爱和权力似乎有着非常错综复杂的关系——在《强权政治》里，爱是一种权力斗争。你没办法以其他方式看

[①] 伊丽莎白·盖斯凯尔（1810—1865），英国维多利亚时代小说家。

待男人和女人之间的关系吗？

阿特伍德：男女之间爱的关系的确牵涉到权力结构，因为当今社会，各种权力，男人都比女人拥有得更多。在一种关系中，女人的问题是如何保持自己的完整性，保持自己的权力，在男女关系中也是如此。爱上一个人是一种打破自尊壁垒的经历。感觉到"宇宙意识"，感觉到失去了自我，正是这种经历的正负两极。你正在变得不像你自己；你正在投降——堡垒已经崩塌。但在一个并非所有东西都平等的社会里，可能有平等的交换吗？《强权政治》出版十四年了，人们仍然愿意将它置于现在时态里。我的每一本书都不相同——表达了不同的情境、人物和关系。我最像家庭小说的书是《人类以前的生活》。这本书讲述的是一个等边三角形的关系。两个女人一个男人，从任何一个人的观点来看，另外两个人的行为都有问题。但你可以沿着这个三角形游走，从各个方面来看它。作为一个人究竟有何不寻常的地方？我和一个男人的关系非常好，这种关系已经持续很多年了。小说并不仅仅是表达自我的工具或者个人生活的表演。在这一点上我是相当保守的。我认为小说是一种看社会的工具——语言以及我们选择称之为"现实"的那种东西之间的分界面。当然，我觉得"现实"的含义非常宽泛。我在小说中创造人物的时候，并不想让他们表达非常个人化的东西。我描述我对大千世界的观察。

《巴黎评论》：你怎样工作？你能描述一下你是如何写作品的第一稿的吗？

阿特伍德：我手写，而且喜欢在有页边、行线很粗行距很宽的纸上写。我喜欢用在纸上行走流畅的笔，因为我写字很快。说实话，完整的第一稿出来得并不快。尽管我写得很快，但我得涂抹增删。然后我用打字机将几乎没法辨认的手稿誊下来。

《巴黎评论》：你会专门在某个时间、某一天或某个地方写作吗？身在何处对你有影响吗？

阿特伍德：我尽量在上午十点和下午四点之间写作，这段时间里，我的孩子在学校上学。有时候，如果一部小说实在萦绕难去，我会在晚上写。

《巴黎评论》：写一部小说，你会顺利地从开头一直写到结尾吗？

阿特伍德：不。场景是自动出现的。有时候它们是一个一个出现的，有时候它们一下子全来了。《浮现》中有两个部分我写了五年，写完它们我才写小说的其余部分——那个母亲的灵魂以小鸟的形象出现和第一次湖滨之行这两个场景。这是整部小说的两个支撑点。

《巴黎评论》：写作最难的方面是什么？

阿特伍德：图书推广——也就是做访问。最容易的是写作本身。这个"容易"，我并不是指写作过程中没有艰难或沮丧；我想我的意思是"最值得"。在图书推广和写作的过渡期间我修改手稿；在图书推广和修订文稿的过渡期间我修订校样。我不是很喜欢做推广活动。

《巴黎评论》：你会和编辑紧密合作吗？

阿特伍德：我曾经也是个编辑，所以我自己会对作品做很多编辑工作。我在把东西拿给别人看之前，会重写很多部分。我希望别人看到的手稿，是一份几乎说是作品最终状态的手稿。我的意思不是说我拼写能力很好。这个问题是存在的，还有其他一些繁琐的事情，比如句读——每个人对此都有不同的意见。所以，我当然要和编辑合作，在这方面改善文本。例如，麦克莱兰和斯图尔特公司的埃伦·塞利格曼和我一起修改《猫眼》的时候，非常用心，工作非常出色。她会说：你在同一页上用了两个"湿透"。诸如此类的。她看起稿来一丝不苟。通过电话和某些杂志的编辑一起修改短篇小说的时候我很愉快，比如《纽约客》的鲍勃·戈特利布，《格兰塔》的比尔·布福德。这种事情总是发生在你身在瑞士或者正准备洗澡的时候，而他们必须立刻就稿子中的某个地方和你确定下来，讨价还价,互相让步。如果你想保留这个破折号,那我这个分号也必须保留。就是这类事情。但编辑不光是编稿子,在整个出版流程中,他们都得关照着一本书。我和很多编辑都保持着长期的亲密关系:比如加拿大牛津出版社的比尔·乔伊;我美国的编辑纳恩·塔利斯,她从一九七六年起就开始编我的书了;还有英国布鲁姆伯利公司的利兹·考尔德。你能期待编辑的,就是他们真的懂你的作品。这是钱没办法买到的。

《巴黎评论》:我发现,在你思考问题时,钱是一个很重要的因素。你总是用此类明晰的经济术语来看问题吗?

阿特伍德:人穷的时候就会这样。我过一段非常穷的日子,为了能获得时间,而且,真的,为了能吃饱肚子,我必须对钱小心在意。但我的贫穷和真正的贫穷不一样,身在其中时,我还是有点方向感的。我并不觉得自己被困住了。实际上,因为我们家住在树林里,所以很难说我们是穷是富,因为根本就不需要钱。没钱也没关系。我们需要的我们都有——我们自己种了很多蔬菜和其他东西。所以说我是在钱并不存在的环境中长大的。钱至关重要的那个社会结构和我没关系。但随后,我少小离家,独自生活。我渐渐觉得,我应该自己养活我自己。我在很小的时候就开了银行账户,并学习怎么使用它。我知道我必须保持经济独立,而且我一直都是如此。钱对女人很重要,因为当你在经济上依赖一个人的时候,你的想法改变之大会让你自己大吃一惊。真的,任何人都不例外。

《巴黎评论》:你有没有想过写一部小说,在小说里面,一个女人拥有一份极端重要的工作?

阿特伍德:想过,我想过这么干。但乔治·艾略特从来没写过关于一位十九世纪成功英语女作家的小说,尽管她就算一个,出于同样的原因,我后来也不想写这样的小说了。社会上的特殊人物不够典型。另外,我也不是商人。我是个体经营户。同样,我也不用在权力结构中打拼。我用不着在一个大集团里努力往上爬。我的书里有一个成功女性。《人身伤害》

中伦尼采访的那个年轻女法官。她热爱自己的工作——想起来了吗？伦尼采访她，但受不了她。曾经有个女记者——做"生活方式"版面的——她对我非常不满，因为她觉得我没有告诉她什么八卦。她想知道肮脏的内幕。最后我对她说，如果可以选择，你希望我对你说什么。她说，嗯，如果你说你要离开格雷厄姆，就现在，那我就有独家新闻了，那我就可以回家在电视上看你收拾行李了。

《巴黎评论》：你总是质疑机构吗？

阿特伍德：嗯，我是在树林里长大的，我们一家人身处任何社会结构之外，那些东西和我们没关系。所以和许多小孩不一样，我的头脑并没有吸收任何社会结构的概念。如果你是在一个小镇长大的，那么你就会本能地认识所有人，知道所有地方，知道你可以大胆地鄙视谁。

《巴黎评论》：你是怎么获得标题的？

阿特伍德：我喜欢"获得"这个说法，因为标题就是这样来的。我获得标题，就和你在旧货店或者路边发现一件意外之物一样。有时候，几乎在我刚开始写一本书时，标题就自己来了——"可以吃的女人"和"神谕女士"就属于这一种。有时候，你向很多个方向凝望，但那个对的标题却从旁边跳到你身上。我在阅读关于一些法律性质的资料，"人身伤害"就在这个时候来了。我给好几本书暂拟过很多标题。在"浮现"之前，我很认真地取了两个标题，还有其他大约二十个也合适，而其中一些和最终标题差别非常大。"猫眼"这个标题我很快就得到了，鉴于小说中心实体的身份，我觉得必须应该是这个标题。我刚开始写它的时候，《使女的故事》叫《奥弗雷德》。写到一百一十页的时候，我把标题改了。我会写一种类似于工作日志的东西——不是便签，有时候我会连着写好几页，以此来激励自己，所以我还记得。我经常拿起《圣经》，一读再读——这是老是住酒店的结果，但也是长期形成的习惯。所以其实这个标题是来自于《圣经·创世记》第三十章。我还记得，在我小时候，"使女"是《圣经》中令我困惑的那种词汇。就像"步兵","使女"也是个非常古怪的词。

《巴黎评论》:对你来说,《圣经》是一种灵感源泉吗?我知道你曾经用几乎算是宗教术语的话来形容"天赋"。

阿特伍德:这种类推法让我不是很舒服,因为涉及到了宗教。但"天赋"是真实的。它伴随着天命和一种献身精神。你听见了召唤。

《巴黎评论》:在《神谕女士》的结尾,琼说:"我不会再写哥特服饰了。也许我会写科幻小说。也许我会写未来。"从某种意义上来说,你已经在《使女的故事》中这样写过了。你的作品,正在朝着世间更大的焦点演进。

阿特伍德:我想焦点确实变大了,但同样的事情肯定在每个作家的身上都发生过。首先要做的是学习这门手艺。这可能会花去很多年的时间。为了学好手艺,你只能挑那些你把控得住的小主题。只有这样,你才能学会如何干好这份工作。当然,宽泛一点儿讲,每部小说——在开头——都打开了通向完全未知世界的一扇门。我的意思是,对所有作家来说,写小说的过程都非常可怕。但没关系,在未知世界旅行了几次,在意识深处,你就有了一些小小的路牌、指示标。学好这门手艺最有效的方法是,写一部失败的小说,糟糕的小说,或者你不能完成的小说,因为在失败中学到的东西,常常和在成功中学到的东西同样重要。同样的错误再次发生时就不会那么可怕了,因为你已经学会如何改正。

《巴黎评论》:回顾过去的作品你满意吗?如果有可能,你会去修正一些作品吗?

阿特伍德:我并不经常重读过去的作品。我顶多会在自己的照片上喷点油漆,不会做其他修改。当我真的重看自己的作品时,有时刹那间我认不出这是我写的,有时我沉湎其中,就像一个年轻人读他自己的作品那样。有时我会想,我当时在想些什么呢——然后我就想起来了。我想等我

253

到了八十岁,我会像吃一大桌隔夜的菜那样,重看我过去的作品,但现在,我只专注于眼前这个盘子里的东西。我说了好多食物的比喻啊!

《巴黎评论》:加拿大批评界近来对你很苛刻吗?

阿特伍德:我的加拿大批评家们,对待我还是和过去一样,并没有更苛刻。我想他们已经习惯了我的存在,这倒是一件好事。多长几条皱纹还是有好处的。他们会觉得你是某种受人尊敬的大人物。不过还是有一些年轻人,希望把我扳倒,从而建立自己的名声。每个坚持写了一段时间的作家都或多或少遇到过这种情况。我年轻的时候非常偏执。这种偏执,有时候是必要的;年轻人需要它,因为可以为自己赢取资历。

《巴黎评论》:你似乎对视觉艺术非常了解。这是来自于研究还是亲身实践?

阿特伍德:我猜,所有作家——或者说所有人——都有平行的人生,他们如果没有成为现在这种人,会成为另外一种人。我原本也有好几种人生,其中一种肯定是画家。十岁的时候,我想成为画家;到了十二岁,我改主意了,想成为服装设计师,但现实击败了我,我只能在课本的空白处涂涂画画。念大学时,我设计、印制了一些丝印海报,设计过剧目单,靠这个挣了些零花钱。我从来没有放弃过绘画,但只能把它当成一个业余爱好了,不过现在我仍然会设计东西——比如我加拿大版诗集的封面。我退休之后,可以考虑做做这类事情。也许我会像温斯顿·丘吉尔那样,成为一个可怕的星期日画家。我有几个画家朋友,我见识过那种人生的艰难之处。画展开幕只能喝很次的酒,吃硬掉的奶酪,画评标题很漂亮,但内容却和画作没什么关系。诸如此类。

《巴黎评论》:有没有一样东西,一直存在于你的心里,让你觉得这是作为作家最大的奖赏?

阿特伍德:发表第一首诗的时候我真的很开心。从那以后,所有的事情都令人兴奋，但第一次的兴奋感是最强烈的。你觉得奇怪吗？

《巴黎评论》：但我指的是更私人化的什么东西。

阿特伍德：好，好。有一次，我在哥本哈根闲逛，你知道的，就是在一个人满为患的商场里看看橱窗。丹麦和格陵兰岛历史渊源颇深，而格陵兰住着很多因纽特人。从街上走进来几个穿着格陵兰传统服装的因纽特舞者。他们脸上画着油彩，穿着毛皮衣服，模仿野兽、怪物和某种神灵。他们是灵魂舞者，对人群发出咆哮和其他各种奇怪的声音。他们指甲细长，嘴巴里塞着变形器——就是让脸颊鼓出来、使表情很怪异的小木片。这些长毛的神灵抑或怪兽中的一个走向我，从嘴巴里拿出木片，问道，你是玛格丽特·阿特伍德吗？我说是。他说，我喜欢你的作品。然后他把木片塞回到嘴里，咆哮着走进人群当中。

（原载《巴黎评论》第一百一十七号，一九九〇年冬季号）

托妮·莫里森

◎许志强 / 译

托妮·莫里森痛恨被人叫作是"诗性作家"。她似乎认为，将注意力放在她作品的抒情性上是小看了她的才能，否认了她那些故事的力量和反响。作为一个作品既受欢迎又获好评的为数不多的小说家，她挑选可以接受的赞扬，这种奢侈她担负得起。然而，并不是所有的归类她都拒斥，事实上，她欣然接受"黑人女作家"这个称号。她那种将个体转变成势力、将个性转变成必然性的能力，使得一些批评家把她称为"黑人精神的D. H. 劳伦斯"。她同样是一个社会小说的大师，审视种族和性别之间的关系以及文明和自然之间的斗争，同时又将神话和幻想与一种深刻的政治敏感性结合起来。

在一个夏日的星期天下午，在草木葱茏的普林斯顿大学的校园里，我们和莫里森交谈。访谈是在她的办公室里进行，那儿装饰着一帧海伦·弗兰肯塔勒的大幅画片，一个建筑师给她作品中出现的所有房子所作的钢笔画，一些照片，几幅装了框的书皮封套，还有一封海明威写给她的道歉信——故意用来开玩笑的一件伪造品。书桌上是一只蓝色玻璃茶杯，饰有秀兰·邓波儿画像，里面插着她用来写初稿的2号铅笔。窗台上摆放着景天树，还有几盆盆栽植物吊在上方。咖啡壶和咖啡杯随时可取用。虽说天花板高，书桌大，还有黑色高背摇椅，房间里却有那种厨房的温暖感，或许是因为，跟莫里森谈写作像是那种经常出现在厨房里的亲密交谈；或者说不定是这个缘故，我们开始累得筋疲力尽时，她却神奇地端出几杯酸莓汁来。我们觉得，她允许我们进入一方圣殿，而她却巧妙地全盘控制着

American; it could be Catholic, it could be Midwestern. I'm those things too, and they are all important.

INTERVIEWER

Why do you think people ask, "Why don't you write something that we can understand?" Do you threaten them by not writing in the typical western, linear, chronological way?

MORRISON

I don't think that they mean that. When they say, "Are you ever going to write a book about white people?" they think that that's a kind of a compliment. They're saying, "You write well enough, I would even let you write about me." I couldn't say that to anybody else. I mean, could I up to Andre Gide and say, "Yes, but when are you going to get serious and start writing about black people?" I don't think he would know how to answer that question. Just as I don't. He would say, "What?" "I will if I want" or "Who are you?" What is behind that question is, there's the center, which is you, and then there are these regional blacks or Asians, sort of marginal people. That question can only be asked from the center. Bill Moyers asked me that when-are-you-going-to-write-about question on television. I just said, "Well, maybe one day ..." but I couldn't say to him, you know, you can only ask that question from the center. The center of the world! I mean he's a white male. He's asking a marginal person, "When are you going to get to the center? When are you going to write about white people?" But I can't say, "Leo Tolstoy, when are you gonna write about black people?" I can't say, "Bill, why are you asking me that question?" The point is that he's compensating; he's saying, "You write

经托妮·莫里森本人修订的《巴黎评论》访谈稿中的一页

局面。

外头,阳光滤过橡树叶子高高的华盖,在她白色的办公室里洒下一簇簇淡黄光斑。莫里森坐在大书桌后面,尽管她抱歉说桌上"乱七八糟",可是书桌却显得颇为归整。顶着墙壁摆放的一条油漆长凳上,摆放着一堆堆书和一摞摞文件。她比人们想象得要矮小一些,而她那头银灰色头发,编成薄薄的钢花辫子,长度刚好垂落到肩头。访谈期间,莫里森洪亮深沉的嗓音偶尔爆发出轰隆隆的笑声,为了强调某个声明,她偶尔用手掌平平地拍打桌面。她会从对美国暴力的愤怒即刻转换到对垃圾电视脱口秀主持人幸灾乐祸的讥刺,而她承认,傍晚她的工作结束时,她偶尔会浏览那些电视节目。

——伊莉莎·沙佩尔,克劳迪娅·布罗茨基·拉寇,一九九三年

《巴黎评论》:你说过,你在天亮之前开始写作。这种习惯的开始是出于实际原因,还是由于清晨是你特别多产的一段时间?

托妮·莫里森:天亮之前写作是始于一种必要性——我开始写作的时候有了小孩子,而在他们叫妈妈之前,我需要利用这段时间——而那总是在早晨五点左右的时候。多年以后,我不在兰登书屋工作以后,我就在家里待了几年。我发现以前从未想过的我自身的一些情况。首先,我不知道什么时候我想吃东西,因为我一向是在要吃午饭、晚饭或早饭的时候已经吃过饭了。工作和孩子驱使了我所有的习惯……我并不了解从周一到周五我自己屋子里的各种声音,这一切弄得我感觉有点儿晕。

我是在那个时候投入《宠儿》的写作的——这是在一九八三年,而我最终意识到,早晨我脑子更清楚,我更自信,一般说来是更聪明些。早起的习惯,是孩子还小的时候养成的,如今则成了我的选择。太阳落山之后,我不是很灵光,不是很有才,不是很有创造性。

最近我跟一个作家聊天,她描述不管什么时候她移到写字桌前所做的某件事。我记不清那是个什么手势——桌上有个东西,她在敲打键盘之前要摸一下——可我们开始谈起人们开始写作之前所经历的那些小小仪式。我起先觉得我并没有仪式,可随后我就想起来,我总是在起床后沏一杯咖啡,这个时候天还黑着呢——天必定是黑着的,接着我就喝咖啡,注视晨光浮现。然后她说,噢,这个就是仪式呀。而我意识到,对我来说这个仪式构成我的准备,进入那个我只能称之为非世俗的空间……作家全都要发明接近那个地方的途径,他们期望和那儿取得联系,他们在那儿变成导管,或者说他们在那儿加入这个神秘的过程。对我来说,光线是迁移的信号。它并非存在于光线之中,而是在它到来之前就在那儿。它给了我能力,某种意义上说。

我跟学生讲他们需要知道的最重要的一件事情是什么时候他们状态最好,最有创造力。他们需要问他们自己,什么才是看起来理想的房间呢?有音乐?有寂静?外面吵吵闹闹还是外面风平浪静?为了释放想象力我需要什么?

《巴黎评论》:你的写作惯例是怎么样的呢?

莫里森:我有一种从未体验过的理想惯例,那就是比如说,有九天不间断,而那个时候我不需要离开屋子或是接电话。并且拥有那个空间——在那儿我拥有大桌子的那种空间。到头来不管我在什么地方都是这么大的空间〔她指着书桌上一小块方方正正的地方〕,而我没法越雷池一步。我想起艾米莉·狄金森用来写作的那张小不点儿书桌,我心想,多可爱,她就在那儿,这个时候我就会暗自发笑。可那是我们任何人所拥有的全部:就这么小块空间,不管是什么样的归档系统,不管你是如何经常清除它——生活、文件、信件、申请书、请柬、发票只是不断回到里边来。我做不到有规律地写作。这我从来都做不到——主要是因为我向来做朝九晚五的工作。我只好是要么在这些时辰中间写作,匆匆忙忙,要么是花去许多周末和黎明前的时间。

《巴黎评论》：下班后你能写作吗？

莫里森：这个很难。我用冲动代替纪律，努力克服空间上的缺乏秩序，这样一旦有某种迫切的东西，迫切地看到或理解了，或是隐喻足够强有力，那我就会把事情全都推到一边，一个时段接一个时段地写作。我跟你们讲的是初稿的写作。

《巴黎评论》：你得要一口气把它给做完吗？

莫里森：我是这么做的。我不觉得这是一种定则。

《巴黎评论》：你能像罗伯特·弗罗斯特那样坐火车时在鞋底写作吗？你能在飞机上面写作吗？

莫里森：有时候某种东西的落实让我碰到一些麻烦，比如说，词序的安排，在汽车里我就写在纸片上，在旅馆里就写在旅馆信笺上。如果它来了你就知道。如果你知道它真的来了，那你就不得不把它记下来。

《巴黎评论》：对你来说写作的物质行为是怎样的呢？

莫里森：我用铅笔写作。

《巴黎评论》：你会用文字处理器工作吗？

莫里森：哦，这个我也做的，但这要晚得多，到了一切都弄成整体的时候。我把它输入电脑，然后开始修改。可我第一遍写的任何东西都是用铅笔写的，要是我没有铅笔的话，也许就用圆珠笔。我不挑剔，可我偏爱的是法庭用的黄本子和一支漂亮的2号铅笔。

《巴黎评论》：迪克森·蒂孔德罗加公司的2号软铅笔？

莫里森：正是。我记得有一回试着用录音机，但是不成。

《巴黎评论》：你真的对那种机器口述故事？

莫里森：不是全部，只是一点点而已。例如，两三个句子看似要落实的时候，我就想到我要在车里带上一台录音机，特别是我在兰登书屋工作的时候，每天都来来回回。我想到我可以把它正好给录下来。这是个灾难。不是写下来的东西我信不过，虽说我在接下来的修改中工作得很起劲，把那种作家特色的东西从中去除掉，让它变成一种抒情语言、标准语言和口语语言的混合体。把这些东西都一起塞进某种我觉得是更为生动和典型的东西里去。可是某种东西想到之后就说出来，而且立即被转移到纸面上，这我信不过。

《巴黎评论》：你创作的时候曾把你的作品大声朗读出来吗？

莫里森：发表了才朗读。我信不过表演。当它根本不成功的时候，我可能会得到一种反馈，让我觉得它是成功的。对我来说写作的困难——处在种种困难之中——是要写出那种能在纸上对什么都没听见的读者悄然发生作用的语言。如今为了这一点，人们得要非常仔细地处理字里行间的东西。没有说出的东西。那种节拍，那种韵律，等等。因此，你没有写出的东西才屡屡赋予你确实写出的东西以力量。

《巴黎评论》：一个段落你得要重写多少遍才能达到这个标准呢？

莫里森：嗯，那些需要重写的，只要做得到我就重写。我的意思是说我改了六遍，七遍，十三遍。但在改正和焦躁之间有一条界线，正好改到要死。重要的是知道什么时候为它焦躁；你为它焦躁是因为它不行，它需要被扔掉。

《巴黎评论》：你曾回头去看已经发表的东西并希望为某种东西多些焦躁吗？

莫里森：很多。一切。

《巴黎评论》：你曾重写已经发表的段落然后把它们念给读者听吗？

莫里森：我不为读者修改，但我知道它应该是什么样的和不是什么样的。过了二十多年后这个你能弄明白；这一点我现在比那个时候懂得更多。它不见得会有那么不一样或者甚至会更好；事情不过是，考虑到上下文关系，我试图达到什么样的效果，或者说我想要让它对读者产生什么样的结果，多年以后情况对我而言是更清楚了。

《巴黎评论》：做了二十年编辑，你觉得这对你作为一个作家有什么影响呢？

莫里森：我不知道。它减轻了我对出版业的敬畏。我理解了有时存在于作家和出版商之间的那种对抗关系，但我懂得编辑是多么重要，多么关键，而这一点我以前是不知道的。

《巴黎评论》：有那种在批评上有帮助的编辑吗？

莫里森：噢，有啊。好编辑让一切变得不一样。这就像是牧师或精神科医生，要是你找的人不对，那你还不如不找。但是存在着如此珍贵和如此重要的编辑，他们值得你去寻找。一旦你找到了一个，你总是知道的。

《巴黎评论》：你曾共事过的作用最大的编辑是谁？

莫里森：我有一个非常好的编辑，对我来说是最上乘的——鲍勃·戈特利布。让他变得对我有益的是许多东西——知道什么不要去碰；问所有那些要是有时间你或许会问你自己的问题。好编辑其实是第三只眼，冷静，不动情，他们并不爱你或你的作品；对我来说这就是可贵之处——不夸奖。有时令人毛骨悚然；编辑把他或她的手指恰恰放在作家知道是薄弱但当时就是没法做得更好的那个地方。或者说不定作家觉得它会成功的，但是并没有把握。好编辑认出那个地方，有时候提些建议。有些建议没有用，因为你试着要做的事情，并不是每一件都能向编辑解释的。我不可能把所有那些事情都对编辑做解释，因为我做的东西得要在那么多的层面上起作用。但这种关系里头要是有某种信任，某种倾听的意愿，那么不寻常的事情就会发生。我一直在读的那些书，我知道可能不是得益于文字编辑，而是得益于某个正好把它谈透的人。在某个特定时期找到一个了不起的编辑是重要的，因为要是你起初没有，那么后来就几乎不会再有了。如果没有编辑你干得很好，你的书在五年或十年里受到很好的接纳，然后你写另一本书——它获得成功但不是很好——那你为什么要听编辑的话呢？

《巴黎评论》：你跟学生讲过，他们应该把修改的过程看作是写作的一个主要乐趣。你是在初稿的写作中还是在作品的实际修改中得到更多快乐的呢？

莫里森：它们不一样。最初想出点子或是有了点子，让我深深激动……在开始写作之前。

《巴黎评论》：它是在瞬间到来的吗？

莫里森：不是的，它是我得要去摆弄的一种持续的东西。我总是以一个点子着手，即便是一个乏味的点子，它变成一个我没有任何答案的问题。具体地说，从我开始写《宠儿》三部曲以来，而它的最后一部我眼下正在写，我一直在想，为什么比我现在年轻二十岁、三十岁的女人没有我这个年纪或是比我年纪更大的女人幸福。这究竟是怎么回事，当她们有如此更多的事情可以做，有如此更多的选择的时候？没错，这就是好东西多得没法选择了，可那又怎样。为什么人人都是那样不幸呢？

《巴黎评论》：你是在写作中正好搞清楚对一个题材的感觉的吗？

莫里森：不是的，我知道我的感觉方式。我的感情就像其他任何人的一样是偏见和信念的产物。但是我对观念的复杂性、脆弱性感兴趣。它并不是"这是我所相信的东西"，因为这就不是一本书，只是一本小册子了。一本书是"这也许是我所相信的东西，但假设我是错的……那它会怎么样？"或者，"我不知道这是什么，但我有兴趣发现它对我和对别人或许会意味着什么。"

《巴黎评论》：你小时候就知道你想要做作家吗？

莫里森：不是的。我想要做读者。我觉得要写的一切都已经被写了或是将要被写。我写第一本书只是因为我觉得它还没有，而我想要在它写完的时候读它。我是个相当不错的读者。我喜爱它。这是我做的东西，真的。因此，我要是能够读它的话，那就是我能想到的最高奖赏了。人们说，我为我自己写作，而这话听起来是那么的不舒服，那么的自恋，但是从某种意义上讲，如果你知道如何阅读你自己的作品——就是说，带着必要的批评距离——这就让你变成更好的作家和编辑。我在教创作课时，我总是在讲你如何得要学习如何阅读你的作品；我并不是说因为你写了它就享受它吧，我是说，从它身边走开，然后就像你有生以来第一次见到它那样去读它。以那种方式去评论它。不要完全陷入你惊心动魄的句子和所有那些……

《巴黎评论》：你坐下来写作的时候心里有读者吗？

莫里森：只有我。要是我来到一个我没有把握的地方，我就让人物去搞定。到那个时候他们非常友好地告诉我我对他们生活的再现是否真实。但是有那么多的东西只有我才能讲述。毕竟，这是我的作品。做对和做错我一样得要负全责。做错并不糟糕，做错而觉得你是做对了才算糟糕。我记得花整个夏天写某种我觉得是很棒的东西，但是直到冬天我才能回过头去看。我回头去看很有信心，那五十页确实是第一流的，但是当我阅读它们时，这五十页的每一页都很糟糕。事情确实是想错了。我知道我可以重新写，但我就是想不通，当时我觉得它是那么的好。这让人惊慌，因为随后你心想这意味着你并不知道。

《巴黎评论》：为什么说它是那么糟糕呢？

莫里森：它浮夸并且索然无味。

《巴黎评论》：我读到的文章说你是离婚之后开始写作的，作为击退孤独的一种方式。那是真的吗？你现在是为了不同的原因写作吗？

莫里森：可以这么说吧。听起来比实际情况简单了些。我不知道我是为那种原因还是为某种其他原因——或是为那种我甚至都没有察觉的原因写作。我知道得很清楚，如果我不是有某种东西要写，我是不喜欢这儿的。

《巴黎评论》：这儿，是指哪儿？

莫里森：是指外面的世界。对我来说不可能不意识到那种难以置信的暴力，固执的无知，对别人痛苦的渴望。我始终对此有所觉察，虽说在某些情况下——晚宴上的好友、阅读其他书籍时——我较少意识到它。教书造成很大的影响，但那是不够的。教书会把我变成某个自满、没有意识的人，而不是参与解决问题。因此让我觉得我仿佛是属于外面这个世界的那种东西，不是老师，不是母亲，不是情人，而是我写作时心里出现的那些东西。于是我便属于这儿，于是一切迥异和不可调和的东西就可以变得有用了。我能够做那些传统的东西，作家总是说他们做的那些东西，而这就是从混沌中弄出秩序来。即便你是在重新制造混乱，你在那一点上也是主宰。在创作过程中挣扎是极其重要的——对我来说比出版作品更重要。

《巴黎评论》：如果你没有这么做，那么那种混乱将是——

莫里森：那么我就成为那种混乱的组成部分了。

《巴黎评论》：解决问题的办法不能是要么去宣讲那种混乱要么去参与政治吗？

莫里森：要是我有那种天赋的话。我能做的不过是读书、写书、编书和评书。我不觉得我能以政客的身份定期露面。我会失去兴趣的。我没有那种智谋，那种天赋。有些人能够将别人组织起来而我却做不到。我只会觉得无聊。

《巴黎评论》：什么时候你清楚地感觉到你的天赋是做一个作家？

莫里森：这是很晚的事情了。我老觉得我大概是有技巧的，因为人们向来是这么说的，可他们的标准也许不是我的标准。因此，我对他们说的不感兴趣。它毫无意义。是到了我写《所罗门之歌》，第三本书的时候，我才开始觉得这是我生活的中心部分。不是说别的女人始终没这么说过，但对一个女人来说，说我是一个作家，是困难的。

《巴黎评论》：为什么呢？

莫里森：嗯，事情不再是那么困难了，但对于我和我那一代或我那个阶层或我那个种族的女人来说当然是困难的。我并不知道所有那些东西都是包括在里面，但关键在于你是在让你自己脱离性别角色。你并不是在说，我是一个母亲，我是一个妻子。或者如果你是在劳动力市场，我是一个老师，我是一个编辑。但是当你说到作家的时候，那该是什么意思呢？那是一份工作吗？这是你谋生的途径吗？这是在介入你所不熟悉的领域——你在那儿没有来源。那个时候我本人当然是不知道任何别的成功的女作家；它看起来非常像是男性包揽的事物。因此你有点儿希望你成为一个身处边缘的小小的次要人物。事情几乎就像是你需要写作的许可似的。我在读女人的传记和自传、甚至是她们如何开始写作的叙述时，几乎她们当中的每一个人都有一桩小小的轶事，讲述那个时刻有人给她们行动的许可。母亲，丈夫，老师——某个人——说道，OK，干吧——这你能做的。这倒并不是说男人从来就不需要那种东西，在他们非常年轻的时候，屡屡有导师说，你不错，而他们就起步了。这权利是某种他们可以认为是理所当然的东西。我不可以。这一切都非常的古怪。因此，即便我懂得写作是我生活的中心，是我心灵之所在，是我最大的欢乐和最大的挑战，我也没法那么说。如果有人问我，你是干什么的？我不会说，噢，我是一个作家。我会说，我是一个编辑，或者，是一个老师。因为你和人见面去吃午餐时,如果他们说,你是干什么的?你说,我是一个作家,他们就不得不想一想这件事,然后他们问,你写过一些什么?然后他们就不得不要么是喜欢它,要么是不喜欢它。人们觉得有必要喜欢或不喜欢并且说出来。完全可以去恨我的作品。真是这样。我有很要好的朋友,他们的作品我就很讨厌。

《巴黎评论》:你觉得你是不得不在私下里写作吗?

莫里森:哦,是呀,我想要把它变成一桩私事。我想要自个儿拥有它。因为一旦你说到它,那么别人就要卷入。事实上,我在兰登书屋时我从来不说我是一个作家。

《巴黎评论》:为什么不说呢?

莫里森:哦,这会不舒服的。首先他们雇用我不是为了做这个的。他们雇用我不是为了让我成为他们当中的一员。其次,我觉得他们会把我解雇的。

《巴黎评论》:是吗?

莫里森:当然了。不存在写小说的内部编辑。埃德·多克托罗[①]辞职了。没有其他人了——没有哪个真的是在做买卖和洽谈的编辑也在出版她自己的小说。

《巴黎评论》:你作为一个女人的事实与此相关吗?

莫里森:这我没有想得太多。我是那么忙。我只知道我再也不会把我的生活、我的未来托付给男人的随心所欲了,公司里的或是外面的任何男人。他们的判断跟我觉得我能做的事情再也不会相关了。离婚而有孩子是非常棒的解放。我向来不在乎失败,但觉得某个男人知道得更多我是在乎的。在那之前,所有我认识的男人确实是知道得更多,他们真的是那样。

---

① 即 E. L. 多克托罗。

我的父亲和老师都是精明的人,他们知道得更多。然后我碰到了一个精明的人,他对我非常重要,而他并没有知道得更多。

《巴黎评论》:这个人是你丈夫吗?

莫里森:对。他对他的生活知道得更多,但不是对我的生活。我不得不打住说,让我重新开始吧,看一看做成年人是怎样一回事。我决定离家,随身带上我的孩子,去从事出版业,去看一看我能做什么。我也为不成功做了准备,但我想看一看做一个成年人会怎么样。

《巴黎评论》:能否谈谈在兰登书屋的那个时刻,当时他们突然意识到他们当中有一个作家?

莫里森:我出了一本书叫作《最蓝的眼睛》。我没跟他们说起它。他们直到读了《纽约时报》的评论才知道。是豪尔特出版这本书的。有人跟这个年轻人说我在写点什么,而他用非常随意的口气说,任何时候你写完了什么东西就交给我吧。于是我就那么做了。一九六八年,一九六九年,许多黑人在写作,而他买下了它,觉得人们对黑人写作的兴趣在增长,而我的这本书也会卖出去的。他错了。所出售的东西是:让我告诉你我是多么厉害,而你是多么糟糕透顶,或是那种说法。不管是出于什么原因,他冒了个很小的风险。他没有付给我多少钱,因此这本书有没有卖出去无关紧要。它在星期天的《纽约时报书评》栏目中收到了确实是很糟糕的书评,然后在每日书评栏目中收到了很好的书评。

《巴黎评论》:你说得到写作的许可。是谁给了你许可呢?

莫里森:没有人。我需要许可去做的事情就是做成它。书不写完我从不签合同,因为我不想把它变成家庭作业。一份合同意味着有人正等着要它,我不得不去做它,他们可以向我问起它。他们可以责问我,而我不喜欢那样。我写书不签合同,如果我想要让你看,我会让你看的。这跟自尊心有关。我相信多年来你们已经听说了建立自由幻觉的作家,一切都是为了拥有这种幻觉,这一切全是我的,只有我才能写。我记得在介绍尤多拉·韦尔蒂时说过,除了她没有人会写这些故事,意味着我有这样一种感觉,绝大多数作品在某一时刻反正有人会写的。但另一方面是有某些作家,没有他们某些故事就绝不会写出来。我指的并不是题材或叙述,而仅仅是他们创作它的那种方式——他们看待它的观点真的是独一无二的。

《巴黎评论》:他们中的某些人是谁呢?

莫里森:海明威是在那个范畴里,弗兰纳里·奥康纳,福克纳,菲茨杰拉德……

《巴黎评论》:你不是批评过这些作家描写黑人的那种方式吗?

莫里森:没有!我,批评?我揭示了白人作家是如何想象黑人的,他们有些人在这一点上做得很棒。福克纳在这一点上做得很棒。海明威在有些地方做得不好而在别的地方做得很棒。

《巴黎评论》:何以那样?

莫里森:在于没有使用黑人性格,而是使用作为无政府状态、作为性放纵、作为异常行为的那种黑人美学。在他最后一本书《伊甸园》中,海明威的女主人公变得越来越黑。那个发疯的女人告诉她丈夫说,我想做你的非洲小皇后。小说就是那样变得起劲起来:她那白色的白色头发和她那黑色的黑色皮肤……几乎像是曼·雷伊的一幅摄影。马克·吐温是以我曾读到过的最强有力、最雄辩、最有启发的方式谈论种族意识形态的。埃德加·爱伦·坡没有。他热爱的是白人至上主义和种植园主阶级,他想做一个绅士,而他支持那一切。他没有对此提出质疑或批评。美国文学令人激动的是那种事情,在于作家是如何在他们那些故事的后面、底下和周围说出东西。想想《傻瓜威尔逊》[1],还有所有那些有关种族的颠倒之论,想想

---

[1] 《傻瓜威尔逊》系马克·吐温作品。

何以有时候没有人能够讲述，或是想想那种发现的激动？福克纳在《押沙龙，押沙龙！》中花了整本书追踪种族，而你没法找到它。没有人能够看到它，甚至角色是黑人也没法看到它。我给学生讲这门花了我很长时间的课，它追踪所有那些隐瞒、不完全、故意给错信息的时刻，当种族的事实或线索有几分表露出来但没有完全表达的时候。我只是想给它列个图表。我列举每一页上的表现、伪装和掩饰——我是说每一个短语！每一样东西，而我把这种东西讲给我的学生听。他们全都睡着了！但我是那么的入迷，在技术上。隐瞒那种信息却每时每刻都在暗示、显示，你们知道这有多难？而且把它揭示出来是为了要说这无论如何都不是重点？从技术上讲这恰恰是令人惊诧的。作为读者你被迫去搜寻一滴黑人的血，它意味着什么都是和什么都不是。种族主义的精神错乱。因此结构就是论据。不是这个人或那个人说的东西……而是书的结构……你在那儿追踪这种哪儿都发现不了却造成重大结果的黑人的东西。和那样的事情非常相像的事情没有人曾做过。因此，当我批评的时候，我所说的就是，我并不关心福克纳是不是一个种族主义者；我个人并不关心，但我感到入迷的是这样写作的动机是什么。

《巴黎评论》：黑人作家怎么样……他们如何在一个被他们和白人文化的关系所主导和影响的世界里写作？

莫里森：通过尝试改变语言，只是让它自由起来，不是去压制它或限制它，而是把它给打开。逗弄它。摧毁它那件种族主义的紧身衣。我写了一篇名叫《宣叙》的故事，里面有两个孤儿院的小女孩，一个是白人，一个是黑人。但是读者不知道哪一个是白人哪一个是黑人。我使用的是阶级代码，而不是种族代码。

《巴黎评论》：这么做是想要把读者搞糊涂吗？

莫里森：嗯，对呀。但为的是激发和启迪。我那么做很开心。作为一个作家，令人激动之处在于被迫不要懒惰，不要依赖于明显的代码。一说出"黑女人……",我就能够依赖或激起可预知的反应,但如果我不那么做,那我就不得不以复杂的方式谈论她了——也就是说,把她作为一个人来谈论。

《巴黎评论》:为什么你不想说"那个黑女人从商店里出来"这样的话?

莫里森:这个,你可以说,但她是黑人这一点必须得是重要的。

《巴黎评论》:怎么看《奈特·特纳的忏悔》[①]?

莫里森:嗯,这儿我们碰到一个非常自觉的角色,他说的话就像是,我看着我的黑手。或者是,我醒来,我觉得黑。这在比尔·斯泰伦[②]的心里很重要。他觉得奈特·特纳的皮肤是极重要的……在这个他觉得是异国他乡的地方。因此我们就带着异国情调读它,就是那样。

《巴黎评论》:当时人们发出极大的抗议,觉得斯泰伦没有权利写奈特·特纳。

莫里森:他有权利写他想要写的一切。建议不要那么写是蛮横无理的。他们应该批评的是,他们当中有人这么做了,是斯泰伦暗示奈特·特纳憎恨黑人。在书中,特纳一次又一次地表达他的嫌恶……他是那样地远离黑人,那样地高高在上。因此根本问题在于为什么有人会跟随他?他的根本态度是种族主义的轻蔑,这让任何黑人读者读起来似乎不真实,这是个什么样的领导?任何白人领导都会对那些他要求去死的人具有某种兴趣和认同。当那些批评家说奈特·特纳说起话来像白人的时候,他们说的就是这个意思。在那本书中那种种族的距离是牢固而清楚的。

---

① 《奈特·特纳的忏悔》是威廉·斯泰伦的长篇小说,其主人公奈特·特纳是个黑人奴隶。
② 即威廉·斯泰伦。比尔是威廉的昵称。

《巴黎评论》：为了写《宠儿》，你肯定读了很多记叙奴隶的文章。

莫里森：我不想为了信息去读它们，因为我知道它们不得不经过白人保护人的鉴定，它们没法说出它们想要说的一切，因为它们没法疏远它们的读者；它们不得不对某些事情闭口不谈。某种情况下它们会力所能及地透露一些信息，但它们绝不会说事情有多可怕。它们只会说，好吧，你知道，事情确实很糟糕，但是让我们废除奴隶制吧，这样生活就可以继续下去。它们的叙述不得不非常有节制。因此当我看这些文件，觉得熟悉了奴隶制并因此而觉得受不了时，我想要让它真的被感觉到。我想把历史的东西转换成个人的东西。我花了很长时间试图弄明白奴隶制当中的什么东西使它如此令人厌恶，如此个人化，如此令人无动于衷，如此私密却又如此公开。

在读某些文件时，我注意到它们屡屡提及某种从未被确切描绘过的东西——嚼子。这东西被放进奴隶的嘴里惩罚他们，让他们闭嘴又不妨碍他们干活。我花了很长时间想要了解它的样子。我不断读到这样的陈述，我给詹尼上了嚼子，或者，像艾奎亚诺[①]说的，"我走进一间厨房"，看见一个女人站在炉灶旁，"她的嘴里"有一个闸（b-r-a-k-e，他拼写道），而我说，那是个什么东西？有人告诉我那是什么东西，然后我就说，我这一辈子从未见过这么可怕的东西呢。可我确实没法想象这东西——它看起来像是一个马嚼子还是什么的？

最终我在这个国家的一本书里确实找到了某些草图，这本书记录的是一个男人折磨他的妻子。在南美、巴西那样的地方，他们保留着这类纪念物。但在我搜寻的时候，另外某种东西出现在我脑海里——也就是说，这个嚼子，这个物件，这种个人化的酷刑，是宗教裁判所直接传承下来的东西。而我意识到，你当然是没法购买这种东西的喽。你没法为了你的奴隶

[①] 奥拉达·艾奎亚诺（1745—1797），非洲作家，废奴主义者，曾为黑奴，其自传作品《一个非洲黑奴的自传》被认为是"现代非洲文学的真正开端"。

而大老远去邮购这种嚼子。西尔斯公司是不派送这些东西的。因此你不得不把它做出来。你不得不走到外面院子里，把一些原材料弄在一起，把它制造出来，然后把它固定在一个人身上。因此这整个过程对于把它做出来的人，对于把它戴起来的人来说，同样都具有非常个人化的性质。然后我意识到，对它的描写是一点儿用都没有的；读者没有必要像感觉到它是什么样的那样把它看得那么清楚。我意识到，重要的是要把这种嚼子想象为某种活跃的器具，而不仅仅是某种古董或历史事实。我想以这种方式给读者展示奴隶制是什么感觉，而不是它看起来如何。

有一个段落当中保罗·D对塞丝说："我从未对人说起过它，有时候我唱一唱它。"他试图跟她说戴上嚼子是怎么一回事，但到头来他却说起一只公鸡，他发誓说他戴着嚼子的时候它在朝他笑——他觉得掉价，觉得被贬低，觉得他根本不如阳光下坐在桶上的一只公鸡那么的值钱。我在其他地方提到那种吐口水、吮吸铁块等等之类的欲望；但在我看来，描写它看起来是什么样的会把读者的注意力从我想要让他或她去体验的那种东西上分散开去，而那种东西就是它感觉起来是怎么样的。你可以在历史的字里行间找到那种信息。这有点儿像是脱离书本，或者说这是一瞥或是一种提及。它就在那种交叉之中，在体制变成个人的地方，在历史变成有名有姓的那些人的地方。

《巴黎评论》：当你创造一个人物的时候，它完全是从你的想象力中创造出来的吗？

莫里森：我从不使用我认识的人。在《最蓝的眼睛》中我想我是在某些地方用了我母亲的一些手势和对话，还有一点点地理。自从我对这一点确实变得非常谨慎之后，我就从来没有那么做过。它根本不是在任何人的基础上创造的。我不做许多作家做的事情。

《巴黎评论》：那是为什么呢？

莫里森：我感觉艺术家——以摄影师为多，比其他人多，还有作家——他们的行为就像是传说中跟熟睡的男子性交的妖精……这个过程是从某种活物那儿取来东西并用之于自身的目的。你可以用树木、蝴蝶或人类来做这件事。通过食用别人的生命而为自身制造一点儿生命是个大问题，而这确实是有道德和伦理上的影响。

在小说中，一旦我的人物完全是虚构出来的人，我就觉得最有才智，最自由，最刺激。那是激动人心的组成部分。如果他们是根据另外某个人创造的，这就是一种以滑稽的方式侵犯版权的行为了。那个人拥有他的生命，对此有一份专利权。它在小说中是不该得到的。

《巴黎评论》：你的人物正在脱离你，摆脱你的控制，这样的感觉你曾有过吗？

莫里森：我控制着他们。他们是被我非常周密地想象出来的。他们要让人知道的事情我觉得好像我全知道似的，甚至是我没有写到的那些事情——比如说他们的头发是怎样分发线的。他们就像是幽灵。除了他们自己，他们心里一无所有，除了对他们自己，他们对什么都不感兴趣。因此你不能让他们来替你写书。我读过我知道发生那种情况的书——那个时候小说家完全是被人物所接替。我想要说，你不能那么做。如果那些人可以写书就会去写的，但他们不会写。你会。因此，你得说，闭嘴。别来管我。我在做这件事呢。

《巴黎评论》：你曾不得不跟你的任何一个人物说闭嘴吗？

莫里森：对彼拉多①，我这样说。因此她就不多说了。她和那两个男孩进行这种长长的交谈，时不时地她会说点什么，但是她没有别人有的那种对话。我不得不那么做，否则她会让大家都受不了的。她简直是太有兴趣了；人物那么做只能偶尔为之。我不得不把它给收回。这是我的书，它不是叫作《彼拉多》。

---

① 彼拉多是《所罗门之歌》里的人物。

《巴黎评论》：彼拉多是那么强的一个人物。在我看来，你书里面的女人几乎总是要比男人更强更勇敢。为什么是那样？

莫里森：那么说是不对的，但是我听得多了。我觉得我们对女人的期望值是非常低的。如果女人只要有三十天站直身子，那么人人都说，啊！多勇敢！事实上，是某个人写到塞丝，说她是这种强有力、雕塑般的女人，甚至不是人了。但在书的结尾，她几乎都没法转过头来。她疲惫至极，她甚至都没法给她自己喂食。这个坚强吗？

《巴黎评论》：也许人们那样读解，是因为他们觉得塞丝做了那么艰难的一种选择，把宠儿的喉咙割断。也许他们认为那个就是坚强。有些人会说那只是粗鲁而已。

莫里森：嗯，宠儿肯定不认为那么做全是坚强的。她认为这是精神错乱。或者，更重要的是，你怎么知道死亡对我来说是更好的呢？你根本就没有死过。你怎么能知道呢？但我觉得保罗·D、桑、斯坦普·佩德，甚至吉他，同样是做了困难的选择；他们是有原则的。我确实认为我们过分习惯于那些不顶嘴的女人，或者说习惯于那些使用软弱武器的女人。

《巴黎评论》：什么是软弱的武器？

莫里森：唠叨。毒化。说长道短。溜来溜去而不是对抗。

《巴黎评论》：写女人跟别的女人有强烈友谊的小说是那么的少，你觉得是为什么呢？

莫里森：这是一种名誉扫地的关系。我在写《秀拉》时有这样的印象，对于很大一部分女性来说，女人的友谊被看作是一种次要的关系。男女关系是主要的。女人，你自己的朋友，一向是男人不在时的辅助关系。因为这样，才有了整个那一群不喜欢女人和偏爱男人的女人。我们必须被教育成彼此喜欢。女性杂志是建立在这样的前提下，我们确实得要停止彼此抱怨、彼此憎恨、争斗，停止和男人一起谴责我们自己——主导人们行为的一个典型例子。这是一种重大的教育。当大量的文学作品都是那么做的时候——当你读到女人在一起时（不是同性恋女人或那些建立了长久关系的女人，偷偷摸摸的同性恋女人，就像在弗吉尼亚·伍尔夫的作品里那样），那是一种看待女性在一起的公开的男性观点。她们通常是男性主宰的——就像亨利·詹姆斯的某些人物——或是女人在谈论男人，就像简·奥斯丁的那些女友……谈论谁结婚啦，怎样结婚的，还有你就要失去他了，而我认为她想要他等等之类。当《秀拉》在一九七一年出版时，让异性恋的女人做朋友，让她们彼此之间只谈她们自己，在我看来是一件非常激进的事情……可如今几乎不算是激进了。

《巴黎评论》：它变得可以接受了。

莫里森：是啊，而且是变乏味了。它会做得过火而且照例会是张牙舞爪。

《巴黎评论》：为什么作家写性是那么难呢？

莫里森：性是很难写的，因为那种描写恰恰是不够性感。写它的唯一办法是不要写多。让读者把他自己的性感觉带入文本吧。我通常崇拜的一个作家用最让人讨厌的方式写了性。信息简直是太多了。如果你开始说"……的曲线"，你很快就听起来像是妇科医生了。这种事情只有乔伊斯才能幸免。他说所有那些不可以说的字眼。他说屁，而这是令人震惊的。不可以说的字眼能够挑逗人。但是过了一段时间它就变得单调而非激发人了。少一点总是更好。有些作家觉得如果他们用脏字就写得好了。它在短时期里能够起作用，对非常年轻的想象力能够起作用，但是过了一阵子它就没有表现力了。塞丝和保罗·D初次相见的时候，大概有半页之内他们避开性，这反正也没什么好的——它来得快而他们对它觉得尴尬，然后他们就躺在那里，试图装作他们没有躺在那张床上，装作他们没有遇见，然后他们就各想各的，他们的思绪开始融合起来，因此你也就分不清楚是谁在想什么了。那种融合对我来说是比我试图描绘肉体方面更为高明和性感。

《巴黎评论》：那么情节呢？你总是知道你正要往哪儿去吗？你会提前写出结尾吗？

莫里森：当我确实知道它是什么样的时候，我才能够写那个结尾的场景。《宠儿》大概写到四分之一的时候我写了结尾。《爵士乐》的结尾和《所罗门之歌》的结尾我写得很早。对于情节来讲我真正想要的东西是如何发生。某种程度上这就像是侦探故事。你知道谁死了，而你想要弄清楚是谁干的。因此，你把凸显的元素放在前面，而读者钻进圈套想要知道那是怎么发生的。是谁那么干的，为什么那么干？你被迫采取某种类型的语言，让读者不断提出那些问题。在《爵士乐》中，正如我以前在《最蓝的眼睛》中做的那样，我把整个情节放在第一页上。实际上，在第一版中情节是放在封面上，这样一来人们在书店里可以阅读封面，立刻知道这本书讲的是什么了，而且要是他们愿意的话，就可以把书扔下，去买另一本书了。对于《爵士乐》来说这似乎是一种恰当的技巧，因为我把那部小说，那个三人组合的情节，看作是乐曲的旋律，而跟着旋律走是很好的——去感觉那种听出旋律的快乐，每当叙述者回到它上面的时候。对我来说那就是这个企划的真正的艺术———次又一次地撞上那个旋律，从另一个角度看见它，每一次都重新看见它，来回演奏它。

当凯斯·贾瑞特演奏《老友河》时，那种乐趣和快感倒并不在于旋律本身，而是在于当它浮现出来的时候，当它隐匿起来的时候，还有当它彻底消失的时候，是什么东西放在了它的位置上，都听得出来。与其说是在于原先那条线索，还不如说是在于所有的回响、阴影、转折以及贾瑞特的演奏所围绕的中枢。我试图拿《爵士乐》的情节做类似的事情。我想要让这个故事变成运载工具，把我们从第一页载往最后一页，但我希望那种乐趣能够被找到，在驶离故事和返回故事的过程中，去环视它，透视它，仿佛它是一个棱镜，不停地转动。

《爵士乐》这个嬉戏的方面很可能引起读者相当大的不满,他们只想要旋律,他们想要知道发生了什么事,是谁干的,为什么那么干。可对我来说这种类似于爵士乐的结构并不是次要的东西——它是这本书存在的缘由。叙事者通过那个试错的过程揭示情节,这对我来说是跟讲述这个故事一样重要,一样激动人心。

《巴黎评论》:在《宠儿》中你也是提早泄露情节的。

莫里森:在我看来重要的是《宠儿》中的那个行为——弑婴的那个事实——立刻让人知晓,但是要推迟,看不见。我想要把围绕那个行为的所有信息和结果都告诉读者,同时避免让我自己或读者被那种暴力所吞噬。我记得写到塞丝割断小孩喉咙的那个句子,在这本书的写作过程中是很晚很晚才出现的。我记得从桌子旁边站起来,到外面走了很久——绕着院子走,回来对它稍加修改,再到外面去然后再进来,一遍又一遍地重写这个句子……每一次我弄妥那个句子,弄得它正好对头了,或者说我觉得是正好对头了,但接下来我却没法坐在那儿,不得不走开然后回来。我觉得那个行为不仅必须是潜在的,而且必须是轻描淡写的,因为如果语言要和那种暴力去竞争的话,那它就会是猥亵或色情的。

《巴黎评论》:对你来说风格显然是非常重要的。这一点你能拿《爵士乐》来谈一谈吗?

莫里森:我想用《爵士乐》传达音乐家传达的那种感觉——他有更多的东西,但他不会把它交给你,这是在行使约束,一种克制——并不是因为它没有,或是因为人们已经耗尽了它,而是因为丰饶,因为它可以再来一遍。知道何时停止的那种感觉是一种习得的东西,而我并不总是拥有这种东西。大概是直到我写了《所罗门之歌》之后我才开始觉得有足够的把握去体验在形象和语言等方面想要有所节俭的那种做法。在写《爵士乐》时我非常自觉地想要把人为和人工的东西跟即兴创作结合起来。我觉得我自己就像是爵士乐手——某个不断练习以便能够发明,能够使他的艺术显得轻松而优雅的人。我总是意识到写作过程中的构造问题，意识到艺术显得自然和雅致仅仅是持续不断的练习和注意到其形式结构的结果。你必须大量练习以便达到那种挥霍的奢华——那种感觉是你有足够的东西挥霍，你是在克制——实际上是什么都没有挥霍。你不应该过于满足，你压根就不该餍足。我总是感觉到在一件艺术品结束时的那种奇特的饥饿感——渴望更多——实在是非常非常强大的。但同时有一种满足感，知道其实将来还会有更多，因为艺术家的创造力是无穷无尽的。

《巴黎评论》：有其他的……要素、结构实体吗？

莫里森：嗯，在我看来迁徙是这个国家的文化史上的一个主要事件。现在，我对所有这一切都颇费思量——我猜这就是我写小说的原因，但在我看来内战之后某种现代的和时新的东西发生了。当然，许多东西改变了，但时代最为清晰的标志是曾经的奴隶断绝关系和流离失所。这些曾经的奴隶有时被带到当地的劳动力市场，可他们常常试图通过迁往城市来摆脱他们的问题。想到城市对他们，这些第二和第三代曾经的奴隶，对住在自己人中间那个地方的乡下人必定是意味着什么，这让我感到入迷。城市必定是显得那么刺激和精彩，那么重要的地方。

我对城市如何起作用感兴趣。阶级、集团和民族如何在它们自己的地盘和领地中拥有很多和他们自己一样的人，但是知道有别的地盘和别的领地也感到兴奋，感到处在这一大群人中的那种真正的魅力和激动。我感兴趣的是这个国家的音乐是如何改变的。灵歌、福音音乐和布鲁斯代表着对奴隶制的一种反应——它们说出逃跑的渴望，实际上，用的是"地下铁道"的密码。

我还关注个人的生活。人们是如何彼此相爱的？他们觉得什么是自由？那个时候，那些曾经的奴隶迁入城市，从一次又一次地约束、戕害和剥夺他们的某种东西那儿逃走时，他们处在一种很有限制的环境里。但是一旦你聆听他们的音乐——爵士乐的开篇——你就意识到他们是在谈论某种别的东西。他们是在谈论爱，谈论失落。但在那些歌词中却有着那样一种华美,那样一种快感……他们根本不幸福——某人总是在离别,可他们并没有哭哭啼啼。仿佛选择某人、冒险去爱、冒险投入感情、冒险耽于声色,然后失去这一切的这整个悲剧是没什么大不了的,既然这是他们的选择。在你爱谁方面行使选择是一种重要的、重要的东西。而音乐深化了那种爱的观念,把爱作为人们可以在那儿达成自由的某个空间。

显然,爵士乐被看作是——正如一切新音乐——魔鬼音乐:太性感,太挑逗,等等之类。但是对于某些黑人来说,爵士乐意味着对他们自己身体的承认。你可以想象对于那些人来说这会意味着什么,他们的身体被占有过,他们孩提时做过奴隶,或者他们的父母亲做过奴隶。爵士乐和布鲁斯代表着对于自身情感的所有权。因此,它当然是过分和过火的:爵士乐中的悲剧得到欣赏,几乎就像是大团圆的结尾会拿走它的某些魅力、某些天资似的。眼下广告商在电视上用爵士乐传达真诚性和现代性,说"相信我吧"和"跟上潮流吧"。

如今城市仍然保留着爵士乐时代所具有的那种刺激的特质——只是眼下我们才把那种刺激和一种不同类型的危险联系起来。我们吟唱,尖叫,装作是对无家可归感到惊慌;我们说想要让我们的街道回来,但正是由于我们对无家可归的那种意识,我们为此而采取的那些对策,我们才获得我们对城市的感觉。感觉好像我们拥有盔甲、盾牌、勇气、力量、坚韧,而要遭受的痛苦以及从遭遇意外之事、外来者、陌生人和暴力之中幸存下来便是所谓的城市生活的固有部分。当人们"抱怨"无家可归时,他们实际上是在夸耀它:纽约的无家可归者比旧金山多。不,不,不,旧金山的无家可归者更多。不,你没去过底特律呢。我们几乎是在较量我们的忍耐力,而这我觉得是我们何以那么容易接受无家可归的一个原因吧。

《巴黎评论》:这么说城市把曾经的奴隶从其历史中解脱了出来?

莫里森:部分说来,是这样的。城市对他们有诱惑力,因为它允诺遗忘。它提供自由的可能性——正如你所说的那样,摆脱历史的自由。但尽管历史不应该成为一件压迫人和束缚人的紧身衣,但它也不应该被遗忘。

人们应该批评它，考察它，正视它，并且理解它，以便达到那种不仅仅是许可的自由，达到真实、成熟的力量。如果你深入城市的那种诱惑，那就有可能去正视你自身的历史——遗忘你应该遗忘的东西，利用那些有用的东西——这种真实的力量是有可能达到的。

《巴黎评论》：视觉形象是如何影响你作品的？

莫里森：《所罗门之歌》中的一个场景描写……写一个人从某些责任身边逃走，从他自己身边逃走时，我碰到一些困难。我几乎是逐字逐句用了爱德华·蒙克的一幅画。他在行走，而他这一边的街道没有人。人人都走在另一边。

《巴黎评论》：跟你其他一些作品，诸如棕黑色调的《宠儿》之类的作品相比，《所罗门之歌》是如此色彩鲜丽的一本书。

莫里森：这部分是跟我所意识到的那些视觉形象有关，从历史的角度讲，女人，通常说来黑人，受到色彩极为鲜亮的衣服的极大吸引。反正绝大部分人是害怕色彩的。

《巴黎评论》：为什么？

莫里森：他们就是那样。在这种文化中，安静的色彩被视为优雅。有教养的西方人不会去买血红色的床单或碟子。也许是有某种比我所讲的更多的东西在里边。但是那个奴隶群体甚至都弄不到有色彩的东西，因为他们穿的是奴隶服、旧衣服、用粗麻布和麻袋做的工作服。对他们来说一件彩色连衣裙就是奢侈了；布料好坏倒无关紧要……只要有一件红色或黄色的连衣裙。我剥除《宠儿》的色彩，这样就只有短暂的片刻，塞丝横冲直撞购买缎带和蝴蝶结，像小孩子享受那种色彩那样享受她自己。整个色彩的问题就是奴隶制何以能够持续那么长的时间。这并不是说好像你有一班犯人，他们能够把他们自己打扮得漂漂亮亮，能够让他们自己蒙混过去。不，这些是由于他们的皮肤，也是由于其他特征而打上了记号的人。因此色彩是一种表意符号。贝比·萨格斯梦见色彩，说道，"给我一点儿紫罗兰色"。这是一种奢侈。我们是如此充满了色彩和视觉效果。我只是想要把它拉回来，这样我们就可以感觉到那种饥饿和那种快乐。如果我把它做成《所罗门之歌》那样一本色彩鲜艳的书，我就做不成那样了。

《巴黎评论》：当你说需要找到一个支配性形象时，这就是你所指的那个意思吗？

莫里森：有时候，是这个意思。《所罗门之歌》中有三到四处，我知道我想要让它色彩鲜艳，我想要让开篇变成红、白、蓝。我同样知道某种意义上他不得不要"飞"。在《所罗门之歌》中，我第一次写了一个男人，他是叙述的中心，叙述的动力引擎；在他体内我能否觉得舒服，这我有点儿拿不准。我可以一直看着他，从外面来写，但这些只是认知而已。我得要不仅能够看着他，而且还要能够感觉它实际上必定是如何感觉的。因此，在试图思考这一点时，我心里的那个形象是一列火车。前面所有的作品都是以女人为中心，而她们很多时候是在邻近一带，是在院子里；这次是要向外移动。因此，我便有了这种一列火车的感觉⋯⋯可以说是发动起来，然后就像他所做的那样向外移动，最后可以说是速度很快；它越来越快，可它并不刹车，它只是速度很快，弄得你可以说是悬浮起来。因此对我来说那个形象控制了结构，虽说这并不是某种我要清楚地说出来的东西，甚至也不是我要提到的东西；重要的仅仅在于它对我来说是起作用了。其他的书看起来就像是螺旋形结构，像《秀拉》。

《巴黎评论》：你会如何描写《爵士乐》中的支配性形象呢？

莫里森：《爵士乐》非常复杂，因为我想要再现两种矛盾的东西——策略手段和即兴创作，在此你拥有一个计划好的、考虑清楚的艺术品，但同时却显得像是发明创造，就像爵士乐那样。我考虑的是一本书的形象。依照天然的法则是一本书，但同时它是在写它自己。想象它自己。谈论。意识到它在做什么。它看着它自己思考和想象。在我看来这是策略手段和即兴创作的混合——你在此练习和计划以便发明创造。还有那种失败的意愿，犯错的意愿，因为爵士乐是表演。你在表演时犯错误，你并不具有作家所有的那种修改的特权；你得要从错误当中制造某种东西，而假如你做得足够好，它就会把你带到另一个如果你没有犯那种错误你就从来不会去的地方。因此，你在表演时得要能够冒险犯那种错误。舞蹈家和爵士乐手一样，一直都那么做。《爵士乐》预言其自身的故事。有时候它弄错了，由于有缺陷的视界。它只是没有很好地想象那些角色，承认它错了，而那些角色以爵士乐手的做法顶嘴。它不得不倾听它所创作的那些角色，然后从他们那里学到某些东西。这是我做过的最为错综复杂的事情，虽说我要讲述的是一个非常简单的故事，讲那些他们不知道生活在爵士时代的人，而且决不想使用这个词。

《巴黎评论》：在结构上达到这种效果的一种做法是在书的每个部分让好几种声音说话。你为什么这么做呢？

莫里森：重要的是不要有一个整体的观点。在美国文学中我们是那样的整体化——仿佛是只有一个版本似的。我们并不是一群毫无特征、行为总是一模一样的人。

《巴黎评论》：这就是你所说的整体化的那个意思？

莫里森：对呀。来自于另外某个人的决定性或是独裁性的观点，或是某个人替我们言说。没有奇特怪异，没有丰富多样。我试图把某种可信性赋予各种各样的声音，而每一种声音都是非常不一样。因为非裔美国人的文化给我的印象是它的多样性。在那么多的当代音乐中，每个人听起来都是一样的。但是当你想到黑人音乐时，你就会想到艾灵顿公爵和西德尼·贝彻或"书包嘴"或迈尔斯·戴维斯之间的那种区别。他们听起来没有任何相像之处，但你知道他们全都是黑人表演家，因为不管是什么样的个性，它都让你认识到，噢，是的，这是某种叫作非裔美国音乐传统的组成部分。没有哪个黑人流行女歌手、爵士乐女歌手、布鲁斯女歌手听起来跟别人是一样的。比莉·哈乐黛听起来不像艾瑞莎，不像尼娜，不像萨拉，不像她们当中的任何一个人。她们确实是大为不同的。如果她们听起来像别人，她们就会告诉你说，她们可能不会去唱歌了。如果来了某个人听起来就像是艾拉·菲茨杰拉德，她们就会说，噢，这样的人我们有……这些女人何以拥有如此清晰、不会弄错的形象，我觉得这一点很有意思。我想要那样写作。我想要写的小说确凿无疑是我的，但首先仍然是适合于那些非裔美国传统，其次是适合于这个被叫作是文学的整体的东西。

《巴黎评论》：非裔美国为先？

莫里森：对呀。

《巴黎评论》：……而不是整个文学？

莫里森：噢，对呀。

《巴黎评论》：为什么？

莫里森：它更为丰富。它有着更为复杂的来源。它来自某种更加靠近边缘的东西，它更为现代。它有着一个人性的未来。

《巴黎评论》：你不是宁愿被看作是一个伟大的文学倡导者而不是那种非裔美国作家吗？

莫里森：我的创作是非裔美国人的创作，这对我来说非常重要；要是它融入一个不同或更大的群体，那样就更好了。但我不应该被要求那么做。乔伊斯没有被要求那么做。托尔斯泰没有。我的意思是说，他们可以完全是俄国人，法国人，爱尔兰人或天主教徒，他们是从哪里来的，他们的写作就出自于那个地方，而我的写作也是。我的那个空间是非裔美国人的空间，事情不过是那样发生的而已；它可以是天主教的，可以是中西部的。我同样也是那些东西，而它们全都是重要的。

《巴黎评论》：为什么你觉得人们要问，你为什么不写些我们能够理解的东西？你不采用西方典型的、线性的、编年体的方式写作，是为了吓唬他们吗？

莫里森：我不觉得他们是那种意思。我觉得他们的意思是说，你有过打算写一本关于白人的书吗？对他们而言，说不定这是一种夸奖哩。他们说，你写得很好，我甚至想要让你来写一写我呢。他们不会对其他任何人那么说的。我的意思是说，我会走到安德烈·纪德跟前说，是啊，但什么时候你打算变得严肃起来，开始写一写黑人？我觉得这样的问题他就不知道如何回答。正如我不知道如何回答一样。他会说，什么？要是我想写我会写的，或者是，你是谁呀？这个问题背后的意思是说，存在着那个中心，它是白人，然后存在着这些地区性的黑人或亚洲人，或任何种类的边缘人。那个问题只能从中心提出来。比尔·莫耶斯问我说，你打算什么时候写一写电视的问题。我只是说，嗯，也许哪一天……但是我不能对他说，你知道，你只能从中心提那个问题。世界的中心！我的意思是说，他是个白人男性。他是在问一个边缘人，什么时候你打算到中心去，什么时候你打算写一写白人。我不能说，比尔，你为什么要问我那个问题？或者，只要那个问题看起来是合理的我就不愿写、不能写。问题在于他摆出恩赐的态度；他说，你写得很好，你愿意的话你就可以到中心里来。你没有必要留在边缘那个地方。而我说，嗯，好吧，我打算留在边缘的这个地方，让中心来找我吧。

也许这么说是虚假的，但也不完全是。对于如今我们认为是巨人的那些人来说，我相信情况就是这样。乔伊斯是个好例子。他到处搬来搬去，可他不管是在什么地方，他写的都是爱尔兰，并不在意他是在哪儿。我相信人们对他说，为什么……？也许法国人问，什么时候你打算写一写巴黎呢？

《巴黎评论》：你最欣赏乔伊斯的是什么？

莫里森：令人惊异的是某类反讽和幽默是如何传达的。有时候乔伊斯令人捧腹。研究生毕业后我读《芬尼根守灵夜》,在没有任何帮助的情况下读这本书,我的运气好极了。我不知道我读得对不对,但是它令人捧腹!我大笑不止!我不知道整段整段的意思是什么,但这无关紧要,因为我并不是要靠它来拿分数。我觉得大家仍然从莎士比亚那儿得到那么多乐趣的原因,是因为他没有文学批评家。他就那么做;除了人们把东西扔上舞台之外,没有任何评论。他可以就那么做。

《巴黎评论》:你觉得他要是被人评论的话,他的作品就会减少?

莫里森:噢,如果他在乎评论的话,他就会变得非常自觉了。装作不在乎,装作不阅读,要维持这样一种态度是难的。

《巴黎评论》:你读那些写你的评论吗?

莫里森:我什么都读。

《巴黎评论》:真的?你看起来可一点儿都没开玩笑啊。

莫里森:我见到的所有写我的东西我都读。

《巴黎评论》:为什么那么做呢?

莫里森:我得要知道是怎么一回事!

《巴黎评论》:你想要知道你是怎么被理解的?

莫里森:不,不。不是关于我或我的作品,是关于怎么一回事。我得要了解一下,尤其是女性作品或非裔美国人作品、当代作品所发生的情况。我在教一门文学课。因此我读对我教学会有帮助的任何信息。

《巴黎评论》:他们拿你跟加布里埃尔·加西亚·马尔克斯这样的魔幻现实主义作家进行比较,你真的会觉得惊讶吗?

莫里森:是的,我以前是这样觉得。这对我来说并不意味着什么。只有我在教文学时，流派对我来说才是重要的。当我坐在这儿面对一大叠空白的黄色稿纸时，这对我来说并不意味着什么……我说什么呢？我是一个魔幻现实主义作家？每一种题材都要有其自身的形式，你知道。

《巴黎评论》：为什么你教本科生呢？

莫里森：这儿在普林斯顿，他们确实重视本科生，这么做是好的，因为很多大学只重视研究生院或专业研究学院。我喜欢普林斯顿的理念。为了我自己的孩子我会很喜欢那种理念。我不喜欢一二年级被当作是集结地或游乐场对待，或是被当作研究生学习教学的场所。他们需要最好的指导。我总是觉得公立学校需要学习最好的文学。我总是对他们过去叫作辅导班或智力发展落后班的各种班级讲授《俄狄浦斯王》。那些孩子上那些班级的原因是他们无聊得要死；因此你不可以给他们讲无聊的东西。你得要跟他们讲最好的东西以便引起他们的兴趣。

《巴黎评论》：你的一个儿子是音乐家。你曾喜欢过音乐，你曾弹过钢琴吗？

莫里森：没有，但我来自一个技巧很高的音乐家之家。技巧很高，意思是说他们当中绝大多数人不能够读谱，但是他们能够把他们听到的一切都演奏出来……立刻。他们把我们，我姐姐和我，送去上音乐课。他们把我送去学习做某种他们自然而然能够做的事情。我觉得我是有缺陷的，是迟钝的。他们并没有解释说，学习如何读谱或许是更重要的……这是一件好事，不是一件坏事。我觉得我们有几分像是跛脚的人去学习如何行走，而你知道，他们全都只是站着，自然而然地做这件事。

《巴黎评论》：你觉得存在着一种让人成为作家的教育吗？也许是阅读？

莫里森：那个只有有限的价值。

《巴黎评论》：环游世界？去上社会学课、历史课？

莫里森：或是待在家里吧……我不认为他们非得要到处走才行。

《巴黎评论》：有些人说，哦，我只有等到活过这一辈子，只有等到我有了经验才能写一本书。

莫里森：或许是那样——或许他们只有那样才行。但是看看那些人，他们根本哪儿都不去，只是把它给想象出来。托马斯·曼。我猜他做过几次小小的旅行……我觉得你要么是有这种想象力要么是你学到这种想象力。有时候你确实是需要一种刺激。但是我本人不曾为了刺激而到处走来走去。我哪儿都不想去。如果我能够只待在一个地方，我就很快乐了。说我得要去做点什么之后我才能写作，这样的人我信不过。你看，我的写作不具有自传性。首先，把真实生活中的人当作小说题材——包括我本人，这我不感兴趣。如果我要写某个像玛格丽特·加纳那样的历史人物，那么她的情况我确实是什么都不知道。我的所知是来自于阅读她的两篇访谈。他们说，这不是很了不起吗？这是一个从奴隶制的恐怖逃到辛辛那提并且没有发疯的女人。虽说她杀掉了她的孩子，但并没有满腔怒火。她非常平静；她说，我会再这么干的。这就足够用来点燃我的想象了。

《巴黎评论》：她多少是一个著名的案例吧？

莫里森：是的。她真实的生活比在小说里表现得要可怕得多，但是如果我知道了有关她的一切，我就不会去写了。那样就会结束了；那儿就不会有我的位置了。这就像是一份已经烹调过的食谱。你瞧。你已经是这个人了。为什么我要从你身上窃取呢？我不喜欢这么做。我真正喜欢的是那个创造发明的过程。让角色从蜷曲之物一直发展到羽翼丰满的人，这才有意思。

《巴黎评论》：你会出于愤怒或其他情感写作吗？

莫里森：不会。愤怒是一种非常激烈却很微小的情感，你知道。它没有持续性。它不生产任何东西。它没有创造性……至少对我来说是没有。我的意思是说这些书至少是花三年时间!

《巴黎评论》:那个时间用来愤怒是太长了。

莫里森:是啊。反正那种东西我是信不过的。我不喜欢那些小小的快速的情感,诸如,我孤独,哦哦哦,上帝……我不喜欢把那些情感当作燃料。我的意思是说,那些东西我有,但是——

《巴黎评论》:它们不是好缪斯?

莫里森:是的,如果不是你的头脑在冷静思考,而你是可以把它裹在任何一种情绪之中的,那么它就什么都不是。它不得不是一种冷静的、冷静的思考。我的意思是说冷静,或者至少是镇静。你的头脑。好好动脑筋就是了。

(原载《巴黎评论》第一百二十八期,一九九三年秋季号)

阿摩司·奥兹

◎钟志清/译

阿摩司·奥兹居住在阿拉德，一个拥有两万两千居民的新型小城，小城在一九六一年建于内盖夫沙漠。为同奥兹见面，我从耶路撒冷乘坐开往比尔谢巴的大巴，又从比尔谢巴转乘开往阿拉德的大巴。阿拉德中心汽车站的人都知道他家，有个男子为我带路：沿一条宽阔的林荫道上坡，道路两旁坐落着中型白沙岩公寓楼，直抵坡顶，侧面街上的一排排家居住房背对着沙漠。奥兹家门前的花园里种着玫瑰和羽毛似的硕大菊花，掩映在胡桃树的阴影下。

住宅内的陈设简朴而亲切。从客厅走下几级台阶便是奥兹的书房：这是一间整洁、子宫状的屋子，屋子里满满地码放着书籍，就像墙纸。一个长长书架上摆放着奥兹自己创作的多部作品，包括不同的版本和译作。房间里有张舒适的沙发和一把灰色平绒面的扶手椅、一张小咖啡桌、一张大写字台，角落里有一张小讲桌，此乃房间里的全部陈设。露台的窗户通向漂亮的小花园，犹如凉亭，花园里长着玫瑰丛和灌木，白花丹悬垂其上。再往上便是沙漠。"我为拥有自己的花园自豪，"他说，"是我自己造的。这里没有表土，因此得把土专门运来。"

阿摩司·奥兹讲一口地道的英语，只带有一点点口音。他的语句简短干净，表达力强，吐字清晰，停顿有致，就像他在写作。奥兹原名阿摩司·克劳斯纳，一九三九年出生在一个学者之家，其家人于一九二〇年代从俄国移民巴勒斯坦，后定居在耶路撒冷。十五岁那年，奥兹离家去往胡

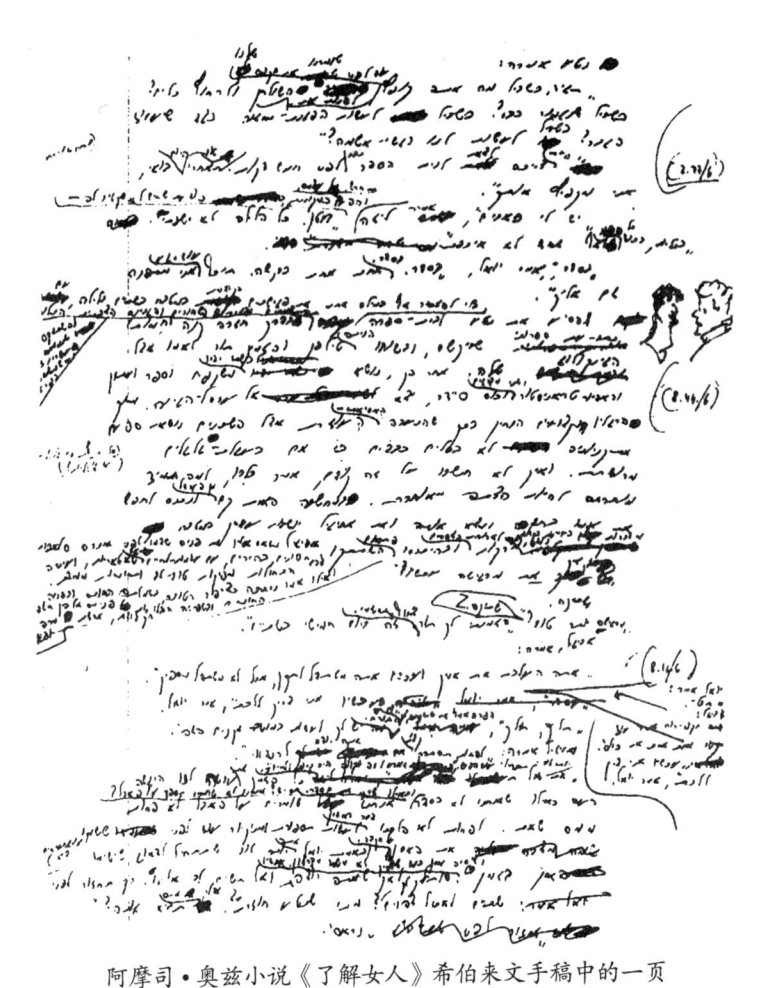

阿摩司·奥兹小说《了解女人》希伯来文手稿中的一页

尔达基布兹①，在那里居住多年，主要因为幼子患有哮喘病，他们才在几年前搬到阿拉德，因为沙漠的清洁空气可以缓解儿子的病情。奥兹曾在耶路撒冷希伯来大学攻读哲学和文学，后作为预备役士兵分别于一九六七年和一九七三年在西奈半岛和戈兰高地作战。除十部长篇小说和一些短篇小说集外，他还出版了三部随笔集，主要涉及阿以冲突。他是"即刻和平"运动中最早的活动家之一，主张巴以两个民族之间要在相互接受、合作与分享土地的基础上进行妥协。

当他开始从事创作时，采用了"奥兹"这个名字，意思是力量。他和夫人尼莉在基布兹相识，当时他们都是十五岁。他们有两个女儿，均已经长大成人，并且结婚，还有一个十几岁的儿子——说是"老来得子"——与他们住在一起。尼莉在阿拉德开了一家国际艺术家聚所，来自世界各地的艺术家可在那里进行为期八个月的居住与工作。

阿摩司·奥兹在比尔谢巴的本-古里安大学担任希伯来文学教授，并在英美诸多大学做访问教授。他经常收到讲座与会议邀请，去年他走访了几个欧洲国家——法国、波兰、比利时、德国和意大利，等等。

"他长得像梅尔·吉布森。"奥兹的英国出版商如是说。奥兹拥有一双翠蓝的眼睛，一头金黄色的短发，总是面带和蔼的微笑。他那谦恭有礼、优雅得体的举止，敏锐的智慧与学识，使得与他相处的整个下午非常惬意。时值一九九四年十二月。

——淑莎·吉皮，一九九六年

《巴黎评论》：你的旅程安排已经够吓人了。可你依然有规律地每隔一段时间就出产一部作品。你如何分配你的时间？首先是每年如何分配，其

---

① 基布兹（Kibbutz）是以色列的一种集体社区。

次是每天如何分配？

阿摩司·奥兹：第一个规则便是我在构思一本书时从不外出旅行。我倾向于写作时不到国外旅行，即使在国内，我也把每年的旅行限定在三四次之内。并非总能做到，但这是我的模式。至于每天，我早上六点钟在沙漠散步四十分钟，无论冬夏。

《巴黎评论》：沙漠里下雪吗？

奥兹：是的，每隔两三年下一次雪。那时你应该看看正在穿过沙漠的骆驼们脸上的表情！只有那时我才真正了解到"困惑"（bewilderment）一词的含义！但即使不下雪，冬天也是彻骨的寒冷，黎明时分，当风暴似乎就要将整个小镇席卷进沙漠的那一刻，这里十分荒凉。但是独自在沙漠中行走就相称。后来如果我在早报中看到一些政治家说这件事情或者那件事情永远不会发生时，我就知道这件事情或那件事情将永远持续下去，那里的石头在发笑，在这片数千年不变的沙漠里，一个政治家的"永远不会"就像……一个月？六个月？三十年？完全没有意义。

然后我喝咖啡，来到这个房间，坐在写字台旁边，等待。我不看书，不听音乐，不接电话。再后来我写作，有时写一句话，有时写一段话——若是幸运，一天可以写上半页纸。但我至少每天在这里待七八个小时。我过去经常因一上午写不出东西而感到内疚，尤其是当我住在基布兹，其他的人都在劳动——耕地、挤牛奶、植树时，更是这样。现在我一想到自己的书，那感觉就像一个店主：我的工作就是早晨打开店门，坐在那里，等待顾客的到来。如果我得到一些顾客，那就是值得赞美的一天，如果得不到，那好，我就仍然做自己的事。因此便没有了负疚，我试图坚持做店主的日常工作。比如在吃午饭或晚饭前挤出一个小时，回信，回传真，接听电话等。

也许诗人和短篇小说作家可以采用其他模式来工作。但是写长篇小说是一项纪律性极强的事业。写一首诗犹如一次短暂的风流韵事，一夜情；写短篇小说犹如一场浪漫关系，一次浪漫爱情；写长篇小说则犹如一次婚姻——人得变得诡诈,要策划妥协,做出牺牲。

《巴黎评论》:那晚上呢?阿拉德似乎没有令人激动人心的夜生活。即使在这样阳光明媚的下午似乎也会沉睡的。

奥兹:事实并非如此!这是个激动人心的小地方:有三家餐馆和三家银行,一个崭新的购物中心,一个理发店。近年来,资历很高的俄罗斯犹太人源源涌入。我们说如果一个俄国人没带着小提琴来,只是因为他或她是钢琴家。因此我们有很精彩的音乐会。

有时我吃完晚饭后来到这里,看我在白天写的东西。我无情地将其毁掉,第二天再重新开始。有时我出去到地方议会坐坐:那是咖啡馆的两条长凳,人们在那里争论人生的意义,历史的意义,或者上帝的真正意图,我喜欢那样消遣时光。

《巴黎评论》:你什么时候从事新闻写作?

奥兹:我写文章并非因为有人要求我写,而是因为自己我义愤填膺。我感到我得告诉我的政府怎么做,有时是告诉他们要怎么走。不是我说他们听。因此我放下所有的事情,写一篇政论,总是先在以色列发表,而后被《纽约时报书评》,或英国《卫报》,或另外一家出版物采用。你瞧,我并非政治分析家或评论员。我从意识到不公正以及我对不公正的反叛来写。但是,只有当我自己百分之百同意自己的见解时我才写文章,对我来说这并非常态——通常我并不完全同意自己的见解,针对同一件事,可以认同三五种不同的见解和感觉。也就是说,我在写故事时,不同的人物可以对同一主题表达不同的观点。我从来不写短篇小说或长篇小说使人改变自己的想法——一次也没有。当我需要使人改变想法时,我就写政论或文章。我甚至使用两支不同的笔作为一种象征性的姿态:一支笔用来讲故事,一支笔用来告诉政府如何处理自己的事务。顺便说一句,两支笔都是非常普通的圆珠笔,大约每隔三个星期就更换一次。

与写故事不同,写文章往往六七个小时一气呵成。就像和我太太吵一次架——我们大呼小叫，然后加以修补。我们生活在费里尼的影片中，而不是生活在英格玛·伯格曼的某部影片中：做任何事都比沉默、相互之间不理不睬、让双方感到负疚要强。我在政治中也坚持这种原则。

《巴黎评论》：你怎样写作？是在小讲桌旁边站着写作，像海明威那样，还是坐着写作？你是手写还是采用文字处理器？

奥兹：我用手写。写字台上的那个机器（文字处理器）是用来打印的，而不是用来写作的。多年来，我使用我的便携式打字机打下最后一稿，这样其他的人可以阅读了。而今我用文字处理器也这么干。我甚至不在上面编辑，而是用手写的方式一遍遍重写。多易其稿后，我最终将其打出。文字处理器对我来说只是打字机，使得你不必使用色带涂掉或修改错误。

我在房间里踱来踱去，而后站在小讲桌旁写下一个句子，再继续踱来踱去。我在写字台和小讲桌之间来回行走。

《巴黎评论》：你选择用希伯来语写作有两个重要原因。首先因为它是官方语言，因此负载着民族身份……

奥兹：啊不是，我从来没有选择希伯来语。我生就使用希伯来语。它是我的母语。我用希伯来语做梦、大笑和诅咒。我曾经多次说过，只有涉及到语言，我才是个沙文主义者。即使我不得不和这个国家分离，我也永远不会和语言分离。我感到语言就是一切，我对这个国家都不会总有这种感觉。

《巴黎评论》：第二个原因是希伯来语是一种神圣的语言，一种带有启示性的语言，一种上帝说话时使用的语言，就像阿拉伯语和梵语。使用希伯来语既是一种挑战，又是一种责任。然而现代希伯来语据说只存在一百年之久，由比阿里克等诗人和其他早期作家创造。你能用英文写作吗？

奥兹：不能。希伯来语是我思考、计算、大笑、做爱的语言。是我生存的一部分。但你是对的，作为一门口头语言，它曾经像古希腊语或拉丁语一样死去。它拥有古老的文学以及中世纪文学，但是平时不通用。它用于宗教仪式，用于不同国家犹太人之间的学者交流。生活在穆斯林西班牙、热爱希伯来语但在日常生活中不讲希伯来语的犹太人在中世纪创作出技艺高超的诗歌。

因此，一百多年前希伯来语在这里得以复兴，但这种复兴并非意识形态决定使然，意识形态决定不能产生这种结果——任何论证与决定也无法让迦南人突然之间讲韩语或日语。希伯来语之所以在这里复兴，皆因它是来自世界各地的犹太人拥有的一门共同语言。东方犹太人讲阿拉伯语、波斯语、土耳其语或拉地诺语（一种西班牙语方言），而欧洲犹太人讲意第绪语、俄语、波兰语。他们唯一可以交流的语言——在大街上问路，租住房屋或店铺——是来自祈祷书的希伯来语。

但是对我来说，当第一个男孩用希伯来语对第一个女孩说我爱你时，希伯来语就复兴了。不然就是女孩对男孩说我爱你？这样的事情并非发生在十七世纪。我希望，男孩和女孩从此拥有他们相处的方式，并幸福地生活——他们理应如此，因为他们复兴了语言。然而，倘若不是已经出现了一种意义重大的希伯来文学主体，一种令人惊奇地包含进几种现代感受的文学，就不可能复兴语言。像比阿里克、布伦纳、别尔季切夫斯基、门德勒——这些名字对你或你的读者来说没有意义，但我是站在他们的肩膀上的。

另一方面，希伯来语就像一座火山，犹如伊丽莎白时代的英语。我的意思不是说我们的诗人都是莎士比亚，而是指语言犹如火山爆发一样；一直是这样。因此用希伯来语写作是一种奇妙的挑战。

你说它是一种启示语言。说得对。一想到在大教堂里演奏室内音乐——你对音响效果就要尤为小心，否则你可能会弄出你不想要的许多回声。你需要使用具有预言性和神秘色彩意义的语词来描述父母与孩子之间因一点零用钱而产生的分歧。你不想引入《以赛亚书》《诗篇》和西奈山。因此你总是要在雷区悄悄行走。如果你有时想酿造一起爆炸事件，那么若通过在平淡无奇的句式中引进一个有分量的词语,则可轻而易举地做到。我感觉我是在使用一种奇妙的乐器。

《巴黎评论》:在以色列国家建立之初,创建一个学术机构一定有助于语言更新,使之适于表达你所说的"现代感觉"。你认为它重要吗?或者不管怎样,语言本身终究会进化?

奥兹:这对创建希伯来语非常重要。首先有了一个委员会,即后来希伯来语言研究院的前身,我骄傲地成为其中一员。该语言研究院致力于创造现代术语,当然,它无法控制语言,语言正如我所说犹如喷涌的火山口,拥有自己的有机生命。

《巴黎评论》:还有其他著名的现代希伯来语作家:诺贝尔文学奖得主阿格农、A.B.约书亚、大卫·格罗斯曼,等等。作家们在这个国家似乎得到了非常严肃的对待。在西方,商业考虑起到了重要作用。其结果,雪莱所言"诗人是世间未经公认的立法者",在这里似乎比在我们那里更为适用。是这样吗?

奥兹:我们的传统有些不同。在西方,至少在英语国家内,作家、甚至伟大的作家和诗人通常被视为表演者(娱乐者)。他们可以杰出,可以精湛,可以深邃,可仍然是表演者。就连莎士比亚也被视为一个高贵的、也许是最伟大的演员。与之相比,在犹太-斯拉夫传统中,作家们被视为先知。这也许是一种沉重的负担,因为与先知不同,我听不到上苍的声音,我认为我并不比一个美国作家或英国作家更能做一个先知——去预见未来,或者充当人民的良知。

也许,我们可以开始探讨"小说/虚构类文体"(fiction)一词,这个词在希伯来语中并不存在。学术界发明了"bidayon"这个词来翻译英文,但是在书店里,你不会看到我的作品或其他小说家的作品放在这个标题之下。你会看到这些作品放在"siporet"之下,其意为叙事散文。这样做有点得体,因为"小说/虚构类文体"具有某种撒谎的特质,与真实(truth)

相反。在我看来此乃一派胡言：为什么颇费周折、如实地测量从酒吧到街角信箱之间有多少步的詹姆斯·乔伊斯，或者研究博罗迪诺战役细节的托尔斯泰被视为小说/虚构类文体作家，而使用诸如"中东沸腾的大锅"等陈词滥调的、最平庸的记者也被视为非小说/非虚构类文体（nonfiction）作家？小说家没有政治目的，但是关心真实（truth），而不是事实（fact）。就像我在自己的一篇政论中所说，有时真实的最坏敌人便是事实。我是叙事散文（siporet）作家，但我不是先知或者向导，我也不是"小说/虚构类文体"的发明者。

《巴黎评论》：然而你的创作更多地源于以色列今天的现实生活，你确实告诉百姓和政府什么是对什么是错。

奥兹：因为我们的生活中浸透着历史。历史并非在电视屏幕上，或在海外，或在国会，或在下议院所展现的某种东西，它到处都是，浸透在生活中最为秘密的组织结构里。举例来说：在最近的海湾战争中，有人给我们发了抵御化学武器的防毒面具。我那患哮喘病、呼吸困难的儿子得戴防毒面具。我们被紧紧关在封闭着的卧室里，戴着这些可怕的面具坐在那里，样子就像怪兽一样，来自两千英里以外的威胁闯入了我们最为私密的生活。因此你看到了，我们无法摆脱现实。人们运用这个国家的历史瞬间来衡量时间：我在"六日战争"之前结婚，他们说。不然就是：我女儿在萨达特[①]访问以色列那天出生。

《巴黎评论》：你在家里讲什么语言？你父母讲俄语还是只讲希伯来语？

奥兹：我父亲祖籍敖德萨，后移民到立陶宛的维尔纽斯，当时隶属波兰；我母亲祖籍乌克兰。他们的语言是俄语或波兰语。他们在耶路撒冷相

[①] 穆罕默德·安瓦尔·萨达特（1918—1981），埃及前总统（1970—1981年在任），他于1977年11月访问以色列，最终促成埃以和平。

识,当时他们都在希伯来大学念书。我父亲懂十六种语言,讲十种语言,母亲也懂七八种语言。他们不想让我听懂时就讲俄语,否则他们坚持只用希伯来语。他们害怕如果我学会了任何一门欧洲语言,我就会受到诱惑去往欧洲,他们认为欧洲与犹太人不共戴天。他们自己对欧洲爱恨交织,因为他们对欧洲的爱没有得到回报:他们热爱欧洲,但是欧洲把他们赶了出去。他们在关键时刻离开了欧洲,否则我将不会坐在这里同你说话。

《巴黎评论》:你父母来自波兰与俄国曾经易手的地区,那里的反犹主义也许甚于欧洲其他地方。可是反犹主义是否为欧洲文明的一个组成部分呢?

奥兹:我说过,犹太人的形象在任何意义上都是欧洲-基督教文明的组成部分。有了不起的、值得崇拜的、近乎超人的犹太人,他们遭受了许多苦难,但胜过他人。然而也有可怕、恶魔般作祟的犹太人,他们用不光明正大的手段毁坏了一切。好、坏两种类型的犹太人有一个共同之处,即他们都不被视为个体,他们永远是其人种的代表。

《巴黎评论》:你认为以色列建国祛除了那种形象吗?我注意到这里的人,尤其是年轻的以色列人,一点也不像欧洲犹太人那样拥有保持与众不同的自我意识,而只是要做人,与世上任何地方的人一样。

奥兹:我不知道。当然是目的之一。眼下该使犹太人与基督教欧洲分离,并创造一种更为平衡的关系。一种睦邻友好的关系,一种来喝一杯咖啡的关系,而不是一种永久的主-客关系,主-客关系对客人与主人都没有好处。即便客人变成主人家杰出的一员,与主人的儿子或女儿结婚。即便犹太人在语言、传统和国家文化方面变得比"本土人"更加自如,也无济于事。

《巴黎评论》:你的作品委实植根于以色列,从最早描绘基布兹生活的短篇小说和长篇小说《何去何从》,到最近出版英文版的《费玛》都是如此。它们都因之引起了争论。在某种程度上,你书中的主人公便是以色列地(the land of Israel)。你的立场是,不能否认以色列地既是犹太人的家园,也是巴勒斯坦人的家园。那么解决的办法是什么呢?

奥兹:阿拉伯世界每年仍然花费二十或二十五亿美元用于军事装备。为什么?关键是巴勒斯坦人生活在这里,他们不会离开。以色列人生活在这里,他们也不会离开。因此他们是拥有同一片土地、同一个家里的两个民族。他们不能分享这个家,因此不得不将其一分为二。我认为,生活在占领地的巴勒斯坦人应该立即举行由国际监督的自由选举。他们将首次拥有代表他们的合法政府。

《巴黎评论》:自由选举造成极端主义分子上台怎么办?

奥兹:即使哈马斯也可以成为民主政治机器的一部分,承担责任,或者我们可以回到第一方阵,清楚地知道没有机会与之合作。如果是那种情况,我们将施行单边分治,说,你不想和我们谈判吗?非常好,我们分开:你拿走这张床,我们拿走那张床,你拿这间浴室,我们拿那个。如同分一套房子,将其变成一个半独立式的家。

《巴黎评论》:与此同时,还有人权问题:左翼人士指控你们在这方面没有采取强硬立场,谴责以色列占领军对待巴勒斯坦人的方式。

奥兹:这是一个确诊问题。巴勒斯坦人和以色列人之间的冲突并非民事权利问题,而是一个国际争端。我们没有征服约旦河西岸和加沙地带以剥夺巴勒斯坦人的人权(他们从来就没有拥有过许多人权),也不会因此给他们人权。我们征服约旦河西岸和加沙地带是因为以色列在一九六七年遭到袭击,面临遭到灭绝的危险。一旦我们的安全有了保障,我们就应该从巴勒斯坦地区撤军,让其自行发展。巴勒斯坦的人权问题是巴勒斯坦人的问题。

《巴黎评论》:可是,在巴勒斯坦人起义的过程中,以色列人对待巴勒斯坦人的方式是以色列人权人士思考的问题。

奥兹：认为可以有带有玫瑰色彩的军事占领乃是一种幻象。就像一次友好的强奸——是一个充满矛盾的措辞。我竭尽全力寻找"终止"占领而不是"改善"占领的途径，因为我并不认为如果占领的条件好一些，就可以解决一切问题。我们不需要改善我们统治他们的方式，我们需要停止统治他们。因此，在某种程度上，我的态度比人权人士的态度更为激进。他们已经将这一问题视为两大共同体或两个社会阶层之间的冲突，而我总是将其视为两个不同民族之间的国际争端。因此，我并不浪费任何时间引进某种美国左翼概念，比如把巴勒斯坦人视为我们的美国黑人，或者提出我们只需要黄色公共汽车系统和取消不平等待遇。我不浪费时间做不相关的事情。

《巴黎评论》：你是指乔姆斯基和其他左翼的校园知识分子？

奥兹：在中东冲突问题上乔姆斯基总是非常教条。几年前，我在德国遇到了一些左翼知识分子，他们热情地支持萨达姆·侯赛因。我不知道是为了什么。他们说因为他代表着贫穷的第三世界民族来对抗美国统治。我对他们解释说萨达姆代表着一个远远比瑞典还要富足的国家。他们问，怎么会这样？我说，根据人均国民收入统计，伊拉克比瑞典还富。他们说，但是我们看到伊拉克人居住在简陋的小房子里，生活在凄苦可怜的贫困之中。我说，如果瑞典人决定建立世界上第三大军队，瑞典人也会居住在简陋的小房子里。

《巴黎评论》：然而，如果双方的通情达理的人士坐在一起，就可以找到解决问题的方式。比如说，你见过哈南·阿什拉维[①]吗？她好像是位非常通情达理之人。

奥兹：我见过几百位巴勒斯坦人，并非真正出于心灵和谐的幸福感，

[①] 哈南·阿什拉维（1946— ），巴勒斯坦社会活动家、学者，时任巴勒斯坦高等教育与研究部部长。

而是出于某种讲究实效的原则。这也是西方的一个错误概念：他们想当然地认为以色列人和巴勒斯坦人相互之间需要更多一些了解。我接受动机良好的美国社团的邀请，去和一些巴勒斯坦人度过了一个奇妙的周末，以便可以相互认识并相互喜欢，安静下来，冲突就会消失！就像集体治疗或者婚姻咨询。仿佛阿以冲突只是一场误会。我带给大家一条新闻：在以色列人与巴勒斯坦人之间没有误会。我们都要同一片土地，因为我们都将其视为己有。这便为我们之间的激烈冲突提供了一种完全的理解。正如我所说，它是正义对抗正义——十足的悲剧。

必须通过痛苦的妥协来解决这个问题，而不是通过喝咖啡。一起喝掉一杯又一杯的咖啡不能消除两个民族将这块弹丸之地视为他们自己唯一家园而产生的悲剧。我们需要将其划分。我们需要作出相互之间可以接受的妥协。

《巴黎评论》：你在年幼时期和青少年时期都看什么书？

奥兹：在我刚才说到的百年前的希伯来语作家中，有些也是执着的翻译家，他们翻译了大量十九世纪俄国作家的书，许多人从俄国文学中汲取了诸多灵感，他们也翻译了德国、法国、英国和北欧作家。我像个疯子似的阅读了全部作品——此外没做什么。

《巴黎评论》：哪些作家对你产生持久性的影响，并激发了你本人的创作才能？

奥兹：我九、十岁时，阅读描写古代以色列王国辉煌的犹太复国主义书籍。我决定成为反对英国委任统治的恐怖主义者；我用冰箱与摩托车残骸制造了一枚跨洲火箭。我计划把这枚火箭发射向白金汉宫，接着给英国国王寄一封信，说，或者你们滚出这个国家，或者把你们赶走！我是一个要在巴勒斯坦举行暴动的抗英孩子——我朝英国士兵扔石头，冲他们大喊，滚回老家去。因此我早期的读物带有民族主义色彩，本着为第三世界而战的精神：关于意大利复兴运动的书籍，如亚米契斯的《爱的教育》，写的是小孩子们通过英雄举动或自我牺牲来解救自己国家的故事。后来，我发现了俄国人，特别是陀思妥耶夫斯基、托尔斯泰，尤其是契诃夫的作品。我感到契诃夫一定是来自我们耶路撒冷的邻居，从来没有人像他那样捕捉到那些说大话的、丧失活力的小小劳动改革家的特征。

《巴黎评论》：那么美国作家呢？你的作品经常被与福克纳的作品相提并论，他的创作植根于美国南部，植根于他自己的地区，约克纳帕塔法世系，然而赢得了整个世界的青睐。

奥兹：有三位美国作家对我来说尤为重要，其顺序是：梅尔维尔、舍伍德·安德森和福克纳。我也钦佩其他美国作家，但是我从美国文学中挑选出这三位作家。

《巴黎评论》：你什么时候决定要当作家？在你"轰炸"了白金汉宫之后吗？

奥兹：这两种行为之间没有矛盾：我可以边做恐怖主义者，边写作。我父亲撰写言辞激烈的违禁小册子，抨击背信弃义的阿尔比恩，在书中用各种名字称呼英国人，引用雪莱、济慈和拜伦的词句，证明他们是多么的伪善不忠。与此同时，他又大大地亲英，曾经有这样的趣事。一九四七年英国人曾在耶路撒冷施行宵禁，并挨家挨户进行搜查。我父亲应耶路撒冷地下组织的要求，把两颗燃烧弹藏在我们家中；这件事情很危险，因为恐怖主义活动要被判处死刑的。我们的住房很小，塞满了几千本书，我父亲把炸弹藏在一个书架上一些书的后面，并告知我们，以免我们误使其爆炸。英国人来了——我对那次事件记忆犹新，他们身穿土黄色短裤，垂到膝盖，下穿土黄色袜子，短裤和袜子之间的膝盖露了出来，就像阿尔卑斯山上的雪那样白。军官非常有礼貌，为造成的不便充分道歉，两个士兵开始搜查。我们惊恐万状。他们显然觉得，我父亲太学究气了，不可能成为恐怖主义者，搜查得马马虎虎。他们转身离去时，军官礼貌地评论了一下书籍，询问是否有任何有意思的英文书。我父亲开始来劲儿了：你什么意思,先生?我们当然有英文书!他说着,开始一本接一本地把英文经典拽出来。我和妈妈呆若木鸡,唯恐他把炸弹的事情给忘了,他在炫耀之际,可能会突然把炸弹给暴露出来,或者是引发爆炸。我们之所以得救,是因为他把炸弹藏到了俄文书的后面——与巴枯宁、涅恰耶夫、克鲁泡特金和陀思妥耶夫斯基藏在一起。

《巴黎评论》:你母亲在你十二岁那年去世,你十五岁时离家去了基布兹。为什么?

奥兹:我反叛父亲和家里沉闷乏味的气氛。我想要一种截然不同的生活。我认为,我可以将父亲所谈论、但是没有任何实施的革命继续下去。我并不在乎学校或者大学——我想当拖拉机手,就像苏联电影中演的那样,终日干活,夜里喝得酩酊大醉,和基布兹姑娘做爱。在某种程度上这样的事发生了,但是却没有与书籍摆脱干系。

《巴黎评论》:你从什么时候开始创作的?

奥兹:自从我五岁时学会字母表的时候起,我就一直在写作。我虚构小故事。我在上小学的时候写,在基布兹当拖拉机手的时候写,在服兵役的时候写。当我意识到我生来就要写作,决定当一名作家时,乃是转折点。我在棉田里干活时写的两首诗和几个短篇小说得以发表并被广泛接受。于是我申请每星期分配给我一天的时间不干农活,从事写作。现在人人都可以声称,他或她是艺术家,不要从事手工劳动。一个委员会不得不决定谁具备艺术家天赋,谁没有艺术家天赋。他们说,如果我们给奥兹一天时间,再有人提出申请怎么办?有一个老人——和我现在的年龄差不多——说,也许这个年轻人有天赋,也许他是未来的托尔斯泰,不过他现在太年轻了。让他先在地里干活干到四十岁吧,然后他就有的写了。幸运的是他被否决了,基布兹告诉我说我每周可以有一天不下地干活,只要我在其他的日子里加倍努力干活,这一点我做到了。但是我可以集中精力——我在地里干活时一直思考着写什么。在写作日里,我一天写十二、甚至十五个小时。

《巴黎评论》：其成果便是你的第一部短篇小说集《胡狼嗥叫的地方》。你在开始从事长篇小说创作之前，决定把写短篇小说当作某种训练，就像一个运动员那样吗？

奥兹：我需要迅速的满足。我非常年轻，没有耐心和智慧做长时间的游戏。我可以在脑海里构思一个故事，而后坐下来，一天之内写出来。顺便说一句，我现在不这么做了。我的步调不同从前了。

《巴黎评论》：你认为你会回归那种体裁吗？

奥兹：可能吧。即使现在我也有时回归，但是方式不同——以十几岁青少年性行为的节奏，用极大的欲望和不可遏制的饥渴去寻求满足。现在我写出了第一稿，再重写，而后再修改某个特殊的点，变更这个或那个部分，雕琢所有多余的素材。

《巴黎评论》：写完第一本书后，你去上大学。为什么？你为什么要学哲学？

奥兹：基布兹送我去上大学，因为他们需要老师。我父亲说你从来不会看到报纸上有一则广告说"诚聘一位哲学家"。因此我觉得我可以也学点没人愿意学的东西。但我是幸运的：我抓住了在耶路撒冷大学任教的一代伟大哲学家的末梢。马丁·布伯（Martin Buber）的精神依然在那里发扬光大：格肖姆·肖洛姆（Gershom Scholem）、雨果·伯格曼（Hugo Bergman）和其他人都在。耶路撒冷那时是从德国到布拉格的中欧思想的堡垒。但是我一边读哲学，一边处理一般规则，因为我是一个讲故事者。当讨论伦理学问题时，教授借助插图说，路得第一次见到大卫，我的思想便开了小差，开始想象围绕他们见面所发生的故事。但是我想方设法取得了还过得去的成绩，拿到了学位。

《巴黎评论》：都上什么课？你读了什么书？

奥兹：柏拉图、亚里士多德、圣奥古斯丁、圣托马斯·阿奎那……但是专攻斯宾诺莎。

《巴黎评论》：斯宾诺莎也许是最伟大的政治思想家。他吸引你是不是政治原因？

奥兹：并非刻意。他创造了纯逻辑的冰殿，那是情感的结晶，当时令我极其着迷。就像音乐：他比任何哲学家都更为接近古典音乐。他令我感到刺激，就像巴赫。

《巴黎评论》：在《沙海无澜》中，你说斯宾诺莎并不反对希望，相反，他尤其强调人类自由的理念。我们自由地接受不可避免的基本准则。这是一种有趣的生存境况，你曾经和本-古里安进行了长谈，他也受到了斯宾诺莎的启迪。你可以详细阐述一下吗？

奥兹：我是指在斯宾诺莎学说里，观察与行动之间具有一种完美的平衡，观察并不导致消极被动与宿命论——你不会为了采取行动而非得抛弃智力。多数哲学家相信，你必须因为某种东西而放弃一些东西：或者理智，或者情感，或者这个，或者那个……

我是个年轻的士兵时，看到本-古里安撰写的关于斯宾诺莎的一些东西，我给他写了一封信，在信中强烈反对本-古里安对哲学所作的阐释。令我吃惊的是，他的秘书竟然给我打电话，召我第二天拂晓去他的办公室。试想被王后或美国总统召见的情形。本-古里安威信极高，拥有十足的个人魅力，尽管身材矮小，脑袋很大。他走来走去，把我的论证撕成碎片，锋利犹如剃刀。

《巴黎评论》：斯宾诺莎承认基督的神性，被阿姆斯特丹的犹太宗教机构驱逐出教会，在犹太教中叛教罪十恶不赦。我认为他皈依基督教并非战术性的——他确实信仰基督教。你是如何看待这个问题的？你曾受到基督教的诱惑吗？

奥兹：斯宾诺莎从未皈依基督教。他被阿姆斯特丹的犹太教领袖逐出教会，但从来没有成为基督徒。至于我本人，我为亘古以来最伟大的犹太人之一耶稣着迷，但是我从未被基督教所诱惑。耶稣本人从来没画过十字，在他的有生之年从未看到或者从来未能看到教堂里面，要是他活得更长一些，他亦可亦不可，对这个或者那个基督教教堂感兴趣。或者他可以与之保持距离。

《巴黎评论》：回到你的写作上来。最为根深蒂固的艺术品通常最具有普遍性。伟大的俄国作家就是例证：陀思妥耶夫斯基、果戈理、契诃夫就是俄国人，然而我们从他们的人物和环境中可以认出我们自己。但是在你的长篇小说中，人们形成这样一个印象，即真正的主人公是以色列——土地、人、历史。西方世界喜欢《我的米海尔》，这部作品讲述的是以色列女子汉娜和两个阿拉伯男子在苏伊士危机结束后一个时期内的关系，可以被解读为表现了阿以冲突。你是有意地赋予了其某种观念吗？

奥兹：你知道，如果你写世界上某个混乱之地，一切都可用寓意来作解释。如果我写一位母亲、一位父亲及其女儿的故事，批评家会说父亲代表政府，母亲代表旧价值，女儿代表疲软的经济！如果《白鲸》在今天的南美以巴尔加斯·略萨的名义写成，人们会说它表现的是独裁专政。如果它由南非的纳丁·戈迪默写成，又会被解释为反映黑人与白人之间的种族冲突。在中东小说则会反映了以色列人对巴勒斯坦人的驱逐，反之亦然。因此，那便是你为一个混乱之地的创作而付出的代价。但是我总是以写一组人物开始。然后，他们讲述自己的故事。我从来不写政治隐喻，也不写观念小说。

《巴黎评论》：然而，你说过阿以冲突是场悲剧，因为双方的土地主张都正确——"是正义对抗正义"。

奥兹：是的，在一篇政论中这么说过。可是我的长篇小说写的不是正义问题。我给你讲一个中世纪时期的哈西德教派的故事，说的是一个身份为法官的拉比，需要裁决一只山羊的所有权问题。他仔细倾听了两位原告的申辩，然后裁定两人都是对的。他的夫人说，亲爱的丈夫，这是不可能的，你不可能把山羊一分为二；它或者属于 X，或者属于 Y，他们不可能都对。拉比挠挠脑袋说，亲爱的夫人，你知道你是对的！

我就是那个拉比。如果我不得不用一个词来告诉你我的作品写的是什么，我会说"家庭"。我发现家庭是最为神秘的机构，最不可靠，最为悖论，最为矛盾。多少个世纪以来，我们一直听说关于家庭之死的预言，并看到了家庭如何在宗教、意识形态、政治制度与历史变迁中生存下来。看到父亲、母亲、兄弟、姐妹，以及他们当中所发生的事情。这一理念使我们认识到世界上的许多冲突可以在家庭关系中体现出来：爱与恨、嫉妒与团结一致、幸福与神秘的永恒交替。这种交替几乎体现在我的每一部长篇小说中。在这个家庭中，每个人都与他人之间具有冲突，每个人都是正确的，就像在拉比与山羊的故事中一样。儿子是正确的，因为父亲专横残暴；父亲是正确的，因为儿子懒惰无礼；母亲是正确的，因为父子如出一辙，堪称绝配；女儿是正确的，她无法忍受家里的气氛，离家而去。然而，他们都爱着对方。因此我有时通过家庭视角看到国际冲突。

《巴黎评论》：托尔斯泰说幸福的家庭都是相似的，不幸的家庭各有其不幸……

奥兹：恕我对托翁直言，我认为恰恰相反。关于不幸家庭的陈词滥调有半打之多，但是每个幸福的家庭——确属罕见——都是独特的。我对幸福家庭非常着迷。

《巴黎评论》：你近期的几部长篇小说，无论在形式上还是内容上都有明显的变化。比如，倒数第二本英文译作《黑匣子》是书信体。你为什么突然选择了这种形式？

奥兹：很偶然。我是想在小说开篇写一个女人给她前夫写信，他们七年前就已经离婚。他们有一个儿子,丈夫声明完全放弃这个儿子,前妻想给他们安排一次见面。因此我想从她写信开篇。可是后来丈夫突然回信,他们之间开始了通信往来,其他人物也逐渐写信,就这样继续下去了,我无法操控,直至结尾。认为小说家是全能上帝的说法是错误的,他不可能想做什么就做什么。在某些方面,人物接管并操控了一切。小说家可以毅然决然地说,我拒绝这么做,可是他无法告诉他的人物成为怎样的人,如何昭示其故事。《黑匣子》逐步形成为一种书信体长篇小说是因为人物欲使之然。我得加上一句,书信体长篇小说是一种令人感到恐怖的困难形式,尤其是现在,人们只是拿起电话听筒,从不劳神写作,因此这种形式不具备什么可信性。既然人物之间没有对话,写信就是在作出回复。我是说现在谁还写信呢?夫妻吵架,谁都不理谁,就在冰箱上或者餐具柜上留个小条;孩子离家出走,给让他们无法忍受的父母写信要钱。因此书信成为亲密行为的媒介,与此同时也是分离行为的媒介。若想在传递思想时不会话说一半便被打断——家人之间争吵时经常发生此类事,写信也是一种好方法。正如我所说,我总是从一系列人物写起。

《巴黎评论》:你最近一部长篇小说的另一个新面向便是其性爱因素。是因为你自己已经人到中年,开始追问起人生的基本方面吗?

奥兹:性爱一直在我的作品中有所表现。明晰的性场景不是很多,但是有性之电感。我觉得这并不是我近期作品中才出现的东西。

《巴黎评论》:你的长篇小说在以色列出版后,需要多长时间方能在西方面世?

奥兹:通常翻译一本书需要两年,取决于我的译者尼古拉斯·德朗士的工作进度,也取决于出版流程需要多长时间。新作将叫作《莫称之为夜晚》。它讲的是中年之恋,讲的是没有子嗣。故事发生在一个沙漠小镇,像阿拉德。两个中年人已经在一起生活多年,但是没有孩子……可是我不会把整个情节都讲给你听。

《巴黎评论》：你现在正在写的长篇小说呢？

奥兹：我从来避而不谈——人们不会把孕体展现在 X 光面前，那样会伤害胎儿的。

《巴黎评论》：你还年轻，还会有大量的工作要做。你想到过死亡吗？

奥兹：我现在五十七岁了，在以色列已经不再年轻。意思是说我比我的国家要年长了。我当然想到过死亡。如果不想到死亡，我就不会充满陶醉地享受人生的乐趣。我想到过死亡，但是我更多地想到死者。想到死者便是在为自己的死亡做准备。因为那些死者只存在于我的记忆中，存在于我的渴望中，存在于我重构以往瞬间的能力中，几近于大约五十年前出现的，普鲁斯特式作品对精确手势的重新捕捉。我一天花费几个小时重构我童年时代一个十分钟的事件：一个房间，六个人待在里面，只有我还活着。谁坐在哪里？谁在说什么？而后我思考，我尽量让这些人在我的心目中，在我的脑海里，或者在我的创作中长久地生存下去。如果当我死去时，有人以同样的方式让我生存下去，就公平了。

《巴黎评论》：人过五十，死亡会随时来临……就像哈姆雷特所说，有备无患。

奥兹：我宁愿死亡再过五十年才来。我热爱生活，极其享受生活，但是一部分享受则是，我的生活由死者和生者共同构成。如果死亡今夜来临，它则会发现我愤怒而不情愿，但并非没有准备。

（原载《巴黎评论》第一百四十期，一九九六年秋季号）

V.S. 奈保尔

◎陶泽慧/译

一九三二年八月十七日，维迪亚达尔·苏雷吉普拉萨德·奈保尔爵士降生于特立尼达的查瓜纳斯，他的祖先（外祖父）在世纪之交的时候，作为一名契约佣工从印度迁居至此。

在收于《寻找中心》的《自传前言》中，奈保尔写道："一位作家的半生工作……就是发现他的主题。而我的问题在于我的一生有太多变迁，充满了动荡和迁徙。从外祖母位于印度乡间的宅邸，那里的仪式与社会生活仍然接近印度乡村；到黑人的西班牙港和它的街道生活，还有与前两者形成强烈反差的殖民地英文学校（女王皇家学院）的有序生活；再到牛津、伦敦和BBC的自由撰稿人写作室。若要谈及我试图踏上作家征程的努力，我不知道该把目光投向何处。"

两度尝试写作小说都惨遭失败，离他二十三岁的生日也只有三个月了，可就在此时，奈保尔在他西班牙港邻居的孩提记忆中找到了他的出发点。当时的他正在BBC做兼职，负责编辑并播报"加勒比之声"的一档文学节目，而这段记忆为他的《米格尔大街》铺好了第一句，于是他就在一九五五年间，在BBC于朗廷酒店为他准备的自由撰稿人写作室里，花六个月写好了这本小说集。直到《神秘的按摩师》（1957）荣膺约翰·卢埃林里斯纪念奖而获得成功，以及《埃尔维拉的选举权》（1958）荣膺萨默塞特·毛姆奖，《米格尔大街》才终于在一九五九年付梓出版。《毕沃斯先生的房子》出版于一九六一年，而在一九七一年，奈保尔因为《自由国度》获得了布克奖。之后他又出版了四本小说：《游击队员》（1975）、《河湾》

THE ISLAND was small, 1800 square miles, half a million people, but the population was very mixed and there were many separate worlds. When my father got a job on the local paper we went to live in the city. It was only twelve miles away, but it was like going to another country.

Our little rural Indian world, the disintegrating world of a remembered India, was left behind. I never returned to it; lost touch with the language, never saw another Ramlila. In the city we were in a kind of limbo. Though the tropical houses were open to breeze and every kind of noise, and no one could be said to be private in his yard, we continued to live in our enclosed, self-sufficient way. We remained separate from the more colonial, more racially mixed life around us.

To go out to school, to arrive after two or three years at Mr Worm's exhibition class, cramming hard all the way, learning everything by heart, living with abstractions, having a grasp of very little, was like entering a cinema some time after the film had started and getting only scattered pointers to the story. It was like that for the twelve years I was to stay in the city before going to England. I saw people of other groups only from the outside; school friendships were left behind at school or in the street; it was the way people of our background had always lived. I never ceased to feel a stranger; I never fully understood where I was, I really never had the time to find out: all but nineteen months of those twelve years were spent in a blind, driven kind of colonial studying.

And I got to know very soon that there was a further world outside, of which our colonial world was only a shadow. This outer world — England principally, but also United States and Canada — ruled us in every way. It sent us governors and everything else we lived by: the special foods the island had needed since the slave days (smoked herrings, salted cod, condensed milk, New Brunswick sardines in oil); the special medicines (Dodd's Kidney Pills, Dr Sloan's Liniment, the tonic called Six Sixty-Six). It sent us the coins of England, from the halfpenny to the half-crown, to which we automatically gave values in our dollars and cents, one cent to a halfpenny. It sent us text books and examination question papers for the various school certificates (and even during the war students' scripts were sent back to England to be marked). It sent us films, and Life and Time. It sent folded packets of The Illustrated London News to Mr Worm's office. It sent us everything.

V.S. 奈保尔未发表随笔《阅读与写作》的一页手稿

（1979）、《抵达之谜》（1987）和《世间之路》。一九九〇年，英国皇室就奈保尔对文学的贡献授予他爵士爵位。

在二十世纪六十年代早期，奈保尔开始写他的旅行。他写了四本关于印度的书：《中途航道》（1962）、《幽暗国度》（1964）、《印度：受伤的文明》（1977）和《印度：百万叛变的今天》（1990）。《伊娃·庇隆归来》和《特立尼达的屠杀》（两本书于一九八〇年集结成册出版）记录了他在阿根廷、特立尼达和刚果的经历。《信徒的国度》（1981）则以印度尼西亚、伊朗、巴基斯坦和马来西亚为主题。他于一九九五年又回到这几个国家，而同年出版的《何以置信》则记录了这几段旅程。

在与奈保尔的对话中，所有的问题和观念都会变得非常微妙和复杂（除非你只用单一视角看待事物，不然他就会自始至终都让你体验到这种感受），而他的语言却能避免含混和黑话。奈保尔确实不易相处。他出身卑微、长年奋斗，光是他艺术生涯发端时的遭遇就已然促成了他严重的神经官能症——即便他已年高六十六岁，他的神经回路依然十分活跃。除开他的锋芒毕露，和这种锋芒毕露给他的言谈中带来的出人意表的气质，奈保尔仍然是一位采访人乐意采访的对象。

这篇访谈精选自发生在纽约和印度的一系列对谈。其中一部分访谈由乔纳森·罗森主持，地点是卡莱尔酒店，时间是一九九四年五月十六日。那一天奈保尔花了好几分钟去调整酒店套件的家具，试图调整座椅以让他疼痛的后背能够好受一些。他在回答问题前会习惯性地取下眼镜，尽管这只会令他审视的表情更加凝重，令他思维的戒备更加警觉。这篇采访趁的是《世间之路》出版的契机，可是尽管一开始我们希望"专注谈论这本书"，奈保尔却放松地进入了一场更为广阔的对话，持续了好几个小时，谈及了他生活和职业的方方面面。

——塔伦·泰杰帕尔，乔纳森·罗森，一九九八年

V.S. 奈保尔：请告诉我你这篇采访想要涵盖的范围，以及你的提问方式。我想知道这一谈话会达到什么样的程度。我们会把话题局限于书本吗？

《巴黎评论》：你希望局限于书本吗？

奈保尔：我的写作生涯很长。写过的书也很多。如果想谈出点儿有趣的内容，最好能具体专注些。这也更能启发我的思绪。

《巴黎评论》：《世间之路》难写吗？

奈保尔：你指哪些方面？

《巴黎评论》：书中有很多互不相同的片段，却能相互融合，成为一个整体。

奈保尔：这本书从第一页到末尾，都是作为一个整体写就的。许多作家都倾向于在他们的生涯尽头写些总结性的书。

《巴黎评论》：你是有意识地试图进行总结吗？

奈保尔：是的。无论是写了"二战"三部曲的伊夫林·沃，还是安东尼·鲍威尔，他们所做的都是虚构一个类似他们自己的角色，由此可以为角色绑缚上这些经过重新解读的冒险故事。鲍威尔笔下有一个角色贯穿了他许多小说，这个人像他，却又不是他，因为这个角色并没有起到决定故事走向的作用。我认为这是形式强加给人的一种失真，而这么多年来我都在思考该如何克服它。

《巴黎评论》：如何克服……

奈保尔：你没听明白我的意思吗？

《巴黎评论》：我猜你所指的，是马塞尔·普鲁斯特和《追忆似水年华》的叙述者马塞尔之间的距离。

奈保尔：不是的，我想的是——好吧，用你的表述去说。我想的是，战争对于沃来说是一个十分庞大的经历，他必须创造出一个沃的角色，才能够去书写战争。而每当我写虚构小说时，我也总是必须要创造一个角色，他有着和我基本相同的背景。我思索了几十年，该如何应对这个问题。答案是勇敢地直面——不要去捏造虚假的角色，而是把创作的故事当成真实的戏码，纳入到自身成长的过程中去。

《巴黎评论》：你的自传与西方宏大的历史进程有着很多吻合之处，这令我十分讶异。在你书写自己的时候，你有感到过自己是在书写那个更为广阔的世界吗？你是否刻意去达成这种联系，抑或这在你不过是一种自然的成长？

奈保尔：它会自然而然地成长起来，因为这是一种学习，不是吗？你无法否认你已习得的事物，你无法否认你的旅途，你无法否认你生命的本质。我在一个小地方长大，年纪轻轻就离开了那里，进入到那个更为广阔的世界中。你必然要把这些囊括进你的写作中去。你明白我的意思吗？

《巴黎评论》：我明白，但我想的与它稍有区别。

奈保尔：那你再试试。换个措辞。把话说得简单具体，方便我们更好地相互理解。

《巴黎评论》：在我的想象中，你人生伊始的地方是一个你热切地想要离开的地方，可是随着你愈发深入的研究和愈发频繁的回归，它实则成为了问题的核心，对西方有着非常重大的意义。你把特立尼达唤作一个小地方，但从你的写作中可以看出，哥伦布渴求它，雷利[1]也渴求它……你是什么时候开始意识到，特立尼达已然成为西方欲望的聚焦，已然成为一

---

[1] 沃尔特·雷利（约1554—1618），英国航海家，1595年率领探险队前往新大陆寻找黄金，后发现了今南美洲圭亚那地区。

个宏大的主题?

奈保尔:我已经写作了很长时间。而在其中绝大部分时间里,人们对我的作品并不感兴趣,所以我的发现都倾向于私人化。如果你所说的情况确实发生了,那么它只是一个巧合,而我当时并没有意识到这一点。此外有个非常重要的点需要注意,我的作品不以政治为主题,也不意图与他人论战。这样的作品如若诞生在二十世纪五十年代,现在只怕已然寿终,无人问津。人必须去发现一种情况的真相,正是这种真相使得事物具有普适性。

《巴黎评论》:你提及你的读者群很晚才到来,你觉得世界现在正在赶上你的步伐吗?是读者变了还是世界变了?

奈保尔:是世界变了。在我开始写作的那个年代,人们认为世上有很多地区根本就不值得书写。你读过我的《黄金国的没落》吗?里面囊括了所有对雷利和米兰达[①]的研究。当它出版的时候,伦敦一家大报社的文学编辑跟我说,我写篇短文就足够了,这个主题根本就不值得小题大做。他自然是个蠢货。但这让你察觉到这个世界发生了多大的变化。

《巴黎评论》:你认为现在的世界,能够更好地理解你一直在谈论的心理移位吗?

奈保尔:如今它已经是一个广泛的处境了。可人们仍然持有单一文化的观念,即便它从未存在过。所有文化已然永恒地混杂在一起。比方说罗马,那里曾是古国伊特鲁利亚,而罗马的周边也曾有过其他城邦。再比方说东印度群岛,印度的人民走出了自己的国土,又再度发现了新印度,而那里也受过穆斯林的影响……人们总是来来往往,世界始终处于运动之中。

[①] 弗朗西斯科·德·米兰达(1750—1816),拉丁美洲独立运动先驱,委内瑞拉第一共和国的领袖。

《巴黎评论》：你认为自己是这个混杂世界的典范吗？

奈保尔：我不这么认为。我考虑的始终是书。写作是为了写就一本书；为了满足需求，为了谋生，为自己留下光辉的一笔，为了填补你眼中的缺憾，使其完整。我不为任何人代言。我也不认为会有任何人希望我来为其代言。

《巴黎评论》：《世间之路》里的三个探险者不顾风险地要回到特立尼达。而从你的早期作品中，我感到你似乎害怕自己会沉溺于返途——这个你出身的地方有其毁灭性的一面，而这一次它就有可能吞噬掉你。

奈保尔：你怎么能这么说。这很吓人。我觉得我已经完成了我的返途，我再也不会回去了。

《巴黎评论》：但是特立尼达仍然以想象的方式吸引着你。

奈保尔：没有，即便是在想象上我都已然摆脱了特立尼达。你也知道，作家得努力还原他童年材料的本来面貌。那段童年经历的本质难以理解——它自有开端，一个非常遥远昏暗的背景，然后在作者成为一名男人时抵达了终点。这一早期材料之所以如此重要，是因为只有当作者理解了它，他才能使这段经历具有完整性。童年的经历自成一体，它是完整的。童年之后便麻烦不断。你不得不倚仗你的智力和内在力量。是的，后期的成就都出自这一份内在力量。

《巴黎评论》：你的书名《世间之路》也令我印象深刻。让我想起了《失乐园》的结尾——被驱逐后的四处游荡。这个世界是你离开家园后进入的那个世界吗？

奈保尔：我认为这取决于你的居住地的本质。我不确定这是不是一个公正的问题，或者我是否应该回答它。换种措辞方式。

《巴黎评论》：我猜我想问的是，你所谓的《世间之路》的"世"是什么意思。

奈保尔：人们可以过非常简单的人生，不是吗？大吃大喝，不思不想。我认为当你开始思考，接受教育，开始提问时，你就进入了"世"，因为你既可以处于一个无边的世界之中，又同时偏居一隅。

《巴黎评论》：在你的成长过程中，你对于世界的观念（即"世"所表达的那个观念）会比旁人更广大吗？

奈保尔：我一直都知道外面还有个世界。我没法接受我所成长的农业殖民社会的世界观念。简直没有比它更压抑或限制人的了。

《巴黎评论》：你于一九五〇年离开特立尼达，前往牛津深造，远渡重洋来到异国他乡实现抱负。你想要追求些什么呢？

奈保尔：我想要成名。我也想成为一名作家——通过写作成名。而这一抱负的荒谬之处在于，彼时我对于自己将要写些什么几乎毫无头绪。抱负在写作材料之前便来到了。电影人山亚姆·班尼戈尔曾对我说，他在六岁的时候就明白他想要拍电影了。我没他那么早熟，但我在十岁的时候就想当一名作家了。

我依靠一份殖民政府的奖学金去牛津求学，它保证我完成任何我想读的专业。我本可以成为一名医生或者工程师，但我依然想要在牛津修习英语，这无论是跟牛津还是英语本身都没有关系，而只是因为它远离特立尼达。当时的我认为，在远离故土的这三四年间，我便能够了解我自己。我认为我将会找到自己的写作材料，然后奇迹般地变成一名作家。我没学习任何专业技能，我选择了英语这一庸常的专业，这个学位简直一点儿价值都没有。

可是我想逃离特立尼达。殖民地生活的琐碎和激烈的家庭争端（人们以道德为准绳相互评判、谴责，这与我印度的家庭背景关系更紧密）令我感到压抑。无论是印度世界还是殖民地世界，都不是宽容的社会。我预感到，在更广阔的世界中，人们会因为他们自身而得到欣赏，人们自身就足以引起他人的兴趣。

《巴黎评论》：而与他们出身的家庭无关？

奈保尔：是的。我想象着以后人们不必总是受制于那种道德评判。人们会对你的言论感兴趣，或者他们会对你不感兴趣。这确实是英国的实际情况，我确实找到了一种更加宽容地看待人们的方式。而我现在更是觉得它宽容了。

《巴黎评论》：你享受在牛津的时光吗？

奈保尔：事实上，我讨厌牛津。我讨厌那些学位，我讨厌所有关于大学的观念。我的准备过于充分了。我比我们学院和我们课程中的绝大多数人都聪明得多。我可没在吹牛，你很清楚，时间已经证明了所有这些事情。某种程度上，我为这个外部世界所做的准备充分得过头了；牛津给我带来了某种孤独与绝望。我不希望任何人去经历这种东西。

《巴黎评论》：你是否曾经想过，如果你留在了特立尼达，你的人生将会是什么样子？

奈保尔：我可能会自杀吧。我的一个朋友就这么做了，我想大概是出于焦虑吧。这个男孩是个混血儿。他非常可爱，非常聪明。太可惜了。

《巴黎评论》：这个男孩是你在《毕沃斯先生的房子》的引言中提及的那位吗？

奈保尔：是的，当时我想的正是这个男孩。我们对彼此都非常欣赏。他的死太恐怖了。

《巴黎评论》：你现在还能感受到早年生活的伤口吗？

奈保尔：想到我得以逃离那种生活，我就感到非常幸运。我会思及那段岁月是多么糟糕和压抑。站在现在的角度我更能看清它的实质：那是一个种植园，也许是新世界[1]的一部分，但却完全自治。毫无疑问我已经治愈了这些伤口，因为我对其思考良多。我想到，我没有被彻底摧毁是有多么幸运。从那时起，便是勤勉工作的一生。

《巴黎评论》：你生活的核心需求为什么总是写作呢？为什么它是走出一切事物的路径？

奈保尔：写作如同抱负被赋予我。或者说，我遵循着父亲的榜样；他虽然是一名记者，却是一名作家，因为他还会写故事。这对我来说非常重要。我的父亲在他的故事中探究了我们的印度背景。他发现这是个非常残酷的背景，而我通过他的故事也发现了这是个非常残酷的世界。所以我在成长过程中明白了这样一个道理，内省非常重要，且不应该总是去确立外在的敌人。我们必须探究自身，探究我们自身的弱点。我到现在仍然如此相信着。

《巴黎评论》：你曾经说过，你把写作看作是唯一真正高尚的职业。

奈保尔：是的，对我来说它就是唯一高尚的职业。它之所以高尚，是因为它关涉真理。你必须寻找不同的方法来处理你的经验。你必须理解它，你也必须去理解世界。写作常常是追寻深刻理解的斗争。这非常高尚。

《巴黎评论》：你什么时候开始写作？

奈保尔：我在一九四九年开始写小说。那是个非常滑稽、非常有趣的主题：一个特立尼达的黑人男子给自己取了非洲国王的名字。这是我当时试图探索的主题。整个写作过程艰难地持续了两年，因为当时的我太过年轻，不知道它需要花去多少时间。它始于我离家前不久，最终在牛津一次

---

[1] "新世界"指西半球或南、北美洲及其附近岛屿。

长假期间得以结束。我很高兴我能够完成它，因为至少它给予我完成一部长篇小说的经验。当然它最后什么声响也没有。

之后我离开了牛津，陷入了前所未有的困境，我开始写作一些非常严肃的作品。我试图找寻自己的声音，自己的口吻——真正属于我的笔触，不用借用任何人，也不用去装腔作势。这个严肃的声音将我引入了抑郁的浅滩，纠缠了我一段时间，直到我给某人寄去了手稿，他让我放弃这种声音，我才从抑郁中走了出来。他告诉我那完全是垃圾；我真想杀了他，但内心深处我知道他绝对是正确的。我有好几个礼拜都郁郁寡欢，因为五年已经过去了，我还一事无成。你也看到了，我身上有着旺盛的写作欲望。我已然决定这将是我谋生的职业——我已然把一生都奉献给它。然后好事就突然发生了：我突然跳出了那片阴郁，突然撞见了自己的声音。我找到了那属于我的声音的材料，它受到两个文学源头的启发：我父亲写下的故事和一部西班牙流浪汉小说，那是在一五五四年出版的第一部流浪汉小说，《托尔梅斯河边的小癞子》。这本小书讲述的是一名在西班牙帝国长大的可怜男孩，而我则非常喜爱这部小说的语调。我把这两个源头结合在一起，发现它非常契合我的人格：正是这两个截然不同的源头哺育出了我的作品，最终发展成真正属于我的原创风格。

《巴黎评论》：这正是你开始写作《米格尔大街》的时候？

奈保尔：是的。想要在任何写作题材上做第一人都异常困难。之后的模仿总是相对容易。所以我写的书混杂了观察、民间传说、新闻剪报，以及个人回忆，很多人都可以写得出这样的东西，但在当时它是那部呼之欲出的作品。

想象一下在一九五五年写本像《米格尔大街》那样的书。今天的人们会对来自印度和其他前殖民地的作品感兴趣，可在一九五五年人们可不认为这算得上是作品。这本书我揣了四年才最终得以出版，这真是一段难过的经历。它真的很令我沮丧，它带来的巨大阴影留存至今。

《巴黎评论》：一九五五年时，你已经写完了两本书，分别是《神秘的按摩师》和《米格尔大街》，前面那本书直到一九五七年才得以出版，而后面那本故事集则要等到一九五九年。

奈保尔：我的人生非常艰辛。当你年纪轻轻、一身赤贫，当你想让世界知道你的存在时，两年是一段漫长的等待。我被迫承受这种痛苦。当《神秘的按摩师》最终付梓出版，我就职的那家报纸（当时我在《新政治家》工作）就发表了负面的评论，文章的作者是一名后来非常出名的牛津教授，他把我的小说评作是来自一座殖民岛屿的一道稍有风味的小吃。一道稍有风味的小吃，也就是说花不了多少力气。

现在再回头看看那些当时书评人眼里真正的书籍，就变得饶有趣味了。当然你不必跟我说，尽管它们已经出版了四十多年，依然在重印。但当时的我却遭到了毁灭性打击。我被忽视伤害了。现在的人们能更容易地接受它，这也是他们抱怨的原因。我从不曾抱怨；我只能继续前行。

《巴黎评论》：想必你曾依赖自我信念维系生活吧？

奈保尔：是的。我从未怀疑过。从孩提时代起，我就感到自己带有特殊的标记。

《巴黎评论》：当你的第一部小说出版时，你开始写作《毕沃斯先生的房子》。

奈保尔：是的。当时的我正绝望地四处寻找主题。当时的绝望情绪如此之盛，我都开始用铅笔写作了，因为我感受不到充分的安全感。我的构思囊括一个类似我父亲的人，他走到生命的末尾，会开始考虑他周身的事物，并考虑它们是如何进入自己的生活。我胸无灵感地辛勤写作了许久，大约有九个月的时间。

《巴黎评论》：你当时每天都写作吗？

奈保尔：严格来说不会每天都写，因为一旦你缺乏灵感，你所做的事情就难以维系。不过同时我还试着当一名书评人。某人把我推介给《新政治家》，他们给我派了一本又一本书，可是我用心过度，没能成功。然后他们给我派了本牙买加的书，我终于把握到了自己书评的口吻。所以当时我取得了一些成就，学会了如何写简短有趣的书评，使得一本书在读者眼前栩栩如生。后来我的小说终于灵感爆发，然后一切都非常顺利。我每个月都会花三周来写作。我很快就明白，这会是部伟大的作品。我很高兴，尽管我才这么年轻，我就开始从事一部伟大作品的写作，而我的起点并不高，你要知道只有当你接受了足够的训练，你才能尝试去写出伟大的作品。如果当时有人在街上把我拦住，告诉我说他可以给我一百万英镑，而条件只有一个，那就是不要完成这部小说，我会让他滚开。我明白我必须完成这部作品。

《巴黎评论》：这本书反响如何？

奈保尔：从出版商开始读手稿起，这本书的反响就非常好。我想说这本书一经出版就大卖，可实际情况当然没有。我也想说这本书一经出版就令世界瞩目，可这个世界并未青眼有加。这本书走过的路和前几本同样坎坷，过了好一段时间才收获它应有的褒奖。

《巴黎评论》：从《毕沃斯先生的房子》开始，你告别了前三部社会喜剧，你从轻松、轻浮的戏剧转向了更为冷酷严肃的口吻。

奈保尔：实际上我的口吻并没有变得冷酷。那本书里仍然到处都是喜剧。可能那种喜剧并没有溢于言表，也没有那么滑稽，但我向你肯定，那本书仍然从头到尾都包含着喜剧。我可以随便拿本我的书读一页给你听，无论你觉得它多么阴暗，你都会发笑。笑话只不过变得更为隐蔽，而喜剧也变得更为深刻。因为一旦失去了幽默感，你就没法前行。你不能总是向读者传达阴暗、悲剧的视角，它必须靠背后的喜剧来支撑。

《巴黎评论》：我想给你读读《世间之路》里的一个句子："正是那种

荒谬的观念从来不曾远离我们,才保护了我们,是愤怒的另一面和群情激奋让人群焚烧了那个黑人警察……"这让我想起了你早期作品中关于特立尼达的幽默,以及后来作品中所展现出来的幽默的另一面,即歇斯底里。

奈保尔:这很奇怪,不是么,那个把警察活活烧死的人,竟然会边跳边唱,把它当作一个趣闻讲给人听。

《巴黎评论》:我尤其注意到,你使用了"我们"这个词,也就是说你把自己囊括进那个处境之中。

奈保尔:那个故事发生在西班牙港。所以主语肯定是我们,因为我正是在那个环境中长大的。这是我们对于荒谬的观念,它源自卡利普索民歌,这一荒谬的观念来自非洲。我在后来的人生中开始理解这种歇斯底里和荒谬感。

《巴黎评论》:也就更懂得品味它?

奈保尔:实际上我更感到害怕。因为我明白了人们可以如此荒谬,他们可以写下这些风趣的歌曲,也有潜力去焚烧一名警察。我害怕残忍。

《巴黎评论》:我注意到《世间之路》的结局和《抵达之谜》一样,是一场葬礼。

奈保尔:这真的只是巧合。也许在你告诉我之前,我都没想过这个问题。而我在写作中意识到的,是对尸体和葬礼的强调。一开始是一位为尸体着装的人,接着到了我所工作的红房子里的尸体,然后雷利的故事里也有很多尸体。

《巴黎评论》:是你愈发感受到人的速朽,还是说这是一种世间之路的感觉?

奈保尔:大抵人越是年长,越会勇敢地面对它。当人年轻的时候,会有更多的办法应对它。真的,这是死亡的肉体的一面,我不知道是什么推动了它。要让读者来评判,作者不能越俎代庖。

《巴黎评论》:你会有意识地改编早期小说的元素吗?

奈保尔:会的。你得把握到正确的视角:获取了材料,换一种方式写作,然后就产生了新的材料。

《巴黎评论》:你的后期小说采取了更为温和的视角,你认同这种观点吗?在我看来,你现在的创作手法更兼容并包。

奈保尔:说话要具体。我在哪里强硬了?你从哪些文字读出了我严厉的意味?举出个例子吧。

《巴黎评论》:比如说《自由国度》。

奈保尔:我在巨大的痛苦中和个人压力下写出了那本书。我在写作时十分谨慎,仿佛组装一只手表或是一件工程制品。而这本书的写作也确实十分精到。在一九七九年的时候,我第一次被邀请在纽约朗读我的作品,就在朗读的那一瞬,我意识到这部作品出奇地暴力,而直到彼时之前我都对此一无所知,所以其中的暴力并不是我有意的。那份暴力令我感到震惊。当我把笑话抖出来时,人们笑了;可是紧接的内容直接止住了他们的笑声。这是一段非常令人不安的经历。也许这反映了它的写作过程,出于和我人生相关的个人痛苦,我个人的苦痛。

《巴黎评论》:你能形容下你的写作方式吗?

奈保尔:我写得很慢。

《巴黎评论》:总是很慢?

奈保尔:我年轻时曾写得很快,当我状态好的时候大约每天可以写一千个词。我现在做不到了。现在即便是状态好,我每天也只能写三百个词,真的很少。

《巴黎评论》：你有写不出的时候吗？

奈保尔：常常有。大部分日子里我都写不出。

《巴黎评论》：海明威把他写不出文字的日子称作离死亡更近的一天。

奈保尔：我不像他那么浪漫。我只会觉得很恼怒。但我的年龄没有虚长，我已经足够明智，足够有经验，知道一切都会过去。如果我脑海中已经形成了那部小说，那么它总归会出来。问题不过是寻找正确的途径。

《巴黎评论》：约翰·厄普代克认为语言只应传达，而不应翩翩起舞、令人炫目，你会这么认为吗？

奈保尔：如果人们有什么想做的事情，他们就必须去做。我也希望我的行文能通俗易懂，我可不想读者在我的文字上犯难；我希望读者能通过我描述的内容，读懂我想要说的意思。我可不想他说：噢，天哪，这文章文笔倒是不错。这样的文章就写糟了。

《巴黎评论》：所以即便构思复杂，行文也必须简洁。

奈保尔：是的，要简单。我绝不用术语。生活中处处都是术语，无论是报纸上，还是朋友之间的对话中，而当你作为一名作者时，你有可能会变得非常懒惰。你可能会开始在用词方面犯懒。我不想看到这样的事情发生。词语都非常珍贵。我想用一种珍贵的方式使用它们。

《巴黎评论》：你对英语文学感到绝望吗？

奈保尔：我并不对其感到绝望。因为如今它并不存在，一部分原因是因为如今再要完成曾经有过的一切无比困难。至少在英国它的状况非常糟糕。英语文学不再存在了，但是它的过去如此丰富，也许如今也没必要为其扼腕。

《巴黎评论》：那些印度作家呢？你是否对他们也有同样的感受？

奈保尔：我还没考察过印度文学，但我认为印度将会出很多作品。印度曾有几个世纪都完全没有知识生活。那曾是个仪式化的社会，并不需要写作。可是当社会走出原先纯粹的仪式化生活，开始在工业、经济、教育方面进行扩张时，人们就开始产生了理解现状的需求。人们转向作家，而作家则需要引导人们、鼓舞人们。我认为今天的印度会出很多作品。印度的发展会证明这一切。

《巴黎评论》：回到暴力的问题，我想读一段《世间之路》里的话："在我的成长过程中，残忍一直都显现在整个背景之中。街巷的语言中有着一种古老，或者不那么古老的残忍：人与人之间、父母与孩子之间习以为常的要挟，扬言要对你进行惩罚或让你丢脸，简直让人回到了种植园的年代。"

奈保尔：是的。人们总是用平静的语气，说出那些主人对奴隶才会说的话：我会揍你揍到尿失禁；我要扒你背上一层皮。这些话太难听了，你说呢？

《巴黎评论》：而你也一直抵制把愤怒简单化，把它归罪于殖民主义，归罪于黑奴隶的白人主人。你的眼里没有这么简单的反派。

奈保尔：简单的反派当然不存在。这是我们可以放心断言的事情。这种形象无法提供任何助益。它们不能为任何论点和讨论添砖加瓦。它们不过是一种口号。归罪于殖民主义是非常令人放心的口号。这些人在殖民时代一言不发；他们已经准备好一生都对人卑躬屈膝。现在殖民主义不复存在，他们开始无所畏惧地言说，可其他人的无所畏惧要来得更早。

《巴黎评论》：有人批评你说，你投向了压迫者的怀抱。

奈保尔：这些人都是谁？

《巴黎评论》:举个例子的话,德里克·沃尔科特。

奈保尔:我对此不知情。我不读这些东西。你不该问我,你该问他。你得自己判断这些事情。我没法一一照顾到所有事情。我的写作生涯也非常漫长。

《巴黎评论》:可是我想问……

奈保尔:至少你不该问我这个是不是投向了英国和奴隶主的问题……我的作品中有表现出这一点吗?

《巴黎评论》:我不会这么认为。

奈保尔:那你为什么还要问?

《巴黎评论》:即便你始终抵制简单化,但你周围的评论家们却没能抵制它。

奈保尔:那就是他们的问题了。你读过我的《中途航道》吗?那本书告诉黑人他们成不了白人,这造成了莫大的冒犯。在一九六二年的时候,黑人们认为独立的时刻即将到来,而他们也离白人越来越近了。

《巴黎评论》:《中途航道》是你第一次尝试非虚构类作品。

奈保尔:我们不能仅仅因为每个人所能够处理的材料有限,就把他当作一个虚构作家。作家必须去观察、去感受,随时随地都要保持敏感。而严肃作家就不能做之前做过的事情,必须继续前行。我感到自己得继续前行。我感到自己不能再困在已然做过的事情上,我不该只是待在家中,假装在写小说。我应该出门旅行,探索我的世界,再让形式自然而然地呈现。然后我遇到了一件令我高兴的事情:一个种族歧视的政府,认为他们应该在面子上假装不搞种族歧视,他们要求我回来,在当地区域旅行。这就是我旅行开始的缘由,以及我写作《中途航道》的契机。

《巴黎评论》：你常常去印度旅行。你在三十五年前首度拜访，并为了写作和度假经常回去。你对印度持续地着迷，它的源头是什么？

奈保尔：毕竟那是我的故土，我天生就对过去有所知觉，此外我过去曾经和我的外祖父母生活在一起。我没法超越他们的认知，超出的那部分都不过是绝对的空白。我真的是在探索那片我所说的黑暗区域。

《巴黎评论》：你认为知晓你的故乡，以及塑造你的一切，对你作为一名作家所起的功能和所用的材料是否至关重要？

奈保尔：如果你跟我一样，并不了解你出生地的历史，也没人告诉你这段实际上并不存在，或者只存在于档案中的历史，当你这样来到世界上，你就必须了解你的故乡。这要花去很多时间。你也没法直接去书写世界，仿佛一切都浑然天成，一切都已然给予你。如果你是一位法国作家或者英国作家，你会对你的故乡和文化都了如指掌。可要是你像我一样，来自一片偏远的农业殖民地，你就什么都得学习。写作对我来说也是一个探究和学习的过程。

《巴黎评论》：在过去的三十五年间，你写了三本关于印度的书：《幽暗国度》《印度：受伤的文明》和《印度：百万叛变的今天》。而你在每本书中都对这个国家做出不同的回应。

奈保尔：实际上，那三本书相辅相成。你要明白我不希望其中任何一本去替代其他书。它们相辅相成，是因为我认为它们都是真事。写作它们的方式各不相同：一本是自传式的，一本是分析式的，而最后一本则是对这个国度人民经验的讲述。写作它们的时间当然也各不相同，就像印度一样，人们在各个时间存在着。所以你可以说《幽暗国度》依然存在，那是对入侵和溃败的分析，而那道心理的伤口依然存在。而在《印度：百万叛变的今天》中，人们发现了一些微弱的声音，得以表达他们的个性，诉说他们的需求，这仍然是真的。这些书必须作为一个整体去把握，它们依然存在、依然相关、依然重要。

而你首先必须铭记我是一名作家，一个写作段落、章节和书籍的人。这是一门技艺。我不只是一个发表言论的人。所以这些书代表了我这门技艺的不同阶段。《幽暗国度》是一件出色的艺术品，出色地混合了旅行、记忆和阅读。《印度：百万叛变的今天》代表发现国家中人民的重要性。这本书的写作形式非常繁重，体现在我实际旅程中发生的种种事情，当你遇见不同的人时总会发生很多事情。如果你不知道该怎么与他们交谈，不知道该怎么让他们跟你聊上天，你就写不出这本书。你的鉴别力要派上用场。我时而看看这个人，时而又看看那个人，看看他都是怎么说自己的……他的经历会不断地把你引向别的思绪。这本书产生于实际的旅途中，尽管写作本身也总要花去时间。所以不同的书是不同的艺术品，你要始终记得我是一名工匠，不断地改变艺术品；我始终都在尝试新的东西。

《巴黎评论》：你为了非虚构作品做采访时会使用录音机吗？

奈保尔：我从来不用录音机。它能够节省劳力，使得整个采访更为准确，可它也会控制我。我要写的内容只需做一个半小时的采访就足够了，尽管很多人觉得这难以置信。

《巴黎评论》：你会在遇见一个人后马上开始采访吗？

奈保尔：首先我会和你相遇，聊会儿天；然后我会征求你的意见来拜访你。在九十分钟的采访中，我能获取两千到三千单词的文字。你会看到我用笔记下你的话语，你也会配合着放慢语速，用自己的本性去言说。而你的话语仍然会有访谈的要素。

《巴黎评论》：《幽暗国度》中暗含了许多愤怒，而你关于印度的许多报刊文章也是如此。对于作者来说，你会觉得愤怒比理解更好用吗？

奈保尔：我不愿把那些文章当作报刊文章，报刊文章就是新闻，讲述的是今天发生的大事。而我那类的写作则试图寻找源泉，寻找社会和文化

(尤其是印度）的动机。这种写作可不是报刊文章。我要纠正的是这种文章不是人人可写的。它需要作者具备一种深刻的天赋。我可不打算和新闻作者抢饭碗。

《巴黎评论》：可是你会觉得愤怒比理解更好用吗？

奈保尔：严格说来，我认为那不只是愤怒。那是一种深层的情感。没有它，写作就无以为继，你就只能写出报刊文章了。当你受到深层的触动，你会明白你无法直接表达这一赤裸裸的原初情感，你必须对其进行某种处理。你会把这一情感的精炼称作理解，正是它使得写作成为可能。愤怒和理解并不相互矛盾，因为理解正是来自于你所谓的愤怒。而我会把它叫作情感。它是写作所必需的。

《巴黎评论》：通过对《幽暗国度》的阅读，我有一个问题想要问你。你写到了一个印度观念，认为世界即是幻觉，它无比强烈地吸引着你，却又让你感到害怕。我想知道我的这种解读是否正确？

奈保尔：我认为你的解读非常敏锐。它既摄人心魂又令人心生恐惧。当一切都特别糟糕，而你自己的处境又是一团混乱时，人们会把它用作不作为的借口，一想到世界不过是个幻觉，可以躲到这个思绪的小屋中去，人们心中就会觉得宽慰。我发现人们很容易进入这种思维模式。在我写作《河湾》前的几个礼拜，我就一直沉溺于这种思维模式之中。我分明地感受到世界不过是个幻觉，我目睹着它在空间中旋转，仿佛一切都是我的想象。

《巴黎评论》：你去过很多地方，印度、伊朗、西非、美国的南方腹地。旅行至今还吸引着你吗？

奈保尔：旅行现在对我来说变得越来越困难。问题是，我不能去了一个地方，却不就它写点什么。我会觉得我错失了那一份经历。有一次我去巴西待了十天，却什么也没写。不过我倒是写了阿根廷和福克兰群岛，尽管我并不拥有其中的经验。我并没有去研究它，它只不过是从我身上淌过。这是对我生命的浪费。我不是个享受度假的人。

《巴黎评论》：瓦莱里不是说过，世界的存在是要被写入书中？你同意吗？

奈保尔：或者世界的存在是要被思考，是要进入人们的沉思。然后你就会享受这个过程，它就具有某种意义。否则你就活得像只小狗：汪汪汪，我现在要吃东西，汪汪汪。

《巴黎评论》：你的新书《何以置信》回到了伊斯兰教的主题，而这个主题你在《信徒的国度》里就审视过。你有预料到这本书的出版，会让那些敏感的伊斯兰护教人士来找你麻烦吗？

奈保尔：人们可能会批评我，但我总是非常小心，从来不去批评信仰和信条。我所谈论的不过是它的历史和社会效应。当然，一个人的所有书都会受到批评，这也是它们应有的待遇。但这本书不是要表达特定的观点。它要回到我更早先的意图，即一个人的所有作品相辅相成：在我写过的所有探索之书里面，我始终都试图达到一种形式，不让旅行者的重要性盖过原住民。我书写那些我遇到的人，我书写他们的经历，我用他们的经历来定义文明。这种书关涉个人经历，所以它很难造成你所说的问题，因为你没法说它诽谤了任何东西。我关注个人经历并塑造了一种模式。你也可以说这就是本故事书。它确实就是本故事书。

《巴黎评论》：与《南方的转折》和《印度：百万叛变的今天》如出一辙？

奈保尔：当然如出一辙。但这本书是一项不同的挑战，因为我很注意不要重复同一个模式，这本书里有三十个故事，而我试图做到不同，让每一个故事都不同，这样读者就不会觉得自己受到了侵犯。我不想让不同的故事读出同样的感觉。

《巴黎评论》：你在写完一本书时会觉得筋疲力尽吗？

奈保尔：是的，会筋疲力尽。写作生涯如此缓慢，在我图书写作过程的末尾，我会如此疲惫。我的眼睛不太好，我觉得我都快瞎了。我的手指也很酸痛，得用胶布包起来。身体会在处处体现出这一劳动的艰辛。然后便要经历虚无的、绝对的空虚。实际上在过去的九个月里我就一直很空虚。

《巴黎评论》：有什么东西会触动你，让你回到写作中去？

奈保尔：实际上我现在就觉得受触动了。我想要回到工作中去。

《巴黎评论》：你想出了什么新方案没有？

奈保尔：我的写作生涯非常漫长，我在这一点上与众不同。大部分来自受限的背景的人都只能写一本书。而我是个散文作家。一本散文集可以容纳数千情感、观察和思绪，这需要很多的劳作。大部分人的模式是写点他们自己的生活。但我的模式却是书写他人。我发现了越来越多的题材。如果我有那个精力，我可能会写得更多；因为可以一写的题材始终都有。可是我真的没有那个精力和体力。你知道，身体状况糟糕的话会浪费掉你很多时日。我老得很厉害。这么多年来，我为我的写作生涯付出了太多。我也花了很多时间，试着让自己过得舒适些。光是生活、写作和思考就能够让人疲惫不堪。

你的采访做足了吗？

《巴黎评论》：做足了。

奈保尔：你会觉得，我跟你聊天这会儿，又浪费了一点儿我自己吗？

《巴黎评论》：我当然不会这么想。

奈保尔：你会珍惜它？

《巴黎评论》：看来你不喜欢接受采访。

奈保尔：我是不喜欢，因为思绪太过宝贵，很可能会在谈话中流失。你可能会失去它们。

（原载《巴黎评论》第一百四十八期，一九九八年秋季号）

石黑一雄

◎陶立夏/译

  用精准的英国管家式口吻写就《长日留痕》的作者本人也彬彬有礼。在其位于伦敦戈德格林的寓所门口迎接我之后，他立即表示要为我沏茶，尽管从他在橱柜前面对诸多选择时缺乏决断的样子判断，他并不是在下午四时享用阿萨姆的老茶客。当我第二次到访，茶具已在风格随意的书斋中摆开。他耐心地重新审视生命中那些细节，总是对年少时的自己，尤其是对那个弹着吉他、用支离破碎的断句写大学论文的嬉皮，带着忍俊不禁的包容。"教授们鼓励这么做，"他回忆道，"除了一位非常保守的非洲讲师。但他很有礼貌。他会说，石黑先生，你的文风有点问题。如果你在考试时也这么写，我不得不给你打不及格。"

  石黑一雄一九五四年生于长崎，五岁时随家人迁往英格兰南部小城吉尔福德。他有二十九年未曾重回日本。（他说，他的日文"糟透了"。）二十七岁时发表第一部小说《远山淡影》（1982），主要以长崎为背景，获得一致好评。他的第二部小说《浮世画家》（1986）获得了英国著名的惠特布莱德奖。而他的第三部小说《长日留痕》（1986）奠定了他的国际声望。该书在英国的销量超过一百万册，荣获布克奖，并被麦钱特-艾沃里公司拍成了电影，安东尼·霍普金斯主演，鲁丝·普罗厄·贾布瓦拉担任编剧。（初期剧本由哈罗德·品特操刀，石黑回忆道，有"许多山珍野味在砧板上切来切去的镜头"。）石黑获得过一枚大英帝国勋章，有段时间，他的画像悬挂于唐宁街十号。他拒绝被神化，下一部小说《无法慰藉》（1995）让读者大为意外，五百多页看来全是意识流。一些困惑的书评人

石黑一雄的一页手稿

对其口诛笔伐,詹姆斯·伍德写道:"它创造出了专属的糟糕门类。"但其他人则激情澎湃地为之辩护,其中包括安妮塔·布鲁克纳,她消除自己最初的疑虑后,称其"几乎可以肯定是篇杰作"。作为另两部广受好评的作品——《上海孤儿》(2000)和《别让我走》(2005)——的作者,石黑一雄还写过电影和电视剧剧本,他也作词,最近与爵士女歌手史黛西·肯特合作的爵士专辑《早安,幸福》畅销法国。

石黑与十六岁的女儿内奥米、妻子罗拉一同住在白色泥灰墙的舒适居所内,罗拉曾是一名社工。屋内有三把闪闪发光的电吉他和一套最顶级的音响设备。楼上供石黑写作的小办公室从地板到天花板定制成浅淡的木色,按颜色分类的文件夹整齐堆放在文件架中。他被译成波兰语、意大利语、马来西亚语和其他语种的作品排放在一面墙上。另一面墙上是供研究用的书——例如,托尼·朱特的《战后:1954年以来的欧洲史》与艾迪斯通·C. 内贝尔三世的《更有效地管理酒店》。

——苏珊娜·哈尼维尔,二〇〇八年

《巴黎评论》:你的小说创作从一开始就很成功——但你年少时期的作品有无未能发表的?

石黑一雄:大学毕业后,我在伦敦西区与无家可归者一同工作时,写过半小时长的广播剧并寄给了BBC。剧本虽被枪毙但我得到了鼓励的回复。它的趣味有些糟糕,但却是我第一篇不介意拿来示人的习作。剧本名为《土豆与爱人》。交剧本的时候,我拼错了土豆的复数形式,写成了potatos。故事说的是两个在炸鱼薯条店打工的年轻人。他俩的斗鸡眼都很严重,而且两人坠入了爱河,但他们从未捅破彼此都是斗鸡眼的事实。两人对此讳莫如深。故事的结尾,在叙述者做了一个奇怪的梦后,他们决定不要结婚。梦中,叙述者看见防波堤上有一家人朝他走来。父母亲是斗鸡眼,孩子们是斗鸡眼,狗也是斗鸡眼,于是他说:行啦,我们不会结婚。

《巴黎评论》:你着了什么魔才会写这个故事?

石黑一雄:那时我开始考虑将来的职业。成为音乐家已经无望。我向录音公司A&R的人约见了好多次。两秒钟后,他们就说:没戏,朋友。所以我想该试一下写广播剧。

后来,几乎在无意之间,我看到一则马尔科姆·布雷德伯里在东英吉利大学教授创意写作硕士班的小广告。如今这门课已名闻遐迩,但那时它还是个笑柄,刺目的美国作派。随后我还发现,上一年因为没有足够多的申请人所以并未开班。有人告诉我伊恩·麦克尤恩十年前曾上过这课程。我觉得他是那时候最激动人心的年轻作家。但最吸引我的地方还是能重回校园一年,政府支付全额费用,况且我只需要交一篇三十页的小说。我把广播剧本和申请表一同寄给了马尔科姆·布雷德伯里。

当我被录取时感到些许诧异,因为它突然就成真了。我还以为,那些作家会审查我的作品,过程将令人羞愧难当。有人告诉我在康沃尔某片荒僻之地上有座小屋出租,它曾被用作瘾君子的康复所。我打电话过去说,我需要找个地方住一个月,因为我想自学写作。这就是我在一九七九年那个夏天做的事。这是我第一次真正思考短篇故事的构架。我花费数年才想明白诸如视角、如果讲述故事之类的问题。最后我有两个故事可以拿出手,所以感觉底气更足了。

《巴黎评论》:你首次写有关日本的文字是在东英吉利大学那年吗?

石黑一雄:是的。我发现自己一旦无视此刻包围我的这个世界,想象力就会鲜活起来。如果我试图这样开始一个故事:"当我走出坎登镇地铁站进入麦当劳时,遇到了大学时代结识的朋友哈利",我就想不出接下来该写什么。然而当我写到日本,有些什么会豁然开朗。我给班上同学看的故事中,有一篇以原子弹投放长崎为背景,故事以一个年轻女子的视角讲述。我从同学们那里收获了爆棚的自信心。他们都说:这些关于日本的事实在振奋人心,你前程远大。接着我就收到费伯出版社的来信,将我的三篇作品收录入"推介系列",销售业绩很不错。我知道汤姆·斯托帕和泰德·休斯就是这样被发现的。

《巴黎评论》:你是那时候开始写《远山淡影》的吗?

石黑一雄:是的,费伯出版社的罗伯特·麦克拉姆给了我第一笔预付金,我才得以完成此书。我本来已经开始写一个以康沃尔小镇为背景的故事,讲的是一个年轻女子和她智障的孩子,她的背景暧昧不明。我脑子里一直想着,这女人在两种说法间摇摆:我要为这孩子奉献一切,以及,我已爱上这个男人而孩子是个累赘。我和无家可归者共事时曾遇到过很多这样的人。但当我的日本短篇故事在同学那里获得热烈反响之后,我重新审视这个以康沃尔为背景的故事。我意识到,如果以日本的方式讲述这个故事,所有看来狭隘琐碎的事物都将激发共鸣。

《巴黎评论》:五岁之后你就再未回过日本,那你的父母亲又是多典型的日本人呢?

石黑一雄:我母亲是她那一代人中非常典型的日本女性。她讲究特定的礼仪——以今时今日的标准来看属于"女性主义前派"。当我看日本老电影时,发现很多女人的言行举止和我母亲完全一样。传统中,日本女性使用与男性稍许不同的正式语言,现今两者则要混淆得多。当我母亲在上世纪八十年代去日本的时候,她说她震惊地发现年轻女孩子在使用男性语言。

投放原子弹时我母亲在长崎。她即将度过少年时代。她家的房子有些扭曲,直到下雨他们才意识到损害程度。屋顶开始四处开裂,就像受到龙卷风袭击。事情发生时,母亲是全家人中——四个孩子与双亲——唯一在投放炸弹时受伤的人。一块飞舞的碎片击中了她。当其余家庭成员去城市其他地方救难时,她独自在家养伤。但她说,当她想起战争时,原子弹不是最让她惧怕的东西。她记得躲在她工厂的地下掩体。他们列队站在黑暗中而炸弹就在他们头顶上方落地。他们以为大家都会死。

我父亲不是典型的日本人，因为他在上海长大。他有中式性格：当坏事发生，微笑以对。

《巴黎评论》：你的家人为什么移居英国？

石黑一雄：那原本只是场短期旅行。我父亲是个海洋学家，英国国家海洋学院的负责人邀请他前来推广他的一项发明，与风暴时的浪涌运动有关。我从未搞明白那是什么。国家海洋学院创立于冷战时期，弥漫着密不可宣的气息。我父亲加入了那个建在密林中的单位。我只去过那里一次。

《巴黎评论》：你对这次变迁感受如何？

石黑一雄：我觉得我并不明白其中的含义。我祖父和我曾去长崎的百货商店买一种很棒的玩具：有张母鸡的图片，你则有把枪，然后你朝着母鸡开枪，如果打中正确部位，一颗蛋就会掉出来。但他们不允许我带上这玩具。这是让我颇觉沮丧的部分。全程搭乘英国海外航空公司的飞机，用了三天时间。我记得想要在一张椅子上入睡，有人拿着葡萄柚汁四处出没，每次飞机降落加油时都有人叫醒我。等我再次搭乘飞机时已经十九岁。

然而，我不记得在英国有过什么不愉快。要是我年纪再大些，我想或许会艰难得多。尽管之前从未上过课，我并不记得曾为语言所困。我喜欢牛仔电影和电视剧，并从中学到了只字片语。我的最爱是《拉勒米》（*Laramie*），由罗伯特·福勒和约翰·史密斯主演。我还看过《独行侠》（*The Lone Ranger*），这在日本也很著名。我盲目地崇拜这些牛仔。他们会说"当然"而不说"是的"。我的老师会说：石黑，你说"当然"是什么意思？我被迫搞明白原来独行侠说话的方式和唱诗班成员不一样。

《巴黎评论》：你觉得吉尔福德如何？

石黑一雄：我们在复活节期间抵达，我母亲被这看似血腥残酷的画面吓到了：一个男人被钉在十字架上，鲜血淋漓。而这些图画还要给孩子们看！如果你从一个日本人的角度，甚至一个火星人的角度来看，这场面几乎灭绝人性。我的父母不是基督徒。他们不相信耶稣基督是神。但他们以礼待之，当然，如果你是一个陌生部落的座上客，你也会尊重他们的风俗。

对我来说，吉尔福德看来截然不同。它是乡村，质朴而且色调非常单一：很绿。并且没有玩具。在日本，一切都带着让人目眩神迷的图象，你知道，到处是电线。吉尔福德很静谧。我记得有位很和善的英国阿姨，茱利阿姨，带我去商店买冰激凌。我从未见过这样的商店。它很空旷，柜台后只站着一个人。还有双层巴士。我记得初来乍到那几天搭乘过一辆。那真是惊心动魄。当你乘那些巴士经过狭窄的街道，感觉像骑着刺猬。我记得有关刺猬的联想。你知道刺猬是什么吗？

《巴黎评论》：那种典型的英国啮齿类动物？

石黑一雄：如今你再也见不到了，即便在乡村。我觉得它们已经灭绝得差不多了。但在我们生活的地方，它们随处可见。它们看着像豪猪，只是它们并不阴险歹毒。它们是讨喜的小东西。它们会在夜晚出没，于是常会被碾到。你会在室外看见这些小东西带着刺和内脏散落各处，被利落地扫进路边的下水道里去。我记得这景象让我困惑。我见过这些扁平的、死去的东西，于是我将它们与行驶时如此接近人行道的巴士联想起来。

《巴黎评论》：孩提时代你读很多书吗？

石黑一雄：就在我离开日本前，名叫"月光蒙面侠"的超级英雄很热门。我曾站在书店中，试着牢记他在儿童漫画书中的探险场景，然后回家自己画。我让母亲把我的画缝订起来，这样看起来就是本像样的书。

然而，作为一个生活在吉尔福德的孩子，我读的唯一的英语读物大概就是看图说话。它们都是为英国孩子准备的教材，是些关于诸如你怎么得到电之类的乏味文章。我不喜欢。与我祖父从日本寄来的东西相比，它

341

们实在乏味。有个日语系列我想现在还有卖的，是活泼得多的看图说话版本。它妙趣横生，有些内容纯粹是娱乐，搞笑的词条和行文搭配着插图。当你打开书的时候，各种各样的学习辅助工具会掉出来。

通过这些书，我了解到自己离开日本后是哪些人物开始走红，比如日本版本的詹姆斯·邦德。他也叫詹姆斯·邦德，但和伊恩·弗莱明笔下或是肖恩·康纳利演绎的版本毫无相似之处。他是个漫画人物。我觉得他非常有意思。在体面的英国中产阶级看来，詹姆斯·邦德代表着现代社会所有不足之处。电影令人反胃——使用了污言秽语。邦德毫无道德观，因为他会用不绅士的手法把别人痛揍一顿，而且还有那些穿比基尼的女孩，想来他一定和她们有肉体关系。作为一个孩子，你想看这种电影的话，得先找个不认为詹姆斯·邦德有伤风化的大人。但在日本，他出现在这种具有教育意义并受肯定的语境中，这向我展示了态度的不同。

《巴黎评论》：你在学校写作吗？

石黑一雄：写。我上当地的公立小学，学校正在试验现代教学方法。那是六十年代中期，而我的学校为没有严格界定的课程而洋洋自得。你可以玩手动计算器，也可以用陶土做头奶牛，你还可以写文章。这项目很受欢迎，因为它有利于交际。你写上一点，然后阅读彼此的东西，你可以大声读出来。

我虚构了一个叫席涅先生的人物，这是我朋友的童子军团长的名字。我觉得给间谍起这个名字很酷。那时我对福尔摩斯中毒太深。我会模仿着写维多利亚时期的侦探故事，开头当事人会上门，然后讲个漫长的故事。但大部分精力都花在了把我们的书装饰成书店里的平装书上——在封面上画弹孔并在背面贴报章的推荐语："才华横溢，紧张刺激。"——《每日镜报》。

《巴黎评论》：你觉得这经历对你成为作家有影响吗？

石黑一雄：那太好玩了，还让我觉得写故事是不费吹灰之力的事。我觉得这感受一直伴随我。如果人们处于放松的环境中，事情总是相对容易达成。

《巴黎评论》：侦探故事之后，下一个让你入迷的是什么？

石黑一雄：摇滚乐。福尔摩斯之后，我停止了阅读，直到二十多岁。但从五岁开始我就弹钢琴。十五岁时开始弹吉他，大约十一岁时开始听流行唱片——非常糟糕的流行唱片。当时觉得它们很棒。我喜欢的第一张专辑是汤姆·琼斯演唱的《家乡的绿草地》。汤姆·琼斯是威尔士人，但《家乡的绿草地》是首牛仔歌曲。他唱的是我从电视上了解到的牛仔世界。

我有台父亲从日本带给我的微型卷盘录音机，我可以从收音机的扬声器直接录音，一种早期的音乐下载方式。我会试图从带噪音的糟糕录音中听出歌词。到我十三岁时，我买了《约翰·韦斯利·哈丁》，我的第一张鲍勃·迪伦唱片，一上市就买了。

《巴黎评论》：你喜欢它什么呢？

石黑一雄：歌词。我当即就知道，鲍勃·迪伦是个伟大的词作者。有两样东西我很有自信，即便是在那时候：什么是好的歌词，什么又是好的牛仔电影。通过迪伦，我想我第一次接触意识流或者说超现实歌词。我还发现了莱昂纳德·科恩，他以文学的方式演绎歌词。他已经发表过两本小说和一些诗集。作为一个犹太人来说，他的意象很具天主教风格。很多的圣徒和圣母。他就像个法国香颂歌手。我喜欢这个想法：音乐家可以全然自给自足。你自己写歌，自己唱，自己编曲。我觉得这很诱人，于是我开始写歌。

《巴黎评论》：你的第一首歌是怎样的？

石黑一雄：有点像莱昂纳德·科恩的风格。我想开场那句歌词是："你的双眸再不会睁开，在我们曾生活嬉戏的海滩上。"

《巴黎评论》：是首情歌？

石黑一雄：迪伦和科恩的部分魅力就在于，你不知道那些歌是关于什么的。你纠结万分地表达着自己，但你总是会遇到你无法全然了解的东西，你就被迫假装懂得。在你的年少时代，大部分时间里生活就是如此，而你羞于承认。不知怎的，他们的歌词似乎能体现那种状态。

《巴黎评论》：十九岁时，当你终于再次登上飞机，你去了哪里？

石黑一雄：我去了美国。这是我很早之前就有的雄心壮志。我为美国文化神魂颠倒。我在一家婴儿用品公司打工存钱。我包装婴儿食品，还检查名为"四胞胎诞生""剖腹产"等字样的8毫米电影是否有损伤。一九七四年四月，我登上一架加拿大航班，这是较廉价的抵达方式。我在温哥华降落，半夜搭灰狗客车穿越边境。我在美国停留了三个月，每天的花费是一美金。那时候，每个人都对这些事抱有浪漫态度。每天晚上，你都得搞清楚要去哪里睡觉，或是"灵魂碰撞"。整个西海岸，都有搭便车旅行的年轻人建立起来的网络。

《巴黎评论》：你是个嬉皮吗？

石黑一雄：我想我曾是，起码表面上是。长发、蓄须、吉他、帆布背包。讽刺的是，我们都觉得自己很独特。我搭车走太平洋沿海公路，穿过洛杉矶、旧金山，以及整个北部加州。

《巴黎评论》：你怎么看待整个经历？

石黑一雄：它大大超过我的预期。有些部分惊心动魄。我搭运货列车从华盛顿穿越爱达荷州去蒙大拿。和我一起的是个明尼苏达州来的家伙，那一晚我们过得像完成特殊使命。那是个污秽不堪的地方。你必须在门口脱光衣服，和那些酒鬼一同进入淋浴间。踮着脚尖经过黑色的水坑，在另一头，他们给你洗过的睡衣，你在铺位上睡觉。第二天早晨，我们和这些老式的无业游民去货运站。他们和搭车文化毫无关系，这文化几乎全是由中产阶级学生和逃亡者组成。这些人则搭火车旅行，他们浪迹于不同城市的贫民区。他们靠献血维生。他们是酒精中毒者。他们穷困潦倒且疾病缠身，而且他们看起来糟糕透了。他们和浪漫半丁点关系都没有。但他们会提供很多好建议。他们告诉我们，火车行驶过程中不要试图跳车，因为你会丢了性命。如果有人想上你的车厢，尽管把他们扔下去。如果你觉得这会要了他的命，也没关系。他们会想偷你的东西，停车之前你都得和他们困在一起。如果你睡着了，你会仅仅因为身揣五十美金而被抛出车外。

《巴黎评论》：你写过有关这次旅行的事吗？

石黑一雄：我一直写日记，类似那种仿凯鲁亚克体。每天我都写下发生了什么：第三十六天。遇到了什么人。我们做了什么。我回家后，拿出这些厚厚的日记，坐下来写了两个片段，深入地写，以第一人称的叙述方式。一篇写的是关于我在旧金山被偷了吉他。那是我第一次开始留意结构。但我将这种奇怪的翻译腔融入了我的叙事风格，因为我不是美国人，所以它读起来矫揉造作。

《巴黎评论》：就像你的牛仔时期？

石黑一雄：有点儿那个时代的余音。我觉得美国口音有些特别酷的地方。诸如"公路"（freeway）而不是"马路"（motorway）这样的词汇。我甘愿受罚也要说：从这里到公路有多远？

《巴黎评论》：似乎你的整个青年时期都有个模式：你盲目崇拜某些东西，然后模仿。先是福尔摩斯，接着是莱昂纳德·科恩，然后是凯鲁亚克。

石黑一雄：当你处于青春期，这就是你学习的方式。其实写歌是我喜欢的领域，因为我必须做的不仅仅是模仿。如果我的朋友和我经过某个吉他弹得像鲍勃·迪伦的人，我们会对他不屑一顾。关键是要找到你自己的声音。我的朋友和我很清楚我们都是英国人，我们无法写出原汁原味的美式歌曲。当你说"在路上",你会想象 61 号公路,而不是 M6。挑战在于,要找到相对应的有说服力的英语。蒙蒙细雨中被困寂寞的路途,但得是在苏格兰边界的灰色环路上,浓雾正漫起,而不是坐着凯迪拉克行驶于美国的传奇公路。

《巴黎评论》:你的履历中说你曾是松鸡捕猎助手,请解释下?

石黑一雄:从学校毕业后的第一个夏天,我在巴尔莫勒尔城堡为伊丽莎白王太后工作,皇室家族在那里消夏。那时候,他们会雇佣当地学生担任捕猎松鸡的助手。皇室成员会邀请人们到他们地盘上打猎。王太后和她的宾客会带着猎枪与威士忌乘上路虎车,驶过荒原中的一个个射击点。那是他们瞄准射击的地方。从距离石楠丛大约一百码远的地方开始,我们十五人列队走过荒原。松鸡生活在石楠丛里,听到我们靠近的声音,它们就上蹿下跳。等我们到达石楠丛的时候,附近的松鸡都已聚到了一起,而王太后和她的客人们正举枪而待。射击点附近没有石楠,所以松鸡只得飞起来。接着猎杀就开始了。然后我们走向下一个射击点。这有点儿像高尔夫。

《巴黎评论》:你遇到过王太后吗?

石黑一雄:遇到过,时常遇到。有一次她来到我们的阵营,气势吓人,当时只有我和另一个女孩在那里。我们压根不知道该做些什么。我们闲聊了一小会儿,然后她再次驾车离开。但那是很不正式的见面。尽管她自己不打猎,你经常会在旷野中看见她。我想他们喝掉了很多酒精饮料,气氛相当融洽。

《巴黎评论》:这是你第一次接触那个世界吗?

石黑一雄:是我最后一次接触那样的世界。

《巴黎评论》:这对你有何助益?

石黑一雄：我觉得很有意思。但更令人着迷的是那些打理这些豪宅的人的世界，那些仆从。他们说一种苏格兰方言，没有人——包括苏格兰学生——可以听懂。他们对那边荒原非常非常熟悉。他们性格坚毅。他们对我们很恭敬，因为我们是学生——直到真正的松鸡捕猎开始。他们的工作是让我们保持绝对精准的队形。如果我们中有谁脱离队形，松鸡就有可能逃脱。所以他们会变身为疯狂的军士长。他们会站在悬崖上，用奇怪的苏格兰口音咒骂我们，简直骂飞头盖骨——你们这些该死的混账！然后他们会从悬崖上下来，再次变得彬彬有礼、毕恭毕敬。

《巴黎评论》：你的大学生涯如何？

石黑一雄：我在肯特大学学习英语与哲学。我发现相较于那些通过包装婴儿用品将我从皇室家族带往运货列车的年月，大学很无趣。一年后，我决定再休学一年。我去了一个叫兰福瑞的地方，离格拉斯哥不远，其中六个月在居民区担任社区义工。最初抵达时我完全找不到北。我在英格兰南部很典型的中产家庭长大，而那里是苏格兰内陆工业区内成片的破落工厂。这些典型的小居民区，规模都不超过两条街，划分成敌对阵营彼此憎恨。第三代居民和其他被驱逐后突然来到这里的家庭之间关系紧张。那里的政治局势很活跃，但却是货真价实的政治。与学生的政治世界天差地别，这与之后你是否反对北大西洋公约组织的运动有些相像。

《巴黎评论》：这些经历对你有何影响？

石黑一雄：我成长很多。我不再是那个叫嚣着一切"妙不可言"并以一百码时速四下呼啸的人了。当我在美国旅行时，紧随"你想加入什么乐队""你从哪里来"之后的第三个问题是："你觉得什么是生命的意义？"然后我们会交流观点和怪异的准佛教冥想技巧。《禅与摩托保养艺术》被四处传阅。没有人真的阅读它，但书名很酷。当我自苏格兰回来，我已经成熟地摆脱了那些。在我见识到的世界里，那些毫无意义。这都是些挣扎谋生的人。涉及很多酒精与药物。有些人心怀真正的勇气为一些东西努力追寻，而放弃却是如此轻易。

《巴黎评论》：那时你的写作进展如何？

石黑一雄：那时候，人们不会讨论书籍。他们讨论电视剧、实验戏剧、电影、摇滚乐。那时我读了玛格丽特·德拉布尔写的《金色的耶路撒冷》。这时期我已经开始阅读十九世纪的大部头小说，所以对我来说，可以用同样的技巧讲述现代生活的故事，对我来说是个极大的启示。你不必描写拉斯柯尔尼科夫谋杀一个老妇人，或是拿破仑战争。你可以只写个有关四处晃荡的小说。那时我尝试写一部小说，但没有太多进展。它非常糟糕。我把它放在楼上了。写的是一个夏天，年轻学生们在英国境内漫无目的地闲晃。酒吧里的交谈，女朋友和男朋友们。

《巴黎评论》：这正是你的作品引人注目的地方——你从不做现下很普遍的事，将你自己的故事写成小说：伦敦的现代生活，或是成长于一个在英国的日本家庭。

石黑一雄：我正要和你说呢——我确实写过这些。但写得三心二意，因为我主要做的事还是试图写出能跨越疆界的歌曲。

《巴黎评论》：回头看你发表的第一部小说《远山淡影》，现在你觉得它如何？

石黑一雄：我很喜欢它，但我确实觉得它过于故弄玄虚。结尾几乎就像个谜题。从艺术角度来看，我觉得使人困惑到如此程度并无益处。那只是缺乏经验——错误估计了什么太直白什么又太含蓄。即便是那时候，我也感到结尾差强人意。

《巴黎评论》：你想达成怎样的效果？

石黑一雄：打个比方说，有人在谈论一个共同的朋友，他因为这个朋友在一段感情中的犹豫不决而生气。他彻底地暴怒了。随即你意识到他是在通过朋友的境地说他自己。我觉得这在小说里是一个有趣的叙事方式：有些人觉得自己的人生过于痛苦或尴尬而无法启齿，所以要通过别人的故事来讲述他自己的故事。我有很多时间与无家可归者共事，倾听他们如何落得如此境地的故事，我变得很敏锐，觉察到一个事实，那就是他们并不以直接的方式讲述这些故事。

在《远山淡影》中，讲述者是一个半老的中年女人，她成年的女儿已经自杀。这在书的开头已经开门见山地说明。但她没有解释是什么造成了这种结果，而是开始回忆她在长崎时期的友谊，那是在"二战"刚结束的时候。我觉得读者会想，我们究竟为什么要听另一件事呢？有关女儿的自杀她有何感受？女儿为什么要自杀？我希望读者会逐渐意识到，中年女人的故事正通过她朋友的故事得以讲述。但因为我不懂如何创造回忆的语感，最终当旧时日本的场景淡入很显然是新近发生的场景中时，我不得不借助些噱头。

即便是现在，当我在活动中谈论新作的时候，还有人会问：这两个女人是同一个女人吗？结尾处的桥上，当"你"转换成"我们"时发生了什么？

《巴黎评论》：你觉得写作课程对你成为作家有帮助吗？

石黑一雄：我的看法是，我想写歌，但总不得其门而入。我去东英吉利大学后，每个人都鼓励我，不出几个月我已经在杂志发表作品并获得了第一本书的出版合同。从技术角度，它也对我成为作者有所助益。

我感觉自己向来不擅长叙述有趣的故事。我描写很沉闷的故事。我觉得自己的长处在处理书稿。我可以看着一篇初稿，然后生出有关下一稿的很多想法。

马尔科姆·布雷德伯里之后，我的另一个重要导师是安吉拉·卡特，她教会我很多与写作这门事业相关的知识。她介绍我认识黛博拉·罗杰斯，黛博拉现在还是我的经纪人。安吉拉还瞒着我把我的作品发给《格兰塔》杂志的比尔·波福德。我在卡迪夫租的公寓的厨房里有台投币电话机。某天它响了起来，我寻思着：真怪，投币电话在响。而电话那头正是比尔·波福德。

《巴黎评论》：是什么给你灵感创作了第二部小说《浮世画家》，描写一个画家因战时的军事家身份而无法释怀？

石黑一雄：《远山淡影》中有条副线是关于一位老教师，他不得不重新审视自己构建整个人生的价值观基础。我对自己说，我要淋漓尽致地写一部小说描写此种情境下的人——这就是，一个由于生在特定年代而在职业生涯留下污点的画家。

这部小说为《长日留痕》提供了动力。我看着《远山淡影》心想，以职业角度探讨萧瑟人生的主题已经探索得很令人满意，那有关私人生活又当如何？年轻的时候，你会觉得一切都和职业有关。最终你会意识到工作只是一部分而已。当时我正有如此感悟。我想把这一切都再写一遍。你如何以成就事业的方式荒废人生，你又如何在人生舞台上蹉跎了一辈子。

《巴黎评论》：你为什么觉得这个故事不再适合以日本为背景？

石黑一雄：开始写《长日留痕》时，我意识到自己想要表达的精髓是流动的。

《巴黎评论》：我觉得这是你的独到之处，展现出某种变色龙般的能力。

石黑一雄：我觉得不是像变色龙。我想说的是，同一本书我写了三次。不知怎的我就是无法自拔。

《巴黎评论》：你是这样认为，但所有读过你第一本小说再读《长日留痕》的读者都会有片刻的迷幻感——他们从如此真实的日本场景穿越到了达林顿勋爵府。

石黑一雄：这是因为人们第一眼总会先留意到细枝末节。对我来说，精髓不在故事背景中。尽管我知道有时确实如此。普里莫·莱维的作品中，如果你抽离背景，你就拿走了整个故事。但我最近看了场精彩的《暴风雨》，背景是北极。绝大多数作者有意识地写特定事物，有些东西则决定得没那么刻意。我的情况是，讲述者与背景的选择都会经过深思熟虑。你必须非常谨慎地选择背景，因为随之而来的是各种情绪和历史反响。这之后，我会为吹拉弹唱留下足够空间。举例来说，我为手头正在写的小说选择了一个古怪的故事背景。

《巴黎评论》：关于什么？

石黑一雄：还不能多谈，但我可以拿初期的情况来举例。一段时间以来，我都想写本有关社会如何记忆与遗忘的小说。我已经写过独立个体是如何与痛苦记忆和解。但我发现个人记得与忘记的模式和社会不同。什么时候遗忘才更好？这问题不断涌现。"二战"之后的法国是个有趣的案例。你可以对戴高乐说的话持不同意见，他说：我们必须让这国家重新运作起来。我们别再为谁结盟过、谁没有而费神。让我们把这些深刻的事留待他日再说。但有人会说，这样的话正义就得不到伸张，这会造成更严重的问题。分析家可能就是这样形容一个镇压者的。然而，如果我写与法国有关的事，它就会变成一本关于法国的书。我想象到自己不得不面对法国研究专家们的质询：所以，你都说了些什么与法国有关的事？你指责我们些什么呢？而我只能说：其实，这只是为更广大的主旨服务。另一个选择则是《星球大战》策略："在一个远得不能再远的星系。"《别让我走》就是走这条路线，它遇到了特定的挑战。很长时间里，我都有这个问题。

《巴黎评论》：你决定如何处理？

石黑一雄：一个可行的解决办法就是将小说设定在公元前四百五十年的英国，罗马人已经离开，盎格鲁-撒克逊人开始掌权，随即凯尔特人灭绝。没人知道究竟发生了什么，他们就是消失了。既不是种族灭绝也不是民族融合。我认为你在历史中回溯得越远，故事读来就越有隐喻意味。大家去看《角斗士》，将它解读为一则现代寓言。

《巴黎评论》：《长日留痕》中的英国背景又是怎么来的呢？

石黑一雄：这是我妻子的一个笑话引起的。有个记者要就我的第一本小说采访我。我妻子说：如果这个人进来问你些有关小说的严肃、沉重的问题而你假装是你的管家，会不会很有意思？我们都觉得这想法很搞笑。从此以后，我对把管家作为一种暗喻这事欲罢不能。

《巴黎评论》：来暗喻什么呢？

石黑一雄：两样东西。其一是某种冷若冰霜的情绪。英国管家必须无比克制，对所有发生在他周围的事都没有任何个人化的反馈。这似乎是一个很好的切入点，可以深入到不仅是英国人还有我们所有人共通的部分，那就是：我们都害怕动感情。管家还代表着把重大的政治决定权留给他人。他说：我只要尽力服务好这个人，我就在尽可能地贡献社会，但我自己不会做重要决定。无论我们是否生活在民主社会，很多人都处于这一境地。决策时我们中绝大多数人都不在场。我们尽忠职守，并为之骄傲，我们还希望自己的微薄之力会被善加利用。

《巴黎评论》：你曾是吉维斯[①]的拥趸吗？

石黑一雄：吉维斯的影响很深远。但不仅仅是吉维斯，还有影片背景中所有的管家形象。他们的搞笑以微妙的方式表达。不是闹腾的幽默。他们干巴巴的语言风格里有种病态的东西，有些事一般来说都有更为感情充沛的表达方式。而吉维斯是个中翘楚。

那时我已经很有为全球读者写作的意识。我觉得，这是种回应，针对上一代英国小说作品中刻意的地方主义。如今回头去看，我不知道那是否

[①] 吉维斯（Jeeves），电影《万能管家》中的主角，电影改编自英国幽默小说家佩勒姆·伍德豪斯爵士（1881—1975）的代表作。原作创作于1915年，总共有11本小说和35篇短篇，讲述"二战"前英国贴身管家为主人解决各种问题的故事。

只是种控诉。但我的同辈们已经意识到我们必须面对全世界的读者,而不只是英国读者。我想到的可以达成这一目标的方法是采用世人皆知的英式传奇为主题——也就是说:英国管家。

《巴黎评论》:你做了很多研究吗?

石黑一雄:是的,但我惊讶地发现,相对本国在"二战"之前服务业的就业人数比例来说,仆人们撰写的有关仆人的书实在太少了。他们中绝少有人认为自己的生涯值得书写,这太奇妙了。所以《长日留痕》中有关仆佣的从业规则都是杜撰的。当史蒂芬提及"员工计划",那是捏造。

《巴黎评论》:在那本书中,同时在你的很多小说中,主人公似乎转瞬间就悲剧地失去了爱的机会。

石黑一雄:我不知道他们是不是在转瞬间失去的。某种意义上来说,他们老早就已失去。他们可能会回首并思索:曾有那么一个时刻本可以扭转全局。这么想对他们来说是种诱惑,哎,这只是命运的小纠结。其实,是某些重大的事件让他们错失了爱以及生命中至关重要的东西。

《巴黎评论》:在你看来,为什么要让这些人物前赴后继地这么做呢?

石黑一雄:如果不给自己做精神分析,我说不出个所以然。如果某个作者告诉你为何要重复某一特定主题,永远不要当真。

《巴黎评论》:《长日留痕》赢得了布克奖。成功为你带来什么改变?

石黑一雄:《浮世画家》出版时,我还过着籍籍无名的日子。一夜之间天翻地覆,大概在它出版六个月之后,它获得布克奖提名,并赢得惠特布莱德奖。就在那时我们决定买部答录机。陡然间,我几乎不认识的人都邀请我们去晚餐。要过一阵子我才明白,我不必应承所有的事情,否则你的生活将会失控。等我三年后赢得布克奖时,我已经学会如何礼貌地拒绝别人。

《巴黎评论》：作家生涯中的公众活动——巡回签名售书、采访——最终会影响到写作吗？

石黑一雄：这会以两种明显的方式影响你的写作。其一，这会占据你三分之一的工作时间。另外被见多识广的人挑战智商常会耗费你很多工夫。为什么你的作品里总有一只三条腿的猫，或是，你为什么对鸽子肉馅饼着迷呢？很多写进你作品的东西可能是无意识的，起码这些意象附带的情感共鸣可能未被解析过。当你做巡回推广时，这些东西就无法再保持这种状态。过去，我觉得尽可能坦诚会更好，但我看到了这样做的害处。有些作者被搞得焦头烂额，最后他们气急败坏。这也会影响到你如何写作。你坐下来创作时会想，我是写实主义者，我觉得自己还有点荒诞派。你开始变得更扭怩作态。

《巴黎评论》：当你写作时会主动联想到译者可能会遇到的问题吗？

石黑一雄：当你发现自己置身于世界的其他角落时，你会尴尬地意识到那些因文化差异而无法翻译的事物。有时你会花四天时间向丹麦人解释一本书。举例来说，我不是很喜欢用品牌名和其他文化参照物，并不仅仅因为它们无法在地理位置上转化。它们也很难在时间中转化。三十年后，它们将毫无意义。你不仅仅为不同国度的人写作，你还在为不同时代的人写作。

《巴黎评论》：你有惯常的写作作息吗？

石黑一雄：我一般从早上十点写到下午六点。大约四点之前，我尽量不碰电子邮件和电话。

《巴黎评论》：你用电脑写作吗？

石黑一雄：我有两张书桌。一张是写字台，一张有电脑。电脑是一九九六年买的。它没有连接到网络。初稿时我更喜欢用笔在写字台上写。我希望它在旁人看来多少有些难以辨认。草稿是一片混乱。我对风格或者连贯性毫不在意。我只想把一切都写在纸上。如果我突然遇到一个与之前内容不相容的新想法，我还是会写进去，不过我会留下标记，以后再解决。接着我在此基础上计划出全局。我标注段落，排列组合它们。当我写下一稿的时候，会对去向有更清晰的看法。这次，我会写得更谨慎。

《巴黎评论》：你一般会写几稿？

石黑一雄：很少超过三稿。尽管如此，有些段落我不得不一再改写。

《巴黎评论》：很少有作者在回顾自己的早期作品时有你这样积极的评价。接着《无法慰藉》面市了。尽管现在有些评论家认为它是你最优秀的作品，但也有人说那是他们读到过的最糟糕的东西。对此你有何感受？

石黑一雄：我觉得几乎是自己把自己逼进了更具争议的领域。如果说人们对我最初的三部作品有何诟病的话，可能就是不够勇敢。我确实觉得这听来有几分道理。《纽约客》刊登过一则《长日留痕》的书评，读来通篇都是溢美之词。接着又写道：它的问题在于一切运作起来就像钟表机械。

《巴黎评论》：太过完美。

石黑一雄：是的。我没有制造混乱也没有冒险。一切都操控得当。被批评说太完美可能不会让其他人想太多。哇，这样的批评！但这却与我的感受吻合。我一次又一次提炼同一部小说。那时我很渴望做些自己无法确定的事。

《长日留痕》出版后不久，我和太太坐在一家便利小吃店里，讨论如何创作出面向国际读者的小说，并试图找到全球性的题材。我太太指出梦的语言是国际通用的。不管来自什么文化背景，所有人都认同它。接下来的几周，我开始问自己，梦有什么语法？刚才，我们两人在这没有旁人的房间里交谈。第三人要进入这个场景。在常规作品中，会有敲门声，有人会进来，我们会打招呼。但梦中的意识没耐心处理这种事。典型的情况是，就我们两个坐在这房间里，突然我们发觉我身边一直坐着另一个人。我们或许会对没有留意过这人感到些许惊讶，但无论他何时出现，我们都立即接受。我觉得这很有意思。我开始注意到记忆与梦境之间的相似，你根据当下情绪随意操纵两者的方式。梦的语言能让我写出一个隐喻式的故事，读者会认为它在针对特定社会发表意见。我花了几个月搜集了很多笔记，最后我觉得已做好写小说的准备。

《巴黎评论》：当你创作它的时候，有无谋篇布局的概念？

石黑一雄：有连个故事线。有莱德的故事，在他的成长过程中，父母是一对处于离婚边缘的怨偶。他觉得让他们和好的唯一途径是达到他们的期望。事实上，他最终成为了魅力非凡的钢琴家。他觉得如果举办这场至关重要的演唱会，就能平复一切伤痕。当然，到那时已经无力回天。无论他的父母之间发生了什么，都早已根深蒂固。还有布罗德斯基的故事，这个老人为挽回自己搞砸的感情做着最后的努力。他觉得作为指挥如果能让音乐会成功举办，他就可以赢回一生所爱。这两个故事发生的环境相信，所有问题的病灶在于对音乐的价值有错误的认知。

《巴黎评论》：你怎么回应困惑的书评人？

石黑一雄：故意玩晦涩并不是我的意图。考虑到小说是要追随梦境的逻辑，它已尽我当时所能写得尽可能清晰。在梦境中，一个角色常会由不同的人扮演。但我不会对《无法慰藉》做丝毫改动。那就是彼时的我。我觉得这几年来它已经获得了对等的地位。别人向我提及它的频率要多过其他作品。在我巡回售书的时候，我知道那晚上有一部分时间要专门留给《无法慰藉》，尤其是在美国西岸。学者关于它的论著要多过我的其他作品。

《巴黎评论》：接下来是《上海孤儿》，讲的是一个英国侦探，克里斯多夫·班克斯，试图揭开他父母在上海失踪的谜案。

石黑一雄：《上海孤儿》是我写作生涯中少有的范例，我想要描写特定时间与地点发生的故事。三十年代的上海让我浮想联翩。它是现今国际大都市的雏形，各族群居住在他们的租界中。我的祖父曾在那里工作，我父亲在那里出生。八十年代，我父亲带回了祖父在那里时留下的相册，有很多公司的照片：人们穿着白色制服坐在带吊扇的办公室里。那是个迥然不同的世界。他告诉我很多故事——比如说，祖父带我父亲到受监控的华人区和一个即将死于癌症的人告别时，怀揣着手枪。这些事很激发灵感。

而且我一直想写个侦探故事。英国侦探的形象——夏洛克·福尔摩斯——与英国管家有很多相似之处。不是指尽忠职守，而是在冷静理性方面，但受困于特定的职业身份。情感疏离。就像《无法慰藉》中的音乐家，他个人生活中有些什么已分崩离析。在克里斯多夫·班克斯的脑海中，解开父母失踪之谜和阻止第二次世界大战之间存在着古怪的逻辑省略。我想在《上海孤儿》的核心部分探讨这一奇怪逻辑。我试图描述我们内心有部分的自我总是以童年的方式看待事物。但小说并未完全按我的设想发展。我原本的概念是小说之中再套一个类型小说。我本想让班克斯以阿加莎·克里斯蒂的风格再破一宗谜案。但结局是我舍弃了几乎一年的心血，一百零九页文字。《上海孤儿》给我的麻烦超过其他任何作品。

《巴黎评论》：我知道，《别让我走》还有几个失败的版本。

石黑一雄：是的。最初的构思是写有关学生或年轻人在三十年而不是八十年的跨度中度过一生的故事。我想他们会在夜晚遭遇用超大卡车运送的核武器，并以某种形式难逃一劫。最终的境地却是我决定让这些学生成为克隆人。这样我就有了他们的生命周期为何如此短暂的科学依据。使用克隆人概念的勾人之处在于，这会让人们随即就问：作为人类有什么意义？这是陀思妥耶夫斯基式疑问"灵魂是什么？"的世俗化解读。

《巴黎评论》：你对寄宿学校这一背景有特殊兴趣吗？

石黑一雄：它极好地比喻了童年。广义上来说，在这种境况下，掌权的人可以控制孩子知道或不知道什么。对我来说，这与我们在现实生活中对待孩子的方式并无多少区别。从很多角度来看，孩子们都在肥皂泡中成长。我们试图保持那些肥皂泡——我认为，做得非常妥当。我们不让他们接触坏消息。我们做得如此周到，以至于当我们和小孩走在一起时，遇到的陌生人也会成为同谋。如果他们在争吵，他们会停止。他们不想让孩子知道大人会仅仅为了互相折磨而争吵的坏消息。寄宿学校就是这种现象的具体象征。

《巴黎评论》：你是否和很多评论家一样，觉得这部小说很黑暗？

石黑一雄：其实，我一直觉得《别让我走》属于我欢快的作品。过去，我书写角色们的失败。它们是对自己的警告，或者说是"如何才不会活成这样"指导书。

通过《别让我走》，我第一次觉得我允许自己去关注人身上积极的部分。好吧，他们或许有缺陷。他们容易有妒忌、小气之类的人类情绪。但我想展现三个本质优秀的人。当他们最终意识到自己时日无多，我不希望他们过多关注自己的地位或是物质财富，我希望他们更关心彼此并正确地处理问题。所以对我来说，它说的是人类对抗道德黑暗面时的积极举动。

《巴黎评论》：你如何选择书名？

石黑一雄：这有点儿像给孩子取名字。会发生很多争论。有些书名不是我起的，例如——《长日留痕》。我在澳大利亚参加作家节，与迈克尔·翁达杰、维多利亚·格莱丁和罗伯特·麦克拉姆一起坐在长椅上，还有一位是名叫朱迪斯·赫兹伯格的荷兰作家。我们半真半假地玩着为我即将完成的小说起名字的游戏。迈克尔·翁达杰提议说叫《牛腰肉：别具滋味的故事》。那时就到这种程度。我不停解释说必须和管家沾点边。接着朱迪斯·赫兹伯格提到弗洛伊德的一个说法：Tagesreste，用来谈论梦境的，意思有些类似"白日的废墟"。她绞尽脑汁翻译成"长日留痕"。我觉得它很符合情景。

至于接下来的这部小说，要在《无法慰藉》与《钢琴梦》中做选择。一位朋友说服我和我太太为我们女儿选择了正确的名字：娜奥米。我们在阿萨米和娜奥米之间纠结不已，而他说：阿萨米就像把萨达姆和阿萨德讲串了——彼时阿萨德是叙利亚的独裁者。好吧，又是他说的，陀思妥耶夫斯基或许会选《无法慰藉》，艾尔顿·约翰可能会选《钢琴梦》。所以我选了《无法慰藉》。

《巴黎评论》：其实，你是陀思妥耶夫斯基的书迷？

石黑一雄：是的。也是狄更斯、奥斯丁、乔治·艾略特、夏绿蒂·勃朗特和威尔基·柯林斯的书迷。我最初在大学里读的都是血统纯正的十九世纪文学。

《巴黎评论》：你为什么喜欢呢？

石黑一雄：有种写实感，让人觉得小说中构建出来的世界和我们生活的世界大同小异。而且，是很容易让你沉迷的作品。叙事充满自信，使用传统技巧来处理情节、结构和人物。因为我孩提时代阅读量很少，所以需要扎实的基础。夏绿蒂·勃朗特的《维莱特》和《简·爱》，陀思妥耶夫斯基的四部大作，契诃夫的短篇小说，托尔斯泰的《战争与和平》。还有《荒凉山庄》。简·奥斯丁的六部小说至少读五部。如果你读了这些，你就会有扎实的基础。我还喜欢柏拉图。

《巴黎评论》：为什么？

石黑一雄：在他写的苏格拉底对话录中，绝大所数情况都是，有个自以为无所不知的人沿着街道走来，苏格拉底和他一同坐下并将他教育得落花流水。这看起来似乎带着破坏性，但主旨在于，善的本质难以琢磨。有时人们将他们的整个人生建筑在坚定的信仰上，但这信仰可能是错误的。这是我早期作品的主题：自以为无所不知的人们。但没有苏格拉底这样的角色。他们就是自己的苏格拉底。

　　柏拉图的对话录中有这么一段,苏格拉底说理想主义的人往往会在遭遇两三次打击后变得厌世。柏拉图认为,这可能就像追寻善之本义的过程。当你遭遇打击时不该觉得幻灭。你的发现就是:追寻很艰难,但你依旧有继续追寻的责任。

　　　　　(原载《巴黎评论》第一百八十四期,二〇〇八年春季号)